REMERCIEMENTS

À la mémoire de nos maîtres, les docteurs Michel Conan-Meriadec et Denis Demarque, récemment disparus.

À la mémoire de mon père (*Francis Poitevin*).

À nos proches, pour leur soutien permanent lors de l'écriture de cet ouvrage, et pour leur patience sans limite.

À Madame Catherine Meyer, des Éditions Odile Jacob, pour sa confiance bienveillante, son attention et ses conseils très positifs lors de la rédaction du manuscrit.

Aux médecins et scientifiques à qui nous devons notre formation, pour le savoir et l'expérience qu'ils savent transmettre.

Aux confrères avec lesquels nous travaillons, pour les nombreux échanges que nous avons eus sur les thèmes abordés dans cet ouvrage.

À nos patients actuels et anciens, à qui nous devons notre expérience, et qui ont suscité notre réflexion.

Dr Bernard Poitevin
Dr Bernard Chemouny

Le guide des allergies

EDITIONS
ODILE JACOB

15, RUE SOUFFLOT, 75005 PARIS

ISBN : 2-7381-0956-X

www.odilejacob.fr

Sommaire

Avant-propos 7

Première partie
L'allergie

Qu'est-ce que l'allergie ? 15
Quelques repères historiques (15). La réaction allergique : un paradoxe immunologique (18). L'augmentation de fréquence des maladies allergiques, un problème majeur de santé publique (22). Les maladies allergiques, une pathologie de l'environnement (26).

Les allergènes 38
Les allergènes : une classe particulière d'antigènes (38). Quelles sont les sources des allergènes ? (41).

Les mécanismes cellulaires et moléculaires de l'allergie 68
La réaction d'hypersensibilité immédiate (68). Les autres réactions d'hypersensibilité (83). Des régulations nécessaires (87).

Le sujet allergique et son « terrain » 95
Pourquoi sommes-nous inégaux devant les maladies allergiques ? (96). L'atopie : un terrain particulier (97). Facteurs neurologiques et hormonaux (106). La vulnérabilité des organes cibles (108). Prévention du terrain atopique (109).

Le médecin et l'allergique 114
Le rôle essentiel du médecin généraliste (114). Le médecin allergologue : un véritable enquêteur (122). Les principales maladies allergiques (132).

Deuxième partie
Les maladies allergiques

L'asthme et les allergies pulmonaires 137
L'asthme, une inflammation des bronches (138). L'asthme : une maladie d'adaptation à l'environnement (142). Comment se manifeste l'asthme ? (144). Comment se fait le diagnostic de l'asthme ? (156). Comment traiter l'asthme ? (165).

Les maladies allergiques cutanées 184
La peau : une barrière protectrice (184). Des symptômes simples aux maladies complexes (188). Les urticaires (191). L'eczéma atopique (199). Les eczémas de contact (207). Des dermatoses provoquées par la lumière (217). Des réactions cutanées aux médicaments (223).

Les rhinites allergiques 231
Lorsque le nez s'enflamme (231). Comment reconnaître une rhinite allergique ? (234). Règles d'hygiène, prévention, traitement (239).

Les allergies oculaires 243
L'œil et ses annexes (243). Comment se fait le diagnostic d'une allergie oculaire ? (246). Les différentes atteintes allergiques de l'œil (250). Une indispensable coopération avec l'ophtalmologiste (256).

L'allergie alimentaire 258
Un sujet d'actualité (258). Vraies et fausses allergies alimentaires (259). Une fréquence très variable (262). Comment devient-on allergique aux aliments ? (264). Les principaux allergènes alimentaires (269). Comment se manifeste l'allergie alimentaire ? (287). Un diagnostic délicat (288). La prévention (293). Le traitement (295).

Les allergies médicamenteuses 298
Remède ou poison ? (298). Une identification difficile (302). Les principales allergies médicamenteuses (304). Prévention et thérapeutique (314).

L'allergie aux venins d'hyménoptères 316
Les venins d'hyménoptères : une cause majeure de choc anaphylactique (316). Quels sont les hyménoptères responsables ? (317). Reconnaître les réactions générales (319). Que faire après la piqûre ? (325).

Troisième partie
Les « médecines de terrain » dans les maladies allergiques

L'approche du terrain en homéopathie 331
Qu'appelle-t-on « le terrain » ? (331). Ce que l'approche classique apporte à la compréhension du terrain (332). Les spécificités de l'approche homéopathique (333).

L'homéopathie dans les maladies allergiques 335
L'homéopathie, une thérapeutique empirique (335). Comment la connaissance du terrain peut aider à soigner les allergies ? (340).

La phytothérapie dans les maladies allergiques 349
Les plantes venues d'ailleurs (349). Les plantes au regard de la science (351). La phytothérapie traditionnelle (351). Les plantes de l'allergie (353).

L'oligothérapie dans les maladies allergiques 357
Les oligo-éléments de l'allergie en oligothérapie (359). Les autres oligo-éléments utiles dans l'allergie (362).

Des applications concrètes des médecines de terrain 364
Trois histoires d'asthme (364). Deux histoires de rhino-conjonctivite (375). Deux histoires d'eczéma (379).

Et les études que montrent-elles ? 386
Un réel besoin d'information (386). Évaluer l'efficacité des médecines de terrain (389).

L'homéopathie peut-elle faire ses preuves dans l'allergie ? 394
Les allergènes dilués sont-ils efficaces chez les allergiques ? (395). Les controverses de la recherche sur les hautes dilutions (402). Les hautes dilutions ont-elles un support scientifique ? (411).

Conclusion 415

Annexe 421

Index 427

Avant-propos

Les maladies allergiques constituent un problème de plus en plus préoccupant dans les pays industrialisés. La population de ces pays a connu d'importantes modifications des conditions de vie : confort accru et diversification rapide de l'alimentation, augmentation de la pollution extérieure, mais aussi domestique, multiplication des expositions professionnelles. L'ensemble de ces facteurs liés à la transformation très rapide de notre environnement a favorisé le développement des maladies allergiques. Ainsi le pourcentage de malades allergiques dans la population totale a doublé pour l'asthme et la rhinite dans les quinze dernières années. Ces maladies peuvent être réellement invalidantes par leur caractère chronique et/ou leur gravité. La rhinite allergique altère de façon importante la qualité de vie ; les atteintes dermatologiques, outre les symptômes qu'elles provoquent, constituent un obstacle relationnel parfois invalidant ; les allergies alimentaires, parfois bénignes, peuvent être la cause de chocs anaphylactiques mortels, tout comme les allergies médicamenteuses ou les allergies aux venins d'hyménoptères. Et l'asthme aigu grave provoque encore des décès. De plus, ces maladies ont un coût élevé : ainsi l'asthme a un coût annuel de 122 francs par habitant en France, de 25 dollars aux États-Unis et en Australie, de 40 dollars en Suède. Le coût annuel par asthmatique varie entre 2 000 et 8 000 francs et la facture totale atteint 6,9 milliards de francs en France (1993) et 6,4 milliards de dollars aux États-Unis (1990).

Ces maladies allergiques sont de mieux en mieux diagnostiquées et reconnues grâce aux progrès de l'allergologie depuis plusieurs décennies. Les principales avancées ont porté sur une meilleure connaissance des causes, avec une identification précise des allergènes, et une meilleure compréhension des mécanismes cellulaires et moléculaires impliqués dans les maladies allergiques. Ceci a permis d'améliorer la prévention et la thérapeutique, maintenant codifiée par des consensus internationaux (asthme, rhinites allergiques).

Dans le traitement des maladies allergiques, la place des thérapeutiques complémentaires que nous appellerons[1] aussi plus simplement « médecines de terrain » reste cependant importante, même si nous manquons d'informations

1. Nous n'utiliserons pas les termes « médecines douces » (car ça ne veut rien dire) ou « médecines parallèles » (car elles ont peu de chance de se rapprocher des autres !). Les termes de thérapeutiques non conventionnelles et de médecines traditionnelles décrivent bien la place de ces thérapeutiques dans différents systèmes de santé. Ceux de « traitements complémentaires » ou de « médecines de terrain » correspondent bien aux situations pratiques rencontrées dans l'allergie.

précises à ce sujet. De façon générale, les traitements non conventionnels sont utilisés par un tiers de la population aux États-Unis et en Europe, et par une proportion plus importante dans d'autres pays et continents (Chine, Inde). Selon une récente enquête effectuée aux États-Unis, il y a eu, entre 1990 et 1997, une augmentation croissante de la proportion des patients utilisant les thérapeutiques alternatives pour les maladies allergiques qui constituent le deuxième motif de consultation après les douleurs de dos. En France, il n'existe pas d'enquête comparable.

La position des autorités médicales internationales concernant la place des « méthodes empiriques de guérison » dans le traitement de l'asthme est clairement exprimée dans un document publié par les Instituts nationaux de santé et l'OMS en 1993 : « Dans certains pays, les méthodes traditionnelles de traitement sont appliquées en premier ; dans beaucoup de pays, il y a eu un mouvement vers l'usage de ces méthodes traditionnelles de traitement. Les bases scientifiques de ces abords thérapeutiques méritent d'être étudiées en détail, surtout dans les pays où ces formes de traitement sont fréquemment pratiquées. Ces thérapeutiques traditionnelles ne sont pas validées selon les standards conventionnels et il est difficile d'évaluer les méthodes traditionnelles de soins par des essais randomisés contrôlés. La difficulté tient à ce que ces méthodes traditionnelles de soins sont à apprécier de façon globale, et non en fonction de la seule médication, d'où la difficulté de l'attribution des effets observés. »

Si l'efficacité des thérapeutiques alternatives est encore controversée, leur utilisation par les patients est reconnue, et leur évaluation recommandée. C'est ce qui se produit aux États-Unis et en Grande-Bretagne, où des traitements non conventionnels de l'allergie sont utilisés dans les hôpitaux publics, et font l'objet de travaux d'évaluation et de recherche. En France, il n'y a pas de programme de recherche dans ce secteur, même si des allergologues utilisent, dans leur pratique, ces différentes méthodes de soins.

Un aspect intéressant de ces thérapeutiques est l'importance qu'elles accordent au malade allergique et à son « terrain ». Cette dernière notion, bien qu'encore empirique, est très concrète pour les médecins allergologues qui connaissent l'association et/ou la succession de différentes maladies allergiques. Elle l'est aussi pour les médecins homéopathes qui traitent le « terrain » depuis deux siècles. Cette prise en charge plus globale est essentielle pour les patients qui doivent, quotidiennement et souvent pendant plusieurs années ou décennies, vivre avec ces maladies et suivre des traitements souvent contraignants et parfois responsables d'effets secondaires. Ces patients bénéficient actuellement d'une bonne codification de la thérapeutique classique. Pour des raisons évidentes d'efficacité et de sécurité, ils ont également besoin d'un encadrement, à la fois souple et précis, des traitements non conventionnels.

Une telle orientation thérapeutique « ouverte » doit s'appuyer sur les connaissances acquises et sur la pratique des médecins qui ont choisi ces orientations thérapeutiques complémentaires des traitements conventionnels. Ce livre a pour but de faire le point sur des notions essentielles des maladies allergiques et de leur traitement classique, ainsi que sur les possibilités et les limites des traitements non conventionnels, en particulier de l'homéopathie. Il met à votre disposition des informations sur :

— Les processus de l'allergie et la nature des différentes maladies allergiques.

— Les conduites à tenir clairement établies par les spécialistes (allergologues, pneumologues, dermatologues, spécialistes ORL), pour la thérapeutique et la prévention.

— Les apports des thérapeutiques alternatives, principalement de l'homéopathie, ceci à travers la réalité de l'exercice et de l'expérience de médecins homéopathes généralistes et allergologues.

— Un bref aperçu des travaux de recherche concernant les thérapeutiques non conventionnelles et l'allergie.

La difficulté de ces travaux est régulièrement illustrée dans les médias par les controverses portant sur les études cliniques et fondamentales effectuées en allergologie avec les « hautes dilutions » utilisées en homéopathie. La recherche et l'évaluation conditionnent l'avenir des thérapeutiques alternatives et leur insertion dans le système de santé en France, ainsi que dans de nombreux autres pays. Pour fournir des informations réellement utiles, ces travaux doivent se faire avec les praticiens des médecines alternatives, et intégrer les caractéristiques de ces thérapeutiques, en particulier la nécessaire adaptation du traitement aux réactions individuelles des patients.

Contribuer à une meilleure interaction entre pratique médicale classique et pratiques médicales complémentaires, ceci au bénéfice des patients atteints de maladies allergiques, est la motivation essentielle des auteurs de cet ouvrage.

L'allergie

1

« Je suis allergique. » Cette expression est passée dans le langage usuel, avec un sens parfois précis, parfois flou ou imagé (être allergique à quelqu'un), mais pratiquement toujours avec un dénominateur commun : *la tendance à réagir excessivement à un élément de notre environnement auquel nous sommes personnellement hypersensibles.* Cette notion est assez cohérente avec la réalité clinique et l'approche scientifique de l'allergie.

De façon simple, l'allergie se définit comme *une réaction immunologique anormale de l'organisme à des substances qui n'affectent pas la population en général.* La clé du déclenchement de l'allergie est la *sensibilité* exacerbée — l'hypersensibilité — à ces substances qui sont, à quantité égale, bien tolérées par les personnes non allergiques.

Plus de 20 % de la population des pays développés souffre d'allergie, avec des manifestations cliniques très variées : respiration sifflante et sensation d'étouffement, écoulement nasal et éternuements, yeux rouges et larmoiements, éruption cutanée et démangeaisons, douleurs abdominales et diarrhées. Cependant, *aucune de ces manifestations n'est spécifique de l'allergie. Ce qui caractérise l'allergie, ce sont les circonstances de déclenchement, l'identification clinique et biologique du ou des allergènes, et la réversibilité des troubles soit par l'éviction des allergènes, soit par la mise en jeu d'un traitement approprié.*

Les allergènes sont les substances spécifiques auxquelles les allergiques sont sensibles. Ces substances, pratiquement toujours des protéines, sont le plus souvent issues de notre environnement naturel. Leur introduction dans l'organisme se fait essentiellement par trois voies, respiratoire, digestive ou cutanée. Ces allergènes sont d'abord à l'origine d'une phase de sensibilisation, cliniquement silencieuse. Lors de leur réintroduction dans l'organisme, leur rencontre avec les anticorps provoque une série de réactions du système immunitaire, ce qui se traduit par les symptômes des maladies allergiques. Seuls les individus préalablement sensibilisés sont atteints.

Les maladies allergiques ne sont pas réparties de façon égale dans la population. Elles touchent préférentiellement certains patients, certaines familles. Même si on n'hérite pas d'une allergie spécifique, on hérite de la tendance à être allergique, et il existe un « terrain » particulier, propice à la survenue et à la persistance de maladies allergiques.

Pour mieux comprendre comment (et peut-être un peu aussi pourquoi) l'organisme se mobilise excessivement contre un ennemi qui n'en est pas un, nous décrirons en premier lieu l'allergie, puis les différents acteurs que sont les allergènes et l'environnement, les mécanismes biologiques, le sujet allergique et son « terrain ». Le rôle du médecin dans la reconnaissance de l'allergie conclura cette première partie.

Dans une seconde partie, nous détaillerons les maladies allergiques et leur traitement classique par des méthodes conventionnelles, avant d'envisager dans une troisième partie la place du traitement de « terrain » qui repose sur l'utilisation de médecines « non conventionnelles » : homéopathie, phytothérapie, acupuncture.

Les acteurs de l'allergie

Les maladies allergiques, en dépit de leur caractère brusque et inopiné dans le cas de syndromes aigus, ont un processus de développement complexe qui se déroule en plusieurs phases et fait intervenir différents acteurs.

Les allergènes

Issus de notre environnement, ces allergènes interviennent de deux façons :

— L'une secrète, cliniquement silencieuse, mais biologiquement essentielle, lors de la phase de sensibilisation de l'organisme qui aboutit à la fabrication d'anticorps spécifiques. Ceux-ci sauront reconnaître ensuite les régions de l'allergène qui ont déclenché leur fabrication.

— L'autre cliniquement manifeste, de façon explosive voire dangereuse, lors de leur réintroduction dans l'organisme. Dans cette deuxième phase de provocation, la liaison entre l'allergène et les anticorps spécifiques aboutit à l'activation des cellules impliquées dans l'allergie. Celles-ci libéreront des messagers intercellulaires, médiateurs de l'allergie, qui déclencheront une réaction inflammatoire parfois brutale.

L'action des allergènes sur la réaction allergique peut être amplifiée par d'autres facteurs de l'environnement domestique ou extérieur qui sont des cofacteurs de la réaction allergique.

Les acteurs du système immunitaire : anticorps, cellules, médiateurs

Les anticorps impliqués dans l'allergie sont surtout des anticorps IgE, impliqués dans les réactions d'hypersensibilité immédiate. Ils interviennent également dans la lutte contre les parasitoses. Deux autres classes d'anticorps peuvent intervenir : les IgG dans des réactions d'hypersensibilité, les IgA dans la protection du tube digestif.

Les cellules du système immunitaire sont de plusieurs types :

— Les macrophages et cellules proches, chargées de capturer, puis de présenter l'antigène.

— Les lymphocytes de différents types, dont l'activation oriente vers une réponse allergique.

Les mastocytes des tissus et basophiles du sang qui fixent les IgE auxquels se lieront les allergènes.
Les médiateurs assurent les échanges d'information au sein du système immunitaire et l'activation des cellules cibles.

Les différents organes atteints
Il s'agit de la peau, des muqueuses nasales, pulmonaires, digestives, et d'autres tissus sur lesquels vont agir les médiateurs libérés lors de la réaction d'hypersensibilité. L'importance de la réaction allergique dépend aussi de l'état des tissus et de leur capacité à réagir.

Le terrain du sujet et sa sensibilité ou « susceptibilité » individuelle
S'il existe des allergies accidentelles et environnementales, liées souvent à des occupations professionnelles ou à des mécanismes spécifiques (allergies de contact), les maladies allergiques courantes surviennent préférentiellement sur un terrain prédisposé, le terrain atopique. Heureusement, il n'existe pas de déterminisme strict, et les enfants de parents atopiques héritent seulement d'une tendance à devenir allergiques.

La thérapeutique et le médecin
Ces réactions qui peuvent être accidentelles et passagères sont souvent à l'origine de manifestations qui durent et deviennent chroniques. Elles constituent alors une véritable maladie avec laquelle les sujets atteints doivent composer, en évitant l'allergène si c'est possible ou en ayant une hygiène de vie et un traitement approprié. C'est au médecin qu'il importe par son diagnostic, ses conseils et son traitement de modifier le cours de ces maladies.

Qu'est-ce que l'allergie ?

■

L'allergie a une triple réalité :

■ **Immunologique**, par ses mécanismes, ce qui lui confère une assise scientifique très solide.

■ **Clinique**, avec une très grande variété de manifestations dont la fréquence, sans cesse croissante dans nos sociétés, préoccupe les responsables de la santé publique.

■ **Environnementale**, avec les allergènes, mais aussi une multiplicité de facteurs qui interviennent dans le déclenchement ou l'aggravation des manifestations, la pollution étant le facteur le plus souvent incriminé.

Ce malade allergique hypersensible, immunologiquement et cliniquement, à son environnement, est atteint d'une maladie chronique ou à manifestations répétitives. Les maladies allergiques ne frappent pas au hasard, mais touchent préférentiellement des « terrains » prédisposés. Les malades qui ont subi successivement au cours de leur vie des épisodes d'allergie alimentaire, d'eczéma, d'asthme ou de rhinite, connaissent bien cette réalité.

Ces différents aspects de l'allergie ont pu être identifiés grâce au travail de pionniers dont l'ingéniosité et la persévérance ont seules permis de découvrir les mécanismes de maladies d'expression souvent étrange et paradoxale.

Quelques repères historiques

Lorsqu'en 1906, le médecin autrichien von Pirquet introduit le terme « allergie », la réalité clinique décrite sous ce terme issu du grec (*allos* : autre et *ergon* : action) était connue depuis longtemps. De Britannicus, allergique au poil de cheval, à Marcel Proust, atteint d'un asthme pollinique, les allergiques, célèbres ou non, ont été nombreux. Le caractère singulier, original, déconcertant et parfois dramatique de ces épisodes pathologiques explique que la mémoire en a été conservée. Grâce à la découverte progressive des facteurs et des mécanismes déterminant la survenue de maladies allergiques, celles-ci ont perdu leur caractère inexpliqué et un peu mystérieux.

L'histoire de cette (ré)action autre qu'est l'allergie peut être illustrée par la découverte de quatre éléments clés de cette réaction : le contact avec l'allergène, la sensibilisation, le « terrain » du patient et les anticorps de l'allergie.

➤ Le contact avec l'allergène

1870-1873

Charles Blackley, médecin de Manchester, est atteint du « catarrhe[1] » estival ou rhume des foins. Suspectant les pollens, il en prend un échantillon qu'il applique sur une égratignure de sa peau, ce qui provoque une réaction d'urticaire. En hiver, il inhale ces mêmes pollens, ce qui déclenche chez lui une atteinte du nez et des conjonctives, et de l'asthme. Pour mieux démontrer qu'ils étaient la cause du rhume des foins, il met au point un capteur aérien de pollens à l'aide d'un cerf-volant : il met ainsi en évidence l'augmentation du taux de pollen dans l'atmosphère au printemps à Manchester. Ce médecin ingénieux publie ses travaux dans une revue anglaise d'homéopathie de 1871 à 1873 (le *British Journal of Homoeopathy*), avant de les rassembler dans un ouvrage sur le catarrhe estival en 1873. La raison en est simple : Charles Blackley, qui décrivit le premier le rhume des foins, était aussi un médecin homéopathe.

➤ La sensibilisation à l'allergène

Juillet 1901

La *Princesse Alice II*, bateau du Prince Albert de Monaco part pour sa croisière scientifique annuelle. Le prince, connu pour ses travaux en océanographie, propose à Charles Richet, membre de l'Académie de médecine et à Paul Portier, d'étudier le « venin » des Physalies. Ces méduses de grande taille étaient responsables chez certains matelots de douleurs très vives et de paralysies discrètes. Pendant la croisière, les deux chercheurs extraient la toxine et mettent en évidence ses propriétés hypnotiques et anesthésiantes. De retour à la Faculté de médecine de Paris, ils continuent leur travail sur la toxine d'animaux voisins (du même embranchement des Cœlentérés), les Actinies ou anémones de mer. En tentant d'immuniser des chiens par l'administration de faibles doses de la toxine, ils s'aperçoivent que loin d'être protégés, ces animaux « sensibilisés » par de faibles doses injectées antérieurement meurent après administration d'une nouvelle dose très faible plusieurs semaines après les précédentes. Après la mort du chien Neptune, resté de ce fait célèbre, Richet et Portier publient en février 1902 une note sur ce nouveau phénomène : « Nous appelons anaphylaxie (contraire de la phylaxie : c'est-à-dire protection en grec) la propriété dont est doué un venin de diminuer l'immunité lorsqu'il est injecté à doses non mortelles[2]. » Ces deux chercheurs avaient ouvert la voie à l'étude des réactions d'hypersensibilité, autre mode de réaction du système

1. Terme médical ancien signifiant « écoulement vers le bas » et correspondant à une inflammation avec sécrétion augmentée. Le simple rhume en est l'illustration.
2. Richet C., Portier P., « Recherches sur la toxine des Cœlentérés et les phénomènes d'anaphylaxie », *Bulletin de l'Institut océanographique de Monaco*, 1936, fascicule XCV, 24 p. Une autre formulation, plus complète, de la découverte de Richet et Portier est la suivante : « Une substance injectée à une dose insuffisante pour tuer ou même rendre malade un animal normal détermine des accidents foudroyants et mortels chez un animal qui, quelques semaines auparavant, avait reçu cette même substance. »

immunitaire face à des substances étrangères. Ceci vaudra à Charles Richet, académicien dont les pôles d'intérêt très variés allaient de l'aviation à la parapsychologie, un prix Nobel de médecine en 1913. Paul Portier, qui fut presque centenaire a souvent rappelé que « l'anaphylaxie est une découverte océanographique », et nous rajouterons française, ce qui est parfois oublié des auteurs anglo-saxons.

➤ Le « terrain » du malade allergique

1923

Deux scientifiques américains, Coca et Cooke, proposent dans le *Journal of Immunology* le mot atopie (du grec *atopia* : étrangeté) pour décrire les différentes formes cliniques de l'allergie telles que le rhume des foins, l'asthme, l'urticaire et certaines formes d'eczéma, correspondant au fait que « certains individus ont la capacité particulière de devenir sensibles à des protéines auxquelles ils sont exposés fréquemment dans leur environnement et par leur mode de vie ». La prédisposition héréditaire à devenir sensible est une caractéristique de l'atopie : la notion de « terrain », terme spécifiquement français et donc non employé par Coca et Cooke, est ainsi introduite en allergologie, sans que les mécanismes de déclenchement de ces maladies soient connus. Cette ignorance durera plus de quarante ans.

➤ Les anticorps de l'allergie

1966-1967

Une équipe de chercheurs, toujours américains, dirigés par un couple Ishizaka, découvre à partir du sérum d'un sujet extrêmement allergique au pollen d'Ambrosia une catégorie particulière d'anticorps (protéines de l'immunité ayant pour fonction de neutraliser des substances étrangères à l'organisme). Ils les identifient comme étant responsables de la réaction allergique et les nomment anticorps IgE (E pour *Erythema*). La découverte des mêmes anticorps est faite simultanément par une équipe dirigée par un chercheur suédois, Johansson. Dans les deux cas, il s'agissait d'un véritable exploit scientifique car le taux normal d'IgE dans le sang représente le millionième du taux total des immunoglobulines, donc des anticorps.

Grâce à des méthodes permettant la mise en évidence de quantités très petites (« infinitésimales » selon certains immunologistes) d'anticorps dans le sérum des allergiques, l'allergologie sort de l'empirisme, et s'intègre scientifiquement dans l'immunologie. Ce fait sera à l'origine de nombreuses découvertes et progrès ultérieurs.

Notons un autre fait curieux à propos des IgE : l'étude de l'activité *in vitro* de hautes dilutions d'anticorps dirigés contre les IgE a été, après la publication des résultats dans la revue *Nature,* à l'origine de la polémique sur les hautes dilutions[3].

3. Le versant médiatique de cette polémique correspond à l'affaire de « la mémoire de l'eau », terme qui a parfois occulté des aspects scientifiques et médicaux plus simples et plus proches de la réalité.

Sur ce sujet controversé, abordé dans la dernière partie, nous verrons qu'il ne s'agit ni d'une escroquerie ni d'un coup de génie, mais de l'application simple de la méthode scientifique à la compréhension de faits paradoxaux. Une telle démarche est non seulement légitime, mais indispensable quand elle s'applique à des médicaments utilisés par des millions de patients.

La réaction allergique : un paradoxe immunologique

Avant ces découvertes, le rôle du système immunitaire était simple : sa fonction était de protéger l'organisme contre des substances étrangères. La découverte, puis la compréhension des réactions allergiques ont considérablement modifié cette vision univoque de l'immunologie. Les réactions allergiques sont déconcertantes à plus d'un titre :

— Elles constituent le contraire d'une protection, ce qu'illustre l'étymologie du terme « anaphylaxie ».

— Elles sont déclenchées par des substances banales de l'environnement, tels le pollen ou le contenu de la poussière de maison.

— Leur intensité semble disproportionnée par rapport à la quantité d'allergène : qu'une simple piqûre de guêpe ou l'ingestion d'une seule cacahuète puisse déclencher une réaction mortelle est apparemment très surprenant !

— Le patient, victime de cette réaction, est en même temps un complice malgré lui : son organisme s'est sensibilisé à une ou plusieurs substances ; parfois, c'est son « terrain », son hérédité, qui a contribué à cette sensibilisation.

— De plus, ce handicap physiologique ne se limite pas à l'univers des allergènes : les muqueuses qui tapissent l'intérieur des bronches ou du nez, la peau dans le cas des maladies cutanées, sont devenues hyperréactives aux polluants de l'environnement. Ces facteurs irritants, qui ne sont pas des allergènes, provoquent chez le malade allergique des réactions pathologiques, augmentant ainsi la vulnérabilité de ce dernier à l'environnement.

Avant de dresser un tableau général des maladies allergiques, il nous faut explorer brièvement la notion de sensibilisation, qui est la caractéristique biologique majeure de l'allergie.

➤ La sensibilisation

Chacun d'entre nous est exposé au pollen d'arbre et de graminées ou aux acariens de la poussière de maison ; la majorité d'entre nous les tolérons bien. Cependant, certains vont développer, au bout d'un temps variable, une réaction immunologique, d'abord silencieuse, ensuite cliniquement manifeste.

La phase silencieuse est due à la production, en quantité très faible, de ces anticorps particuliers découverts par Ishizaka et Johansson : les anticorps IgE. Comme les autres anticorps, ils exercent des fonctions caractéristiques au sein du système immunitaire, notamment la *reconnaissance spécifique d'une substance étrangère*, et *la mémorisation* de cette reconnaissance par des cellules spécifiques (les lymphocytes chargés de la production de ces anticorps). Mais ils ne sont pas dirigés contre des bactéries ou des virus, comme ceci survient de façon naturelle après une maladie infectieuse ou de façon provoquée après une vaccination. Certes, les anticorps IgE sont parfois produits en réaction à une parasitose, et leur fonction est proche alors de celle des autres anticorps. Mais, lors de leur production après sensibilisation à un allergène, la reconnaissance immunologique qu'ils exercent est dirigée contre des substances non agressives, bien tolérées par la majorité de la population. Des raisons génétiques, mais surtout environnementales participent à ce paradoxe. En pratique, dans le cadre de la réaction biologique d'hypersensibilité retardée, ceci se traduit dans un premier temps par une surproduction spécifique d'anticorps IgE dirigés contre le pollen de bouleau par exemple ou contre les acariens de la poussière de maison.

Cependant, la production excessive de ces anticorps ne signifie pas obligatoirement que les sujets auront une maladie allergique. Elle signifie seulement qu'ils sont susceptibles de faire une réaction allergique lors de contacts ultérieurs avec cet allergène auquel ils sont sensibilisés. Certains sujets resteront à ce stade de sensibilisation, indemnes de tout symptôme, mais pour la plupart, il y aura une traduction clinique.

➤ La survenue d'une maladie allergique

Lors d'un contact postérieur avec le pollen de bouleau ou après une période d'exposition silencieuse aux acariens, ces antigènes vont être reconnus spécifiquement par les anticorps IgE. Or ceux-ci sont venus se fixer entre-temps sur des cellules particulières (les basophiles dans le sang, les mastocytes dans les tissus). La rencontre entre l'allergène et l'anticorps va alors être réellement explosive en provoquant la libération, par ces cellules, de médiateurs biologiques extrêmement puissants. Ces médiateurs vont alors agir à distance sur des cellules du nez, des bronches ou de la peau, et provoquer une manifestation allergique brutale, apparemment inexplicable et parfois dramatique pour le patient la première fois. L'expression « dramatique » est d'ailleurs appropriée, les médecins allergologues ayant l'habitude de comparer la réaction allergique à un drame classique, avec unité de temps, de lieu, et d'action. Grâce à une enquête clinique et biologique, les médecins pourront identifier le(s) responsable(s) apparent(s) du « drame ». Ainsi, dans le cas du pollen de bouleau, sa responsabilité sera indiquée par les circonstances de survenue (lieu et période de pollinisation), et par les tests explorant la production excessive d'IgE spécifiquement dirigées contre ce pollen.

➤ Le rôle aggravant des irritants

Par ailleurs, certaines substances de l'environnement peuvent déclencher apparemment des réactions allergiques ou les aggraver, sans cependant créer une production excessive d'IgE et le mécanisme de sensibilisation spécifique décrit ci-dessus. Ces substances (pollution, tabac, certains additifs alimentaires) agissent comme des irritants, de façon non spécifique et non comme des allergènes. Le malade allergique, surtout lorsque sa maladie est ancienne, sera souvent plus vulnérable que les sujets sains à leur exposition. Ceci est dû à l'inflammation chronique qui a altéré sa peau ou ses muqueuses, le rendant ainsi plus sensible à l'exposition de ces agents irritants.

Schématiquement, deux types de réaction peuvent être distingués :

■ **Une réaction allergique spécifique.** Elle survient chez les patients sensibilisés à des allergènes courants par un mécanisme dépendant des IgE. Ceux-ci se dépistent par des tests cutanés ou biologiques. Cette sensibilisation, nous l'avons vu, est nécessaire, mais pas suffisante : il existe des sujets sensibilisés indemnes de tout symptôme.

■ **Une irritation ou une hyperréactivité non spécifique à des facteurs d'environnement.** Il s'agit alors de réponses excessives à des irritants communs : poussières, fumée de tabac, air froid.

Ces facteurs responsables de pathologies dues à une réactivité excessive à l'environnement conjuguent souvent leurs effets à ceux des allergènes, les agents irritants aggravant en particulier les maladies allergiques.

ALLERGIE ET HYPERRÉACTIVITÉ À L'ENVIRONNEMENT

Irritants déclenchant une hyperréactivité non spécifique	Allergènes déclenchant une réaction allergique spécifique
Tabac Pollution Effort Air Froid Aliments Médicaments	Acariens Pollens Phanères d'animaux Venins d'hyménoptères Allergènes alimentaires Allergènes médicamenteux

Un allergique est très souvent hyperréactif aux irritants : ce sont des facteurs aggravant des maladies allergiques

➤ Vrais et faux allergiques

Dans la pratique, l'allergie couramment rencontrée se situe au carrefour de ces deux ensembles. Si les mécanismes de sensibilisation IgE dépendante et ceux de l'hyperréactivité non spécifique sont différents et agissent séparément, ils conjuguent souvent leurs effets lorsqu'on est atteint d'allergies. On distingue ainsi trois groupes de patients :

■ **Des patients allergiques IgE dépendants**, sensibilisés à un ou plusieurs allergènes (cas les plus nombreux) et cliniquement hyperréactifs à l'environnement. Ces patients ont fréquemment un terrain « atopique », à savoir une prédisposition biologique à produire trop d'IgE et une prédisposition clinique à faire une rhinite allergique, de l'asthme ou de l'eczéma.

■ **Des patients hyperréactifs à des facteurs de l'environnement**, mais non sensibilisés à des allergènes : ces sujets ne supportent pas, par exemple, la pollution ou le tabac, sans qu'aucun mécanisme d'allergie ne soit sollicité. Il s'agit de faux allergiques, mais pas de faux malades. Ils sont seulement moins tolérants que la moyenne des sujets à des substances toxiques et agressives pour tout le monde.

■ **Des sujets sensibilisés par un mécanisme IgE**, mais non réactifs cliniquement : chez eux, l'allergie est latente. Il est ainsi possible d'avoir biologiquement un excès d'anticorps IgE dirigés contre des pollens et ne pas réagir à l'exposition de ces pollens. L'expression « être un malade qui s'ignore » est alors vraie : si certains sujets restent indemnes de tout symptôme, d'autres peuvent devenir allergiques.

La maladie allergique au carrefour de la sensibilisation et de l'hyperréactivité

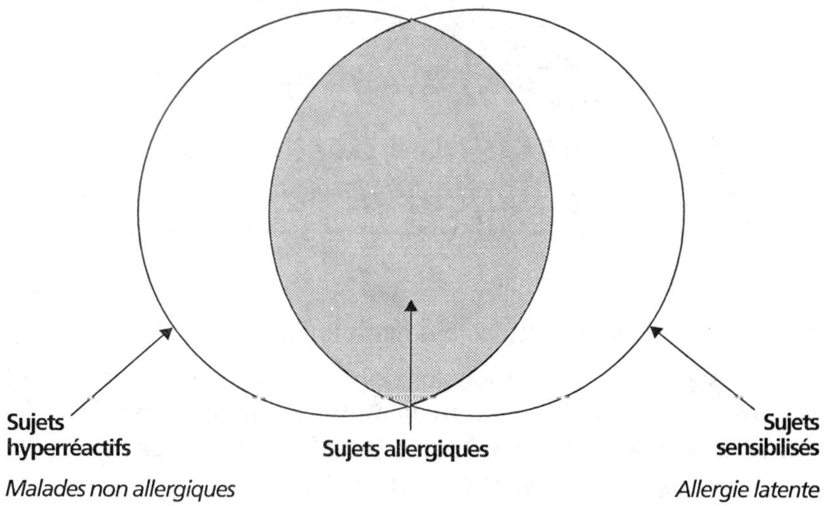

➤ Le terrain allergique : l'atopie

Les maladies allergiques les plus fréquentes (rhume des foins, asthme allergique, eczéma atopique) s'associent souvent entre elles, soit chez un même sujet, avec des alternances possibles au cours de sa vie, soit dans sa famille : le terrain de ces patients correspond à l'atopie, définie par des critères cliniques (existence d'une ou de plusieurs maladies citées ci-dessus dans les antécédents personnels ou familiaux du sujet) et biologiques (prédisposition héréditaire à produire des anticorps IgE). *L'atopie est une prédisposition héréditaire à présenter des maladies allergiques : asthme allergique, rhume des foins, eczéma constitutionnel. Elle correspond à une tendance à synthétiser des anticorps IgE à des allergènes introduits par les voies naturelles : 20 % de la population générale a ce terrain.*

De nombreuses maladies allergiques ont un caractère plus accidentel et ne sont pas liées à l'atopie.

MALADIES ALLERGIQUES LIÉES OU NON AU TERRAIN ATOPIQUE

Maladies allergiques atopiques	Maladies allergiques non atopiques
Rhinites et conjonctivites polliniques. Asthme aux acariens. Eczéma atopique	Allergies aux hyménoptères. Asthmes professionnels (produits chimiques). Dermites de contact

Qu'elles soient liées à des facteurs génétiques ou qu'elles soient accidentelles, les différentes maladies allergiques constituent, par leur fréquence et leur importance, un véritable problème de société.

L'augmentation de fréquence des maladies allergiques, un problème majeur de santé publique

➤ L'apport essentiel des études épidémiologiques

Depuis plusieurs décennies, l'évolution des maladies allergiques dans différents pays, le rôle des allergènes et des variations de l'environnement domestique et extérieur sont de mieux en mieux étudiés. Les informations issues de ces études, lorsqu'elles sont reprises dans la presse, semblent indiquer une augmentation très nette des maladies allergiques dans la population générale. La pollution est souvent rendue responsable de l'accroissement de ces pathologies des temps modernes : asthme, eczéma, rhinite, allergie alimentaire.

Mais si on en croit les propos humoristiques d'allergologues danois, « ce n'est pas le nombre de maladies et de patients allergiques qui augmente, mais le nombre de médecins capables d'étudier ces maladies ». Cette réflexion, un peu provocatrice, rappelle qu'il faut éviter de comparer des données obtenues dans des conditions trop différentes. Ainsi, des questionnaires effectués directement auprès de la population ne donnent pas les mêmes renseignements que des enquêtes faites auprès du médecin et comportant les résultats d'un interrogatoire médical, complété par des tests cliniques ou biologiques adaptés.

Ces précautions étant prises, des informations crédibles existent, provenant d'études épidémiologiques, effectuées à des intervalles répétés dans des mêmes zones géographiques, sur des populations comparables. Elles proviennent principalement des pays développés. Ces études ont montré des différences entre pays, différences qui doivent être relativisées en raison de la diversité des méthodes utilisées, et des variations culturelles sur la signification des maladies. Cependant toutes les études sont en accord sur un point : l'augmentation générale des maladies allergiques.

Plus récemment, deux grandes études internationales ont été mises en place dans les années 1990-1995 pour obtenir des informations comparables sur le pourcentage des maladies allergiques dans différents pays et régions, et pour mieux étudier le rôle respectif des facteurs génétiques et des facteurs d'environnement (urbanisation, pollution, mode de vie, rôle des infections, etc.) dans les modifications constatées :

— La première, Étude européenne sur la santé respiratoire (ECHRS : European Community Health Respiratory Survey), a porté sur l'asthme étudié chez des populations d'adultes jeunes (20 à 40 ans). Effectuée dans vingt-deux pays et quarante-huit centres, dont quatre en France, ses résultats sont actuellement connus.

— La deuxième, Étude internationale de l'asthme et des allergies chez l'enfant, répond au sigle ISSAC (International Study of Asthma and Allergies in Childhood). Réalisée dans cinquante-six pays, dont la France, il s'agit de la plus grande étude épidémiologique en cours de réalisation.

Bien que l'épidémiologie des maladies allergiques soit en constante évolution, des informations crédibles sont disponibles sur l'évolution des maladies atopiques en général et des principales maladies allergiques isolées, ainsi que sur l'impact éventuel des variations de l'environnement sur les modifications observées.

➤ Pourcentage de patients atteints de maladies allergiques

L'OMS, constatant la tendance générale à l'augmentation de la prévalence (c'est-à-dire le pourcentage de sujets atteints d'une maladie dans la population) a récemment classé (1997) les maladies allergiques au sixième rang mondial des grandes pathologies. Naturellement de fortes disparités existent entre les pays et les continents, mais l'augmentation est prévue dans tous les pays. Ces tendances ont été confirmées par les résultats de la première étape de l'étude ISSAC portant sur la prévalence de l'asthme, des rhinites allergiques et de l'eczéma chez l'enfant :

— Les pays anglo-saxons ont la prévalence la plus élevée : Royaume-Uni, Australie, Nouvelle-Zélande, Irlande et Amérique du Nord.

— Les pays où la prévalence de ces affections est la plus basse sont la Chine, l'Inde, l'Europe de l'Est, certains pays d'Asie du Sud-Est (Taiwan, Indonésie) et d'Afrique (Éthiopie).

— L'Europe occidentale dont la France et les pays scandinaves, l'Asie du Sud-Est et l'Afrique sont en position intermédiaire.

Des différences existent aussi entre les diverses régions d'un pays. Ainsi, en France, il existe une forte disparité entre les cinq régions étudiées selon un axe nord-sud.

POURCENTAGE DE PATIENTS ATTEINTS DE MALADIE ALLERGIQUE SELON LES RÉGIONS
(étude sur 18 555 enfants âgés de 13-14 ans)*

% patients/Région	Bordeaux	Marseille	Montpellier	Villejuif	Strasbourg
Asthme	16,1	14,8	14,6	10,9	10,5
Rhinite allergique	16,4	11	27,1	16,7	14,8
Eczéma	23,1	28	25,8	24,8	22,2

* Étude ISAAC

En France, la prévalence de l'asthme et des rhinites allergiques a été suivie par des études comparables effectuées chez des adultes âgés en moyenne de 21 ans : à Paris, les taux ont doublé de 1982 à 1992 (voir tableau ci-dessous). Ils ont été multipliés par un facteur 4 à 8 entre 1968 et 1992.

ÉVOLUTION DE LA PRÉVALENCE DE L'ASTHME ET DE LA RHINITE ALLERGIQUE À PARIS
CHEZ DES ADULTES JEUNES*

Année	Asthme	Rhinite allergique
1968	3,3 %	3,8 %
1982	5,4 %	10,2 %
1992	13,9 %	28,5 %

* Étude ISAAC

Même si ces pourcentages sont évolutifs, il est possible de donner une estimation générale sur l'ensemble de la population à partir des études réalisées dans les pays industrialisés d'Europe de l'Ouest. Le pourcentage de sujets sensibilisés à des allergènes courants est de 20 à 35 %. Celui de patients réellement atteints de maladies allergiques, selon un mécanisme d'hypersensibilité immédiate, est de 10 à 15 % en France, un peu plus élevé aux États-Unis. Il est plus important chez les enfants et les sujets jeunes (20 %). Si l'on considère les principales maladies allergiques, les plus courantes sont la rhinite allergique et l'eczéma atopique touche surtout les enfants.

POURCENTAGE DE PATIENTS ALLERGIQUES (EUROPE DE L'OUEST)*

Patients sensibilisés (tests cutanés)	20-35 %
Rhinite allergique	5-20 %
Asthme	3-10 %
Eczéma atopique	10-25 %

* Les pourcentages varient selon les tranches d'âge et les pays

➤ Fréquence des maladies liées au terrain atopique

À la lecture du panorama rapide des maladies allergiques exposées ci-dessus, se différencient schématiquement l'allergie maladie et l'allergie accident. Dans le premier cas, qui correspond pour l'essentiel aux maladies allergiques décrites ci-dessus, il existe un « terrain » prédisposé. Dans le second cas (celui des maladies allergiques accidentelles) elles peuvent survenir sans terrain particulier, ce qui est le cas de nombreuses maladies allergiques d'origine médicamenteuse ou professionnelle.

Pour mieux prévenir les maladies allergiques, les allergologues ont cherché à mieux évaluer la fréquence de ce terrain atopique et aussi à identifier les facteurs qui le favorisent. La fréquence est connue grâce aux marqueurs de l'atopie que sont les tests cutanés aux allergènes et le dosage des anticorps IgE spécifiques des allergènes. Selon les résultats de ces tests, 30 % de la population serait sensibilisée aux allergènes courants (pollens et spores de moisissures à l'extérieur, acariens et poils d'animaux à l'intérieur). Heureusement, seuls 20 % des sujets expriment cliniquement des maladies allergiques. Cette prévalence est variable selon les pays et les régions, en fonction du climat, du mode de vie, des allergènes principaux.

Les principales maladies atopiques sont l'eczéma atopique, le rhume des foins, l'asthme allergique, auxquelles on peut joindre l'allergie alimentaire. Chez les sujets présentant un haut degré d'atopie, ces maladies se succèdent au cours de la vie : eczéma de l'enfant, bronchite asthmatiforme, allergies alimentaires, rhume des foins, asthme se suivent ou alternent. Chez les sujets présentant un faible degré d'atopie, cas heureusement le plus fréquent, le rhume des foins sera souvent la seule pathologie exprimée.

À côté des facteurs génétiques (voir p. 95), des facteurs environnementaux favorisent l'expression de maladies atopiques liées à la production excessive d'IgE. La fréquence de ces maladies est actuellement en augmentation en Europe et dans les pays développés. Cette augmentation porte sur des marqueurs objectifs et n'est pas le seul reflet de la meilleure attention portée aux maladies allergiques, que ce soit par les médecins ou les patients. Elle semble aussi reliée à des modifications de l'environnement, du mode de vie et de l'hygiène. Un point est particulièrement intéressant : l'évolution parallèle de l'augmentation des maladies atopiques et de la diminution des maladies infectieuses de la petite enfance, infections qui pourraient jouer un rôle protecteur contre l'atopie.

Les maladies allergiques, une pathologie de l'environnement

Il existe un intérêt naturel des médecins allergologues pour l'environnement et l'écologie médicale. Si l'écologie est devenue, à juste titre, un des points de repère de nos sociétés développées, elle a toujours été présente en médecine, à la fois à travers l'hygiène et la tradition médicale hippocratique, dans laquelle l'individu est replacé dans son environnement. Du point de vue écologique, l'augmentation de fréquence d'une pathologie est due soit au fait qu'elle constitue un « avantage » biologique, soit qu'elle résulte d'un changement rapide des conditions de vie.

➤ Urbanisation et modifications des conditions de vie

L'augmentation des maladies allergiques dans les pays dont le mode de vie est de type occidental ou en cours d'occidentalisation est un fait établi. Ceci a conduit à s'interroger sur les relations entre ce mode de vie et l'augmentation de fréquence des maladies allergiques. La fréquence de survenue de maladies allergiques et le taux de sensibilisation aux allergènes augmentent avec la vie en milieu urbain, particulièrement en cas d'urbanisation récente. Vivre en ville ne consiste pas seulement à être soumis à une pollution atmosphérique dont la nature se modifie avec le développement des pays, c'est aussi, et peut-être surtout, adopter un mode de vie urbain où les allergènes et les polluants chimiques sont très nombreux dans l'habitation. Ce que l'on appelle la « charge allergénique » est très important dans les appartements : acariens liés à la moquette, chats et autres animaux domestiques, moisissures (*Aspergillus*) dus à l'air conditionné, blattes, etc. Les polluants chimiques issus de sources internes (chauffage, cuisine) sont aussi variés que dans l'air extérieur. Ceci peut contribuer à expliquer la sensibilisation plus fréquente des citadins par rapport aux ruraux. D'autres modifications du mode de vie tels les changements de l'alimentation des jeunes enfants (diversification précoce, consommation d'arachide) et des adultes (consommation de fruits exotiques) peuvent intervenir, mais elles sont plus liées au niveau de vie qu'au lieu d'habitation.

De nombreuses études ont été réalisées sur ce sujet afin d'identifier les facteurs déclenchant ou favorisant l'apparition des maladies allergiques et d'en développer [illegible] Les principaux facteurs environnementaux favorisant cette crois[illegible]turellement l'exposition aux allergènes et les facteurs adjuvants en [illegible]abac, la pollution extérieure, mais aussi la pollution présente à l'inté[illegible]itations.

➤ L'exposition aux allergènes

Chez les individus qui ont une prédisposition génétique à se sensibiliser, il existe une relation entre l'importance de l'exposition aux allergènes et l'apparition d'une sensibilisation. De plus, le fait d'être sensibilisé à des allergènes de l'environnement constitue un facteur de risque dans l'apparition de l'asthme.

Les principaux allergènes inhalés par les voies respiratoires sont les acariens, les pollens, les poils d'animaux et les moisissures. Une étude européenne récente donne un aperçu de leur pourcentage dans différentes villes de France, ainsi que de la fréquence des principales maladies respiratoires allergiques qu'ils provoquent.

	Pourcentage de sujets allergiques aux				Prévalence	
	Poils de chats	Pollens	Moisissures	Acariens	Asthme	Rhinite
Bordeaux	10,5	19,3	4,6	32,6	5,5	30,2
Montpellier	8,5	16,9	3,3	21,1	5,0	34,4
Grenoble	7,3	18,7	1,5	18,8	3,5	28,1
Paris	8,6	13,8	0,3	24	5,1	30,3

P. Burney *et al.*, European Community Health Respiratory Survey, *European Respiratory Journal* 1996 ; 9 : 687-695.

À l'extérieur des maisons, que ce soit dans les villes ou les campagnes, les allergènes sont nombreux, en particulier les pollens, dont l'importance et la variété dépendent des climats. La connaissance des calendriers polliniques régionaux est utile à la prévention, qui reste cependant limitée.

Un autre facteur à la fois prévisible et étonnant intervient sur la fréquence de l'allergie au pollen : la période de naissance de l'enfant. Les enfants naissant juste avant la saison pollinique ont deux fois plus de risque de voir se développer une allergie aux pollens que ceux naissant après la saison pollinique. Ceci est prévisible car le système immunitaire encore immature de l'enfant va être exposé à une plus grande quantité d'allergènes. Mais c'est aussi étonnant car la rhinite pollinique se développe le plus souvent chez l'adolescent ou l'adulte jeune, ce qui montre bien qu'une sensibilisation précoce peut influencer la survenue d'une maladie allergique de nombreuses années plus tard : la mémoire immunitaire est bien réelle et fidèle à la fois.

Parmi les allergènes présents dans les habitations, les acariens occupent un rôle croissant. Le risque de sensibilisation est directement fonction de la dose d'exposition. Il est moins élevé à Briançon et Grenoble qu'à Marseille et Montpellier, l'humidité et la chaleur favorisant leur développement. Plus loin de nous, en Papouasie Nouvelle-Guinée, l'introduction récente de couvertures pour dormir, couvertures rapidement colonisées par les acariens, a considérablement aug
la prévalence de l'asthme.

En France, les principaux allergènes présents dans l'habitation sont :

- **Les acariens,** retrouvés en particulier dans les chambres à coucher. Leur quantité présente dépend du degré d'humidité relative, de l'existence de supports textiles (coussins, moquettes) et de l'efficacité de la ventilation.
- **Les allergènes d'animaux,** ceux du chat en particulier, mais aussi ceux des rongeurs et des blattes (principalement dans les cuisines).
- **Les moisissures,** présentes dans les habitats humides et sur des végétaux.

Éviter l'exposition précoce et importante aux allergènes provenant des acariens, des animaux (chat), des blattes, des champignons est une des mesures les plus utiles de prévention de l'asthme.

➤ La pollution atmosphérique

Les polluants atmosphériques sont souvent accusés d'avoir des effets nocifs sur la santé et en particulier d'accroître les maladies respiratoires et l'asthme. Le sujet est complexe : il a fait l'objet de plusieurs rapports demandés par les dirigeants politiques et souvent oubliés ensuite. Nous récapitulons ici les connaissances relatives aux principaux polluants impliqués dans les maladies allergiques et respiratoires.

Ces connaissances résultent de trois types d'études dont les deux premières, plus importantes, seront détaillées :

- **Les études expérimentales,** effectuées sur des animaux, sur des cellules animales ou humaines en culture, sur des sujets sains ou des patients asthmatiques. Les tests explorant la réactivité bronchique, c'est-à-dire la capacité du muscle bronchique à réagir à une stimulation par l'allergène, correspondent à une situation très proche de la réalité, même si elle diffère d'une exposition prolongée à l'allergène.
- **Les études épidémiologiques concernant les populations**. Les protocoles permettent de contrôler ou d'identifier les différents biais d'observation possible.
- **Les études relatives à l'effet de la pollution atmosphérique sur les allergènes**. Des travaux sont conduits principalement sur les pollens, en particulier à l'Institut Pasteur, afin de mieux comprendre les causes de l'augmentation de l'allergie aux pollens. Selon ces travaux, la pollution urbaine fragilise une partie située à la surface du grain de pollen (l'exine), ce qui favorise la libération des allergènes. De plus, elle enrobe les pollens avec les polluants organiques et minéraux, dont la composition est un fidèle reflet de la nature et de l'intensité de la pollution. Celle-ci aurait ainsi un rôle adjuvant sur l'allergénicité des pollens, augmentant la production d'IgE spécifiques et favorisant l'apparition de pollinoses.

Que disent les études expérimentales ?

L'air véhicule des polluants gazeux (ozone, dioxyde de soufre, dioxyde d'azote, aérosols acides) et des polluants particulaires dont les plus nocifs sont ceux contenant des particules fines (particules issues des moteurs diesels) qui pénètrent dans les voies respiratoires. Selon l'origine de la pollution, on distingue aussi la pollution acido-particulaire (SO_2 et dérivés, particules) d'origine industrielle, et la pollution photochimique (ou photooxydante) liée à la circulation automobile (ozone, oxydes d'azote, particules diesels).

L'effet de ces polluants a été étudié avec précision en particulier pour savoir s'ils exerçaient une agression irritative et inflammatoire sur les muqueuses respiratoires ou s'ils provoquaient ou favorisaient une réaction immunologique de type IgE. La distinction entre une irritation provisoire et la provocation, même indirecte, de maladies allergiques, est importante tant pour les patients que pour ceux qui soignent ou étudient ces maladies.

PRINCIPAUX POLLUANTS ATMOSPHÉRIQUES.
SOURCES ET EFFETS BIOLOGIQUES SUR L'ANIMAL (A) ET L'HOMME (H)

Polluant	Sources	Effets biologiques
Dioxyde de soufre SO_2 : son oxydation conduit à la formation d'acide sulfurique et de sulfates particulaires.	Combustibles fossiles contenant du soufre (charbon, fioul). Participe à la pollution acido-particulaire d'origine industrielle.	A : Irritant non spécifique des bronches. H : Asthmatiques sensibles à un seuil plus bas que les sujets sains.
Dioxyde d'azote NO_2 : taux surveillé dans les centres urbains, car il pénètre profondément dans les voies respiratoires. Effet oxydant.	Circulation automobile (voitures à diesel ou à essence sans pot catalytique). Polluant domestique : installations de combustion.	A : Aggrave l'inflammation. Augmente la sensibilisation. Favorise les infections respiratoires. H : Augmente la réactivité bronchique non spécifique chez l'asthmatique.
Ozone : Issu de la transformation photochimique des oxydes d'azote et des composés organiques volatiles sous l'effet des UV solaires.	Contribue à la pollution photochimique, en expansion dans les agglomérations urbaines. Gaz oxydant puissant et agressif.	A : Altère l'épithélium bronchique. Favorise la sensibilisation. H : Augmente la réactivité bronchique des sujets normaux et asthmatiques.
Particules en suspension : les plus fines (diamètre inférieur à dix microns) ce qui est le cas de celles produites par les moteurs diesels, sont les plus nocives.	Circulation automobile pour les particules fines : moteur diesel (taux x 20 au km par rapport à l'essence). Origine industrielle. Origine naturelle (volcan).	A : Induit une réaction inflammatoire. Accroît la production d'IgE par des animaux sensibilisés. A et H : Augmente la production de médiateurs pro-allergiques. H : Favorise la production d'IgE.

Selon les résultats de ces nombreuses études expérimentales effectuées sur l'animal et sur l'homme (voir tableau ci-dessus), il y a un effet différent de deux types de polluants :

— Effet principalement irritatif du dioxyde de soufre, du dioxyde d'azote et de l'ozone.

— Effet de type immunologique des particules diesels qui contribuent à l'augmentation des IgE et à la survenue de réactions d'hypersensibilité immédiate. L'effet de ces particules sur l'allergie est direct et réel.

Cependant ces études, même si elles tentent de reproduire le plus fidèlement possible les conditions d'exposition naturelle, ne donnent pas les mêmes informations que celles issues de l'observation au long cours des populations exposées. Ces deux types d'information doivent être confrontés avant toute information, surtout médiatisée. Il n'est pas nécessaire d'inquiéter excessivement la population pour une augmentation transitoire de la pollution (les fameux « pics »), alors que c'est la somme des polluants quotidiens qui agit réellement sur la santé des malades allergiques.

Que disent les études épidémiologiques ?

Les études épidémiologiques ont été effectuées sur des populations exposées de façon naturelle (si l'on peut dire...) aux polluants et donnent des résultats plus contrastés que les études expérimentales. De plus, la relation entre les effets des polluants et les maladies atopiques, soumises à une multiplicité de facteurs n'est pas facile à établir.

À la fin des années 1980 et au début des années 1990, des études comparant la fréquence des maladies allergiques entre la ville et la campagne ont été effectuées. Leur résultat global est clair : il existe une plus grande proportion de patients sensibilisés aux allergènes et de malades allergiques en milieu urbain. Ceci permettait de suspecter le rôle de la pollution atmosphérique, bien que d'autres facteurs caractérisent la vie dans les grandes agglomérations.

L'effet des polluants « acido-particulaires » d'origine industrielle ou de ceux liés à la pollution d'origine automobile sur l'aggravation de l'asthme a été bien établi par le suivi de groupes de malades asthmatiques aux États-Unis, en Suède et en Angleterre. L'augmentation du risque d'aggravation reste cependant très variable, et il n'a pas été mis en évidence dans une étude récente effectuée en Europe.

D'autres études ont porté sur les relations entre les fluctuations de la pollution atmosphérique et les modifications des indicateurs de santé concernant les maladies respiratoires. Elles confirment l'effet aggravant de la pollution sur les symptômes respiratoires. Ainsi, aux États-Unis et en Amérique latine, l'accroissement de la pollution photochimique est associé à un accroissement des consultations en urgence pour asthme dans les grandes villes. Au Brésil, à Sao Paulo, le taux ambiant de NO_2 (très élevé pour ceux qui connaissent cette cité) influence la mortalité respiratoire chez l'enfant. Des études épidémiologiques récentes sur des grandes populations associent le taux ambiant de particules fines (inférieures à dix microns) en suspension dans l'air ambiant à l'accroissement de la sévérité des symptômes respiratoires. Cette sensibilité est soumise à des variations individuelles importantes comme l'indiquent des études toxicologiques réalisées sur la réponse inflammatoire non spécifique aux polluants tel l'ozone.

Si l'effet aggravant de la pollution atmosphérique sur l'asthme est clair, l'effet inducteur sur la genèse de l'asthme l'est beaucoup moins : la fréquence des symptômes (toux, respiration sifflante) est plus élevée en zone polluée, mais l'étude de la fréquence de l'asthme donne des résultats controversés. En ce qui concerne l'allergie, la sensibilisation aux principaux allergènes d'origine aérienne est en augmentation en milieu urbain. Mais ceci ne signifie pas qu'elle soit liée à la pollution atmosphérique.

Les « responsables » : notre mode de vie occidental, plus que la pollution

Récemment, des études épidémiologiques ont été effectuées entre les villes de l'Ouest et de l'Est de l'Europe afin de comparer l'effet de la pollution sur les malades allergiques et de différencier l'impact de deux types de pollution : la pollution acido-particulaire (SO_2 et particules) d'origine industrielle qui prédomine à l'Est, et la pollution photochimique, principalement liée à la pollution automobile, prédominant en Europe occidentale. Menés en Allemagne, sur des populations génétiquement identiques, ces travaux ont donné des résultats surprenants : la fréquence du rhume des foins, de l'asthme et du terrain atopique est plus élevée en Allemagne de l'Ouest ; le taux des affections ORL et bronchiques de type irritatif et infectieux, est plus élevé en Allemagne de l'Est. La pollution des métropoles de l'Europe de l'Ouest favoriserait donc les maladies allergiques et l'atopie, alors que la pollution industrielle des pays de l'Est favoriserait la survenue de bronchites. De façon générale, ces études confirment la tendance observée dans l'étude ISSAC : pourcentage de maladies allergiques élevé dans les pays anglo-saxons, un peu plus bas en Europe de l'Ouest, et nettement inférieur dans les pays d'Europe de l'Est et centrale, en Chine et en Inde. Mais l'interprétation de ce fait est bien difficile. D'une part, la pollution de type photochimique est aussi présente en Europe de l'Est ainsi que dans les grandes villes de Chine et d'Inde. D'autre part et surtout, d'autres facteurs peuvent intervenir liés au mode de vie, à l'urbanisation récente, à l'environnement domestique, et aux infections. Ce facteur « infectieux » est à l'origine d'une hypothèse de type immunologique (voir page 34).

L'effet de l'exposition à la pollution automobile sur la fréquence des maladies allergiques avait fait l'objet d'une intéressante étude conduite au Japon et publiée en 1987. Elle avait mis en évidence, en situation réelle, un lien existant entre la pollution due au moteur diesel et la sensibilisation aux pollens : la fréquence de la pollinose au cèdre du Japon était beaucoup plus élevée le long des axes autoroutiers, lieu où la concentration de particules diesels était la plus élevée. Cependant, une nouvelle étude conduite au Japon a infirmé les résultats de la précédente. En Allemagne et en Suisse, une relation a également été établie entre la pollution automobile et les symptômes respiratoires de l'asthme, ainsi qu'avec le rhume des foins.

En résumé

De l'ensemble de ces travaux, il résulte un bilan complexe. La pollution atmosphérique exerce une action encore controversée sur les maladies allergiques : si elle intervient dans l'aggravation des maladies allergiques respiratoires, son rôle sur la genèse et l'augmentation de fréquence des maladies allergiques n'est pas démontré lors des études épidémiologiques. Ces études, dont l'interprétation est difficile en raison de la multiplicité des facteurs intervenant dans la genèse et l'évolution des maladies allergiques, ne confirment pas clairement les données expérimentales.

Des points essentiels sont acquis :

— La pollution atmosphérique, qu'elle soit d'origine principalement industrielle (en régression) ou liée à la circulation automobile (en augmentation) est un facteur aggravant des maladies respiratoires. Elle favorise les réponses de type irritatif et augmente la réactivité des muqueuses, ce qui contribue à aggraver les symptômes des malades allergiques en particulier de l'asthme.

— Certains polluants agissent expérimentalement comme des cofacteurs de la réaction allergique : c'est le cas de l'ozone et surtout des particules diesels[4], capables d'augmenter de manière significative la production d'IgE. Pour mieux identifier le rôle éventuel des différents polluants atmosphériques dans les maladies, des mesures plus fines prenant en considération des paramètres individuels sont nécessaires.

— La pollution atmosphérique n'est qu'un des facteurs qui interviennent dans l'augmentation de la fréquence des maladies allergiques. D'autres facteurs interviennent liés à l'urbanisation des sociétés, au mode de vie, à la pollution intérieure et aussi aux modifications des stimulations immunologiques d'origine infectieuse.

4. L'implication des particules fines issues des moteurs diesels est clairement établie. Elles agissent comme un cofacteur de la réaction allergique. Une politique de prévention est possible. Ainsi, aux États-Unis, ce carburant est réservé aux camions. En Italie, des mesures drastiques prises à l'encontre du diesel ont entraîné la réduction du parc automobile utilisant ce carburant : moins de 10 % contre près de 50 % en France. Mettre au point des « diesels hypoallergéniques », et réduire le cadeau fiscal (23 milliards par an pour le seul parc des automobiles) au profit des carburants moins polluants, ne serait pas une décision de santé publique absurde.

➤ La pollution intérieure

La difficulté d'attribuer à la seule pollution atmosphérique l'augmentation constatée des maladies allergiques — même si des facteurs telles les particules diesels et l'ozone sont des cofacteurs évidents — a incité les spécialistes à mieux connaître les sources de pollution intérieure.

L'homme moderne, citadin le plus souvent, passe en moyenne 80 % à 90 % de son temps dans des locaux, chez lui ou au travail. L'environnement allergénique qu'il côtoie et l'air qu'il y respire sont donc aussi importants pour sa santé que l'air extérieur. La voiture et les transports en commun représentent un espace intermédiaire dont la concentration en polluant varie selon la présence ou non de climatisation, l'utilisation du chauffage, l'ouverture des vitres. Dans les habitations, les choses ne s'arrangent pas forcément.

De nombreux polluants

En dehors des allergènes présents dans l'habitation, la liste des polluants intérieurs s'enrichit de la présence de composés organiques volatils et de formaldéhyde, issus des matériaux de la maison et de son aménagement intérieur, ainsi que du tabac dont la nécessité est plus sujette à caution. Ces polluants chimiques peuvent augmenter le risque de sensibilisation ou abaisser le seuil de réaction chez des personnes allergiques, en particulier les asthmatiques. Les principaux polluants sont :

■ **Le dioxyde d'azote** (NO_2) dont les sources principales sont les cuisinières à gaz, les veilleuses des chauffe-eau, les poêles à bois, les cheminées à foyer ouvert, les radiateurs à gaz ou à kérosène et la fumée de tabac. La quantité présente à l'intérieur des habitations dépend du combustible utilisé, du type de cuisinière ou de poêle et de leur degré d'utilisation et de l'aération. Des chauffages bien réglés émettent du CO et du NO_2. Des radiateurs fonctionnant mal ou mal raccordés peuvent produire des taux élevés de CO et de NO_2. Le NO_2 provient également de l'air extérieur : 35 % de la combustion du fioul et du charbon et 45 % des moteurs de véhicules à essence. Les études effectuées suggèrent fortement que le NO_2 intérieur est capable de provoquer des crises d'asthme, soit en augmentant la réponse aux allergènes, soit par effet direct du polluant.

■ **L'ozone** (O_3), polluant surtout présent à l'extérieur. Ses concentrations dans l'habitat sont en moyenne égales à 50 % de celles de l'air extérieur dont il est issu. En réalité, cette proportion varie de 5 % à 80 %. Dans certaines conditions, ce taux d'ozone intérieur est donc élevé et peut provoquer un spasme des bronches chez les asthmatiques, soit par effet direct, soit en augmentant la réponse à l'allergène.

■ **Les composés organiques volatiles** (COV) issus de molécules de synthèse (hydrocarbures, composés aromatiques, etc.). Les sources sont nombreuses : matériaux des bâtiments (isolants), produits de décoration (papiers peints), activités d'entretien et de bricolage (peintures, colles). Ils peuvent être présents à des concentrations élevées à l'intérieur de l'habitat et persister longtemps, surtout en atmosphère confinée.

- **Le formaldéhyde** qui provient essentiellement d'isolants à base de mousses urée-formol et de meubles en panneaux de particules. Sa présence est notée aussi dans les fumées de tabac, les agents nettoyants et les désinfectants. Les taux de COV et de formaldéhyde dans les habitations peuvent être dix fois supérieurs à ceux de l'air extérieur. À des taux très élevés, ils peuvent exercer un effet irritant sur les bronches des asthmatiques, mais sont plus fréquemment irritants pour le nez, la gorge et les yeux de chacun d'entre nous.
- **Le dioxyde de soufre** (SO_2), issu des chauffages utilisant comme combustible du charbon et des dérivés du pétrole (fioul). Il est présent à des concentrations inférieures à celles de l'air extérieur. Les taux retrouvés à l'intérieur des habitations sont largement inférieurs à ceux provoquant une irritation bronchique.
- **Le tabac**, responsable du tabagisme passif, surtout auprès des enfants ; il est de plus une source importante de nombreux polluants, notamment d'oxyde d'azote et d'aldéhyde.

Il faut sortir !

À la lecture de cette énumération, on comprend mieux le conseil donné par les pneumologues en cas d'augmentation de la pollution atmosphérique : « Sortez malgré tout, car la pollution est supérieure dans une atmosphère confinée ! »

En pratique, la relation entre l'exposition aux allergènes de l'environnement domestique et la sensibilisation de sujets génétiquement prédisposés semble établie. Ceci impose une prévention chez l'enfant et l'adulte. En ce qui concerne les polluants chimiques, ce sont surtout le dioxyde d'azote dont les sources intérieures sont nombreuses, et l'ozone, qui peuvent aggraver l'état des patients allergiques et asthmatiques. Actuellement, parmi les polluants chimiques, seul le tabagisme passif a démontré son rôle sur l'apparition des manifestations respiratoires chez l'enfant. Des études complémentaires sont nécessaires pour préciser le rôle des autres polluants.

L'accroissement des manifestations allergiques constaté dans tous les pays semble due en partie aux effets conjoints de l'exposition aux allergènes et de la pollution physico-chimique de l'air, que ce soit dans l'habitation ou au-dehors. Mais ceci n'explique pas toutes les conséquences de l'urbanisation sur les maladies allergiques.

➤ Le rôle des facteurs infectieux et de l'hygiène

La lutte contre les infections favorise-t-elle l'allergie ?

Récemment, une autre hypothèse, non exclusive des précédentes, a été émise. Elle repose sur l'observation de deux tendances parallèles : l'augmentation des maladies allergiques et du terrain atopique observée dans les pays développés d'une part, la baisse des maladies infectieuses liée à l'amélioration des conditions d'hygiène d'autre part.

Plusieurs facteurs ont permis d'argumenter l'hypothèse d'une relation inverse entre infections précoces et développement de l'atopie, donc de la tendance à la production excessive d'IgE, support biologique de l'eczéma atopique, de l'asthme, des rhinites allergiques et de l'allergie alimentaire vraie :

— Lors des études comparatives Est-Ouest effectuées en Allemagne et en Europe, les infections étaient plus nombreuses à l'Est, et les allergies dominaient à l'Ouest.

— Dans les familles nombreuses, les enfants les plus jeunes, plus sujets aux infections, ont moins d'allergie et d'asthme.

— Des enfants placés très tôt en crèche et donc sujets à de nombreuses infections font moins de manifestations atopiques que les sujets collectivisés plus tardivement, moins sensibles aux infections, mais plus aux allergènes.

— Des éléments d'observation indirects existent : ainsi en Indonésie où les infections infantiles sont nombreuses, l'arachide qui est un aliment de base, ne provoque pas d'allergie. De leur côté, les pédiatres observent souvent que les manifestations d'eczéma atopique diminuent chez un enfant lors d'épisodes infectieux.

— Une étude récente effectuée au Japon apporte des précisions sur cette hypothèse. Chez des enfants de 10 à 12 ans ne répondant pas à la tuberculine (« cuti » utilisée pour détecter la sensibilisation immunologique au bacille de Koch), les symptômes de l'allergie et de l'asthme sont plus fréquents. Chez ceux positifs à la tuberculine, il y a au contraire des symptômes allergiques moins importants et un taux d'IgE spécifiques plus bas. La réaction à la tuberculine révèle ici la réaction d'immunisation (protectrice dans ce cas) de l'organisme vis-à-vis d'un agent infectieux, le bacille de Koch. La réaction d'immunisation est ici une réaction d'hypersensibilité retardée (voir p. 86) dans laquelle sont impliqués des lymphocytes Th1. Dans les maladies allergiques, les lymphocytes impliqués sont de type Th2. La balance existant entre maladies allergiques et infectieuses serait précisément due à l'activité prépondérante d'un de ces deux types cellulaires.

Un petit mot d'immunologie

Ces deux types de lymphocytes proviennent de lymphocytes auxiliaires ou Helper, appelés lymphocytes Th ou T4. Ces derniers jouent un rôle de chef d'orchestre au sein du système immunitaire dont ils orientent l'activité en fonction de la nature de l'élément qui stimule le système immunitaire :

— Si cet élément est une bactérie, particulièrement une bactérie à développement intracellulaire, les cellules Th qui sont à un état indifférencié Th0 s'orientent vers le type Th1 dont l'activité est la lutte contre l'infection, par stimulation de l'immunité cellulaire.

— S'ils sont en contact avec un allergène ou un parasite, ils s'orientent vers le type Th2 mis en jeu dans les phénomènes allergiques et la lutte contre les parasites ; ils augmentent la production d'anticorps IgE et stimulent l'activité de cellules impliquées dans la réaction allergique immédiate et la lutte contre les parasitoses.

L'activité de ces deux types de lymphocytes est due à la production de molécules de communication, les cytokines. Ces molécules produites par les deux types cellulaires ont des effets antagonistes qui accentuent le déséquilibre :

— Les cellules Th1 produisent des molécules (interféron alpha, facteur de nécrose tumorale) qui empêchent la transformation des Th0 en Th2.

— Les cytokines produites par les lymphocytes Th2 (interleukines 4,5,10) diminuent l'activité des Th1.

L'hypothèse de la relation inverse entre infections et allergies repose donc sur un fait immunologique : une balance entre l'activité de deux types de lymphocytes impliqués dans la régulation de l'activité du système immunitaire :

— Les lymphocytes Th1, activés par une stimulation de type infectieux et orientés vers la lutte contre l'infection.

— Les lymphocytes Th2, activés par une stimulation de type allergique ou parasitaire et favorisant la production d'IgE (voir schéma p. 88).

Stimulation prépondérante	**Prolifération cellulaire**	**Activité biologique**	**Conséquences cliniques**
Agents infectieux.	Lymphocytes Th1.	Anti-infectieuse. Diminue la production Th2.	Taux d'allergies faible.
Allergènes.	Lymphocytes Th2.	Production d'IgE. Diminue l'activité Th1.	Favorise les maladies allergiques.

De nombreux facteurs agissent sur l'équilibre Th1/Th2 :

— Parmi les facteurs orientant vers l'activité Th2, favorable au développement des maladies allergiques, figure l'exposition précoce aux allergènes et leur diversification (cas des allergènes alimentaires dans les pays développés), ainsi que certains polluants atmosphériques (particules diesels). Tous ces facteurs sont présents dans les pays industrialisés, où l'augmentation des maladies allergiques est importante. De plus dans ces pays, l'amélioration de l'hygiène, la prise en charge vaccinale et la multiplication des traitements anti-infectieux ont diminué la stimulation du système immunitaire par les infections. Ceci favorise l'activité Th2 et la tendance à une surproduction d'IgE.

— Parmi les moyens susceptibles de rétablir la balance vers l'activité Th1 figurent la diminution de l'exposition aux allergènes et aux cofacteurs de l'allergie (tabac, polluants) et la désensibilisation. Des recherches se font également sur les médiateurs biologiques produits par les cellules Th1 et Th2 et régulant leur activité.

Serions-nous plus souvent allergiques parce que moins soumis aux maladies infectieuses ?

Faut-il aller plus loin et parler d'une protection qui serait conférée par des infections précoces, plus précisément les infections dues à des germes se développant à l'intérieur de la cellule ? Peut-être. Il est souvent dit que la nature a horreur du vide : ceci semble particulièrement vrai pour le système immunitaire. Il y a quelques années, la régression des parasitoses était mise en parallèle avec l'accroissement des maladies allergiques, avec un mécanisme différent. Actuellement, l'hypothèse d'une relation inverse entre infections précoces et atopie repose sur des arguments solides. Les recherches et observations futures en préciseront l'impact réel.

L'allergie en quelques mots

La maladie allergique est une réaction paradoxale à des facteurs habituellement bien tolérés de l'environnement. Cliniquement, elle se traduit par une inflammation locale de la muqueuse nasale (rhinite allergique) ou bronchique (asthme allergique), de la peau (eczéma d'origine allergique) ou de tout autre organe. La caractéristique de cette inflammation tient dans les mécanismes d'hypersensibilité mis en jeu ; le plus fréquent est le mécanisme d'hypersensibilité immédiate dû à une production exagérée des anticorps IgE dirigés contre des allergènes de l'environnement. Ce mécanisme survient préférentiellement sur un terrain particulier, le « terrain atopique ».

Les maladies allergiques et le terrain atopique prédisposant à l'augmentation de ces maladies connaissent depuis trente ans une croissance importante, surtout dans les pays développés. Cette augmentation des maladies allergiques semble due à des facteurs environnementaux liés :

— À la pollution atmosphérique, qui joue, selon les cas, un rôle de cofacteur de l'allergie ou de facteur aggravant.

— Aux conséquences de l'urbanisation et des modifications du mode de vie : prolifération des allergènes dans l'habitation, diversification alimentaire, peut-être réduction de la stimulation immunitaire d'origine infectieuse.

Cette croissance nous conduit à nous interroger sur notre mode de vie collectif et personnel. Dues simultanément à des facteurs extérieurs au malade (allergènes, pollution), et à ce qui lui est « intérieur » (son hypersensibilité immunologique, son terrain), les maladies allergiques sont un reflet des problèmes posés par l'environnement au monde contemporain.

Les allergènes

Les allergènes : une classe particulière d'antigènes

Les substances capables de stimuler le système immunitaire en provoquant une réaction d'hypersensibilité immédiate avec production d'IgE (ou une autre réaction d'hypersensibilité, plus rare) sont des allergènes. Ils font partie des antigènes, molécules reconnues spécifiquement par des récepteurs du système immunitaire qui sont situés à la surface des cellules, chargées de décoder et transmettre l'information.

Les allergènes sont le plus souvent des protéines, constituées d'acides aminés. Elles ne sont pas différentes des autres protéines ou glycoprotéines (protéines jointes à des sucres). Leur poids moléculaire est moyen, l'essentiel pour leur fonction étant qu'ils pénètrent à l'intérieur des membranes biologiques. Certaines petites molécules de faible poids moléculaire, en particulier des médicaments, peuvent devenir des allergènes lorsqu'elles sont fixées sur des molécules « transporteurs » du sang. Ces petites molécules devenant des allergènes sont des « haptènes ».

Un peu de biochimie

Les récepteurs des cellules du système immunitaire sont :
— Soit des anticorps présents à la surface des lymphocytes B. Ils reconnaissent directement l'antigène.
— Soit des récepteurs des lymphocytes T : ils reconnaissent l'antigène, après que ce dernier ait été « présenté » par des cellules spécifiques, dans un processus qui implique des marqueurs du système HLA.
Les deux types de réponse immunitaire, humorale (anticorps) et cellulaire (lymphocytes T, autres cellules) interviennent lors des réactions allergiques consécutives à l'introduction d'un allergène dans l'organisme.

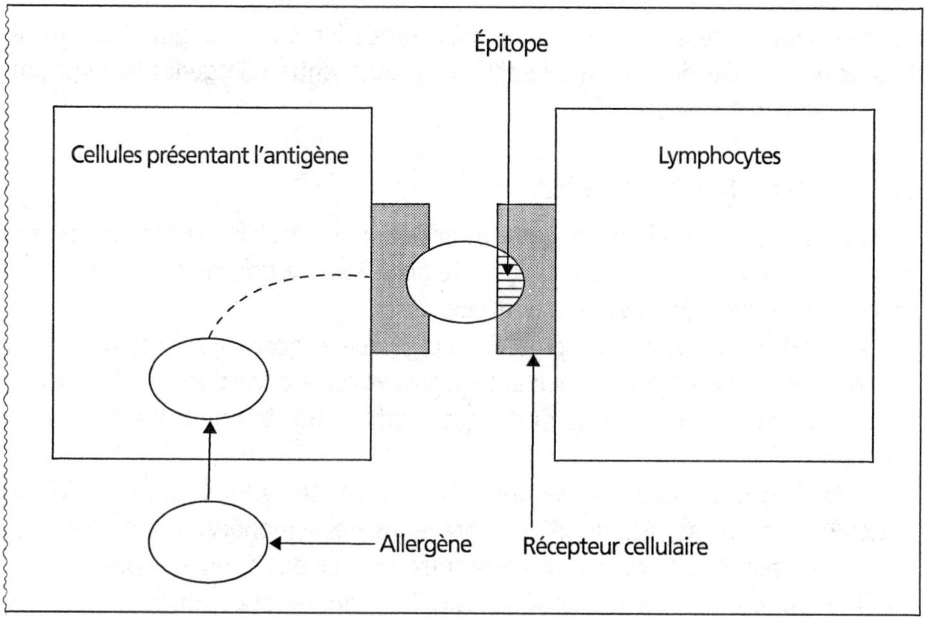

➤ Les épitopes : la portion reconnue de l'allergène

Les allergènes comportant un grand nombre d'acides aminés, seules quelques séquences d'acides aminés sont reconnues par les cellules du système immunitaire. Ces portions des allergènes responsables de la réaction allergique correspondent à des épitopes ou déterminants antigéniques. Les épitopes sont donc des séquences d'acides aminés (8 à 15) reconnues soit par les récepteurs des lymphocytes B en suscitant la production d'anticorps, soit par les récepteurs des lymphocytes T.

Il y a plusieurs épitopes dans un allergène, situés en général à la surface des protéines. La capacité des épitopes à activer le système immunitaire ne dépend pas uniquement de leur composition moléculaire, mais aussi de leur organisation dans l'espace, de leur structure tridimensionnelle. Cette dernière est assurée par des liaisons biochimiques plus faibles que celles qui joignent les acides aminés dans la molécule. Cette conformation peut être détruite par la chaleur, expliquant la perte d'allergénicité de certains aliments par exemple lorsqu'ils sont cuits.

➤ Les réactions croisées

Une autre caractéristique des allergènes est étroitement liée à leur composition biochimique : la même structure moléculaire responsable de la réaction du système immunitaire, peut être rencontrée dans des allergènes de différente origine, par exemple le pollen ou un fruit. Cette parenté de structure allergénique, qui peut aller de l'identité moléculaire totale à la similitude de structure, est responsable de réactions croisées entre ces allergènes : un patient qui est allergique au pollen de bouleau fera la même réaction en mangeant une pomme par exemple. Ces réactions croisées sont très fréquentes entre allergènes d'origine très proche (arbres ou céréales de la même famille) mais aussi entre allergènes inhalés (pollens) et aliments (voir p. 276).

➤ Comment devenir un allergène ?

Ces caractéristiques biochimiques (composition moléculaire, organisation dans l'espace) ne suffisent pas pour qu'un allergène induise une réponse allergique. Pour la provoquer, un allergène doit aussi :

— Franchir les barrières de protection physique et accéder au système immunitaire. Des facteurs d'environnement favorisent cette effraction : c'est le cas du tabac pour les muqueuses respiratoires, de certains additifs pour les muqueuses digestives.

— Avoir des épitopes qui seront reconnus par le système immunitaire du patient, anticorps et récepteurs membranaires des lymphocytes T helper (Th). Dans ce dernier cas, la reconnaissance s'effectue sur des antigènes présentés et modifiés par des cellules spécialisées, les cellules présentant l'antigène (CPA). Ce processus s'effectue sous le contrôle d'une partie du génome : le complexe majeur d'histocompatibilité (CMH), mieux connu sous le nom de système HLA. La réponse immunitaire d'un individu à un allergène dépend donc en partie de son équipement génétique, en particulier de son système HLA, qui conditionne la présentation de l'allergène. Ceci est important car l'association des maladies au système HLA permet de mieux comprendre les variations de sensibilité individuelle aux maladies.

Les conditions d'une réponse immunitaire à un allergène
Composition biochimique et structure de l'antigène, lui permettant de : — Susciter et moduler la réponse anti-IgE. — Se lier aux IgE membranaires.
Conditions environnementales favorables : — Propriété de déborder des mécanismes de protection physique, pour avoir accès au système immunitaire. — Exposition à une concentration allergénique élevée.
Capacité génétique du sujet sensibilisé à induire : — Une réponse IgE spécifique de l'allergène. — Une réaction cellulaire inflammatoire ultérieure.

Un allergène est donc caractérisé par sa composition et sa structure moléculaire, par sa capacité à pénétrer dans l'organisme, et aussi par la sensibilité du patient à un ou plusieurs épitopes constituant l'allergène. Sous cet angle qui est celui de la réalité clinique et non celui des données épidémiologiques relatives à l'étude des populations, *le niveau d'importance d'un allergène dépend de la sensibilité individuelle du patient, et non de données statistiques.*

Aussi, tout en décrivant ci-dessous les principaux allergènes, les plus fréquents statistiquement, nous garderons à l'esprit que la réaction allergique est de nature individuelle : les maladies allergiques sont l'histoire personnelle d'un conflit entre un environnement naturel (ou bien toléré par les autres) et le malade allergique. Pour un patient, l'allergène important est celui qui provoque ses crises d'asthme ou son œdème de Quincke. Les allergènes plus rares, qui ne seront pas souvent cités ici tant la liste peut être grande, sont donc tout aussi importants que ceux analysés ci-dessous. C'est à l'enquête allergologique et à la perspicacité des médecins, généralistes ou spécialistes, qu'il reviendra d'identifier les suspects les moins communs.

Quelles sont les sources des allergènes ?

La réaction allergique chez l'homme peut être causée par :

— Des substances inhalées lors de la respiration par le nez ou la bouche : les principaux allergènes inhalés sont de nature végétale, pollens et moisissures, et animale, acariens de la poussière de maison et phanères animaux.

— Des substances ingérées, introduites par voie orale : aliments, médicaments.

— Des allergènes qui pénètrent dans l'organisme par la peau et sont responsables d'allergies de contact : métaux, cosmétiques, caoutchouc, médicaments, etc.

— Des allergènes qui pénètrent par injection à travers la peau : insectes piqueurs.

D'autres facteurs non spécifiques peuvent faciliter l'apparition d'allergies ou en aggraver les manifestations (voir rôle de l'environnement) : tabagisme passif ; pollution intérieure (de la maison) et extérieure ; infections ; conditions climatiques.

Voie d'entrée	Principaux allergènes	Manifestations cliniques
Allergènes inhalés, pneumallergènes	Origine végétale : — **Pollens** provenant des arbres, des graminées, des herbacées. — Moisissures.	Rhinites et asthmes principalement sur terrain atopique. Aspect périodique [illegible] des pollin[illegible] moisissu[illegible]
	Origine animale : — Insectes : **acariens**, blattes. — Animaux domestiques : chat, rongeurs.	Rhinites e[illegible] sur terrain [illegible] La dermatit[illegible] aggravée pa[illegible]

Voie d'entrée	Principaux allergènes	Manifestations cliniques
	Origine professionnelle : Farines, animaux, métaux, caoutchouc, substances chimiques, bois.	Les manifestations (asthme, rhinite) sont rythmées par le travail et reproduites dans les conditions d'exercice professionnel.
Allergènes ingérés	Aliments et additifs alimentaires : — œuf, arachide et lait chez l'enfant. — Végétaux, poissons et œufs chez l'adulte. Médicaments (également introduits par injection ou par contact).	Manifestations très variées : — cutanées, — digestives, — respiratoires, — générales anaphylactiques.
Allergènes injectés	Médicaments. Insectes piqueurs : abeilles, guêpes.	Manifestations locales ou générales, parfois graves (choc anaphylactique).
Allergènes de contact	Allergènes chimiques, médicaments, plantes.	Eczéma de contact. Urticaires de contact.

➤ Allergènes inhalés d'origine végétale

Les pollens

Ce sont des grains microscopiques produits par les étamines des plantes à fleurs. Chacun de ces grains constitue une cellule sexuée mâle du règne végétal. Par le processus de pollinisation, le grain de pollen est transporté des étamines jusqu'au stigmate d'une fleur de la même espèce. Du stigmate, qui est la partie supérieure du pistil (ensemble des pièces femelles d'une fleur), le grain de pollen se dirige ensuite, à travers le tube pollinique de la fleur femelle, vers le sac embryonnaire contenant l'oosphère (le gamète femelle, équivalent de l'ovule chez les animaux), permettant ainsi la fécondation.

Les pollens qui sont impliqués dans les maladies allergiques sont en majorité anémophiles (transportés par l'air). Les autres sont entomophiles (transportés par les insectes). Ils viennent parfois de plantes à pollinisation mixte, comme le saule ou plus rarement d'une libération mécanique produite par l'homme. Les pollens anémophiles, très aérodynamiques et transportés par le vent, sont beaucoup plus allergisants que les pollens entomophiles véhiculés par les insectes de la fleur mâle à la fleur femelle. Les pollens entomophiles provoquent des pollinoses chez les personnes vivant à proximité des lieux de production.

Caractéristiques des pollens

Les pollens sont transportés par des courants de convection aériens, qui permettent à certains pollens d'atteindre une altitude élevée et de se déplacer sur longues distances. La densité maximale de pollen se situe le jour. La nuit, les [courants] de convection diminuent et les grains de pollen sédimentent. Lorsque le degré de vélocité d'un grain est inférieur à 2 cm par seconde, il retombe progressivement.

Plusieurs facteurs contribuent au pouvoir allergisant des pollens :

— La capacité des allergènes du pollen à induire une sensibilisation.

— La quantité de grains de pollen : elle fait l'objet de comptes réguliers dans l'atmosphère et de relevés précis que la presse et les médias régionaux communiquent régulièrement. Si leur concentration peut atteindre plusieurs millions de grains par m^3, quelques grains suffisent pour déclencher des symptômes.

— La taille des grains : elle varie de 10 à 200 µm (soit un millième de millimètre). Pour les pollens anémophiles, la taille est de 17 à 60 µm environ. Les pollens font partie, comme les acariens et les moisissures, des pneumallergènes qui se déposent en fonction de leur taille sur les fosses nasales (10 à 20 µm, pour les pollens), l'arbre trachéo-bronchique (4 à 5 µm, pour des moisissures telles *Alternaria*), les alvéoles (1 à 2 µm, pour un acarien de stockage *Micropolyspora faeni*). Les pollens n'atteignent pas normalement l'arbre trachéo-bronchique mais ils peuvent libérer les allergènes qu'ils contiennent et provoquer des symptômes pulmonaires.

— Les caractéristiques de leur surface (lisse ou collante).

— Leur degré de flottation dans l'air, et leur facilité de dispersion. Les pollens légers, transportés par le vent, sont les plus agressifs. Les pollens les plus lourds (ceux des céréales de maïs) ne sont nocifs que dans des zones limitées.

Les pollens sont libérés lorsqu'il fait chaud et sec. Les quantités de pollens sont faibles par temps froid et pluvieux. Le vent peut les transporter loin, ce qui contribue à la fréquence des pollinoses en milieu urbain.

Manifestations cliniques : les pollinoses

Chez les sujets sensibilisés, les réactions allergiques surviennent lorsque les grains de pollen, entrés en contact avec l'épithélium respiratoire libèrent leur contenu. Les pollens sont responsables de 10 à 20 % des allergies immédiates, principalement de rhinites et de conjonctivites, mais aussi de démangeaison du voile du palais, et surtout d'asthme dans un tiers des cas. Si vous êtes atteint de pollinose et si votre médecin vous interroge pour rechercher une allergie alimentaire aux fruits et légumes, ne soyez pas surpris. Celle-ci est fréquente en raison d'une communauté ou parenté d'allergène entre les pollens et certains fruits et légumes (voir p. 276). Les associations les plus fréquentes sont entre pollens de bouleau et la pomme et la noisette, et pollens de l'armoise et le céleri.

D'où viennent les principaux pollens ?

Les pollens allergisants proviennent des arbres, des graminées et des herbacées.

Les pollens d'arbres

Leur dissémination est plus précoce que celle des pollens de graminées. Les principales familles impliquées sont :

■ **Les bétulacées** : aulne, bouleau, charme, noisetier. Les bouleaux sont très fréquents dans le Nord de l'Europe, l'Asie et l'Amérique du Nord. La plantation des bouleaux augmente rapidement, ce qui explique la croissance rapide de cette allergie. Principalement localisée au Nord-Est de la France, elle s'étend maintenant sur les trois quarts nord de notre pays. Pour le bouleau, il y a de nombreuses réactions croisées avec l'aulne et le noisetier ainsi qu'avec certains fruits : noisettes, pommes, poires, pêches et abricots, et certains légumes (carottes, pommes de terre).

■ **Les cupressacées** : cyprès, genévrier, thuya. La multiplication des haies dans le Sud de la France — du cyprès en particulier — explique la croissance rapide de cette pollinose qui se manifeste en hiver et est responsable de manifestations d'allergies respiratoires parfois violentes. Au Japon, l'allergie au pollen de cèdre est la première cause de rhume des foins. Les pinacées, qui sont aussi des conifères sont peu ou pas allergisants.

■ **Les oléacées** : frêne, olivier, troène, forsythia, lilas. L'olivier est responsable de pollinose dans le Sud.

■ **Les platanacées** : les platanes, nombreux le long des allées, sont responsables de pollinose d'avril à juin.

■ **Les fagacées** : chêne, châtaigner, hêtre. Le chêne est responsable de pollinose de mai à juillet.

■ **Les salicacées** : saule, peuplier,...

■ **Les légumineuses** (fabacées) : robinier, tilleul, acacia, genêt, mimosa.

■ **Les moracées** : le mûrier du Japon est une cause de pollinose dans le Midi de la France.

Le bouleau, le cyprès, le chêne et le platane sont les plus impliqués en France, de façon variable selon les années.

Les pollens de graminées

Ils sont la première cause de pollinose dans le monde. Les graminées recouvrent plusieurs milliers d'espèces au sein desquelles on distingue :

■ **Les graminées fourragères** : avoine, chiendent, cynodon, dactyle, fétuque, flouve, ivraie, pâturin des prés, phléole. La canne de Provence et le roseau commun sont aussi des graminées. Les pollens de ces graminées se disséminent facilement et sont fortement sensibilisants. La floraison se produit de mai à juillet et est la première cause de pollinose.

■ **Les graminées céréalières** : blé, colza, maïs, orge, seigle, tournesol. Plus lourds et moins sensibilisants, les pollens de ces graminées agissent à plus courte distance.

Les réactions croisées avec la pomme de terre, la tomate et naturellement les céréales sont possibles.

Les pollens d'herbacées

Les herbes et mauvaises herbes sont nombreuses sur les terrains vagues, les pelouses et les bords des routes. Les principales familles responsables de pollinose sont :

■ **Les composées** (astéracées) : elles comprennent un grand nombre d'espèces. Les plus allergisantes sont l'ambroisie, véritable fléau aux États-Unis, mais qui est aussi abondante dans la région lyonnaise, et l'armoise ou herbe de la Saint-Jean, fréquente au bord des chemins et des autoroutes. Les autres composées sont le pissenlit, la pâquerette, la marguerite, le génépi, l'absinthe, l'arnica, l'aster, la verge d'or, le chrysanthème.

■ **Les plantaginacées** : l'allergie au pollen de plantain est souvent associée à l'allergie aux pollens de composées.

■ **Les urticacées** : la pariétaire est responsable de nombreuses pollinoses sévères (avec asthme) sur le pourtour méditerranéen. La petite et grande ortie sont peu allergisantes, mais créent des réactions urticariennes d'irritation.

■ **Les polygonacées** : oseille.

■ **Les chénopodiacées** : chénopode, amarante.

La pariétaire, le plantain, l'armoise et l'ambroisie sont les herbacées les plus sensibilisantes.

Le calendrier pollinique

Les périodes de pollinisation varient suivant les années (printemps plus précoce, ou au contraire tardif), les régions (plus précoces dans le Sud de la France que dans le Nord, en plaine qu'en montagne). Les pollens d'arbres sont présents dans l'atmosphère en hiver et au début du printemps, les pollens de graminées de mai à juillet, et les pollens d'herbacées jusqu'en septembre ou octobre dans le Sud de la France.

La concentration pollinique de l'atmosphère dépend du climat et de la végétation. En France, la surveillance est assurée par le Réseau national de surveillance aérobiologique qui publie régulièrement des comptes-rendus selon les régions. Ce site est accessible sur Internet (htttp://www.rnsa.asso.fr/). Les comptes polliniques sont réalisés par recueil des pollens sur des capteurs qui aspirent un débit d'air régulier équivalent à une respiration humaine moyenne (dix litres d'air par minute). Ils permettent une analyse par tranches journalières et/ou horaires. Ce travail est fait sur quarante-sept centres, répartis en six régions : Nord, Ouest, Est, Centre, Sud-Est, Sud-Ouest.

Quelques conseils à suivre chez les sujets atteints d'allergies au pollen

Les pollens sont la cause de rhinite et de conjonctivite saisonnières, appelées « rhume ou fièvre des foins », se manifestant par des éternuements, de l'écoulement nasal, des démangeaisons nasales et oculaires, ou une obstruction nasale et de la toux. Ces pollens légers, véhiculés par le vent, ne peuvent être évités. On peut diminuer l'intensité des symptômes en suivant certaines recommandations :

— **Éviter de tondre ou ramasser le gazon ou même d'être présent lors de la tonte.**
— **Ne pas garder de fleurs fraîches ou séchées dans la maison.**
— **Faire attention aux foins, aux champs et terrains non entretenus.**
— **Fermer les fenêtres de l'habitation lors d'un temps sec et venteux et les fenêtres de la voiture lors des transports.**
— **Si des aliments (bananes, pêches, melons, pommes, noix) déclenchent des symptômes de rhinite ou causent des démangeaisons aux lèvres, au menton, à la gorge, éviter de les manger frais, mais plutôt cuits ou en conserve.**
— **Éviter de porter des lentilles cornéennes durant les périodes d'irritation oculaire.**

Les moisissures

Des champignons très nombreux et omniprésents

Les moisissures sont des champignons microscopiques, invisibles à l'œil nu qui se développent préférentiellement dans les endroits secs et humides. Il en existe de très nombreuses espèces. Les champignons supérieurs, moisissures et levures, sont des végétaux qui ne possèdent pas de chlorophylle. Ils vivent aux dépens de substances organiques mortes ou vivantes et se reproduisent en libérant dans l'atmosphère de grandes quantités de spores. Inhalées, ces spores sont responsables d'allergies respiratoires chez les personnes sensibilisées.

Les premiers champignons étaient aquatiques avec des spores nageuses, conservées par les premiers champignons terrestres. Ils étaient non allergisants. Les espèces adaptées à la vie aérienne ont des spores disséminées par le vent (anémophiles). Ils constituent une source importante d'allergènes atmosphériques. Leur développement est accru par temps humide et chaud. L'allergénicité des spores, dont la vitesse de croissance est très rapide est due aux sucres condensés formant une paroi squelettique. Ces spores sont très résistantes à la chaleur, aux enzymes. Les spores fungiques sont de petite taille (3-10 µm) et peuvent pénétrer profondément dans l'appareil respiratoire.

Les moisissures peuvent être présentes partout, que ce soit à l'intérieur de la maison ou à l'extérieur. La chaleur et l'humidité favorisent leur prolifération, tout comme pour les acariens. On ne les voit en principe pas, sauf lorsqu'elles sont nombreuses. Dans ce cas, elles se trouvent aussi bien sur les joints sanitaires de la salle de bains que sur les aliments (« moisi » de la confiture). Ces moisissures sont potentiellement allergisantes. Dans une maison, elles se développent surtout dans la salle de bains, la cuisine, la cave, sur les plantes ; à l'extérieur, on les trouve sur les végétaux, les foins. En ce qui concerne les régions, les côtes atlantiques, au climat humide, sont particulièrement propices au développement de certaines moisissures.

Théoriquement, les moisissures se trouvent toute l'année dans l'atmosphère, à des taux variables, en fonction de leur cycle biologique propre. Les spores sont larguées en plus grand nombre à certaines saisons : par exemple, le taux le plus élevé de la moisissure *Alternaria* se rencontre surtout en plein été.

Classification

1) Les moisissures, champignons et levures du milieu ambiant qui se comportent comme des pneumallergènes

■ **Moisissures contenues dans l'environnement naturel :**

— *Alternaria* : moisissure cosmopolite qui se développe sur les végétaux morts ou physiologiquement faibles, sur les foins, *principalement* en été. Très résistant à la chaleur, il se développe partout dans la nature.

— *Cladosporium* : présent sur les végétaux, plantes, fruits. Il se développe toute l'année, surtout l'été.

— *Stemphylium* : champignon cosmopolite présent sur les végétaux, la cellulose, le papier.

— *Aspergillus* : présent dans les végétaux en décomposition, la paille, les céréales de stockage. L'*Aspergillus* peut donner une aspergillose broncho-pulmonaire allergique.

— *Heminthosporium, Fusarium, Epicoccum* : présents sur les graminées, les céréales, sont plus *rares.*

■ **Moisissures domestiques qui se développent principalement dans l'habitat :** conduites d'aération et de climatisation, cuisines, salles de bains, plantes vertes, déchets végétaux, peintures et teintures murales. Les vieilles maisons humides sont propices à leur développement.

— *Cladosporium* : présent également dans les maisons.

— *Aspergillus* : présent aussi dans les aliments (substances sucrées), à recrudescence automnale et hivernale.

— *Penicillinum* : moisissure des habitations à recrudescence automnale et hivernale.

— *Alternaria* : présent aussi sur les denrées alimentaires et les textiles.

— *Mucor racemosus ; Rhysopus nigricans* : moisissures de réserves se développant sur les denrées alimentaires stockées (riz en stockage, orge, pain).

— *Fusarium, Neurospora, Pullularia* : moisissures de poubelles et détritus.

— *Aspergillus, Penicillinum, Fusarium* : sont parmi les principaux responsables de la maladie des climatiseurs.

■ **Moisissures professionnelles dont la présence est en relation avec le métier**

— *Ustilago (*maladie des céréales : maïs, blé, orge), *fusarium* et *epicoccum* : dans les céréales et les plantes.

— *Mycropolyspora faeni* et *Actinomyces* : pour les fromagers. *Mycropolyspora faeni* et *Thermoactynomyces* sont responsables du poumon de fermier et de la maladie des éleveurs d'oiseau.

— *Aspergillus, Cladosporium* et *Penicillinum* : pour les boulangers.

— *Bothris* et *Penicillinium* : pour les viticulteurs travaillant dans les serres.

— *Merulius lacrans* : pour les travailleurs du bois et de la marine ; le merulius s'installe sur le bois humide qu'il mange très vite.

2) Les levures d'origine endogène, provenant de l'organisme

— *Candida albicans* : responsables de foyers infectieux digestifs et gynécologiques. Les candida ne vivent pas dans la nature, mais dans le tube digestif de l'homme et de quelques mammifères. Ils peuvent être responsables, dans des cas assez rares, de manifestations allergiques respiratoires vraies IgE dépendantes.

— *Dermatophytes (Trichophyton* et *Epidermophyton)* : ces champignons sont des parasites de la peau et des phanères. Ils provoquent essentiellement des mycoses de nature infectieuse. Des manifestations cutanées dues à une réaction immunologique peuvent être associées.

Y a-t-il une allergie aux bactéries ?

L'*allergie microbienne vraie* due à une hypersensibilité de type IgE à des bactéries est *très exceptionnelle, voire inexistante*. Par contre, elles peuvent provoquer des manifestations d'hypersensibilité plus complexes. Surtout des infections microbiennes, en raison de l'inflammation chronique qui les accompagne, peuvent entretenir ou aggraver des manifestations allergiques.

L'allergie aux moisissures : un diagnostic difficile

Il n'est pas facile de penser à une allergie aux moisissures en raison :

— Du rôle assez modeste des moisissures dans la genèse des allergies respiratoires : une allergie respiratoire, en particulier un asthme, qui résiste aux traitements doit évoquer la possibilité d'une allergie aux moisissures. Ces allergies concernent plus les enfants que les adultes.

— Des réponses aux tests qui ne sont pas toujours fiables : les tests cutanés et biologiques donnent cependant de bonnes orientations ; les tests de provocation sont utilisés en milieu hospitalier.

— De la diversité des mécanismes : ils sont souvent de nature IgE dépendante, mais parfois aussi dus à des anticorps IgG. Les antigènes des moisissures précipitent alors avec les IgG dans les alvéoles, provoquant des maladies graves et invalidantes : maladie du poumon de fermier, maladie des éleveurs d'oiseaux.

En pratique, l'allergie aux moisissures sera évoquée en fonction de l'habitat (les moisissures intérieures durent toute l'année), du milieu de travail, du climat et des saisons pour les moisissures extérieures.

Les champignons peuvent aussi créer des pathologies non allergiques. Les spores sont vivantes et peuvent se cultiver dans l'organisme : c'est le cas d'*Aspergillus fumigatus* responsable de l'aspergillose broncho-pulmonaire, avec des têtes aspergillaires qui forment de véritables « moules » à l'intérieur des bronches. De plus, beaucoup de champignons génèrent des toxines pathogènes : ainsi un autre aspergillus, *Aspergillus flavus* a provoqué des cancers primitifs du foie en Afrique centrale chez des sujets jeunes. L'origine était des substances chimiques (flavotoxines), issues des tourteaux d'arachide moisis, et servant à l'alimentation des femmes et des adolescents.

En résumé, si les moisissures font partie de notre environnement normal, elles peuvent être responsables de symptômes allergiques respiratoires chez l'individu sensibilisé. Inhalées sous forme de spores (particules microscopiques), elles sont très nombreuses à l'extérieur durant les périodes humides. Dans les maisons, elles se développent dans une atmosphère sombre, chaude et humide. Chez les personnes allergiques aux moisissures, les conseils suivants peuvent diminuer leur concentration.

Prévention de l'allergie aux moisissures

Dans l'environnement extérieur

— Ne pas stocker du bois coupé à brûler dans la maison.

— Ne pas tondre l'herbe, ramasser des feuilles mortes, manipuler du compost ou du fumier.

Dans l'environnement intérieur

— Garder un taux d'humidité voisin de 40 %, au moins inférieur à 60 %.

— Éviter les maisons habitées irrégulièrement.

— Utiliser un déshumidificateur (régulièrement nettoyé) dans des pièces très humides.

— Aérer et ventiler les pièces (fermer portes et fenêtres lorsque c'est la saison de forte prolifération).

— Ne pas laisser l'eau stagner dans un récipient. Nettoyer souvent les saturateurs d'eau pour radiateurs.

— Éviter les plantes dans la maison en particulier dans la chambre. Ne pas utiliser de bac à réserve d'eau (aquarium).

— S'il y a une climatisation, nettoyer et désinfecter le système le plus souvent possible (y compris dans la voiture).

Dans la salle de bains et les toilettes

— S'assurer que l'excès d'humidité est éliminé adéquatement par un ventilateur fonctionnel.

— Essuyer les surfaces humides après la douche.

— Employer une substance fongicide régulièrement.

Dans la cuisine

— Utiliser une hotte aspirante au-dessus de la cuisinière pour évacuer l'humidité issue de la cuisson des aliments.
— Vider et nettoyer les poubelles très régulièrement.
— Vérifier le contenu du réfrigérateur, et le nettoyer fréquemment.

Autres allergènes d'origine végétale

Ce sont essentiellement des allergènes professionnels : poussières de bois, farines de céréales, poudre de lycopode (issue des spores d'un champignon). En ce qui concerne le tabac, en tant que végétal, il est peu sensibilisant et les cas d'allergies vraies à la fumée de cigarette sont très rares. Affirmer aux fumeurs de la table voisine que vous êtes allergique à la cigarette peut donner lieu à discussion surtout s'il y a parmi eux un médecin (être médecin et fumeur est loin d'être rare !). Par contre, dire que vous y êtes intolérant ne souffrira pas de contestation : le tabac est un facteur réellement aggravant des maladies respiratoires allergiques, de l'asthme en particulier.

Signalons aussi un autre cas particulier : celui des protéines de latex qui peuvent se répandre dans l'atmosphère et provoquer des rhinites et des asthmes (voir p. 59).

➤ Allergènes inhalés d'origine animale

Il s'agit essentiellement des allergènes provenant des insectes (acariens, blattes) et de ceux provenant des animaux domestiques, mélangés à la poussière de maison ou à celle du lieu de travail.

La poussière de maison

La poussière de maison est composée d'un mélange de particules qui peuvent être la cause de manifestations allergiques respiratoires et cutanées, survenant en toute saison, surtout l'hiver. Les allergènes les plus importants proviennent d'arthropodes : acariens (insectes microscopiques, ou dermatophagoïdes), et blattes qui envahissent de plus en plus les domiciles. On y trouve aussi de nombreuses squames animales et d'autres allergènes variables selon l'origine de cette poussière de maison.

Les acariens

Ce sont des animaux de la famille des araignées, mais ils sont microscopiques. Ils sont classés en deux catégories :

■ **Les acariens vivant à l'intérieur des maisons :** se nourrissant de squames humaines, ils sont de loin les plus fréquemment impliqués dans les allergies respiratoires.

■ **Les acariens de stockage :** présents dans les grains et les foins stockés, les fromages, ils sont une cause fréquente d'allergie chez les fermiers. Ils sont aussi présents dans les habitations particulièrement dans les pays tropicaux.

Invisibles, mais très nombreux

Les acariens sont invisibles à l'œil nu (0,20 μm). Ces arthropodes peuvent être retrouvés dans les habitations où ils sont les principales sources d'allergie. Hôtes naturels de notre environnement, ils sont présents même dans les milieux propres. Ils vivent (trois à cinq mois) dans la poussière et se nourrissent des particules qui la composent, en premier lieu des desquamations humaines et animales, d'où leur nom dermatophagoïdes (mangeurs de peau). Chacun de nous perd par jour environ 0,1 à 0,5 g de squames. Cette quantité est largement suffisante pour nourrir une population d'acariens et garantir leur survie dans des pièces rarement habitées car leur durée de vie est de trois mois environ. Leurs conditions de développement et de reproduction sont optimales, lorsque la température se situe entre 20 et 30 degrés Celsius et que l'humidité relative est de 65 à 80 %. Les acariens se nourrissent également de moisissures. Ils ont tendance à se dessécher et à mourir lorsque l'humidité est inférieure à 55 % : c'est l'humidité locale (tapis, moquette, etc.) qui intervient alors et non l'humidité de l'air ambiant.

Comment s'en débarrasser ?

Comme nous passons un tiers de notre temps dans notre lit et que nous évaporons 500 ml d'eau pendant cette période, le lit est l'habitat préféré des hôtes de ce lieu. Outre les matelas et les sommiers, les draps et couvertures, les acariens se nichent dans les moquettes et les tapis, les meubles rembourrés, les oreillers et petits coussins ainsi que les jouets de peluche, les vêtements. La niche du chien ou le panier du chat n'en sont pas exempts.

L'allergie aux acariens de la poussière de maison est surtout provoquée par leurs déjections (excréments). Circonstance aggravante, les déjections et donc les allergènes sont présents toute l'année dans notre environnement. Cette exposition continuelle aux allergènes des acariens conduit à des manifestations chroniques. En atmosphère sèche, surtout pendant la période de chauffage, les petits agglomérats d'excréments se fractionnent, ils « tombent en poussière ». Ces particules poudreuses, extrêmement fines, adhèrent fortement aux matériaux de leur entourage : fibres des tapis et tissus d'ameublement. Suffisamment lourdes pour ne pas être dans l'air respiré en permanence, elles sont cependant aisément mises en suspension dans l'atmosphère chaque fois qu'il se produit un déplacement d'air. Marcher sur la moquette, s'asseoir ou se relever d'un fauteuil, refaire les lits, tapoter un coussin suffit pour les libérer dans l'atmosphère. Cependant, les allergènes se déposent de nouveau rapidement. C'est surtout la nuit qu'ils provoquent les symptômes, lors d'un contact proche dans le lit ou avec un jouet en peluche pour l'enfant. Les acariens sont aussi présents dans les voitures dont l'intérieur doit être nettoyé régulièrement.

Les conditions d'humidité et de climat interviennent en fonction de l'écologie de ces trop nombreux arthropodes. Les habitations insuffisamment ventilées, tendance induite par les économies d'énergie, leur sont favorables. Par contre, l'altitude, la montagne, les climats secs et froids diminuent considérablement leur quantité en réduisant l'humidité à l'intérieur des habitations. Printemps et automne sont leurs saisons favorites.

L'éradication totale des acariens est impossible. Cependant, une diminution de leur concentration peut les faire passer au-dessous d'un seuil provoquant la réaction allergique. Leur concentration peut être appréciée aisément par un test : l'Acarex test®. Ce test mesure la quantité d'une molécule issue du métabolisme de l'azote, la guanine, présente en grande quantité dans les excréments des acariens. Ci-dessous figurent quelques recommandations destinées aux patients allergiques aux acariens. Plus leur sensibilité aux acariens est grande, plus leurs manifestations cliniques sont importantes, et plus il leur sera utile de suivre ces conseils. Tous les éléments qui concourent à la diminution de leur concentration peuvent provoquer une amélioration clinique. De plus, ils font partie d'une prévention de l'allergie aux acariens chez l'enfant atopique.

Quelques mesures de prévention à l'égard des acariens

Habitation

— Limiter l'humidité à 50 %.

— Aérer les pièces, surtout par temps sec et froid.

— Limiter le chauffage : 16 à 18 °C dans la chambre, 19 à 20 °C dans les autres pièces.

— Réduire la surface couverte de moquette. Préférer des revêtements de type vinyle, carrelage ou parquet.

— Utiliser des volets extérieurs sans rideaux intérieurs, ou choisir des rideaux légers.

— Éviter les plantes vertes et animaux domestiques, les humidificateurs.

Chambre et lit

— Laver les draps régulièrement (chaque semaine ou toutes les deux semaines) à 60 °C.

— Utiliser des housses avec fermeture pour le matelas et l'oreiller, imperméables aux acariens (polyuréthane).

— Pour les couvertures, utiliser des housses du même type ou les laver régulièrement (1 fois par mois) à 60 °C.

— Passer l'aspirateur sur le matelas et le sommier régulièrement.

— Éviter les tapis et descentes de lit, les fauteuils rembourrés, les animaux en peluche.
— N'utiliser que des rideaux faits de tissu léger, et les laver régulièrement.
— Supprimer les plantes vertes dans la chambre, éviter les bacs à réserve d'eau.

Nettoyage
— Dépoussiérer une fois par semaine avec un chiffon légèrement humide (ou un chiffon anti-acariens).
— Éloigner les éléments accumulant la poussière (tapis muraux, rideaux lourds, animaux en peluche non lavables).
— Sur les surfaces recouvertes de moquette, passer l'aspirateur en profondeur, en particulier sous le lit.
— Faire le ménage en l'absence du sujet allergique.
— Préférer un aspirateur avec sac et équipé d'un filtre de sortie HEPA pour éviter de rejeter dans l'air ambiant les débris d'acariens et autres particules. L'utilisation d'un double sac d'aspirateur peut être utile.
— Ne jamais secouer les tapis à l'intérieur de la maison.

Utilisation de l'Acarex test®
— Sur le produit d'aspiration du sommier : si l'Acarex test® est positif, emballer le sommier dans du plastique, ou changer le sommier pour un sommier à lattes.
— Sur le produit d'aspiration de la moquette (dans la chambre) :
    — Acarex test® négatif : vérifier tous les 3 à 6 mois.
    — Acarex test® (+) : changer la moquette pour un revêtement lessivable ou utiliser un acaricide (acide tannique, Acardust®, Acarosan®) et refaire l'opération tous les 3 à 6 mois.
    — Acarex test® (++) ou (+++) : changer la moquette pour un revêtement lessivable.

Il est par ailleurs recommandé de passer des vacances en altitude, ce qui améliore les symptômes, et diminue la sensibilisation biologique.

La blatte

Les blattes (cafards ou cancrelats) sont des insectes répandus en milieu urbain. Elles se reproduisent de plus de façon prolifique : chaque blatte peut avoir jusqu'à 35 000 descendants. Ces insectes contiennent des allergènes sensibilisants sur le corps, dans la salive et dans les excréments. La blatte germanique *(Blatella germanica)* est déjà connue comme un allergène majeur de la poussière de maison chez l'adulte. Depuis quelques années, son rôle en tant qu'allergène isolé devient croissant et elle provoque des allergies respiratoires, particulièrement chez l'enfant.

Les blattes sont présentes dans toute l'habitation. Elles sont nombreuses au lieu d'entreposage des déchets et de stockage des denrées alimentaires, et dans les immeubles collectifs (vide-ordures, gaines d'isolation, passages de canalisation). Leur présence ne se limite donc pas aux logements vétustes, même si leur quantité est plus importante quand les conditions socioéconomiques sont mauvaises. Leur éradication nécessite une désinsectisation qui, pour être efficace en immeubles collectifs, doit être pratiquée dans tous les appartements. Si la sensibilisation aux blattes est moins importante que celle due aux acariens, elle pose un vrai problème de santé publique car il n'y a pas de désensibilisation efficace, et seul le traitement symptomatique est efficace. L'allergie aux blattes touche préférentiellement les atopiques, ce qui confère de l'intérêt aux traitements de « terrain ».

Les animaux domestiques et d'élevage

Les animaux sont une cause importante de manifestations allergiques : rhino-conjonctivite, blépharite (avec les chevaux par exemple), urticaire et eczéma atopique qui peut être aggravé ou entretenu. Les allergènes des animaux sont présents dans les poils, les squames (pellicules), la salive et l'urine (surtout pour les animaux de laboratoire). Il n'est pas nécessaire de toucher l'animal pour avoir des symptômes : être en présence de l'animal suffit pour provoquer des manifestations allergiques si on est sensibilisé préalablement.

Les animaux responsables sont :

— Des animaux domestiques : chats, chiens.

— Des animaux de laboratoire : souris, rats, cobayes.

— Des animaux de ferme : vaches, chevaux.

Animaux domestiques : le chat en tête

Le confinement croissant à l'intérieur des habitations joint à l'augmentation du nombre des animaux gardés à domicile a entraîné une progression des allergies vis-à-vis des mammifères domestiques depuis vingt ans. Les animaux domestiques sont présents en France dans plus de 50 % des foyers. En dépit, mais aussi à cause de cet attachement compréhensible, force est de constater que ces animaux constituent une cause croissante de la pathologie respiratoire allergique, particulièrement chez l'enfant.

Le chat est l'animal le plus fréquemment responsable de sensibilisation. Les principales sources d'allergènes (allergène majeur identifié, nommé Feld 1) sont les glandes sébacées, la salive, ainsi que les glandes annales. La production de cet allergène serait sous contrôle hormonal, les chats mâles produisant plus d'allergènes que les chats femelles. Dans l'air, les allergènes sont portés par des particules dont certaines ont un diamètre aérodynamique inférieur à 5 µm. Elles sont très volatiles, aisément en circulation dans l'atmosphère, et peuvent pénétrer dans les bronches. Ceci explique que des patients ressentent des symptômes très rapidement lorsqu'ils rentrent dans des pièces où il y a un chat. De plus, les protéines responsables de l'allergie collent aux tapis, tissus, murs, vêtements et constituent un réservoir d'allergènes pendant plusieurs mois. Elles peuvent même être transportées par les chaussures et les vêtements dans des pièces où il n'y a pas de chat. Tout cela explique le caractère paradoxal de certaines manifestations allergiques au chat : survenue dans des pièces où le chat est absent depuis longtemps, et parfois dans des lieux qu'il n'a jamais occupés mais dans lesquels il a pu être transporté par des personnes. L'éviction demeure la meilleure solution actuellement, même s'il est difficile, pour des raisons affectives, à un adulte ou un enfant de se séparer d'un chat. Les concentrations aériennes d'allergènes diminuent alors dans l'habitation et entraînent chez des patients sensibilisés uniquement au chat une amélioration clinique d'autant plus nette que l'allergie est récente. La désensibilisation aux allergènes du chat permet d'obtenir une diminution de la réactivité bronchique sans amélioration clinique évidente.

L'allergie au chien est beaucoup moins fréquente parce que le chien a un pouvoir allergénique faible et qu'un contact direct est nécessaire. L'allergène majeur du chien, nommé Can f 1, est présent sur le poil, la salive et la peau. Sa production semble très variable selon les chiens.

Les plumes d'oiseau sont des allergènes actuellement rares. Leur pouvoir allergénique est faible et ne se manifeste qu'en cas de contact direct et prolongé : oreiller en plume et literie dont l'éviction est de plus en plus souvent systématique. Il s'agit d'un allergène secondaire par rapport aux allergènes d'acariens et de chat.

Animaux de laboratoire

Les rongeurs sont principalement responsables d'allergies professionnelles : rats, souris et cobayes chez les personnels de laboratoire, lapins chez les éleveurs. Cependant, le hamster joue de plus en plus fréquemment le rôle d'animal de compagnie chez l'enfant. Les allergènes majeurs de la souris sont retrouvés dans la salive, les poils et les urines, ceux du rat sont présents dans les urines et ceux du cobaye dans le pelage. L'allergie aux animaux de laboratoire est fréquente et l'asthme est favorisé par l'existence d'un terrain atopique.

Animaux de plein air et de ferme

L'allergie au cheval, qui était moins fréquente, augmente de nouveau avec la pratique croissante de l'équitation. Les allergènes, qui ont un puissant pouvoir allergénique, sont présents sur les squames de la peau, le crin, la sueur et l'urine. Ils sont transportés dans l'air, mais aussi par les vêtements, un contact indirect étant suffisant pour provoquer des manifestations chez des sujets sensibles. Les manifestations cliniques peuvent être très marquées. L'allergie au bœuf touche les fermiers et les vétérinaires. Elle peut également se manifester par des signes sévères.

➤ Les allergènes ingérés

Les allergènes alimentaires (voir p. 269)

L'allergie alimentaire devient plus fréquente en raison de la consommation accrue de nouveaux aliments, de la diversification précoce chez l'enfant, de l'ajout d'additifs, de la modification de protéines alimentaires.

Chez l'enfant, les principaux allergènes responsables d'allergie vraie sont l'œuf, l'arachide, le poisson et le lait de vache. Ils recouvrent environ les trois quarts des allergies alimentaires. L'arachide occupe une place à part en raison de la gravité des accidents dont elle est à l'origine et du fait qu'elle est souvent dissimulée dans les aliments. Elle fait partie des nouveaux allergènes alimentaires dont le rôle devient préoccupant chez les enfants. Chez l'adulte, ce sont les végétaux qui occupent la première place : fruits (pommes, noisettes, poires, pêches, abricots, etc.), légumes (céleri, fenouil, etc.). Ils sont suivis des œufs, des crustacés, du poison et du lait.

L'allergie alimentaire vraie due à un mécanisme immunologique lié aux IgE est plus rare que la fausse allergie alimentaire, qui est la conséquence de mécanismes toxiques ou biochimiques divers. Les principaux aliments responsables de fausses allergies alimentaires sont :

— Des aliments riches en histamine (boissons et fromages fermentés, choucroute, tomates, épinards) ou en tyramine (roquefort, chocolat, conserves).

— Des aliments qui entraînent la libération d'histamine : fraises, tomates, chocolat, crustacés, poissons, alcools.

Les colorants et additifs alimentaires sont le plus souvent responsables de *fausses allergies alimentaires.* Cependant, des conservateurs tels les bisulfites (vins, conserves) ou des colorants (tartrazine) peuvent provoquer des manifestations allergiques vraies. Certains aliments peuvent être impliqués simultanément dans des mécanismes allergiques et des mécanismes d'intolérance. En pratique, vraie et fausse allergies alimentaires peuvent être associées.

Les manifestations cliniques dues à l'allergie alimentaire sont très variées :

— Manifestations chroniques cutanées (dermite atopique), respiratoires (rhinite, asthme), digestives.

— Mais aussi manifestations aiguës parfois très graves puisqu'elles peuvent provoquer des chocs anaphylactiques dont certains sont mortels. Ceci a par exemple été le cas d'un athlète britannique décédé un mois avant les championnats du monde auxquels il devait participer (Séville, août 1999).

Parmi les particularités que présentent les allergènes alimentaires, deux sont importantes :

— Les allergènes alimentaires sont souvent cachés dans l'alimentation et il faut parfois faire une enquête approfondie pour les retrouver. C'est le cas pour le blanc d'œuf et l'arachide, présents dans de nombreux aliments. Ce caractère « masqué » provoque parfois des manifestations graves. L'affichage clair des composants et additifs pour les aliments et les boissons est peut-être plus important que celui de multiples prix !

— Ils produisent des réactions croisées avec les pollens d'arbres et de graminées, en raison d'une communauté antigénique. Ceci se manifeste le plus souvent par un syndrome « oral », associant prurit et gonflement des lèvres et du pharynx. Les réactions croisées les plus fréquentes sont entre le pollen de bouleau et la pomme, entre le pollen d'armoise et le céleri, entre des fruits et légumes (banane, avocat, kiwi, châtaigne) et le latex.

Le diagnostic de l'allergie alimentaire est difficile à établir. La tenue d'un carnet d'alimentation facilitera l'enquête médicale. Le diagnostic, pour être sûr, nécessite le plus souvent des tests de suppression et de réintroduction de l'aliment ou de provocation, à faire sous surveillance hospitalière, car un choc anaphylactique est toujours possible.

Les médicaments (voir p. 298)

Les intolérances aux médicaments sont très nombreuses, dues le plus souvent à des phénomènes de toxicité. Dans certains cas, il s'agit de phénomènes d'idiosyncrasie dus à des particularités métaboliques propres à l'individu. Les médicaments sont aussi responsables de réactions dues à des mécanismes immunologiques mettant en jeu les réactions d'hypersensibilité classique, ou à des mécanismes plus complexes (réactions auto-immunes).

PRINCIPAUX MÉDICAMENTS RESPONSABLES DE RÉACTIONS ALLERGIQUES OU D'INTOLÉRANCE

Réaction allergique : — Hypersensibilité immédiate. — Autres réactions d'hypersensibilité.	Antibiotiques : pénicillines, céphalosporines. Sulfamides. Anesthésiques généraux : curare.
Intolérance pharmacologique.	Aspirine et anti-inflammatoires. Bêtabloquants.
Libération d'histamine (non allergique).	Iode et produits de contraste.
Réactions dues à des additifs et contaminants.	Vaccins, corticoïdes.

Les allergies aux médicaments posent des problèmes de prévention illustrés par la réaction grave (et heureusement sans séquelle) dont a été atteint un personnage important de l'État après une anesthésie générale. Les manifestations cliniques dues à ces allergies vraies ou à des intolérances ne doivent jamais être négligées car elles peuvent être graves surtout en cas de sensibilisation vraie (voir Allergies médicamenteuses p. 298).

Lors du traitement des malades allergiques, en particulier des asthmatiques, il faut être très attentif chez les hypertendus aux bêtabloquants, contre-indiqués dans l'asthme. Ces médicaments sont également contre-indiqués lors des désensibilisations.

Les médicaments peuvent aussi créer des réactions allergiques lorsqu'ils sont appliqués sur la peau.

➤ Les allergènes de contact

Un mécanisme différent

Les allergènes de contact agissent en pénétrant dans l'organisme par la peau. Issus de notre environnement quotidien, ils sont responsables de manifestations cutanées : eczéma, urticaire de contact (plus rare).

Après pénétration dans la peau, ils sont présentés par les cellules spécialisées (cellules de Langerhans) à des lymphocytes (CD4 et CD8) qui produisent des molécules de communication, des cytokines, et activent des cellules inflammatoires. Le mécanisme d'hypersensibilité retardée ainsi mis en jeu diffère de celui d'hypersensibilité immédiate impliquant les IgE, par un point essentiel : le délai de latence des manifestations cliniques après la réintroduction de l'allergène qui est dans ce cas de un à quatre jours. Cependant, il y a toujours mise en mémoire par les cellules immunitaires spécialisées du contact avec l'allergène, ce qui explique la récidive des manifestations à chacune de ses réintroductions. Pour certains allergènes d'ailleurs, la réintroduction peut se faire par voie orale : c'est le cas du nickel qui est sensibilisant par voie locale (boucles d'oreilles et autres bijoux de fantaisie), mais est aussi présent dans l'alimentation.

Si dans de nombreux cas, la réaction allergique se fait directement au contact de l'allergène (nickel), elle peut aussi se manifester à distance après transport de l'allergène par les mains (caoutchouc) ou par voie aérienne (parfums). Par ailleurs, de nombreux eczémas de contact sont dus à des irritations. Un diagnostic médical est nécessaire pour faire la différence.

Allergènes de contact

Les allergènes de contact sont très nombreux, tant dans la vie quotidienne, les loisirs et le bricolage, que dans la vie professionnelle. Certaines professions artisanales ou industrielles sont très exposées. En pratique, les principales familles sont les métaux, les produits contenus dans le caoutchouc, les médicaments, les parfums et cosmétiques, les conservateurs, les plantes, ainsi que les résines et le colophane (résine de pin).

Les métaux

Les métaux les plus fréquemment responsables d'allergie sont le nickel, le cobalt et le chrome.

Le nickel est de très loin la principale cause d'allergie de contact chez la femme, la sensibilisation ayant le plus souvent lieu lors de la pose des boucles d'oreilles. Il est présent dans de nombreux alliages métalliques (avec le cobalt) : bijoux fantaisie (boucles d'oreilles, colliers, bracelets), boutons-pressions de jean ou boucles de ceinture, agrafes de sous-vêtements, montures de lunettes. Les bijoux en or gris contiennent du nickel qui peut être responsable d'allergie de contact. En outre, les aliments cuits dans des casseroles métalliques renferment également du nickel.

Les sels de chrome sont présents dans le ciment ainsi que dans de nombreuses autres sources professionnelles (imprimeries, peintures) ou individuelles (tannage du cuir). Sa responsabilité peut être évoquée en cas d'allergie aux chaussures de cuir.

Les sels de cobalt sont associés au nickel (objets métalliques), et présents dans le ciment. Ils ont aussi de nombreuses autres sources, cosmétiques (teintures capillaires), thérapeutiques (certaines prothèses métalliques), industrielles (industrie du verre, de la céramique, du caoutchouc, du plastique).

Peut-on être allergique aux vêtements ?

En dehors des allergies aux métaux des boutons et agrafes, aux produits de traitement du cuir, et au caoutchouc des sous-vêtements, les allergies aux vêtements sont rares. La laine et certaines fibres textiles peuvent être irritantes sans être responsables d'allergie. Le coton est en général mieux toléré. En revanche, les colorants et divers produits utilisés pour le traitement du linge peuvent être responsables d'allergies de contact, tout en étant également des irritants.

Le caoutchouc

Les allergènes du caoutchouc sont le latex et les composés utilisés lors de sa fabrication. Ce sont des agents de vulcanisation essentiellement : thiuriam mix, mercaptobenzothiazole, mercapto-mix, IPPD. Il sont naturellement responsables d'allergies professionnelles, mais peuvent intervenir dans l'activité de bricolage et de loisir : caoutchouc des masques, des bottes, des chaussures.

Le latex est un cas particulier, car il est responsable d'allergies immédiates parfois très graves.

Le latex, un allergène dangereux et très répandu

Le latex naturel provient d'un arbre *Heavea brasiliensis*. Il s'agit d'un liquide laiteux qui suinte à partir d'incisions (« saignées ») pratiquées sur le tronc. Il sert à la fabrication du caoutchouc, et entre, après traitement comprenant l'ajout d'additifs, dans la composition de matériaux divers : gants (d'examens médicaux et chirurgicaux ou gants de cuisine), tétines, ballons de baudruche, matériaux médicaux (sondes, tubulures...), préservatifs, bonnets de bain, semelles de chaussures, chambres à air, pneus, etc. Le latex est vraiment présent partout !

Il semblerait que la demande accrue en latex, qui connaît depuis les années 1970 une nouvelle expansion, a conduit des producteurs à modifier les étapes de fabrication, augmentant ainsi son caractère allergique.

Même si cet allergène touche actuellement moins de 1 % de la population, la fréquence des manifestations qu'il provoque augmente. Elles concernent particulièrement des sujets dits à risque : enfants ayant souvent été opérés (en particulier de *spina bifida*), professions de santé (infirmières, chirurgiens), personnel travaillant sur des objets en latex, sujets atopiques.

Comment agit-il ?

Si les additifs rajoutés au latex pour le traitement du caoutchouc sont responsables d'eczéma de contact par un mécanisme d'hypersensibilité retardée, les allergènes du latex naturel suscitent des mécanismes d'hypersensibilité immédiate, et se comportent comme des allergènes inhalés, atteignant les voies respiratoires et pouvant de plus provoquer des manifestations générales allant jusqu'au choc anaphylactique.

Utilisé dans de nombreux produits, le latex peut provoquer des réactions allergiques de :

— La peau : urticaire de contact, survenant fréquemment chez l'enfant gonflant un ballon, et disparaissant rapidement. Il ne faut cependant pas négliger un tel épisode qui peut précéder des atteintes plus graves. Les eczémas sont dus surtout aux produits de vulcanisation et se rencontrent chez l'adulte.

— Atteinte des yeux ou des voies respiratoires (rhinite, asthme) : le latex peut se comporter comme un pneumallergène et être mis en suspension dans l'air avec les poudres contenues dans les gants de latex.

— Surtout, il peut provoquer des manifestations allergiques générales et des accidents consécutifs à des interventions médicales ou chirurgicales avec emploi de gant ou de matériel contenant du latex.

Latex et allergies croisées aux fruits

Des allergies croisées entre latex et aliments sont de plus en plus souvent retrouvées, en particulier avec la banane, l'avocat (présent aussi dans certains cosmétiques), le kiwi, la châtaigne. Les sujets allergiques au latex ou à ces aliments doivent être prudents afin d'éviter des réactions graves lors de l'ingestion de l'un de ces aliments ou lors d'actes médicaux ou paramédicaux utilisant du latex.

L'importance du diagnostic

Si les allergies au latex sont en général modérées, elles sont parfois très sévères chez des sujets à risque. C'est trop souvent à l'occasion de manifestations sérieuses ou graves (œdème de Quincke, choc anaphylactique) que l'allergie au latex est suspectée, les manifestations mineures ayant été négligées. Aussi, en cas de suspicion d'allergie au latex, il est très important de la confirmer ou de l'infirmer par des tests cutanés et biologiques (recherche d'IgE spécifiques) réalisés chez un allergologue. Un dépistage soigneux est

un des meilleurs outils de prévention. Ceci permet au patient, si l'allergie est confirmée, de connaître toutes les sources de latex afin de les éviter, en attendant que soient supprimés les allergènes du latex, ou que celui-ci soit remplacé par d'autres substances non allergisantes.

Que doit faire le patient en cas d'allergie au latex ?

— Toujours signaler l'allergie à son médecin, son chirurgien ou son dentiste pour qu'ils proscrivent, lors d'un examen médical ou d'une intervention chirurgicale (risque de choc allergique sévère), l'utilisation de gants en latex ou de matériel médical comportant du latex (sondes vésicales ou gastriques, perfusions, etc.).

— Porter une carte mentionnant l'allergie au latex pour l'information des secouristes et des médecins en cas d'accident.

— Éviter le contact avec des objets en latex : gants de ménage, ballons en caoutchouc, préservatifs (choisir ceux qui ont une faible teneur en latex), bonnets de bain, palmes, lunettes de natation, etc.

— Éviter les fruits pouvant donner des allergies croisées : banane, avocat (présent aussi dans certaines crèmes cosmétiques), kiwi, châtaigne.

Les médicaments

Les médicaments à usage local cutané (crèmes, poudres, lotions), mais aussi à usage buccal, constituent une cause fréquente d'allergies de contact. Les médicaments fréquemment en cause sont des antibiotiques (néomycine en particulier), des anti-inflammatoires non stéroïdiens, des anesthésiques locaux, des antifongiques, des corticoïdes locaux et des médicaments contenant des conservateurs, en particulier des dérivés mercuriels (collyres).

Des médicaments sont aussi responsables d'allergies de contact après exposition solaire : une longueur d'onde spécifique active une substance photosensibilisante contenue dans le médicament (ou dans des plantes qui agissent selon le même mécanisme). Certains sulfamides, neuroleptiques, anti-inflammatoires ont cette propriété.

Les cosmétiques

Les cosmétiques sont une source fréquente d'allergies de contact :

— Lanoline contenue dans les corps gras et pommades.

— Ammoniums quaternaires contenus dans les shampoings et les savons.

— Parfums contenus dans les cosmétiques, les shampoings.

— Produits contenus dans les teintures capillaires, en particulier les colorants.

Des filtres solaires de crèmes écrans et des parfums (musc, ambrette) ont des propriétés photosensibilisantes.

Récemment, l'étiquetage en clair des composants des cosmétiques, produits dont le marché est très mouvant, est devenu obligatoire : ceci facilite la recherche et l'identification des allergènes.

Les conservateurs

Qu'ils soient contenus dans les cosmétiques, les médicaments utilisés par voie locale ou les aliments, les conservateurs sont une source fréquente d'allergie de contact.

Le formaldéhyde est présent dans de nombreux cosmétiques : déodorants, shampoings, durcisseurs d'ongles, vernis à ongle. Il provoque aussi des allergies de contact lors de nombreux autres emplois :

— Usages médicaux : il est de plus en plus remplacé par d'autres antiseptiques comme le glutaraldéhyde.

— Usages industriels : industries du papier, imprimeries, industries textiles, conservation des cuirs et fourrures, industries des matières plastiques.

Les plantes

Les allergènes d'origine végétale sont très nombreux. Ils appartiennent principalement aux groupes :

— Des phénols : uroshiols (poison ivy), primine des primevères cultivées, benzoate de coniféryle (baume du Pérou).

— Des terpènes issus des huiles essentielles de graminées, de résines, de baumes, de térébenthines. Les lactones sesquiterpéniques sont responsables d'allergies de contact induites par de nombreuses plantes de la famille des composées (armoise, chrysanthème, marguerite, pissenlit, arnica), des lauracées (laurier-sauce), etc.

D'autres plantes ont des propriétés photosensibilisantes dues à des molécules particulières, les furano-coumarines. En présence de soleil et d'humidité, ces molécules induisent des réactions cutanées telle la dermite des prés due à la grande berce ou au panais. Ces mêmes molécules sont utilisées à visée thérapeutique dans la puvathérapie.

Les principales sources d'allergie de contact d'origine végétale sont :

— Des plantes ornementales : poison ivy (*Rhus toxicodendron*), principale cause d'allergies de contact aux États-Unis où une grande partie de la population est allergique aux feuilles de cet arbuste ; primevères ; tulipes responsables de nombreuses dermites de contact des employés des entreprises de floriculture ; ficus.

— Des espèces légumières (artichaut, endive) ou médicinales (arnica).

— Des baumes, en particulier le baume du Pérou : il est très utilisé dans les cosmétiques (crèmes et lotions, *Dermophil indien)*, dans les médicaments (balsamiques pour la toux, tulle gras), dans les produits alimentaires et apéritifs comme aromates, dans les ciments et liquides en dentisterie.

— Des huiles essentielles : essence de térébenthine.

— Des bois ou écorces d'arbre, en particulier des bois exotiques.

Parmi les produits d'origine végétale, la colophane, issue de la résine du pin, est responsable de l'allergie aux pansements adhésifs. Elle est utilisée également dans de nombreuses activités de loisir et de bricolage, tout comme les résines synthétiques présentes dans les colles et adhésifs et qui provoquent aussi des allergies de contact.

PRINCIPAUX ALLERGÈNES DE CONTACT

Substances	Sources d'exposition
Sels métalliques :	
— De nickel.	Bijoux, pièces de monnaie, clés, montures de lunettes, matériel d'ostéosynthèse, métallurgie.
— De chrome (bichromate de potassium).	Ciments, cuirs, tatouage, imprimeries, colorants industriels, peintures, vernis.
— De cobalt.	Objets nickelés, ciments, porcelaines, poteries, émaux.
Composants du caoutchouc :	
— Thiuram mix (mélange de thiuram).	Caoutchouc, mastic (utilisations professionnelles).
— PPD black rubber mix.	Caoutchouc noir (industrie automobile).
— Mercapto mix.	Objets en caoutchouc (utilisations professionnelles).
— Mercaptobenzothiazole	Caoutchouc (utilisations professionnelles).
Médicaments :	
— Antibiotiques. — Anti-inflammatoires non stéroïdiens. — Anesthésiques et corticoïdes locaux. — Antifongiques. — Antiseptiques.	Nombreuses pommades à usage local. Bien lire les notices et discuter avec le médecin et le pharmacien si on a eu un eczéma de contact.
Conservateurs :	
— Parabens.	Cosmétiques, médicaments, aliments.
— Quaternium 15.	Cosmétiques, médicaments.
— Kathon CG.	Cosmétiques, produits d'entretien.
— Dérivés mercuriels.	Médicaments, collyres.
— Ethylènediamine.	Médicaments, cosmétiques et shampoings.
— Formaldéhyde.	Cosmétiques, durcisseurs d'ongle et vernis. Professions médicales, détergents, industrie.
Cosmétiques et produits d'hygiène :	
— Lanoline (présente dans des médicaments).	Corps gras des crèmes et pommades (médicaments, cosmétiques, crèmes barrières), détergents, industrie.
— Fragrance mix (mélange de parfums).	Parfums, essence naturelle, clou de girofle.
— Ammoniums quaternaires.	Agents moussants des savons et shampoings.
— Paraphénylènediamine.	Teintures capillaires, coiffeurs, colorants.
Plantes :	
— Baume du Pérou.	Cosmétiques, parfums, médicaments, aliments.
— Primevère, plantes à lactone sesquiterpéniques (composées, lauracées), poison ivy (États-Unis), tulipes.	Fleurs ornementales, légumes, médicaments.

PRINCIPAUX ALLERGÈNES DE CONTACT

Substances	Sources d'exposition
Résines : — Époxy. — Butyphénol-formaldéhyde paratertiaire.	 Araldites, vernis, cuirs, colles et adhésifs, lamifiés. Colles néoprène et autres.
Colophane (résine de pin).	Cosmétiques, pansements adhésifs, colles, encaustiques.

Les allergènes professionnels

Les allergènes professionnels responsables le plus fréquemment d'eczémas de contact sont les métaux, le caoutchouc, les résines et les conservateurs. Il s'agit essentiellement d'eczéma des mains.

Les métiers les plus exposés aux allergènes de contact sont ceux de :

— L'industrie du bâtiment : métaux, résines.

— L'industrie du caoutchouc : produits de vulcanisation, résines, conservateurs, colorants.

— La coiffure : teintures capillaires, produits décolorants, parfums, gants en latex.

— La métallurgie : métaux, résines, huiles de coupe.

— La mécanique : huile, détergents.

— L'industrie chimique et des matières plastiques, et de l'imprimerie : rôle des résines.

— L'agriculture et de l'horticulture, ainsi que de la sylviculture (colophane, bois exotiques, chêne).

— L'alimentation : les protéines peuvent provoquer des allergies de contact.

— L'industrie textile : teintures, sels de chrome, formaldéhyde.

— L'industrie pharmaceutique, lors de la préparation de produits sensibilisants.

Le personnel soignant est aussi très exposé : antiseptiques, médicaments, désinfectants, latex.

Le diagnostic des allergies professionnelles est essentiellement évoqué sur le rythme de survenue des phénomènes pathologiques en fonction de la présence sur le lieu de travail. Le médecin différencie les maladies allergiques de celles dues à des facteurs irritatifs, donc non immunologiques. Ceci conditionne les décisions de poursuite ou d'arrêt du travail, les mesures d'hygiène préventives, et les éventuelles possibilités de reclassement. Si l'amélioration des conditions de travail tend à diminuer la fréquence des eczémas de contact, par allergie ou irritation, en particulier dans les métiers du bâtiment, les allergènes professionnels restent très et trop nombreux.

➤ Les allergènes injectés

Ils correspondent à deux grandes catégories :

■ **Issus d'injections accidentelles :** ce sont les injections dues aux venins des insectes piqueurs (hyménoptères) essentiellement.

■ **Issus d'injections volontaires à visée thérapeutique :** ce sont les effets indésirables (ou « iatrogènes ») de nature allergique consécutifs à des injections médicamenteuses.

Les médicaments (voir p. 298)

Tous les médicaments induisant une réponse de nature allergique peuvent susciter la même réponse qu'ils soient ingérés ou injectés. En pratique, les antibiotiques, certains vaccins, certains corticoïdes (rôle des conservateurs), l'iode (mécanisme de fausse allergie par libération indirecte d'histamine) peuvent être en cause.

Les venins d'hyménoptères (voir p. 316)

Être piqué par une abeille ou une guêpe est inconfortable mais banal pour la plupart d'entre nous. Chez un sujet sensibilisé préalablement et porteur d'IgE spécifiques dirigés contre les composants des venins de ces insectes, des manifestations cliniques qui surviennent peuvent être bénignes (gonflement étendu) ou graves (choc anaphylactique). En cas de doute, il est donc important de consulter un allergologue pour faire la différence entre des réactions toxiques (dues souvent à une multiplicité de piqûres) et des réactions allergiques, surtout chez les sujets professionnellement exposés.

Les insectes piqueurs appartiennent à deux grandes familles : celle des Apidés regroupant les abeilles et les bourdons, celle des Vespidés regroupant guêpes et frelons. Les fourmis ne sont pas une cause d'allergie en Europe, mais elles le sont au Sud des États-Unis d'Amérique. En France, les trois quarts environ des réactions allergiques aux venins d'hyménoptères sont dus aux guêpes et un quart aux abeilles.

Parmi les abeilles, *Apis mellifera*, l'abeille commune, est de loin la plus courante. Son corps est velu et noir, finement rayé de jaune orangé. L'injection du venin se fait par le dard qui reste fiché dans la peau au point de piqûre. Ce dard étant solidaire de la glande à venin contenue dans l'abdomen, il entraîne une déchirure de l'abdomen et la mort de l'abeille après la piqûre. L'abeille n'est en général pas dangereuse loin de l'essaim.

Les guêpes les plus courantes sont la guêpe commune et la petite guêpe ou guêpe poliste qui prédomine dans le Sud de la France. La guêpe est plus agressive que l'abeille et peut piquer spontanément. Elle garde son dard après la piqûre et peut faire des injections répétées. Il faut faire attention à ne pas marcher pieds nus sur des nids de guêpes enfouis dans le sol.

Les antigènes sont bien identifiés : il s'agit de protéines enzymatiques (phospholipase A2, hyaluronidase) et non enzymatiques (mellitine chez l'abeille). Ces protéines ont à la fois une activité toxique non spécifique et une action allergique IgE dépendante chez le sujet sensibilisé. Il existe des relations croisées entre les Apidés (abeilles et bourdons) et entre les Vespidés (guêpes et frelons), mais pas entre Apidés et Vespidés.

Attitude à avoir en cas de piqûre d'insecte

— Identifier l'insecte piqueur si possible.
— Si le dard est fiché, l'enlever avec précaution en utilisant la pointe d'une aiguille ou d'un couteau, mais sans comprimer le sac à venin (pas de pince à épiler par exemple).
— Aspirer le venin uniquement si l'on dispose d'une seringue (Aspivenin).
— Savoir utiliser un traitement d'urgence (adrénaline en pulvérisation dans la gorge ou en injection sous-cutanée) en cas de début de réaction générale au venin.

Autres venins

Les venins de vipères et de moustiques sont responsables d'accidents toxiques et non allergiques. En cas de piqûre de vipère, rappelons qu'il est déconseillé de poser un garrot, d'appliquer de la glace ou de sucer la plaie. S'allonger sur le dos, mettre un bandage peu serré sur le membre immobilisé et naturellement appeler les secours médicaux d'urgence sont les gestes nécessaires.

Le contact avec les méduses provoque en règle générale des brûlures avec une réaction urticarienne. En cas d'injection du venin, la douleur est beaucoup plus vive et il peut y avoir des signes généraux. Il faut éviter de frotter les plaies, mais baigner les blessures dans l'eau salée, et appeler les secours d'urgence dans les formes sévères.

En résumé

Les allergènes, dont nous avons ici mentionné les plus fréquents, sont très nombreux. Cependant, ils n'agissent pas seuls, leur action pouvant être favorisée par de nombreux facteurs adjuvants de l'environnement, qui peuvent, de façon non spécifique, aggraver les maladies allergiques.

Facteurs adjuvants des réactions allergiques

Facteurs environnementaux

Tabagisme passif, pollution intérieure et atmosphérique.

Modifications du mode de vie : urbanisation, habitudes alimentaires et mode de préparation des aliments.

Facteurs infectieux

Infections virales de l'enfance.

C'est en premier lieu sur l'ensemble de ces facteurs de l'environnement, allergène et facteurs adjuvants, que les efforts de prévention, d'information et de traitement doivent porter, car ils sont souvent très efficaces.

À leur côté, les autres acteurs de la réaction allergique jouent cependant un rôle tout aussi important :

— Acteurs du système immunitaire : de nombreuses cellules et agents de communication intercellulaire (médiateurs) sont impliqués dans les réactions d'hypersensibilité initiées par les allergènes.

— Les facteurs de « terrain », génétiques et biologiques qui favorisent, dans certains cas, la sensibilisation à un ou plusieurs allergènes et la survenue de maladies allergiques chez un patient donné.

Les mécanismes cellulaires et moléculaires de l'allergie

Quels sont les mécanismes cellulaires et moléculaires du rhume des foins, de l'asthme dû aux acariens, de l'eczéma provoqué par les bijoux en nickel ? Mieux les connaître, c'est pouvoir mieux comprendre le déroulement de sa maladie et les différentes thérapeutiques possibles. Ces mécanismes sont réellement complexes. Pour les simplifier, nous décrirons leur rôle dans la réaction immunologique qui caractérise la réponse allergique vraie : la réaction d'hypersensibilité immédiate et ses conséquences biologiques et cliniques.

Maladies allergiques courantes : des mécanismes différents

Type I : hypersensibilité immédiate : le rhume des foins.
Type II : hypersensibilité de type cytotoxique : allergies médicamenteuses.
Type III : hypersensibilité due à des immuns-complexes : maladie du poumon de fermier.
Type IV : hypersensibilité retardée : l'eczéma de contact.
Intrication fréquente des mécanismes : la dermite atopique.

La réaction d'hypersensibilité immédiate

Dans toutes les réactions allergiques vraies, les mécanismes mis en jeu sont des réactions d'hypersensibilité. Cette qualification a été donnée par les immunologistes à des réactions excessives et inappropriées qui surviennent à l'égard de substances non toxiques, habituellement bien tolérées, et qui ne se manifestent que chez certains individus.

Parmi celles-ci, l'hypersensibilité *immédiate*, seule détaillée ici, est de très loin la plus fréquemment rencontrée en allergologie. Elle a deux caractéristiques essentielles bien connues des malades allergiques :

— Elle survient dès que l'organisme est de nouveau en contact avec l'allergène qui a provoqué la fabrication d'anticorps IgE : c'est bien une réaction *immédiate*.

— Elle se déclenche pour des doses très faibles de l'allergène auquel est sensible le malade, les sujets non sensibilisés ne réagissant pas : c'est bien une réaction *d'hypersensibilité.*

➤ Une réaction en deux phases

Elle se déroule en deux phases, l'une biologique et silencieuse mais qui laisse des traces que les allergologues peuvent détecter dans l'organisme, l'autre clinique et visible, parfois de façon explosive.

Le silence des anticorps

La première phase de sensibilisation est provoquée par l'introduction dans l'organisme d'un allergène, substance non toxique, le plus souvent une protéine, issue de notre environnement, et normalement bien tolérée. Dans des circonstances précises et souvent sur un « terrain » favorable, cet allergène suscite la fabrication d'anticorps spécifiques qui iront se fixer sur des cellules impliquées dans la réaction allergique, mais sans déclencher aucune conséquence clinique. Dans cette phase de fabrication d'anticorps spécifiques de l'allergène, interviennent différentes cellules du système immunitaire qui conserveront la mémoire de ce processus.

La provocation et le conflit

La deuxième phase, classiquement appelée phase de provocation, est plutôt une phase de révélation de la sensibilisation acquise. Lors de sa réintroduction dans l'organisme, l'allergène est reconnu et fixé par les anticorps dont il a suscité la fabrication. Ceci provoque une activation des cellules spécialisées dans la réaction allergique (mastocytes des tissus, polynucléaires basophiles du sang), et une importante libération de médiateurs. Ces substances délivrent une information biologique aux tissus environnants et déclenchent une réaction inflammatoire. Celle-ci touche, en fonction du lieu d'introduction de l'allergène, le nez, les bronches, la peau, le tube digestif, provoquant les symptômes de la maladie allergique. Mais elle peut aussi être généralisée et se manifester par des symptômes situés à distance du lieu d'introduction de l'allergène, et se traduire par une inflammation chronique. L'allergie devient alors une véritable maladie au long cours avec laquelle les sujets atteints doivent composer au mieux, soit en évitant l'allergène, ce qui est idéal, soit en ayant une hygiène de vie et un traitement approprié.

Pour mieux comprendre comment (et peut-être un peu aussi pourquoi) l'organisme se mobilise excessivement contre un ennemi qui n'en est pas un, nous décrirons les différentes étapes de cette réaction d'hypersensibilité immédiate où interviennent des cellules, des anticorps et des médiateurs. La régulation et le contrôle assurés par des cellules et molécules du système immunitaire, mais aussi nerveux et hormonal, démontrent qu'il s'agit bien d'une réaction générale de l'organisme, même lorsque ses manifestations sont locales.

Les allergènes et les deux phases de la réaction d'hypersensibilité de type I

Sensibilisation due à une première introduction de l'allergène : cette phase est silencieuse et peut le rester

— Capture de l'allergène présenté au système immun par des cellules spécialisées.

— Activation des lymphocytes et orientation vers une réaction d'hypersensibilité immédiate.

— Synthèse d'anticorps IgE, favorisée chez des sujets prédisposés.

Provocation due à un nouveau contact de l'organisme avec l'allergène : cette phase est cliniquement manifeste

— Fixation sur les IgE spécifiques situés sur la membrane de cellules inflammatoires (mastocytes et polynucléaires basophiles) ; activation de ces cellules.

— Libération de médiateurs, activation des cellules inflammatoires ; effets biologiques et cliniques sur le nez (rhinite), les bronches (asthme), la peau (eczéma, urticaire).

Régulation due à des cellules et molécules des systèmes immunitaires, nerveux et hormonal

➤ La capture et la transformation des allergènes

Comment se défend l'organisme ?

Lors de l'introduction d'un élément étranger dans l'organisme, telle une bactérie, le système immunitaire met en jeu des mécanismes destinés à phagocyter (capacité d'englober et de digérer une particule ou un organisme étranger) cet élément, à le détruire et à l'éliminer. Cette première ligne de défense fait intervenir les cellules phagocytaires du sang circulant (polynucléaires — cellules dont le noyau a plusieurs lobes — neutrophiles et éosinophiles, monocytes) et des tissus (macrophages, cellules apparentées).

Les polynucléaires neutrophiles interviennent avec des anticorps contre les bactéries qui se développent hors de cellules : staphylocoque, streptocoque. Rapidement mobilisés, leur nombre augmente lors d'une infection. Ceci se voit lors d'une prise de sang par une modification de la numération et de la formule sanguine : augmentation de leur nombre (de 4 à 5 000/mm^3, ils peuvent atteindre 10 000/mm^3) et de leur pourcentage (normalement de 60 % à 70 %). Souvent, ils sont tués eux-mêmes lors de cette opération, ce qui explique la formation de pus.

Mécanismes de défense immunitaire spécifiques et non spécifiques

Mécanismes non spécifiques

■ Peau, muqueuses, et sécrétions chimiques le long de ces surfaces de protection.

■ Cellules et médiateurs impliqués dans l'inflammation :

— Attraction des polynucléaires neutrophiles : phagocytose, libération d'enzymes et de radicaux libres.

— Intervention d'autres types cellulaires : monocytes et macrophages, polynucléaires éosinophiles, lymphocytes à action non spécifique : cellules NK (natural killer).

— Système du complément : cascade enzymatique.

■ Conséquences tissulaires :

— Œdème : gonflement de la peau, ou des muqueuses (larynx, bronches).

— Fuite de globules rouges : micro-hémorragies.

— Mort des polynucléaires neutrophiles : fabrication de pus.

En cas d'insuffisance de cette réaction inflammatoire, les macrophages et cellules apparentées présentent la substance étrangère aux lymphocytes, déclenchant une réaction immunitaire spécifique.

Réponse immunitaire spécifique

■ Reconnaissance immunologique du soi (système HLA) et élimination du non-soi immunologique (antigène) : reconnaissance spécifique de régions précises (épitopes) de l'antigène par des lymphocytes sur un récepteur spécifique. Les lymphocytes conservent la mémoire immunologique de cette reconnaissance.

■ Deux types d'immunité spécifique :

— Immunité à médiation humorale : production d'anticorps par des lymphocytes B.

— Immunité à médiation cellulaire : activation des lymphocytes T.

■ Rôle coordinateur des lymphocytes T auxiliaires sur la réponse immunitaire spécifique et les macrophages.

■ Rôle régulateur des molécules de communication (cytokines) sur l'inflammation spécifique et non spécifique qui fonctionnent en synergie.

Les polynucléaires éosinophiles sont sollicités dans la lutte contre les parasites et dans certains états inflammatoires chroniques. Ils interviennent également dans la phase dite « tardive » de l'allergie immédiate (voir p. 79).

Les phagocytes mononucléés comprennent les mononucléaires sanguins, les macrophages des tissus, et les cellules apparentées des différents organes. Ces cellules ont pour origine la moelle osseuse, les monocytes se transformant en macrophages lorsqu'ils atteignent les tissus. Ce sont des cellules mobiles qui ont des mouvements dits amiboïdes.

Les macrophages luttent contre les bactéries à développement intracellulaire et contre les particules ingérées. Ils ont un rôle de défense inflammatoire locale, ce qui leur vaut le nom « d'éboueur des tissus ». Si l'antigène est détruit, la réaction s'arrête à ce stade, sans mobilisation du système immunitaire. Cette réponse est dite « non spécifique » car elle se fait sans l'intervention des cellules lymphoïdes douées de reconnaissance et de mémoire.

Dans d'autres cas, lorsque l'antigène est dégradé en fragments, mais non détruit, les macrophages localisés dans des tissus lymphoïdes ou migrant vers ces tissus vont s'engager dans le processus de présentation de l'antigène aux cellules lymphoïdes. La réponse initiée est alors spécifique de l'antigène.

Présentation de l'antigène et rôle du système HLA

Lors de cette opération de dégradation et de fragmentation de l'antigène, celui-ci est associé à l'intérieur de la cellule à des molécules du système majeur d'histocompatibilité, système HLA. Ce sont des molécules HLA de classe II qui interviennent dans les prédispositions aux maladies, donc indirectement dans la notion de « terrain ». De façon très schématique, la réponse initiée est spécifique de l'antigène, mais aussi de la personne.

Cette capacité qu'a une cellule d'exprimer les molécules HLA de classe II n'appartient qu'à certaines cellules spécialisées dans la présentation de l'antigène :

- Cellules dites phagocytaires de la lignée des macrophages incluant des cellules du foie, et d'autres tissus.
- Cellules inter-digitées dérivant par migration de cellules apparentées aux macrophages : cellules de Langerhans de la peau et des cellules dendritiques des différents tissus ; elles sont encore plus efficaces que les macrophages dans la présentation de l'antigène, sans avoir les mêmes capacités.
- Lymphocytes B.
- Cellules épithéliales et endothéliales, uniquement sous l'action de certains médiateurs.

Ce mécanisme de présentation de l'antigène à des cellules lymphoïdes est sollicité lors de la réaction allergique.

➤ Les lymphocytes auxiliaires

Après avoir fragmenté l'antigène, et présenté à sa surface en association avec les molécules de classe II du système HLA, la cellule présentant l'antigène entre en contact avec des lymphocytes T par un récepteur spécifique. Il y a plusieurs types de cellules T. Celles qui interviennent ici sont des lymphocytes T dit auxiliaires ou helper (Th) dont le rôle principal est d'orienter la réponse immunitaire. Ceci se fait par l'intermédiaire d'un récepteur, le CD4[1]. Les lymphocytes T helper sont spécifiques de l'antigène. Selon les molécules qu'ils fabriquent, on distingue les lymphocytes Th1 etTh2 qui orientent la production des lymphocytes B, cellules chargées de la production des anticorps, vers des classes d'anticorps différents :

■ **Des IgG pour les lymphocytes Th1**, impliqués dans la lutte contre les infections bactériennes ou dans les phénomènes d'hypersensibilité retardée.

■ **Des IgE pour les lymphocytes Th2.** Ceci se produit dans certaines circonstances qui favorisent la réaction allergique immédiate (nature de l'allergène, environnement, prédisposition du sujet). Cette activation des cellules B se fait par l'intermédiaire de messagers intercellulaires, les cytokines, en particulier les interleukines Il 4, Il 5, Il 13.

Les lymphocytes B se transforment en plasmocytes, cellules chargées de la production des anticorps. Sous l'action des allergènes et des lymphocytes Th2, cette production est orientée vers la synthèse des IgE, anticorps de l'allergie.

➤ Les anticorps de l'allergie

Ce sont essentiellement les anticorps IgE. Leur découverte en 1967 a été déterminante pour la reconnaissance scientifique de l'allergologie, dont le caractère empirique était alors critiqué par les immunologistes. Parmi les cinq classes d'anticorps, les IgE se caractérisent par leur très faible concentration et leurs fonctions très spécifiques : réaction d'hypersensibilité immédiate, lutte contre les parasitoses.

La découverte de l'IgE

Le phénomène d'anaphylaxie, opposé à la protection immunologique, avait été mis en évidence par Richet et Portier en 1901, et le concept d'allergie, de réactivité autre, ou altérée, introduit par von Pirquet en 1906. Où se localisaient dans l'organisme les facteurs responsables de ce phénomène ? Une expérience réalisée par deux médecins autrichiens en 1921 répondra à cette question : un médecin qui n'était pas allergique, le Dr Prausnitz, s'injecte dans la peau le sérum d'un sujet allergique au poisson, le Dr Küstner. Le lendemain, il s'injecte au même endroit un extrait d'antigène de poisson, ce qui provoque une forte réaction inflammatoire locale. Ceci démontrait le transfert par le sérum d'un élément biologique reconnaissant l'allergène (ici le poisson) et suscitant une réaction chez un sujet préalablement sain. Il a fallu ensuite attendre 1967 pour que ce facteur soit identifié à partir du sérum d'un sujet très allergique au pollen. Il s'agissait d'un anticorps de

1. CD pour *Cluster of Differentiation* en anglais. Ce sont des protéines de membrane qui permettent une signalisation fonctionnelle des lymphocytes. Le marqueur CD4 caractérise les lymphocytes helper, et le CD8 les lymphocytes suppresseurs. Le rapport CD4/CD8 est utilisé dans le suivi de maladies telles que le sida.

classe non connue. Il fut baptisé immunoglobuline E ou IgE, E pour Erythema, car il provoquait un érythème lors de la réaction de transfert décrite ci-dessus.

Des anticorps en quantité très faible

La fabrication des IgE est stimulée par la présence de l'allergène (par exemple le pollen au printemps), mais elle persiste pendant de longues périodes même en l'absence de l'allergène. L'IgE est produite en premier lieu dans les tissus lymphoïdes situés près des tissus respiratoires ou intestinaux où se situe l'allergène. Sa synthèse est régulée par de multiples signaux en provenance en particulier des cellules de type Th2. Elle dépend aussi de facteurs génétiques.

L'IgE est en quantité très faible puisqu'elle correspond à moins de 0,001 % du total des immunoglobulines. Son taux normal (50 mg/ml) s'élève dans les maladies parasitaires et allergiques sans cependant dépasser dix fois la normale.

Aussi, l'IgE totale du sérum est dosée biologiquement par des méthodes immunologiques très sensibles (par exemple, technique ELISA utilisant des enzymes). L'IgE spécifique d'un allergène précis peut aussi être dosée (technique RAST/CAP), ce qui est essentiel dans le diagnostic biologique de l'allergie.

La présence d'IgE spécifiques est également mise simplement en évidence par des tests cutanés simples réalisés dans le cabinet d'un allergologue. Chez les patients dont l'histoire clinique fait suspecter une allergie à une substance particulière, on injecte dans le derme une dose infime de l'allergène et on attend quinze à vingt minutes. L'apparition d'une réaction inflammatoire locale (rougeur, œdème et démangeaison souvent) révèle l'existence d'IgE fixés sur les cellules ayant des récepteurs pour les recevoir, mastocytes ou basophiles. Ces IgE ont reconnu l'allergène, ce qui a déclenché l'activation des cellules et la libération de médiateurs provoquant la réaction allergique. Des tests plus simples permettent au généraliste (bandelette) de détecter des IgE du sang spécifiques d'un allergène.

La fixation sur les cellules de l'allergie

L'activité des IgE dans la réaction allergique est donc due à leur fixation sur les cellules cibles. D'ailleurs leur durée de vie lorsqu'elles sont fixées est de deux à quatre semaines alors qu'elle est approximativement de deux à quatre jours lorsqu'ils circulent dans le sang.

Cette fixation se fait sur deux types de cellules :

- Les mastocytes des tissus, les basophiles du sang, et certaines cellules cutanées spécifiques (cellules de Langerhans) par des récepteurs dits de « haute affinité », auxquels l'IgE est très fortement liée. L'activation de ces cellules déclenche alors la phase primaire de l'hypersensibilité immédiate, ceci dans un temps bref (quinze à vingt minutes, parfois moins) après le contact avec l'allergène.
- Des cellules impliquées dans les réactions inflammatoires, en particulier les polynucléaires éosinophiles, mais aussi les plaquettes sanguines et d'autres cellules inflammatoires. Cette fixation se fait sur des récepteurs de plus faible affinité. L'acti-

vation de ces cellules est responsable de la phase secondaire de l'hypersensibilité immédiate, qui se manifeste quelques heures après la réintroduction de l'allergène. Cette phase est très visible dans certaines formes de crise d'asthme par exemple.

Les anticorps ou immunoglobulines

Pour assurer la reconnaissance de protéines d'origine étrangère, l'organisme dispose d'un réseau de molécules dont la nature et la fonction sont très spécifiques : les immunoglobulines. Chimiquement, ce sont des glycoprotéines constituées de protéines et de sucres. Synthétisées par des cellules du système immunitaire, elles constituent une fraction des protéines plasmatiques du sang où elles sont souvent dosées lors des examens biologiques. Elles sont également présentes dans le liquide céphalorachidien, les sécrétions, et à la surface de certaines cellules.

Les immunoglobulines sont constituées de chaînes en plusieurs fragments qui leur confèrent deux propriétés essentielles :

— Fonction anticorps assurée par deux fragments F (ab) (ab pour antibody) dont des parties très variables ont une configuration dans l'espace adaptée aux épitopes, portions spécifiques des antigènes qui ont suscité leur production. Les anticorps, dont la diversité repose sur un grand nombre de combinaisons génétiques possibles, peuvent ainsi reconnaître des antigènes très variés.

— Autres fonctions, en particulier celle de fixation aux cellules, assurée par le fragment F (c). Ceci leur permet de transmettre une information à ces cellules et de déclencher leur activation (activation des mastocytes et basophiles avec l'IgE par exemple).

Il existe cinq classes d'immunoglobulines :

— Les IgG. Quantitativement les plus importantes (12 mg/ml dans le sérum normal), elles représentent 75 % des immunoglobulines du sérum. Transmises à la naissance par la mère à travers le placenta, leur synthèse commence progressivement pour atteindre un taux normal vers 2-3 ans. Entre 3 et 6 mois, le petit enfant peut avoir une insuffisance relative d'IgG et être ainsi vulnérable aux infections. Leur rôle est essentiel dans la lutte contre l'infection. Une sous-classe d'IgG, les IgG4, intervient dans la réaction allergique : une augmentation de leur taux est un indice positif lors d'une désensibilisation aux venins d'hyménoptères.

— Les IgA. Il s'agit d'IgA sériques (2 mg/ml), mais aussi d'IgA sécrétoires, de structure plus complexe. Synthétisées par les cellules immunitaires présentes dans les muqueuses, elles sont présentes dans les sécrétions lacrymales, nasales, bronchiques, gastro-intestinales et mammaires. Elles constituent une première ligne de défense contre les molécules étrangères et jouent un rôle important dans la prévention de l'allergie alimentaire.

— Les IgM (1 mg/ml) sont les immunoglobulines les plus lourdes. Elles servent de première ligne de défense en provoquant l'agglutination des particules et des molécules ; elles peuvent intervenir dans les réactions adverses aux médicaments.
— Les IgD. Pratiquement absentes du sérum, elles interviennent dans la reconnaissance des cellules du système immunitaire.
— Les IgE (50 ng/ml) impliquées dans la réaction allergique et la lutte contre les parasitoses.

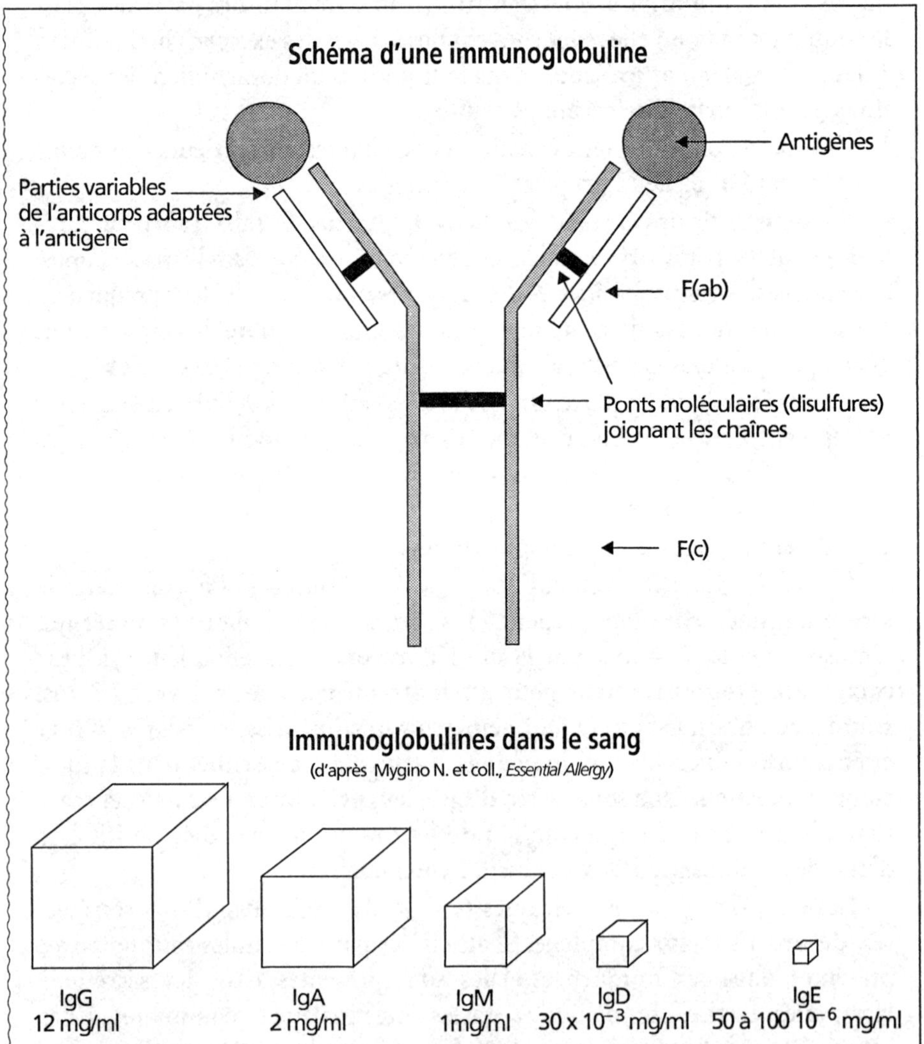

La quantité d'IgE dans le sang est 10^{-5} fois (100 000 fois) inférieure à celle de l'IgG.

➤ L'activation des cellules inflammatoires

Lors d'une nouvelle introduction de l'allergène, celui-ci va se fixer sur l'IgE issu de la première phase de la sensibilisation. Survient alors la deuxième phase de la réaction d'hypersensibilité immédiate. Au silence de la première s'oppose souvent le caractère explosif de la seconde dû à l'activation des cellules portant les IgE.

Les cellules impliquées

Elles sont nombreuses. Les plus caractéristiques sont les mastocytes et les polynucléaires basophiles qui interviennent dans la phase précoce (quinze à trente minutes) de l'hypersensibilité immédiate. D'autres cellules interviennent dans une phase dite tardive qui prolonge cette réaction immédiate : polynucléaires éosinophiles, polynucléaires neutrophiles et basophiles, plaquettes.

Ces cellules interagissent entre elles et provoquent une infiltration cellulaire des tissus chez le sujet allergique. Par leur présence et leur activité, elles sont responsables de la réaction inflammatoire et de l'augmentation de réactivité des tissus atteints en réponse à des allergènes spécifiques, mais aussi à des irritants non spécifiques.

CELLULES IMPLIQUÉES DANS L'HYPERSENSIBILITÉ IMMÉDIATE

Cellules	Phase	Présence	Médiateurs	Fonction
Mastocytes	Précoce	Peau Nez Bronches Intestin	Histamine Médiateurs lipidiques Protéases	Réaction allergique
Basophiles	Précoce et tardive	Sang	Histamine	Réaction allergique
Éosinophiles	Tardive	Sang	Médiateurs toxiques (MDP, ECP) PAF	Réaction allergique et anti-parasitaire
Neutrophiles	Tardive	Sang puis tissus	Radicaux libres	Inflammation
Plaquettes	Tardive	Vaisseaux sanguins	PAF Histamine	Agrégation Spasme bronchique

La phase précoce : rôle des mastocytes et polynucléaires basophiles

Les cellules déclenchant la réaction allergique immédiate sont de deux types : les mastocytes dans les tissus, les basophiles dans le sang circulant.

Les mastocytes sont de grosses cellules contenues dans le tissu conjonctif de nombreux organes sauf le cerveau. Ils se situent le long des vaisseaux sanguins, principalement dans la peau, les voies respiratoires et digestives. Ils sont de deux types : mastocytes muqueux prédominant dans le poumon, mastocytes séreux prédominant dans la peau.

Les polynucléaires basophiles font partie des globules blancs qui circulent dans le sang. Leur taux est normalement bas (0 à 2 % dans la numération sanguine), et s'élève en cas de sensibilisation à des allergènes. Ces cellules sanguines agissent comme des mastocytes, avec un rôle important lors de la phase tardive de la réaction immédiate. Elles participent aux réactions allergiques locales et générales.

Le rôle de ces deux types cellulaires est dû à la capacité de leurs récepteurs de fixer très fortement les IgE, ce qui permet de concentrer ces molécules à la surface. L'activation de ces cellules et la libération des médiateurs se produisent sous l'influence de différents facteurs :

■ **Facteurs immunologiques** : ce sont surtout les allergènes qui se fixent sur les IgE et déclenchent l'hypersensibilité immédiate. Des anticorps anti-IgE se fixent aussi sur les IgE et font l'objet de recherche. Des facteurs immunologiques non spécifiques (produits du complément, molécules de l'inflammation) interviennent aussi.

■ **Facteurs non immunologiques**, très nombreux et variés : il peut s'agir de traumatismes mécaniques (pression) ou thermiques (chaleur, froid, soleil), de médicaments (opiacés, produits de contraste utilisés en médecine nucléaire), de venins ou de neuro-hormones.

Ces agents agissent directement par des mécanismes biochimiques. Leur action est essentielle car elle peut provoquer des pathologies qui miment des réactions allergiques, sans pour autant passer par les IgE qui provoquent le vrai mécanisme d'hypersensibilité immédiate. Il s'agit alors de réactions physiques, pharmacologiques, toxiques, voire psychosomatiques. Les réactions urticariennes aiguës ou chroniques, pratiquement toujours attribuées à l'allergie, sont en fait souvent dues à ces facteurs.

Mécanismes de l'activation des cellules par l'IgE et l'allergène

L'activation typique est celle des mastocytes, cellules dont la localisation tissulaire (nez, poumon, peau, tube digestif) les expose directement aux allergènes. Leur activation résulte d'une série d'événements successifs :

■ Fixation de l'antigène sur deux molécules d'IgE qui le reconnaissent spécifiquement.

■ Création d'un complexe antigène — anticorps IgE — récepteur cellulaire.

■ Agrégation de ces récepteurs (FceRI), ce qui provoque leur activation avec :

— Activation d'enzymes liés aux phospholipides des membranes qui se réorientent.

— Augmentation du taux de calcium intracellulaire.

— Fusion des granules contenant l'histamine et de la membrane cellulaire.
— Libération de l'histamine à l'extérieur de la cellule, et synthèse des médiateurs lipidiques.

La réaction tardive

La réaction d'hypersensibilité a beau être immédiate, elle comporte une phase tardive, inflammatoire avec l'infiltration des tissus atteints par des cellules dont les polynucléaires éosinophiles et neutrophiles, des lymphocytes, des plaquettes. Ces cellules sont attirées à partir du sang par des molécules (facteurs chimiotactiques) libérées par les mastocytes. Les cellules accumulées sur place agissent en libérant à leur tour des facteurs pro-inflammatoires.

Cette réaction est dite tardive car elle survient quatre à huit heures après l'exposition à l'allergène. Elle est inhibée par des médicaments qui n'agissent pas sur la réaction précoce survenant quinze minutes après l'introduction de l'allergène. Les corticoïdes locaux et les anti-leucotriènes sont efficaces dans l'asthme grâce à leur action sur cette phase tardive.

Les cellules les plus caractéristiques de cette phase sont les polynucléaires éosinophiles. Leur nombre augmente dans le sang et sur le lieu de la réaction allergique : sécrétions nasales, bronches. Les plaquettes sanguines agrègent localement et créent de petites obstructions vasculaires (micro thrombus). Les lymphocytes Th2 produisent des cytokines (IL4 et IL5) qui contribuent à entretenir la réaction allergique immédiate.

➤ Les médiateurs chimiques

L'activation immunologique des mastocytes par les allergènes se fixant sur les IgE provoque la libération de médiateurs :

— Soit formés et contenus dans les granules avant l'activation cellulaire : histamine, enzymes protéolytiques.

— Soit synthétisés lors de l'activation cellulaire : prostaglandines, leucotriènes, paf-acether.

À ces médiateurs s'ajoutent ceux provenant des cellules inflammatoires participant à la phase tardive de la réaction. Les médiateurs libérés par les cellules sont des molécules de communication transmettant des messages entre la cellule qui les émet et les cellules qui les reçoivent. L'activité de ces médiateurs dépend de leur fixation sur des récepteurs des différents tissus qui sont la cible des réactions allergiques : vaisseau, bronches, muqueuse nasale, peau.

La connaissance de ces médiateurs et des mécanismes de leur synthèse est très utile en pharmacologie : les médicaments actuellement utilisés ont pour but :

— Soit d'empêcher leur libération par les cellules activées : corticoïdes, le cromoglycate disodique et ses analogues peuvent bloquer ou diminuer le phénomène de dégranulation. Le cromoglycate disodique agit surtout sur la première phase, et les corticoïdes sur la phase tardive.

— Soit de s'opposer à leur action sur les organes cibles de la réaction allergique : bronches, muqueuse nasale, peau...

Les médiateurs déjà présents : l'histamine

Le principal est l'histamine. Sa libération est très rapide. Il agit ultérieurement par liaison à des récepteurs cellulaires spécifiques nommés H1, H2, H3 :

— Par les récepteurs H1, l'histamine a une action « pro-inflammatoire » sur la perméabilité vasculaire, sur les fibres musculaires lisses (intestin, bronches), et sur l'hypersécrétion de mucus bronchique.

— Par les récepteurs H2, son action est plutôt anti-inflammatoire et s'exerce aussi sur la sécrétion acide de l'estomac.

— Par les récepteurs H3, elle agit sur le système nerveux central.

Les récepteurs H1 jouent un rôle prédominant en allergie, illustré par les bons effets des anti-histaminiques H1, bien connus de tous ceux qui ont une rhinite allergique. Les effets de l'histamine, via ces récepteurs H1 sont nombreux :

— Augmentation de la perméabilité et de la dilatation des vaisseaux, provoquant rougeur et œdème : ceci se manifeste lors de la réaction aux tests cutanés à l'allergène et lors des réactions d'urticaire.

— Sécrétion augmentée des muqueuses du nez, ce qui provoque écoulement, obstruction.

— Resserrement des bronches et gonflement de la muqueuse, observés dans l'asthme.

— Action sur les muscles lisses de la paroi intestinale.

Il existe d'autres médiateurs déjà formés, tels que la tryptase, marqueur d'activation des mastocytes, des facteurs chimiotactiques qui attirent les polynucléaires éosinophiles et neutrophiles sur le lieu de l'inflammation, et de l'héparine.

Les médiateurs synthétisés

L'interaction de l'allergène avec les anticorps IgE à la surface des cellules stimule la synthèse d'autres médiateurs.

Deux familles de médiateurs sont des lipides dérivés de l'acide arachidonique. Leur synthèse dépend de l'activation de deux voies enzymatiques qui jouent un rôle essentiel dans la pharmacologie de l'inflammation.

■ **Voie de la cyclooxygénase** dont l'activation aboutit à la synthèse des prostaglandines. Les prostaglandines, en particulier la PGD2 et un dérivé (PGF2alpha), exercent une très forte constriction bronchique, trente fois supérieure à l'histamine à concentration égale : ces molécules jouent un rôle majeur dans l'asthme. L'aspirine inhibe cette voie enzymatique.

■ **Voie de la lipooxygénase** dont l'activation conduit à la synthèse des leucotriènes (LT). Leur découverte a fait l'objet de l'attribution d'un prix Nobel en 1982. Ils comprennent le LTB4, facteur attirant les neutrophiles et la famille des leucotriènes C4, D4 et E4. Ceux-ci exercent un effet constricteur puissant sur les bronches ainsi que sur les vaisseaux des poumons et du cœur. Ils interviennent lors du choc anaphylactique.

Le paf-acether (*platelet activating factor*) est issu directement des phospholipides qui constituent la paroi membranaire. Il a été découvert en 1972 par un Français Jacques Benveniste et deux Américains. Outre le rôle biologique à l'origine de sa découverte (fonction d'agrégation plaquettaire), il accroît la perméabilité vasculaire et augmente fortement la constriction des muscles lisses bronchiques.

Les médiateurs de la phase tardive

En plus de l'histamine libérée par les polynucléaires basophiles dans cette phase tardive, et des dérivés phospholipidiques, en particulier le paf-acether provenant des cellules inflammatoires présentes, on trouve :

— Des protéines cytotoxiques produites par les polynucléaires éosinophiles (ECP. MDP) : ces protéines cationiques sont très toxiques pour les parasites en particulier.

— Des radicaux oxygénés libres produits lors de l'activation métabolique des cellules inflammatoires (polynucléaires neutrophiles et éosinophiles en particulier) : ils ont des effets toxiques puissants sur les bactéries et les cellules.

— Des cytokines, molécules qui assurent la communication au sein du système immunitaire ; elles proviennent des macrophages (IL6, TNF), des polynucléaires éosinophiles (IL3, IL5, IL8), des lymphocytes LTh2 (IL4, IL5).

— Des molécules d'adhésion : ce sont des récepteurs membranaires qui s'expriment au niveau des parois des vaisseaux et des tissus (nez, bronches, conjonctive), ainsi qu'au niveau des cellules circulantes. Elles favorisent le ralentissement des cellules sanguines (polynucléaires, monocytes), leur adhésion à la paroi vasculaire, leur sortie des vaisseaux sanguins et leur migration vers le foyer inflammatoire.

Sous l'effet des cytokines et des médiateurs de l'hypersensibilité immédiate, il y a une expression accrue des molécules d'adhésion qui jouent un rôle dans la survenue et le maintien de la réaction inflammatoire allergique. Ainsi, l'expression d'une de ces molécules (ICAM1) est augmentée sur les cellules nasales bronchiques sous l'effet de l'histamine et des cytokines, ainsi que sur les cellules circulantes, ce qui favorise le passage des globules blancs du sang vers le foyer inflammatoire. Ainsi, l'ensemble de ces médiateurs intervient dans l'entretien de la réaction d'hypersensibilité immédiate, et participe à sa régulation.

Médiateurs (principales sources cellulaires)	Effets biologiques et cliniques
Histamine (mastocyte, polynucléaire éosinophile).	Dilatation des vaisseaux, constriction des bronches, sécrétion accrue des muqueuses.
Prostaglandines (cellules de l'inflammation C I). Leucotriènes (C I). Paf-acether (C I).	Constriction des bronches. Perméabilité vasculaire accrue. Inflammation.
Radicaux libres (C I). Protéines cytotoxiques (éosinophiles). Molécules d'adhésion (C I, vaisseaux et tissus). Cytokines (C I).	Effets toxiques sur les agents infectieux et les cellules. Toxicité puissante (parasites). Migration des cellules de l'inflammation. Communication au sein du système immunitaire.

➤ Les conséquences cliniques

L'hypersensibilité immédiate, liée à une production exagérée d'anticorps de type IgE, est de très loin la plus fréquente dans les maladies allergiques. Après la sensibilisation, la réintroduction dans l'organisme de l'allergène est suivie de sa reconnaissance par les anticorps dont il a suscité la fabrication. Ceci provoque une activation des cellules spécialisées et une importante libération de médiateurs qui déclenchent une réaction inflammatoire locale et dans certains cas une réaction anaphylactique générale.

Conséquences locales

En fonction du lieu d'introduction de l'allergène, la réaction inflammatoire locale touche :

— Le nez, provoquant un gonflement, une obstruction, souvent des démangeaisons et parfois une diminution de l'odorat. Ce tableau de rhinite allergique peut s'étendre aux tissus environnants : conjonctive, voile du palais.

— Les bronches, provoquant une inflammation et un spasme bronchique : c'est la crise d'asthme.

— Les muqueuses provoquant un œdème de Quincke, œdème de la face et des muqueuses qui peut être dangereux.

— La peau : œdème, démangeaisons, rougeur sont caractéristiques de la réaction allergique immédiate, impliquée dans certaines formes d'urticaire, et aussi en partie dans la dermatite atopique.

— Le tube digestif, avec une inflammation de l'intestin grêle en particulier, due souvent aux allergènes alimentaires.

Conséquences générales

L'activation des cellules, la libération des médiateurs et les conséquences de l'inflammation sur l'organisme peuvent aussi être généralisés et se traduire par des symptômes situés à distance du lieu d'introduction de l'allergène. Les réactions peuvent être alors dramatiques en raison de l'intensité du choc anaphylactique qui nécessite un traitement d'urgence. Cette réaction apparaît démesurée au regard du caractère trivial et bénin de l'allergène : une cacahuète, une piqûre d'abeille, un médicament anodin. Ceci explique l'importance de la prévention, tout en sachant qu'il n'est pas possible de dépister chez tout le monde tous les allergènes auxquels le sujet est sensibilisé. C'est tout l'intérêt d'une enquête allergologique réalisée dès les premiers symptômes.

Les autres réactions d'hypersensibilité

Dans toutes les réactions allergiques vraies, les mécanismes mis en jeu sont des réactions d'hypersensibilité, mais il ne s'agit pas toujours d'hypersensibilité immédiate. Ces autres réactions d'hypersensibilité sont aussi des réactions immunologiques excessives qui surviennent à l'égard de substances non toxiques, habituellement bien tolérées, et qui ne se manifestent que chez certains individus. Mais les anticorps impliqués ne sont pas alors les IgE, et les principales cellules effectrices ne sont ni les mastocytes ni les basophiles. En fonction des anticorps et des cellules impliqués, elles comportent classiquement quatre types selon un schéma établi en 1965 par deux immunologistes, Gell et Coombs. Dans les faits, il y a souvent une intrication de ces différents mécanismes.

Les réactions d'hypersensibilité

Elles sont classées en quatre types selon les anticorps et les cellules impliqués (Gell et Coombs, 1965).

I. Hypersensibilité immédiate

— Liée à une production exagérée d'anticorps de type IgE.

— Réaction la plus fréquente qui peut initier d'autres types d'hypersensibilité (IV).

— Maladies : rhume des foins, asthme allergique, eczéma atopique (en partie).

II. Hypersensibilité cytotoxique

— Due à des anticorps IgG dirigés contre des antigènes fixés sur des cellules du malade (globules rouges, plaquettes).

— Fait également intervenir le système du complément (ensemble de molécules agissant en cascade).

— Conduit à une lésion des cellules.

— Maladies : anémies hémolytiques (globules rouges libérant l'hémoglobine) d'origine médicamenteuse.

III. Hypersensibilité à immuns complexes

— Déclenchée par des anticorps de type IgG ou IgM qui forment avec l'antigène des complexes antigène-anticorps (Ag-Ac).

— À l'endroit où les complexes se déposent se produisent une réaction inflammatoire et des lésions des tissus.

— Maladies : maladie du poumon de fermier, maladies pulmonaires dues aux poussières organiques.

IV. Hypersensibilité retardée à médiation cellulaire

— Due à des lymphocytes T sensibilisés, qui libèrent au contact de l'antigène des lymphokines ; celles-ci activent les macrophages et provoquent une inflammation.

— Maladies : eczéma de contact aux métaux, eczéma atopique (en partie).

➤ La destruction cellulaire (type II)

Cette réaction d'hypersensibilité présente deux particularités :

— Elle implique des anticorps IgG dirigés contre les antigènes portés par les cellules ou fixés sur elles (médicaments) ; ces anticorps se fixent sur les cellules.

— Elle a pour conséquence la destruction des cellules (cytotoxicité) ou des tissus atteints.

Il se produit successivement :

— La synthèse et la fixation des anticorps IgG sur les cellules du sang ou des tissus portant l'allergène ou l'antigène.

— L'activation d'un système enzymatique fonctionnant en cascade, le complément.

— L'arrivée de cellules de l'inflammation, polynucléaires et neutrophiles. Les polynucléaires neutrophiles libèrent des enzymes et des radicaux libres, attaquent les cellules cibles portant l'anticorps, tout en endommageant les tissus sains avoisinants. Des lymphocytes « killer » interviennent dans ces réactions cellulaires.

Ce mécanisme intervient dans les pathologies auto-immunes et dans les pathologies concernant les cellules du sang.

Dans ce cas, les anticorps de type IgG sont dirigés contre des antigènes portés par les cellules sanguines du malade : globules rouges, globules blancs, plaquettes. Ces cellules deviennent la cible d'une réaction cytotoxique, destinée à les détruire.

En allergologie, cette réaction concerne essentiellement les allergies médicamenteuses, avec production d'anticorps IgG dirigés contre les médicaments et fixés sur des cellules du sang qui sont alors détruites. Ceci survient par exemple dans certaines anémies hémolytiques (atteinte des globules rouges avec libération de l'hémoglobine) d'origine médicamenteuse. Les médicaments impliqués sont des antibiotiques (pénicilline) qui se fixent sur les hématies, ou des anti-inflammatoires qui se fixent sur les polynucléaires neutrophiles. Certaines pathologies rénales immuno-allergiques d'origine médicamenteuse (antibiotiques) sont aussi liées au même mécanisme.

➤ Le dépôt de complexes moléculaires (immuns complexes) (Type III)

Dans l'hypersensibilité de type III, il y a également intervention d'anticorps de type IgG ou IgM. Mais au lieu de se fixer sur des antigènes cellulaires, elles se fixent sur des antigènes libres, circulant dans le sang. Il y a alors formation de complexes associant antigène et anticorps. Ce phénomène est normal pour l'organisme qui assure ainsi la dégradation et l'élimination de certains antigènes. Il ne devient pathologique qu'en cas de stimulation intense ou prolongée par l'antigène. Les immuns complexes, s'ils ne sont pas éliminés normalement (en particulier dans le foie et dans la rate) peuvent se fixer localement sur des tissus. À l'endroit où les complexes antigène-anticorps se déposent, se produisent une réaction inflammatoire et des lésions importantes des tissus.

Un tel processus intervient dans les pathologies auto-immunes avec des antigènes provenant de l'organisme (cas du lupus érythémateux disséminé, de la polyarthrite rhumatoïde) et dans certaines maladies infectieuses. Mais il intervient également dans des maladies immunoallergiques liées à des antigènes provenant de l'environnement ou parfois de thérapeutiques (cas de certains rappels de vaccination chez des sujets déjà « hyperimmunisés »).

Le cas le plus fréquent est celui de la maladie du poumon de fermier due à des allergènes contenus dans le foin moisi, et mis en suspension lors de leur manipulation par les paysans en automne. Les allergènes (spores de champignons, des actinomycètes) sont de petite taille et pénètrent profondément dans les alvéoles. En cas de stimulation intense et répétée, il y a production d'anticorps IgG anti-actinomycètes. Ces anticorps nommés précipitines se conjuguent à des antigènes lors d'une nouvelle exposition créant ainsi des immuns complexes. Ceux-ci se déposent dans les alvéoles pulmonaires et provoquent une inflammation sérieuse[2], une alvéolite à laquelle sont associées fièvre, douleurs articulaires et urticaire. Les réactions aiguës ou subaiguës peuvent devenir chroniques, et aboutir à la formation de tissu fibreux et à un essoufflement permanent des patients. Ce sont donc des maladies graves dont le meilleur traitement est constitué par le diagnostic précoce et la prévention, donc l'éviction des allergènes. D'autres maladies survenant en milieu rural (maladie des éleveurs d'oiseaux, maladie des fromagers) ou urbain (maladie des climatiseurs) sont provoquées par des mécanismes similaires.

2. D'autres facteurs interviennent dans l'inflammation : endotoxines, lymphocytes T cytotoxiques.

➤ L'hypersensibilité due aux cellules (type IV)

Cette forme d'hypersensibilité, « à médiation cellulaire », est dans les maladies allergiques la plus fréquemment rencontrée après l'hypersensibilité immédiate. De plus, ces deux réactions peuvent coexister pour une même maladie ce qui est le cas d'une affection aussi courante que l'eczéma atopique. Si l'hypersensibilité immédiate met en jeu en première ligne les anticorps IgE, l'hypersensibilité dite retardée met en jeu des lymphocytes qui sont informés et transmettent la sensibilisation, puis des macrophages qui provoquent l'inflammation.

L'hypersensibilité retardée était l'ancienne dénomination donnée à ces réactions d'hypersensibilité qui se révèlent après quarante-huit heures au moins. La lecture de la cuti-réaction révélant l'hypersensibilité à la tuberculine en est un exemple connu de tous, tout comme l'allergie de contact aux métaux qui se révèle après un délai de deux à trois jours. Mais nous avons vu que l'allergie immédiate avait aussi une phase tardive, ce qui peut prêter à confusion.

La véritable différence, qui est loin d'être théorique, est due aux lymphocytes T qui sont sensibilisés à l'antigène et transmettent des informations à d'autres cellules inflammatoires (macrophages) pour éliminer l'agent « agresseur ». C'est donc une réaction physiologique au départ destinée à lutter contre les germes intracellulaires (bacille de Koch par exemple) ou contre les greffes provenant d'un organisme différent (allogreffe). Cette sensibilisation lymphocytaire laisse des traces immunologiques qui sont par exemple révélées par la réaction cutanée à la tuberculine, témoin que l'organisme a « vu » le bacille de Koch ou qu'il a reçu le BCG et qu'il est immunisé.

Mais cette réaction à médiation cellulaire peut aussi être impliquée dans des mécanismes pathologiques aussi différents que l'eczéma de contact au ciment, des hypersensibilités à des agents microbiens ou parasitaires, et des formations de foyers inflammatoires chroniques, les granulomes, qui sont graves (hypersensibilité au beryllium).

La forme d'hypersensibilité retardée la plus courante en allergologie est rencontrée dans l'eczéma de contact. Qu'il s'agisse de nickel, de sels de chrome, du poison ivy (*Rhus toxicodendron*), d'allergènes provenant de caoutchouc ou de cosmétiques, le mécanisme est le même. Mis sur la peau, l'allergène forme un complexe avec des protéines porteuses, puis l'ensemble est capté par des cellules de l'épiderme, les cellules de Langerhans. L'allergène est alors présenté, avec une association aux marqueurs du soi, les antigènes HLA de classe II, à des lymphocytes T (LT helper CD4+) qui se sensibilisent et conservent la mémoire de cette sensibilisation en informant l'ensemble de l'organisme (après circulation dans les ganglions et les réseaux lymphatiques). Cette phase de sensibilisation qui se déroule après le premier contact dure environ deux semaines. Lors de la réintroduction de l'allergène, il se produit une réaction inflammatoire locale, avec stimulation des lymphocytes puis arrivée de macrophages (nettoyeurs des tissus) dans la peau. Ceux-ci produisent des médiateurs qui amplifient l'inflammation, et un eczéma avec rougeur et œdème se manifeste deux à trois jours après le nouveau contact avec l'allergène.

En résumé

L'hypersensibilité à médiation cellulaire est due à des lymphocytes T sensibilisés, qui libèrent au contact de l'antigène des cytokines, responsables de l'activation des macrophages et d'une inflammation. Elle se manifeste biologiquement dans les réactions à la tuberculine. Son expression clinique la plus courante est l'eczéma de contact. Mais elle intervient aussi avec les mécanismes d'hypersensibilité immédiate dans l'eczéma atopique de l'enfant et de l'adulte (voir p. 199).

Des régulations nécessaires

Les réactions d'hypersensibilité ont un rôle majeur dans de très nombreuses maladies allergiques, mais aussi immunologiques. Si l'hypersensibilité immédiate est la plus importante en allergologie, les autres types d'hypersensibilité, en particulier les réactions à médiation cellulaire sont aussi souvent impliqués provoquant des manifestations cutanées qui deviennent chroniques et « empoisonnent » littéralement la vie des patients dont la peau, aux mécanismes de protection et de défense altérés par l'inflammation, se sensibilise à plusieurs allergènes.

Le contrôle de ces réactions allergiques en thérapeutique humaine est rendu difficile par la complexité des réactions entre médiateurs et cellules. Cette complexité est le produit de l'évolution, les mécanismes de protection immunitaire se développant sous la pression sélective de l'environnement. Il n'est pas facile de bloquer ces réactions d'hypersensibilité sans altérer des réactions immunitaires indispensables à l'adaptation de l'individu à son environnement.

Cependant, il existe des mécanismes de régulation de ces réactions d'hypersensibilité, mécanismes immunologiques, et aussi neurologiques. Leur connaissance peut conduire à supprimer les excès des réactions d'hypersensibilité, tout en essayant de ne pas altérer les réactions immunitaires normales, et en évitant de créer trop d'effets indésirables. C'est le but de la thérapeutique centrée sur les mécanismes de l'allergie. Nous verrons plus loin qu'elle peut parfaitement s'exercer en complément de thérapeutiques plus centrées sur l'approche du « terrain » allergique. Traitements et prévention s'effectuent d'autant mieux que la connaissance des facteurs qui règlent la réaction allergique est meilleure. Aussi, nous donnerons un aperçu des régulations immunologiques et neurologiques qui font de l'allergie une réaction intégrée à l'ensemble des activités biologiques.

➤ Les contrôles du système immunitaire

Il existe schématiquement deux niveaux de régulation immunologique :

— Le premier niveau de régulation s'exerce sur la synthèse des anticorps IgE.

— Le second concerne l'activité des cellules inflammatoires attirées sur le lieu de la réaction allergique.

Ces régulations sont effectuées par des facteurs d'origine immunologique produits par les cellules du système immunitaire : les cytokines (du grec *cyto*, cellule, et *kinein*, bouger). Ces molécules servent de messagers pour les autres cellules du système immunitaire. Celles-ci attirées sur les lieux de la réaction, déclenchent une activité qui tend souvent à prolonger la réaction allergique et à entretenir l'inflammation.

La balance Th1-Th2

C'est le premier niveau de régulation de la synthèse des IgE. En dehors d'un contrôle génétique, il existe un contrôle cellulaire dû aux lymphocytes T auxiliaires ou helpers (Th) CD4+, les « chefs d'orchestre » du système immunitaire..

Il existe deux classes de lymphocytes Th, différenciés en fonction des cytokines qu'ils produisent, et dont le « profil » sert à les identifier. Les lymphocytes T auxiliaires Th1 produisent de l'interféron gamma et de l'interleukine 2, et inhibent les fonctions de la population lymphocytaire Th2. Les lymphocytes T auxiliaires Th2 produisent surtout les interleukines 4, 5 et 13, cytokines des réactions allergiques : l'IL4 induit la production d'IgE et favorise la production et l'activité des cellules inflammatoires ; l'IL5 est un facteur de développement et d'activation des éosinophiles, des basophiles et des mastocytes. Après stimulation par un allergène, les cellules Th2 sont préférentiellement stimulées. Grâce au message transmis par les interleukines, elles donnent instruction aux lymphocytes B de fabriquer les immunoglobulines E et entraînent la prolifération des cellules de l'inflammation.

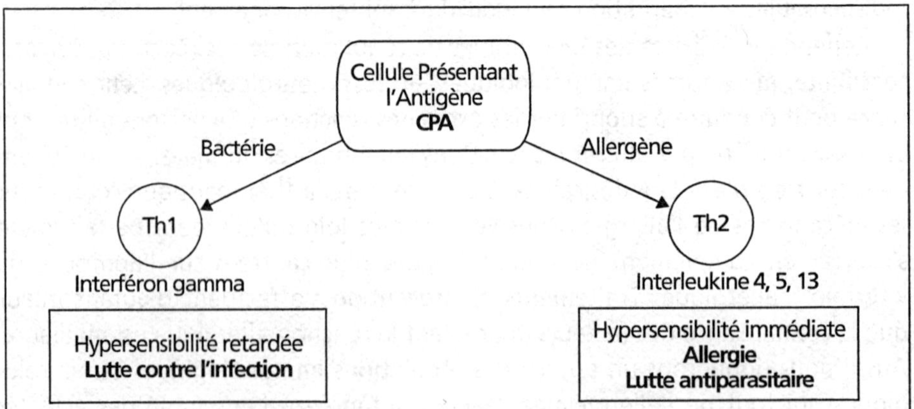

La balance Th1-Th2

La fabrication excessive des IgE chez le sujet atopique serait due à une perte de l'équilibre Th2/Th1, avec une prédominance des Th2 consécutifs à l'action des cytokines. Cette dérégulation qui entraîne une facilité accrue à synthétiser des IgE spécifiques semble s'exercer surtout dans la petite enfance.
Les infections précoces (à germe intracellulaire), en induisant une réponse Th1 forte et la synthèse d'anticorps IgG, semblent diminuer la réponse de type Th2. Elles exerceraient une action indirecte sur la protection de l'atopie et donc la survenue des maladies allergiques et de l'atopie. Une diminution nette de ces maladies conduirait à une stimulation accrue de la réponse immunitaire de type Th2, avec une tendance à la production excessive d'anticorps IgE, favorisant la sensibilisation aux allergènes et la survenue de réactions d'hypersensibilité immédiate.

Une inflammation à bas bruit

Le deuxième niveau d'action possible concerne l'état inflammatoire qui accompagne, souvent de façon cliniquement silencieuse ou discrète, les tissus atteints par les maladies allergiques : peau, bronches, nez. Ceci est principalement dû aux cytokines produites par les cellules inflammatoires et les cellules des tissus atteints. Il se produit un cercle vicieux entre l'activité des médiateurs de l'allergie et celle des cytokines qui tendent à stimuler réciproquement leur production. Ce mécanisme est accru chez le sujet atopique, particulièrement lorsqu'il est exposé aux allergènes.

Dans l'attente d'outils thérapeutiques dirigés contre l'action de ces cytokines, la désensibilisation, par administration répétée de petites doses d'allergènes, semble le meilleur moyen de lutter contre ce cercle vicieux. Selon les études effectuées, la désensibilisation tend à diminuer l'activité des cytokines pro-inflammatoires et augmenter l'activité des cytokines anti-inflammatoires. Ceci, joint à une diminution de l'activité de type Th2, contribue à maintenir l'intérêt de cette thérapeutique à l'origine empirique et dont les fondements scientifiques sont de mieux en mieux établis.

➤ Le contrôle du système nerveux

Les maladies allergiques ont une dimension psychosomatique qui a aussi une réalité biologique : le contrôle neurologique des réactions allergiques. Ce contrôle est dû à l'action de médiateurs du système nerveux, ainsi qu'à des interactions entre les systèmes de contrôle neurologiques et hormonaux et le système immunitaire.

Le rôle du système nerveux végétatif

À côté du système nerveux qui assure le contrôle de la motricité et de la sensibilité, et met en relation l'organisme avec le monde extérieur, existe le système nerveux végétatif. Autonome et automatique, il assure le fonctionnement de notre rythme cardiaque, de notre respiration, de notre sudation, de notre digestion et de nombreuses autres fonctions qui préservent notre survie quotidienne sans que nous utilisions notre pensée ou notre volonté. Il agit sur le tissu lymphoïde, les surrénales, les bronches et les vaisseaux sanguins. Ce système nerveux végétatif est aussi le lieu d'expression des émotions, du stress et des réactions d'adaptation à l'environnement. Il est modulable par des méthodes pharmacologiques, mais aussi par des méthodes comportementales (relaxation, yoga) très utiles et positives car elles équilibrent son fonctionnement. Ce système comprend deux grandes voies, parasympathique et sympathique, qui fonctionnent en équilibre.

Le système parasympathique dont le principal médiateur est l'acétylcholine, provoque une stimulation de type vagal sur le cœur, l'œil, l'intestin et les bronches qui se resserrent. Il peut y avoir un excès de « tonus vagal » dû à une stimulation des récepteurs[3] locaux par l'acétylcholine, par des irritants non spécifiques (tabac, pollution atmosphérique), par des surinfections bronchiques ou par les médiateurs libérés lors de l'hypersensibilité immédiate. Les médicaments qui s'opposent à l'action de l'acétylcholine sont des anticholinergiques utilisés dans l'asthme.

Le système nerveux sympathique utilise aussi l'acétylcholine comme médiateur chimique jusqu'aux ganglions. Ensuite, les médiateurs libérés au niveau des terminaisons nerveuses et qui sont responsables d'une action de type « sympathicotonique » sont l'adrénaline, dont le nom évoque la notion de « stress », y compris dans son acception positive, et la noradrénaline. L'action de ces médiateurs est complexe et fonction des récepteurs présents au niveau du cœur, des bronches, de l'intestin et des vaisseaux. En cas de début de choc anaphylactique aigu, ou de simple menace de survenue, l'adrénaline est employée afin d'assurer une dilatation des bronches et des vaisseaux très rapide et de s'opposer aux effets périphériques et généraux des médiateurs de l'allergie. Lors de la survenue d'une crise d'asthme, les bêta 2 stimulants sont employés afin de stimuler spécifiquement les récepteurs bêta du système sympathique, ce qui lève la constriction bronchique. Il faut cependant ne pas abuser de ce traitement de crise, le traitement de fond visant à diminuer l'inflammation bronchique au long cours étant très important.

---

3. Les récepteurs cellulaires sont analogues à des lecteurs ou des « décodeurs » de l'information véhiculée par les médiateurs.

De nouveaux médiateurs : les neuropeptides

À côté du système neurovégétatif impliquant l'acétylcholine et l'adrénaline, le rôle d'un autre système non adrénergique et non cholinergique (NANC) a été découvert plus récemment. Ce système intervient par l'intermédiaire des neuromédiateurs peptidiques dans l'expression des manifestations allergiques cutanées et pulmonaires. Il s'agit de molécule de petite taille, constituées de 15 acides aminés environ, qui agissent sur les muqueuses de l'appareil respiratoire, sur les vaisseaux, et sur la peau. Ces peptides naturels sont libérés dans les tissus par les terminaisons nerveuses, et provoquent la dégranulation des mastocytes. Leur sécrétion est stimulée par des agents chimiques et mécaniques et ils sont dégradés par des enzymes locaux. Un point essentiel est la mise à nu, lors de l'inflammation des muqueuses, des récepteurs locaux à ces médiateurs dont l'action se trouve ainsi facilitée.

Schématiquement, ces neuropeptides comportent un système « excitateur » et un système « inhibiteur ». Les principaux neuropeptides excitateurs tels la substance P provoquent une inflammation des muqueuses, une réaction cutanée (entretenue par un circuit en retour un peu complexe nommé « réflexe d'axone ») et une constriction des bronches. À leur action s'opposent les effets broncho-dilatateurs et inhibiteurs du peptide vasoactif intestinal (VIP).

L'oxyde nitrique (NO), qui n'est pas un peptide joue aussi un rôle physiologique important. Les travaux le concernant ont fait l'objet d'un prix Nobel de médecine récent (1997). Il exerce à de faibles doses un rôle relaxant sur les vaisseaux et sur les bronches. Il est également libéré par des cellules immunitaires présentes dans le cerveau.

RÉGULATION NEUROLOGIQUE DE LA RÉACTION ALLERGIQUE

Neurotransmetteurs du SN autonome Acétylcholine (parasympathique) Adrénaline et noradrénaline (sympathique).	**Effets sur les mécanismes de l'allergie** Constriction bronchique, Dilatation des bronches et des vaisseaux.
Neuropeptides Substance P et peptides proches. Vaso-active intestinal peptide (VIP) et autres peptides.	**Effets sur les mécanismes de l'allergie** Constriction des bronches, inflammation, Dilatation des bronches, inhibe l'inflammation.

Le rôle exact de ces différents médiateurs sur la constriction et la dilatation des bronches et des vaisseaux et sur l'inflammation locale dans les situations pathologiques réelles est l'objet de travaux approfondis qui pourraient déboucher sur de nouvelles perspectives thérapeutiques.

À côté de ces régulations neurologiques périphériques existe un contrôle neurologique et hormonal central. L'ensemble de ces facteurs explique en partie la sensibilité des malades allergiques à des facteurs psychosomatiques qui sont un des éléments du « terrain » des malades allergiques (voir p. 97).

➤ Conséquences thérapeutiques

Les traitements de l'allergie agissent sur la réaction inflammatoire et sur les mécanismes qui la contrôlent.

Les thérapeutiques et médicaments les plus efficaces sur les mécanismes immunologiques et inflammatoires sont :

— La désensibilisation qui joue sur la balance Th1-Th2, l'inhibition de la libération des médiateurs et l'inhibition de leurs effets dus à leur fixation sur les récepteurs. De nouveaux modes d'administration de la désensibilisation se développent ; ils pourraient en améliorer l'efficacité, tout en diminuant les risques, faibles, mais réels.

— Les anti-histaminiques qui sont les plus anciennement connus et utilisés. De nouvelles propriétés sont actuellement découvertes : elles inhibent l'expression de cytokines favorisant l'inflammation et peuvent ainsi la limiter.

— Les corticoïdes qui luttent localement contre l'inflammation et diminuent la libération des médiateurs.

Parmi les nouveaux médicaments, les anti-leucotriènes sont intéressants dans l'asthme, alors que les anti-paf sur lesquels beaucoup d'espoirs étaient fondés, se sont avérés sans effet clinique. Un médicament ancien, la théophylline connaît un renouveau en raison de la découverte de nouveaux effets, en particulier anti-inflammatoires.

Les médicaments agissant sur le système nerveux végétatif sont très utilisés, en particulier les ß2 stimulants dans l'asthme. Les substances pouvant agir sur les nouveaux neuropeptides ne sont actuellement pas utilisées.

En ce qui concerne les médicaments qui ont aussi un effet hormonal, les corticoïdes sont utilisés surtout localement pour leur effet anti-inflammatoire. L'utilisation des corticoïdes généraux, responsables d'effets secondaires et d'une « mise au repos » des glandes surrénales, se fait de plus en plus rare.

Régulation thérapeutique

Sur la synthèse des IgE

— Désensibilisation pour la transformation des sujets Th2 en Th1.

— Induction d'une tolérance immunitaire au venin d'hyménoptère.

— Blocage de la voie Th2 et des cytokines produites.

Sur la fixation des IgE

— Action préventive de la fixation des IgE sur les récepteurs : rôle d'anticorps anti-IgE.

Sur l'action des médiateurs

— Action sur l'activation membranaire (mécanisme enzymatique, transfert de calcium).

— Inhibition de la libération des médiateurs : anti-dégranulants.
— Inhibition des effets des médiateurs : antihistaminiques (efficaces dans la rhinite), corticoïdes locaux, anti-leucotriènes (efficaces dans l'asthme), théophylline.

Sur le système nerveux végétatif
ß2 stimulants, adrénaline, anticholinergiques.

Les possibilités thérapeutiques qui sont actuellement objet de recherches sont mentionnées en italique.

La place que peuvent occuper les thérapeutiques non conventionnelles ne figure pas dans ce schéma. Elles peuvent aussi agir sur la réaction inflammatoire du nez, de la peau ou des poumons, sur la constriction des bronches, et même sur l'activité des cellules de l'allergie[4]. De façon générale, une meilleure compréhension du « terrain » allergique est nécessaire pour bien les situer, leur apport étant essentiel pour le patient dans ce domaine.

➤ Mieux comprendre, c'est mieux se soigner

Ces pages consacrées aux mécanismes des maladies allergiques demandent un peu d'attention. Nous avons essayé de simplifier leur présentation en évitant de les déformer. Beaucoup d'entre vous aiment comprendre comment se dérèglent ces mécanismes d'adaptation normaux. Ceci est également utile pour comprendre les possibilités thérapeutiques et leur complémentarité possible. Cet éclairage va bénéficier d'un autre angle de vue : l'approche du « terrain », dans le but de répondre à la question suivante : pour un même environnement (allergènes et pollution), et pour des individus dotés de mécanismes d'adaptation biologique en bon fonctionnement, pourquoi sommes-nous inégaux devant les maladies allergiques ?

Les mécanismes de l'allergie : ce qu'il faut retenir

Plusieurs mécanismes d'hypersensibilité sont mis en jeu lors des réactions allergiques, mobilisant anticorps et cellules du système immunitaire.
La réaction la plus fréquente est due à la production d'anticorps particuliers, normalement présents en quantité très faible, les IgE : l'organisme est alors immunologiquement « sensibilisé » à cet allergène.
Lors d'un futur contact entre l'allergène et des IgE spécifiques, il se produit chez ces patients déjà sensibilisés :

4. Sur ce sujet qui a souvent fait l'objet de vives controverses, nous donnerons des informations détaillées dans la dernière partie où nous traiterons de l'évaluation et de la recherche sur les médecines non conventionnelles.

— Une activation des cellules contenant et/ou fabriquant les médiateurs de l'allergie.
— La libération de ces médiateurs et leur action sur les tissus avoisinants responsables d'une réaction allergique immédiate : peau, poumon, nez, tube digestif.
À la première phase de cette réaction qui survient en dix à trente minutes après le contact ave l'allergène, succède souvent, en particulier dans le cas de l'asthme, une phase tardive survenant quelques heures après le contact avec l'allergène. Les médiateurs libérés, les cellules présentes, les relations intercellulaires établies participent alors à une réaction inflammatoire subaiguë qui peut devenir chronique. Progressivement à la réaction allergique fait place la maladie allergique, surtout en cas de « terrain » prédisposé, l'atopie. Les rhinites allergiques, l'asthme, certaines formes d'allergie alimentaire, l'eczéma atopique (en partie) sont la conséquence clinique de ce processus.
Les autres réactions d'hypersensibilité impliquent d'autres anticorps ou sont dues uniquement à des facteurs cellulaires. Elles interviennent dans des maladies allergiques cutanées (eczéma de contact) ou pulmonaires.
Les mécanismes de l'allergie font partie des mécanismes d'adaptation à notre environnement. Mieux les comprendre, c'est améliorer les possibilités thérapeutiques, et favoriser aussi la prise en charge des maladies allergiques par les médecins, mais aussi par les patients.

Le sujet allergique et son « terrain »

Les maladies allergiques, quelle que soit leur diversité clinique, partagent les mêmes mécanismes de nature immunologique, ceux de l'hypersensibilité immédiate. Elles ont aussi en commun l'existence d'un réseau inflammatoire complexe. Ceci conduit les médecins et les allergologues à une approche plus unifiée des maladies allergiques, approche centrée sur le patient[1] : « Selon les données expérimentales et cliniques de l'allergie, on devrait porter plus d'attention au patient allergique qu'à la maladie allergique. »

Les médecins qui traitent des malades allergiques ont donc une approche double et complémentaire de la maladie allergique, centrée sur l'organe atteint, et de l'allergie maladie générale, centrée sur le patient. Le diagnostic et la thérapeutique doivent intégrer cette double approche concernant la maladie et le patient.

Selon les études épidémiologiques faites sur les populations, les maladies allergiques se développent en fonction d'une multitude de facteurs liés au patient et à son environnement :

- **Les allergènes :** la sensibilisation aux allergènes est très liée aux conditions d'exposition.
- **L'environnement :** la pollution des villes et des maisons, le tabagisme passif, les infections (avec des aspects contradictoires), jouent un rôle évident dans l'aggravation des maladies allergiques.
- **Le type de réaction d'hypersensibilité :** si l'hypersensibilité immédiate caractérise la maladie allergique, les autres types d'hypersensibilité interviennent, soit seuls comme l'hypersensibilité retardée de l'eczéma de contact, soit en interaction avec l'hypersensibilité immédiate dans la dermatite atopique.
- **Les facteurs génétiques :** qu'il s'agisse de la maladie asthmatique ou de l'atopie, prédisposition générale aux maladies allergiques, le contrôle génétique est exercé par une pluralité des gènes : le gène de l'asthme ou le gène de l'allergie n'ont d'existence que dans certains médias !

---

1. Une série d'articles de la revue *Allergy* a été consacrée à cette approche des maladies allergiques, maladies à la fois locales et générales, et à l'attention qui doit être apportée aux patients allergiques. Premier article : « The role of shock organs in influencing the clinical expression of allergy » Bonini S., Denburg *JA Allergy*, 1999, 54 : 3-6.

■ **Les tissus** qui sont atteints diversement pour chaque patient selon ses prédispositions. Tous les tissus peuvent pratiquement devenir le siège de réactions allergiques, ce qui explique le grand polymorphisme de leurs manifestations cliniques : cutanées, respiratoires, digestives, générales.

■ **Les facteurs psychosomatiques :** ils ne sont pas spécifiques des maladies allergiques, mais ils sont présents comme dans toute maladie chronique, avec un impact émotionnel et une vulnérabilité au stress. Ceci est d'autant plus marqué qu'un malade allergique doit tenter de contrôler au mieux un environnement banal pour les autres, mais hostile pour lui, son système immunitaire étant exagérément sensible et réactif.

Pourquoi sommes-nous inégaux devant les maladies allergiques ?

En clinique, l'allergie pose des problèmes auxquels la description des mécanismes de l'hypersensibilité ne répond pas totalement. Pour quelles raisons seule une partie de la population exposée à un même environnement se sensibilise-t-elle tandis que le reste demeure indemne ? Pourquoi un individu se sensibilise-t-il aux acariens et pas aux pollens, aux moisissures, ou à d'autres antigènes de l'environnement potentiellement aussi réactogènes ? Pourquoi les symptômes de l'allergie se manifestent-ils à tel moment de la vie, alors que les conditions favorables à leur apparition étaient réunies depuis des années ? Pourquoi certaines manifestations allergiques qui ont affecté l'individu pendant des années cessent-elles spontanément sans aucune raison apparente ? Pour répondre à ces questions, l'étude des facteurs expliquant le caractère individuel des affections allergiques est nécessaire.

➤ L'hérédité en premier lieu

Les *facteurs héréditaires* jouent un rôle évident et complexe. Il existe certes une prédisposition à l'allergie, même si chacun peut, un jour ou l'autre, développer une sensibilisation en dehors de tout antécédent familial et de toute prédisposition héréditaire. Les modifications génétiques n'expliquent pas le développement actuel des maladies allergiques, dues aux modifications de l'environnement. Cependant, ces facteurs de prédisposition sont essentiels dans l'expression d'un terrain atopique sur lequel se développent les maladies allergiques.

➤ Des lignes de défense défaillantes

En second lieu, *la défaillance de certaines lignes de défense* favorise la pénétration des allergènes :

— Une muqueuse digestive altérée ou déficiente en enzymes : ceci peut favoriser la pénétration de substances alimentaires non digérées, c'est-à-dire des allergènes potentiels.

— Des muqueuses respiratoires irritées ou infectées de façon chronique.

— Un tégument cutané altéré et mal protégé.

Ces déficiences organiques peuvent prédisposer à la sensibilisation allergique. Elles constituent, à côté des facteurs génétiques, une partie des caractéristiques du malade, une partie de son « terrain » pour conserver une expression, qui bien qu'ancienne et spécifiquement française, n'est pas devenue désuète, tant elle correspond à la réalité.

➤ Des facteurs psychosomatiques objectifs

Les *facteurs psychosomatiques* jouent un rôle qui doit être considéré avec beaucoup d'esprit critique, sans pour autant être méconnu. Ils interviennent dans le comportement du patient et peuvent contribuer à entretenir ou aggraver une maladie allergique. Ainsi, on n'est pas allergique au chat pour des raisons psychiques ou affectives, mais celles-ci jouent un rôle évident dans le fait de ne pas pouvoir se séparer de ce compagnon qui imprègne le domicile de ses allergènes. Le système nerveux et le système hormonal contrôlent l'activité du système immunitaire et la réaction allergique, ce qui donne des bases objectives aux facteurs psychosomatiques présents dans l'asthme ou certains eczémas. Les lymphocytes sont sensibles à de nombreuses hormones (stéroïdes, catécholamines), aux neurotransmetteurs (enképhalines, endorphines) et aux neuropeptides (substance P, VIP). Libérées au cours du stress, ces substances interviennent également dans l'expression des symptômes de l'allergie.

Après une brève description du terrain « atopique », nous verrons le rôle que jouent ces trois types de facteurs, hérédité, fragilité des « défenses locales », aspects psychosomatiques, dans le « terrain » des malades allergiques.

L'atopie : un terrain particulier

➤ Des réactions étranges

Le terme d'atopie (dont l'origine grecque signifie étrangeté) a été introduit en 1923 par Coca et Cooke pour décrire des individus atteints de rhinite ou d'asthme et qui étaient particulièrement sensibles aux protéines de leur environnement. Pour mieux comprendre les bases biologiques de cette observation clinique, il a fallu attendre 1967 et la découverte de l'IgE, grâce à la mise au point de méthodes permettant l'étude d'anticorps dans le sérum des allergiques où ils sont présents en quantités infinitésimales. Ceci a été suivi la même année par la classification des maladies allergiques (Gell et Coombs) et en 1968 par la reconnaissance de ces maladies par l'OMS. Les cliniciens se sont ensuite rattachés à la théorie immunologique de l'allergie fondée sur la description et le rôle des IgE.

Cela a conduit à une approche plus précise, à la fois clinique et biologique, de l'atopie qui correspond à :

— Des manifestations allergiques fréquentes : asthme, eczéma, rhinites, manifestations d'allergie alimentaire.

— L'existence d'antécédents familiaux.

— Une hypersensibilité de type immédiate (IgE dépendante) aux allergènes de l'environnement.

Une nouvelle définition de l'atopie

Au regard du système immunitaire, ce qui distingue un atopique d'un non-atopique est la prédominance des lymphocytes Th2 dont l'activité biologique conduit à la production d'un plus grand nombre d'IgE spécifiques. Rappelons que la réponse immunitaire à un allergène est sous le contrôle des cellules T auxiliaires Th qui se séparent en deux classes d'activité qui sont antagonistes :

— Les lymphocytes Th1 : principalement activés lors de la présentation d'un germe intracellulaire, ils interviennent dans la médiation de l'hypersensibilité retardée, la synthèse des anticorps IgG et la lutte anti-infectieuse. Les médiateurs produits, en particulier l'interféron gamma, inhibent la production des IgE.

— Les lymphocytes Th2 : préférentiellement sollicités lors de la présentation de l'allergène, ils interviennent dans l'hypersensibilité immédiate et la lutte contre les parasites. Les médiateurs libérés, interleukine 4 et 5 en particulier, augmentent la production des IgE et l'activité des cellules inflammatoires.

L'excès de production des IgE chez le sujet atopique serait dû à une perte de l'équilibre Th2-Th1, avec une prédominance des Th2. Des facteurs génétiques et environnementaux interviennent également.

➤ À quoi correspond le terrain atopique ?

Les véritables malades allergiques sont non seulement des patients sensibilisés, avec des IgE spécifiques, mais aussi cliniquement réactifs aux allergènes et aux facteurs de l'environnement. Ils ont fréquemment un terrain atopique. Biologiquement, l'atopie se définit par une anormale facilité à développer des IgE spécifiques vis-à-vis de substances normalement présentes dans l'atmosphère ou l'alimentation, introduites par des voies « naturelles ». Cette prédisposition génétique de certains individus favorise le développement des maladies allergiques liées à la réaction inflammatoire et allergique IgE dépendante. Les organes touchés dans les maladies atopiques sont situés aux frontières du milieu extérieur : peau, voies respiratoires, voies digestives.

Un vrai parcours du combattant

Cliniquement, le parcours d'un sujet atopique peut être le suivant : il a un ou deux parents allergiques. Dès sa première année, il fait un eczéma atopique, aggravé par des manifestations d'allergie alimentaire. Des bronchites asthmatiformes précèdent l'installation d'un asthme, puis d'un rhume des foins à l'adolescence. Selon des cliniciens français, le syndrome « d'allergies multiples » qui se caractérise par la succession de ces différentes maladies a une fréquence croissante. Les allergènes respiratoires et alimentaires conjuguent leurs effets chez ces patients prédisposés. Dans les pays développés (pays anglo-saxons, Europe de l'Ouest) environ 20 % de la population générale suit ce parcours avec des obstacles plus ou moins nombreux selon les cas.

Comment détecter l'atopie ?

Ce sont d'abord les données cliniques et l'interrogatoire qui orientent vers l'atopie, avec des antécédents personnels et familiaux souvent évocateurs d'emblée.

La production accrue d'IgE est mise en évidence par des tests cutanés faits avec les allergènes suspectés, respiratoires et alimentaires, et si nécessaire par des tests biologiques *in vitro*, essentiellement le taux d'IgE sériques, totales, et spécifiques. Le taux d'éosinophiles, connu par la simple numération des cellules du sang, est aussi un élément d'orientation.

Des allergies non liées à l'atopie

Toutes les maladies allergiques ne sont pas liées au terrain atopique. Certaines pathologies allergiques, tout aussi graves, sont dues à des mécanismes immunologiques ou pharmacologiques, mais ne se manifestent pas sur un terrain particuller. Il est utile, de façon un peu schématique, de les différencier.

Manifestations cliniques pouvant survenir sur un terrain atopique (selon l'OMS)	**Maladies allergiques non atopiques**
ORL : rhinites, sinusites. Pulmonaires : asthme, pneumopathies d'hypersensibilité. Oculaires : conjonctivites. Cutanées : urticaire, eczéma atopique. Œdème de Quincke, anaphylaxie. Pathologies gastro-intestinales.	Allergies aux hyménoptères. Asthmes professionnels (produits chimiques). Eczémas de contact. Allergies médicamenteuses.

➤ Quel est le rôle des gènes dans l'atopie ?

Fondamentalement, l'atopie est une prédisposition génétique à développer une réponse immunitaire de type IgE, en réponse à des allergènes introduits dans l'organisme lors d'une exposition naturelle. Cette réponse est variable dans son expression clinique et son intensité selon les individus. Ceci dépend de facteurs environnementaux, mais aussi de l'hérédité. Quelle est la part du déterminisme génétique dans la survenue des maladies allergiques liées à l'atopie ? Pour y répondre simplement, il faut d'abord vérifier qu'il y a bien une hérédité prédisposant à la survenue de ces maladies, et ensuite rechercher le contrôle génétique, ce qui n'est pas simple.

Maladies allergiques et hérédité

Plusieurs types d'enquêtes réalisées chez les familles ont mis en évidence le rôle de facteurs héréditaires dans la transmission de l'atopie.

Enquêtes familiales

Lors de la recherche d'antécédents familiaux, en particulier chez les parents directs (mère et père) des sujets allergiques, il apparaît clairement que la transmission du risque d'atopie est étroitement liée aux antécédents des parents. Cette tendance héréditaire est réelle pour l'atopie, mais aussi pour chaque manifestation clinique isolée : asthme, eczéma. Il faut noter que le risque augmente quand les deux parents sont atteints d'une même maladie, mais que les autres facteurs, en particulier l'environnement, jouent un rôle. Cette constatation doit donc conduire à une amélioration de la prévention qui peut considérablement diminuer ce risque.

Risque d'atopie pour un enfant (Ra)

2 parents allergiques : Ra = 50-60 %.
1 parent allergique : Ra = 20-30 %.
0 parent allergique : Ra = 10-15 %.

Études effectuées chez les jumeaux

Pour étudier le rôle respectif des facteurs d'environnement et des facteurs génétiques dans la survenue d'une maladie, il est intéressant de comparer la fréquence de survenue chez des jumeaux vrais (monozygotes) ou faux (dizygotes, issus de deux ovules différents), car seuls les premiers ont le même patrimoine génétique. Plus les facteurs génétiques sont importants pour une maladie, plus la concordance de survenue de cette maladie est importante chez les jumeaux vrais en comparaison de celle observée chez les « faux » jumeaux.

Chez les patients atteints de maladies allergiques, la concordance des maladies allergiques entre les jumeaux est plus élevée chez les jumeaux « vrais » (de 55 %

à 70 %, selon les études) que chez les faux (15 % à 35 %). Pour la dermatite atopique, la différence est plus marquée (86 % contre 21 %).

Si la capacité à hériter d'une maladie allergique est toujours plus concordante chez les jumeaux vrais que chez ceux issus d'un ovule différent, elle est loin d'être totale chez les jumeaux vrais. Ce fait souligne les limites d'un déterminisme génétique, et laisse la possibilité d'agir par une prévention adaptée sur les facteurs d'environnement, dont le rôle est prépondérant.

Des gènes en réseau

Un triple contrôle génétique

Des méthodes statistiques permettent d'étudier si des marqueurs génétiques sont liés à l'apparition de l'atopie et des principales maladies allergiques. Des associations génétiques préférentielles sont mises en évidence lorsque l'on observe que pour un fait biologique (par exemple l'augmentation d'IgE totaux), pour la réponse à un allergène ou pour la survenue d'une maladie telle que l'asthme, il existe une partie du génome qui est plus fréquemment associée chez les patients ayant ces caractéristiques par rapport à ceux qui ne l'ont pas.

Selon les travaux réalisés sur ce sujet, il existe trois types de contrôle génétique qui s'exercent sur :

— La production globale des IgE en relation avec le gène d'une cytokine, l'interleukine 4.

— La réponse, spécifique ou globale, à des allergènes, ceci en relation avec les gènes de classe II du système HLA.

— La survenue de maladies à déterminisme très complexe telles que l'asthme.

Un taux d'IgE normalement faible

Des études faites sur des populations vivant en communauté fermée, les Amishs en Pensylvanie, ont mis en évidence l'existence d'une liaison génétique chez l'homme entre l'allèle[2] récessif lié à une forte production d'IgE et le gène de l'interleukine 4 (situé sur le chromosome 5), interleukine qui contrôle la production d'IgE. Ces études confirment l'hypothèse selon laquelle un faible taux d'IgE est contrôlé par un gène dominant : fabriquer beaucoup d'IgE n'est pas en quelque sorte la norme.

En ce qui concerne l'atopie, définie par des manifestations cliniques, biologiques (IgE spécifiques) et des tests cutanés positifs, le rôle d'un gène situé sur le chromosome 11 et transmis par la mère semble important.

2. Un allèle est une des formes d'un gène, situé sur un lieu particulier du chromosome. Un allèle récessif voit son expression biologique masquée par celle de l'allèle dominant situé sur le même lieu du chromosome correspondant.

Les produits du système HLA sont-ils des marqueurs de l'atopie ?

Parmi les marqueurs génétiques qui font l'objet de recherches, figurent ceux du système HLA ou complexe majeur d'histocompatibilité (voir encadré). Cet intérêt se comprend parfaitement si l'on se réfère à la source des maladies allergiques : les mécanismes de sensibilisation. Après pénétration des allergènes par la peau ou les muqueuses, ceux-ci sont mangés (phagocytés) par des macrophages ou d'autres cellules proches, puis digérés par des cellules et présentés avec des molécules HLA aux lymphocytes qui coopéreront ensuite pour produire des IgE dirigés spécifiquement contre les allergènes. Il est donc logique de rechercher des associations préférentielles entre certains de ces marqueurs de notre individualité biologique et la sensibilisation à des allergènes précis (pollens, acariens). Ainsi, l'association entre des allergènes spécifiques de pollen d'*Ambrosia* et d'ivraie et des marqueurs du système HLA de classe II a été démontrée. Des études sont en cours, montrant des associations pour des pollens de graminées et d'arbres et des allergènes animaux (chat). Cette association entre marqueurs HLA et sensibilisation à des allergènes spécifiques est plus nette chez des patients ayant un faible taux d'IgE. Quand les patients sont des forts producteurs d'IgE, l'association tend à disparaître.

En plus de cette association à des allergènes spécifiques, des gènes du système HLA seraient également associés à la réactivité générale à de multiples allergènes, révélée par des tests cutanés positifs.

Le système HLA dans l'allergie[3]

Au début des années 1950, Jean Dausset observe de nombreuses réactions fébriles lors de transfusions répétées, ceci malgré le respect de la compatibilité entre les globules rouges des donneurs et des receveurs. Il décrit des groupes de globules blancs et prévoit que leur intérêt s'étendra aussi aux greffes. En 1958, il publie dans un journal médical français de faible audience le travail original qui lui vaudra le prix Nobel en 1980. Selon Degos, un de ses élèves : « Cela prouve que les grandes découvertes ne sont pas toujours celles rapportées avec grand bruit dans des journaux de forte diffusion et publiées en anglais. » Ensuite, l'étude de greffes cutanées sur des volontaires sains permet de mieux comprendre le rôle des différences de marqueurs HLA dans le rejet des greffes.

Le système HLA *(Human leucocyte Antigen)* ou complexe majeur d'histocompatibilité (CMH) chez l'homme joue un rôle capital dans la définition et le maintien de l'individualité biologique. Les gènes du système HLA, répartis en trois classes sur le bras court du chromosome 6 chez l'homme, ont une très

3. Lire *Clin d'œil à la vie* de Jean Dausset, Odile Jacob, Paris, 1998 et « Découverte du système HLA », par Laurent Degos, *Revue du Praticien*, 1999 ; 49 : 921-922.

grande diversité : il est très difficile de trouver deux personnes non apparentées qui seraient HLA identiques. Ce sont des « marqueurs biologiques du soi ». Les molécules HLA de classes I et II, les plus importantes, ont en commun une fonction essentielle : la présentation des antigènes aux lymphocytes T et la restriction de la réponse aux seules cellules reconnaissant les marqueurs HLA. En raison de ce phénomène de « restriction HLA », objet d'un prix Nobel de médecine en 1996, la réponse des lymphocytes T est non seulement spécifique de l'antigène, mais aussi de l'individu. Ceci explique que la réponse à une invasion bactérienne ou virale puisse être très variable selon les individus. Les molécules de classe I sont exprimées à la surface de toutes les cellules de l'organisme (sauf les hématies et les cellules nerveuses). Elles servent à la reconnaissance des antigènes du soi « modifiés » par une infection virale par exemple. Ces antigènes modifiés sont présentés à des lymphocytes T qui ont pour mission de tuer les cellules infectées. Il s'agit d'une fonction de surveillance, contre la contamination virale ou le vieillissement cellulaire.
Les molécules de classe II sont réparties uniquement sur les cellules qui présentent des antigènes extérieurs (microorganismes, allergènes) aux lymphocytes T helper. L'allergène capté a d'abord été digéré et associé à des molécules HLA de classe II qui sont reconnues par les lymphocytes du même organisme. La réponse immunitaire concerne donc des fragments d'allergènes associés aux molécules du système HLA de classe II.
Ces marqueurs du soi ont une fonction de communication et de reconnaissance biologique. Ils jouent un rôle dans la prédisposition (ou la protection) aux maladies, en particulier auto-immunes, mais aussi dans la réaction à certains allergènes, ceci de façon moins nette.

Asthme et associations génétiques

Ces associations sont très difficiles à démontrer en raison de la complexité de l'asthme dont la survenue et l'expression dépendent de multiples facteurs environnementaux. Cependant des études menées sur différentes populations (Amish de Pensylvanie, population des Barbades, Allemands), ont mis en évidence une relation entre l'asthme, une forte production d'IgE et une région du chromosome 12. D'autres associations sont étudiées.

La complexité du contrôle génétique

Selon les spécialistes[4] de l'étude des associations entre marqueurs génétiques et maladies allergiques, le contrôle génétique de maladies comme l'asthme est complexe pour deux raisons :

4. Marsh DG, « Approaches toward the genetic analysis of complex traits : asthma and atopy », *Allergy* 1999, 54 : 198-205.

— Elles sont sous l'influence d'une multiplicité de gènes, tels ceux qui contrôlent la production d'IgE.

— L'expression de ces gènes (leur « pénétrance ») est variable et dépend de facteurs d'environnement.

Les études sont plus difficiles que pour les maladies liées à un seul gène ou à un gène prédominant (la mucoviscidose par exemple). Pour ces maladies, les progrès dans la connaissance de la carte du génome sont très utiles[5], alors que dans le cas de l'atopie ou de l'asthme, ce n'est qu'une étape.

Cette complexité du contrôle génétique des maladies allergiques ne leur est pas spécifique. Les systèmes vivants sont par nature complexes et les mécanismes les contrôlant multiples. Il serait illusoire de tout attendre en médecine des seuls progrès de génétique et de la biologie moléculaire, alors que les facteurs environnementaux sont très importants. Si vous ou votre famille êtes allergiques, il vous est plus utile de connaître ces facteurs sur lesquels vous pouvez intervenir librement. Ils sont nombreux dans l'expression de l'atopie, ce qui laisse en particulier aux parents des petits enfants « à risque » une grande possibilité d'intervention dans la prévention de ces maladies.

Conseil génétique dans les maladies allergiques

Les maladies allergiques sont « multi-factorielles », dépendant de facteurs génétiques complexes et aussi et surtout de facteurs environnementaux, en particulier de l'exposition aux allergènes. S'il y a une tendance héréditaire, il n'y a pas de transmission d'un gène de l'allergie. Deux sujets allergiques, même atteints d'une pathologie semblable, peuvent parfaitement avoir des enfants. Ils devront seulement être vigilants par rapport aux facteurs d'environnement, ceci dès la naissance de l'enfant, afin d'éviter une sensibilisation. Il est aussi possible de programmer les naissances et d'éviter :

— Pour des parents allergiques au pollen, la naissance d'un enfant au printemps.

— Pour des parents allergiques aux acariens, la naissance d'un enfant en automne.

➤ Quels sont les facteurs d'environnement favorisant l'atopie ?

L'alimentation

Des facteurs acquis d'origine alimentaire augmentent la polarisation Th2 induite à la naissance :

5. Lire à ce sujet de livre de J. Dausset déjà cité.

— Les anomalies de la flore intestinale qui exerce un rôle régulateur important sur le système immunitaire.

— La diversification alimentaire précoce qui crée une stimulation allergénique quotidienne, défavorable à l'installation d'un « tolérance immunitaire » à l'égard des aliments chez le petit atopique.

— La modification des allergènes alimentaires par les nouvelles technologies peut également intervenir, ce qui explique la mobilisation de certains allergologues pour une allergovigilance alimentaire.

Les allergènes que nous respirons

Si l'éviction de ces allergènes chez la mère a peu d'effets, leur éviction dans les premiers mois de la vie chez l'enfant ayant des antécédents familiaux contribue à diminuer les sensibilisations à ces allergènes inhalés, sensibilisation qui s'installe surtout à partir de 2 ans.

La pollution intérieure et le tabac

L'exposition aux allergènes (acariens, poils d'animaux, blattes) favorise les manifestations allergiques dans les habitations. Mais de nombreux autres cofacteurs de la réaction allergique existent dans l'environnement domestique : dioxyde d'azote, ozone, composés organiques volatils, formaldéhyde, et naturellement le tabac. Le tabagisme passif favorise non seulement les allergies à des allergènes inhalés, mais aussi aux allergènes alimentaires. Aérer son logement est impératif.

La pollution extérieure

La pollution automobile est souvent mise en question. Pour l'allergie, les études effectuées sur l'animal, sur l'homme et sur les populations donnent des résultats contradictoires ; il n'y a pas de relation claire entre la croissance fréquente des maladies allergiques et la pollution automobile. Un point semble acquis : les particules diesels interviennent à toutes les étapes de la production de l'IgE. Une solution partielle réside dans les filtres à particules qui réduiront l'émission de 90 %. Il reste cependant vrai que dans tous les cas, réduire la pollution améliore la santé.

Les facteurs infectieux

Les relations sont complexes : si l'atopie prédispose aux infections des organes atteints, peau ou voies respiratoires, des études sur des populations montrent que la diminution des infections dans la petite enfance favorise l'atopie.

Ceci semble dû à un effet sur la balance Th1/Th2 : à la naissance, la réponse lymphocytaire est de type Th2. Une stimulation immunitaire naturelle par des micro-organismes, entraînant des infections même subcliniques, favorise le développement de la voie Th1 et équilibre la balance. Chez le petit atopique, la diminution de l'exposition aux infections dans la petite enfance semble favoriser l'induction des maladies allergiques. Celles-ci, une fois installées, prédisposent aux infections et sont aggravées par elles. Cette hypothèse est l'objet de controverses, car il n'est pas facile d'accepter qu'une insuffisance de stimulation infectieuse dans la petite enfance favorise les maladies allergiques. Mais cela semble logique car le système immunitaire a besoin d'être stimulé pour son apprentissage.

Facteurs neurologiques et hormonaux

➤ Les facteurs psychosomatiques

Un homme, robuste, indemne de toute affection respiratoire, est insulté publiquement et injustement par ses supérieurs. Il rentre chez lui et fait une crise d'asthme. Lors de la dernière guerre mondiale, une femme qui circule en voiture, indemne de toute affection allergique, est surprise par une alerte aérienne : elle est brutalement atteinte d'un œdème de Quincke et d'une crise d'asthme. Ces crises se répéteront ensuite sous l'influence de facteurs émotionnels et aussi réellement allergiques. Une autre femme, réellement allergique aux roses, reçoit un jour une rose artificielle... et fait une crise d'asthme. Sentiment d'injustice, peur, effet de la suggestion, tous ces facteurs sont capables de déclencher des réactions allergiques. Et si vous pensez qu'être médecin et donc au courant des subtilités de la psychosomatique confère une protection à l'égard de l'impact des émotions, détrompez-vous. Ainsi, un célèbre médecin du XVIIIe siècle, Trousseau, déclencha un asthme après un vol dans son domicile. Les anecdotes sont nombreuses[6] mentionnant la genèse ou l'aggravation de maladies allergiques à la suite d'impacts émotionnels.

Nous connaissons tous, patients et médecins, des anecdotes vécues où des événements graves ou apparemment anodins ont déclenché des manifestations allergiques. Des tentatives de classification ont été faites, tendant à définir des « profils » psychosomatiques de malades allergiques différents selon que leurs poumons, leur nez ou leur peau sont atteints. Mais les études réalisées montrent qu'il n'y a pas de personnalité typique chez l'atopique, mais seulement des facteurs de vulnérabilité. La pratique médicale montre de plus que l'impact des émotions sur les maladies allergiques est surtout de nature individuelle. L'important n'est pas tant la nature ou la gravité de l'événement déclenchant, mais ce qu'il représente dans la vie personnelle de celui qui en est atteint. Il y a des cas un peu

6. Celles que nous mentionnons ici sont issues de l'excellent ouvrage collectif *Introduction à la compréhension psychosomatique*, éd. Privat, Toulouse, 1970.

compliqués : ainsi alors que l'un d'entre nous suggérait à une patiente asthmatique et allergique au chat d'éloigner quelque peu l'animal de son environnement, il fut étonné d'entendre cette réponse : « Je préfère me séparer de mon compagnon que de mon chat. » Freud, qui avait écrit le célèbre « homme aux rats » dans *Cinq psychanalyses*, aurait trouvé là matière à écrire avec la « femme au chat » !

Le plus souvent, nul n'est besoin de psychanalyse : les malades allergiques sont seulement affectés par la chronicité de leur maladie, et rendus vulnérables à tous les facteurs de l'environnement qui aggravent leur état et qu'ils ne parviennent pas toujours à identifier clairement malgré leur vigilance et les conseils de leur médecin. En réalité, un diagnostic exact des causes extérieures est souvent l'élément le plus stabilisant et le plus rassurant.

Il reste que ces observations sur l'effet des émotions ne sont pas le fruit du hasard mais l'expression d'une réalité : il existe un contrôle neurologique et hormonal des réactions immunologiques mises en jeu lors des réactions allergiques. Ce contrôle est dû à l'action locale de médiateurs du système nerveux, ainsi qu'à des interactions entre les systèmes de contrôle neurologiques et hormonaux et le système immunitaire.

Le système nerveux périphérique

Il comprend en premier lieu le système nerveux de la vie végétative dont l'action s'exerce sur le tissu lymphoïde, les surrénales, les bronches et les vaisseaux sanguins. Deux systèmes, parasympathique et sympathique, fonctionnent en équilibre. Dans l'asthme, une rupture de l'équilibre conduit à utiliser des médicaments stimulant la voie sympathicotonique. Si ce système nerveux autonome contrôle de nombreuses fonctions, il est aussi le lieu d'expression des émotions, du stress et des réactions d'adaptation à l'environnement. Certaines méthodes comportementales (relaxation, yoga) sont très utiles et positives car elles équilibrent son fonctionnement.

À côté du système neurovégétatif interviennent des neuromédiateurs peptidiques dans l'expression des manifestations allergiques cutanées et pulmonaires. Ces peptides naturels sont libérés dans les tissus par les terminaisons nerveuses après stimulation par des agents chimiques et mécaniques. Ils modifient les symptômes des maladies allergiques : démangeaisons, essoufflement, etc. Leur action sur les muqueuses de l'appareil respiratoire, sur les vaisseaux et sur la peau est facilitée par la mise à nu de récepteurs à ces médiateurs lors de l'inflammation.

Un contrôle neurologique et hormonal central

Les maladies allergiques, comme toutes les maladies touchant plusieurs organes ou fonctions de l'organisme sont dépendantes de régulations neurologiques et hormonales générales. Ainsi, le cerveau comporte de véritables cellules du système immunitaire, les cellules de la microglie apparentées aux macrophages. Ces cellules fabriquent des cytokines, de l'oxyde nitrique, des enzymes et des radicaux libres lors des réactions inflammatoires.

Par ailleurs, les hormones de régulation du « stress » produites par l'hypothalamus et l'hypophyse interviennent en traitement de fond des maladies allergiques et du système immunitaire. Ainsi, il existe un axe de stimulation entre l'hypothalamus, qui sécrète une « corticotrophine releasing hormone » ou CRF, l'hypophyse, qui fabrique l'ACTH, et les surrénales, qui sont activées et augmentent la production du cortisol et des glucocorticoïdes. Ceux-ci agissent sur les cellules du système immunitaire, la production de cytokines, et la libération des médiateurs de l'allergie immédiate. Les endorphines interviennent également dans l'activité du système immunitaire ainsi que d'autres hormones liées au fonctionnement des glandes génitales ou de la thyroïde. *In vivo*, les corticoïdes, endorphines et enképhalines libérés au cours du stress ont des activités immunosuppressives, et interviennent également dans l'expression de la symptomatologie allergique. Les lymphocytes expriment des récepteurs pour de nombreuses hormones (stéroïdes, catécholamines), neurotransmetteurs (enképhalines, endorphines) et neuropeptides (substance P, VIP), ce qui entraîne une modulation de la réponse cellulaire.

Les médiateurs chimiques du cerveau agissent eux directement sur l'hypothalamus et peuvent contrôler l'ensemble de cet axe neuro-hormonal et immunitaire qui constitue un ensemble global, objet de ce que l'on appelle de façon un peu compliquée : « la psycho-neuro-immunologie ». Il s'agit peut-être tout simplement de l'homme dans sa réalité biologique complexe, dont la maladie est une expression qui demande toujours à être comprise individuellement.

La vulnérabilité des organes cibles

Pour une même stimulation allergénique, dans des conditions environnementales similaires, et avec la mise en jeu de mécanismes de l'allergie identiques, l'expression clinique de l'allergie touche des organes différents selon les malades. L'atteinte préférentielle de certains est liée aux prédispositions des patients. Tous les tissus peuvent pratiquement devenir le siège de réactions allergiques, ce qui explique le grand polymorphisme de leurs manifestations cliniques : cutanées, respiratoires, digestives, générales.

Le « choix » du lieu d'expression de l'allergie est naturellement fonction de la porte d'entrée de l'allergène, mais également de la faiblesse, innée ou acquise, des lignes de défense des organes concernés. Ce sujet sera développé avec les pathologies allergiques.

Prévention du terrain atopique

➤ L'atopie, une orientation très précoce

Un enfant atopique hérite d'une prédisposition qui concerne la survenue des maladies atopiques en général, mais aussi leur localisation (peau, bronches) et leur sévérité.

Sous l'angle immunologique, c'est la prédominance d'une activité des lymphocytes de type Th2 qui conduit à la production d'un plus grand nombre d'IgE spécifiques. Cette orientation préférentielle est sous l'influence de facteurs très précoces, qui se développent pendant la grossesse et dans la petite enfance. Lors de la grossesse, l'environnement placentaire oriente les réponses immunitaires vers l'activité Th2. Cette tendance se conserve dans les premiers mois de la vie où le petit enfant a une activité IgE spécifique dirigée contre les antigènes de l'environnement. Cette tendance est transitoire chez les enfants non atopiques, mais elle persiste pour les enfants atopiques. Aussi, il est important d'exercer une prévention précoce chez les nourrissons, les premiers mois de la vie étant une période à risque élevé de sensibilisation à l'égard des allergènes de l'environnement.

Comment éviter les facteurs qui favorisent l'apparition des maladies atopiques ?

Les sujets génétiquement prédisposés à l'allergie sont plus vulnérables que les autres aux facteurs favorisant l'apparition des maladies allergiques, qu'il s'agisse de l'exposition précoce et intensive aux allergènes inhalés ou alimentaires, ou des facteurs adjuvants, au sein desquels le tabagisme familial occupe le premier rang.

Prévention de l'exposition aux allergènes

Parmi les allergènes alimentaires, le lait de vache doit être évité au profit de l'allaitement maternel si possible ou de formules lactées dites hypoallergéniques, adaptées en fait à la prévention de l'allergie. L'allaitement au sein a un effet protecteur démontré sur l'eczéma atopique, et probablement aussi sur les allergies respiratoires.

Parmi les allergènes inhalés, les acariens et les phanères d'animaux sont de loin les plus sensibilisants. Éviter les moquettes, lutter contre la poussière, ne pas introduire d'animaux de compagnie seront des mesures simples mais très bénéfiques à la santé d'un petit enfant prédisposé aux maladies allergiques.

Prévention des facteurs adjuvants

La prévention du tabagisme passif, maternel et paternel, doit commencer dès la grossesse. Elle devrait même s'exercer dès l'adolescence des futurs parents : on peut être légitimement inquiet de la croissance du tabagisme chez les femmes, les jeunes filles en particulier. S'arrêter lors de la venue d'un enfant n'est pas aisé. Alors, autant ne pas commencer.

La pollution exerce aussi un rôle adjuvant certain. Individuellement, il est possible de lutter contre les sources de pollution intérieure et de favoriser des séjours hors de la ville pour l'enfant. Lutter contre la pollution atmosphérique en milieu urbain ou la pollution industrielle, est une affaire politique. On demeure étonné des faibles incitations faites aux industriels pour accélérer la mise en place des filtres à particules pour les moteurs diesels. Si on ne fait pas plus, nos très chères voitures le seront aussi pour la Sécurité sociale[7].

Les infections virales sont également un facteur qui accroît les symptômes des maladies allergiques. Ceci semble contredire en partie ce qui a été dit sur la balance infection-allergie. Mais il s'agit là d'infections virales respiratoires ou gastro-intestinales qui altèrent les muqueuses respiratoires et digestives, augmentent les symptômes d'une éventuelle allergie ou favorisent la pénétration ultérieure des allergènes. L'équilibre du système immunitaire du nourrisson et de l'enfant mérite beaucoup d'attention, sans antibiothérapies excessives.

Mesures de prévention de l'atopie

Ces mesures doivent être adaptées par vous et votre médecin aux caractéristiques de chacun en fonction du risque allergique de l'enfant en particulier, mais aussi du mode de vie familial. Chez les enfants à haut risque allergique, les mesures de prévention pendant la grossesse (absence de tabagisme et de consommation d'aliments très allergéniques) sont importantes. De façon générale, il s'agit là de mesures favorables à la santé.

FACTEURS DE RISQUE ET PRÉVENTION DE L'ATOPIE

Facteurs favorisant l'atopie	**Mesures de prévention de l'atopie**
Exposition précoce aux allergènes alimentaires : — Lait de vache (et aussi lait de chèvre et de soja). — Aliments solides : œuf, poisson, cacahuète.	Allaitement maternel ou au lait hypoallergénique. Éviter le lait de vache pendant les 6 premiers mois. Diversification progressive de l'alimentation. Introduction des aliments solides après 6 mois.
Exposition précoce aux allergènes inhalés : — Acariens. — Phanères d'animaux.	Ventiler et aérer l'habitation. Réduire l'exposition aux acariens. Éviter les animaux de compagnie.
Facteurs adjuvants : — Tabagisme passif. — Pollution extérieure et intérieure. — Vie urbaine.	Suppression totale du tabagisme familial+++. Veiller aux sources de pollution intérieure. Séjours en montagne, bord de mer, ou à la campagne.

7. Hervé Kempf, *Le Monde*, 23 septembre 2000.

Chez quels sujets prendre ces précautions ?

Quels sont les enfants devant être la cible des mesures de prévention ? Les enfants dont un ou deux parents sont allergiques arrivent en premier lieu. Mais des maladies allergiques surviennent aussi chez des enfants de parents non allergiques. L'étude des antécédents n'est donc pas suffisante.

Aussi, les médecins recherchent des marqueurs précoces de l'allergie[8]. Ceux-ci sont liés aux mécanismes conduisant à la sensibilisation et à la réaction allergique. L'immunoglobuline IgE, anticorps de l'allergie, apparaissait comme le marqueur le plus simple. Mais il ne fournit en fait qu'une indication car il est plus un révélateur du mécanisme de sensibilisation qui a déjà eu lieu qu'un marqueur précoce du processus de l'allergie. Tous les travaux en cours se dirigent vers des marqueurs de l'activité des lymphocytes de type Th2, dont l'activation précède la sensibilisation. L'étude des médiateurs liés à leur activité, l'étude des cellules dans le sang du cordon, sont autant de voies de recherche de marqueurs les plus fiables possibles.

En attendant l'identification de ces marqueurs de l'atopie, appliquer quelques mesures simples ne nuit pas.

➤ Le malade allergique, un veilleur malgré lui

Selon plusieurs allergologues, le patient qui a un terrain allergique exerce, bien malgré lui, le rôle de sentinelle de l'environnement. Nous lui préférerons le terme de « veilleur ». Son système immunitaire, très vigilant, réagit à des allergènes bien innocents en regard des molécules qui ont des effets toxiques vrais ou des agents infectieux, bactériens, viraux, ou agents non conventionnels (prions) qui suscitent des précautions extrêmes.

Face à certains risques alimentaires excessivement médiatisés, la situation du malade asthmatique dont la vie peut aussi être menacée, ou de celui qui est victime d'un choc anaphylactique, ne suscite que peu d'écho, sauf s'il s'agit d'une personnalité connue. Cette dernière est hélas, dans ce cas, une victime : un ministre français a illustré, bien malgré lui, mais avec courage, le fait que le risque zéro n'exlstalt pas lors des interventions chirurgicales nécessitant une anesthésie.

Mais le plus souvent, l'arrivée de la maladie allergique se fait de façon discrète et progressive, se déclenchant après qu'un « seuil d'activation » du système immunitaire a été atteint. Ce seuil dépend du patient. Il se produit alors, selon des auteurs anglais, un phénomène d'*échappement allergique*. En fonction de cette hypothèse qui correspond bien à la réalité vécue par de nombreux patients, les manifestations cliniques d'une allergie n'apparaissent qu'après qu'un seuil

8. Van Bever H., « Les marqueurs précoces de l'allergie et de l'asthme », *Rev. Fr. Allergol.*, 1998, 38 (9), 771-773.

arbitraire d'activité immunitaire a été franchi. Cet événement dépend de plusieurs conditions que nous avons vues. Si un facteur isolé ne suffit pas à provoquer une maladie allergique, l'action simultanée ou successive dans le temps de plusieurs facteurs provoque l'émergence de la maladie. Agir, dans la mesure du possible, sur ces facteurs, c'est prévenir ou faire régresser la maladie allergique.

Facteurs provoquant « l'échappement allergique »

— Exposition à l'allergène, déterminante.
— Prédisposition génétique individuelle.
— Tendance à produire des IgE, liée à un équilibre entre l'activité de type lymphocytaire.
— Facteurs immunologiques autres comme un déficit transitoire en IgA.
— État nutritionnel et habitudes alimentaires.
— Existence d'infections virales des voies aériennes supérieures.
— État des défenses locales des muqueuses respiratoires et digestives, altération de la peau.
— Facteurs liés à la pollution, qui peuvent entraîner le franchissement du « seuil » chez certains patients.
— Tabagisme passif.
D'autres facteurs, liés à l'histoire personnelle du patient, peuvent aussi provoquer une rupture d'équilibre.

En résumé

Même si elle provient principalement de la réaction d'hypersensibilité immédiate et de la production d'IgE spécifiques, la réaction allergique est une réaction complexe, qui intègre l'activation des médiateurs et des cellules inflammatoires, la sensibilité des organes touchés, les prédispositions génétiques, la régulation par les contrôles neurologiques et hormonaux. C'est une façon, imparfaite et excessive, de nous adapter à notre environnement.
De ce point de vue, et quelle que soit la multiplicité des causes et la complexité des mécanismes, le malade allergique est, malgré lui, un veilleur qui réagit aux modifications de son environnement et de ses conditions de vie. L'apparition de l'asthme en Nouvelle-Guinée, après la « modernisation » de ce pays, l'explosion des pollinoses après importation d'arbres au Koweit, la fréquence élevée des asthmes à Chicago dans une population pauvre utilisant le balai plutôt que l'aspirateur, sont des faits, qui en dépit de leur diversité, témoignent des difficultés d'adaptation d'une population à son environnement.

À l'échelon individuel, existe-t-il aussi des difficultés d'adaptation psychosociales dans la maladie allergique ? Pour certains auteurs, cette maladie serait libératrice et donnerait au patient ainsi atteint un alibi pour exprimer sa dépendance ou son insatisfaction. Pour la majorité des patients, la pression des facteurs environnementaux, jointe aux prédispositions génétiques suffit : il n'est pas nécessaire de faire intervenir des facteurs psychologiques communs d'ailleurs à toutes les pathologies au long cours. Une prise en charge psychologique est utile uniquement pour des patients allergiques dont la structure de la personnalité favorise l'émergence ou l'entretien de l'allergie. Il s'agit alors d'un acte médical décidé sur des données individuelles, et non sur des généralisations abusives.

Dans tous les cas et pour tous les patients, ce qui peut et doit être pris en considération, c'est la totalité de l'expression du malade allergique, de sa symptomatologie, de son histoire clinique, de son terrain, de sa personnalité. Quand la maladie allergique est chronique, il existe une réelle interpénétration du somatique et du psychique, de l'émotionnel et du biologique. Cette attitude et ce regard du corps médical nécessitent une coopération de l'ensemble des pratiques médicales, du diagnostic précis de l'allergologue à la prise en charge plus générale des médecines de terrain.

Le médecin et l'allergique

Quel que soit votre âge ou votre sexe, vous pouvez être atteint d'une maladie allergique. Si ce diagnostic est souvent évoqué, il est en réalité souvent difficile à établir. Il faut en premier lieu confirmer qu'il s'agit bien d'une maladie allergique. Ensuite, il faut en préciser les causes réelles, l'éviction de l'allergène restant dans tous les cas la base du traitement. L'ensemble de cette démarche suppose souvent une coopération entre le médecin généraliste qui est en première ligne, le médecin allergologue qui doit faire une enquête approfondie et aussi des spécialistes qui préciseront l'atteinte exacte de l'organe, cible de la réaction allergique.

Le rôle essentiel du médecin généraliste

Devant des signes évocateurs, le médecin fait parfois rapidement le diagnostic. Mais souvent, en particulier si les signes sont banals, le diagnostic de maladie allergique ne sera envisagé qu'après plusieurs consultations, parfois devant l'échec de différentes thérapeutiques apparemment bien adaptées.

➤ Les motifs de consultation

Deux grandes familles de malades viennent consulter : d'une part, ceux suspectant une origine allergique à leur trouble, d'autre part, ceux consultant pour un autre motif.

Le malade pense à une allergie et consulte

Habituellement, quand le patient vient en consultation « parce qu'il a de l'allergie », c'est le plus souvent parce qu'il lui semble reconnaître des symptômes similaires à ceux présentés par ses proches, notamment ses parents, ses frères ou ses sœurs, et ses grands-parents. On peut le constater, dans les situations les plus courantes — rhinite allergique, asthme, eczéma —, le malade a fréquemment raison. Pour ces circonstances, quand la notion de terrain ou d'atopie est connue, le « vécu » familial rend le diagnostic évident puisque « dans la famille, tout le monde fait de l'allergie ».

Cependant, cette assurance du malade est régulièrement remise en cause par le médecin traitant. En effet, nombre de ces patients de famille d'allergiques rapportent tous les symptômes qu'ils présentent à l'allergie. Ainsi, le patient confond fréquemment rhinite allergique et sinusite, eczéma et psoriasis, asthme et bronchite ou encore intoxication alimentaire et allergie alimentaire.

Le malade consulte pour un autre motif

Les circonstances parmi lesquelles le médecin découvre une allergie chez des malades sont diverses : soit les signes sont évocateurs pour le médecin, soit le caractère récidivant ou persistant de signes banals alerte le médecin, soit le diagnostic est évoqué après l'échec de thérapeutiques apparemment bien adaptées.

▪ Les signes évocateurs sont souvent des symptômes suffisamment intenses et aigus pour gêner le malade et l'amener en consultation. Des éternuements incessants au réveil depuis plus de quinze jours ou un réveil nocturne brutal à cause de difficultés respiratoires sont suffisamment inconfortables pour alerter le patient et le conduire à consulter.

Pour le médecin, les signes sont évocateurs d'allergie quand les troubles sont déclenchés dans les mêmes circonstances, c'est-à-dire dans le même lieu et/ou pendant la même période de l'année. En effet, la survenue de manifestations cliniques selon une chronologie identique a une valeur importante. La fréquence quotidienne, hebdomadaire ou mensuelle peut orienter le médecin, de même qu'une périodicité saisonnière qui dirige vers une allergie aux pollens (février à mai pour les pollens d'arbres, et mai à juillet pour les pollens de graminées) ou à la poussière (en automne ou toute l'année) (voir les circonstances de survenue).

▪ Le patient présente parfois des symptômes banals récidivants et/ou persistants. Cela se remarque particulièrement quand, par exemple, le malade vient consulter pour une douleur à l'épaule, mais signale à la fin de la consultation : « Ah ! Oui, docteur ! Vous savez, je suis toujours enrhumé, cela fait maintenant trois mois », ou « Je n'arrête pas de tousser depuis la même période » ; ou bien lorsqu'à l'occasion de troubles digestifs, il mentionne : « Vous savez, actuellement, docteur, j'ai des démangeaisons après chaque bain, cela m'agace sérieusement ». En effet, les patients font souvent peu de cas de ces maux devenus quotidiens. Leur promptitude à les signaler et/ou à consulter dépend beaucoup de leur personnalité et de l'importance qu'ils attachent à ces symptômes généralement jugés mineurs.

Chez l'enfant, les mères de famille rattachent fréquemment l'origine des maladies ORL et respiratoires à répétition qu'il présente à la vie en collectivité (crèche, nourrice), alors qu'en réalité celui-ci est parfois victime de bronchites, rhinopharyngites, otites ou laryngites répétitives d'origine allergique.

Quant à l'adulte, la nature des symptômes peut le désorienter et même le surprendre. Par exemple, devant la persistance ou la récidive de diarrhées, l'évocation d'une origine allergique des symptômes laisse souvent le patient dubitatif.

▪ En dernier lieu, le médecin évoque le diagnostic quand des traitements apparemment bien adaptés échouent. Quelquefois, la maladie n'est suggérée qu'après l'échec de médications à visée symptomatique (sirops bronchiques ou antibiotiques nasaux) ou, inversement, après le succès de thérapeutiques (cortisone, ou broncho-dilatateurs), agissant habituellement dans les maladies allergiques, mais données dans un autre but. De temps à autre, le diagnostic est l'aboutissement d'un long cheminement du patient chez divers spécialistes.

➤ L'interrogatoire du médecin généraliste

Face à ces malades, l'interrogatoire du médecin est essentiel.

Des histoires différentes

Au début de l'interrogatoire, le malade décrit ses symptômes. Ses premières plaintes sont capitales car les symptômes dépeints, leurs modes de déclenchement et les circonstances d'apparition des premières manifestations de la maladie peuvent d'emblée orienter le diagnostic vers une origine allergique.

Les circonstances d'apparition des troubles sont très diverses.

Ainsi, tel patient explique que « [son] nez se bouche la nuit et le matin au reveil ; les crises d'éternuements surviennent à chaque fois qu'il s'occupe de ses plantes, et surtout d'une, dit-il en riant, qui déclenche systématiquement une conjonctivite ». Pour une autre maman, « ces crises se déclenchent quand son enfant range sa chambre ». Tel autre « s'est réveillé brutalement en pleine nuit avec une gêne respiratoire et des sifflements dans la poitrine ». Un autre malade est venu consulter car « ses plaques sont apparues au poignet depuis qu'il a changé de montre », etc.

Des antécédents évocateurs

La suspicion clinique de l'allergie résulte le plus souvent de la survenue sur un terrain particulier — dit « atopique » — de manifestations cliniques évocatrices déclenchées dans des circonstances particulières. Quels que soient les symptômes que vous présentez, le médecin se renseignera sur vos antécédents personnels et familiaux. Il recherchera les maladies survenues depuis votre naissance, et celles qui sont les plus fréquentes ou particulières à votre proche famille.

Les antécédents sont évocateurs, si vous-même ou vos proches, avez déjà eu des épisodes allergiques. À titre personnel, le médecin vous interrogera sur la présence d'eczéma dans la petite enfance, de rhume des foins ou de crises d'éternuements inopinés au printemps, ou sur l'apparition de crise d'asthme ou de difficultés à respirer dans certaines circonstances. Par ailleurs, vous lui signalerez spontanément, cela vous a suffisamment marqué, la survenue d'un œdème de Quincke. Pour ce qui est de vos antécédents familiaux, l'existence dans votre fratrie et/ou chez vos parents et grands-parents de maladies allergiques — telles que l'asthme, l'eczéma, les rhinites et conjonctivites allergiques — est en faveur de la présence d'un terrain atopique.

Les circonstances de survenue

Le médecin, lorsqu'il suspecte une allergie, va aussi rechercher de façon précise les circonstances d'apparition des troubles. Il vous posera des questions détaillées afin de tenter de déterminer l'origine de l'allergie et les allergènes responsables. L'enquête sur les allergènes portera d'une part sur les sources d'allergènes inhalés, ingérés, injectés et de contact, d'autre part sur les lieux de survenue de l'allergie, à savoir le domicile, l'école pour l'enfant ou le cadre professionnel pour l'adulte.

En fonction de l'histoire de la maladie, l'interrogatoire s'orientera différemment. Il est clair que l'interrogatoire variera si l'allergie est consécutive à une piqûre d'abeille ou si le patient a un asthme allergique chronique.

Les principales questions que le médecin généraliste vous posera concerneront le lieu d'apparition des crises (au domicile, en plein air, au travail), la situation et la nature de votre habitation, l'importance de l'aération et l'éventuelle humidité (prolifération des acariens, présence de moisissures) et la présence d'animaux (chat, chien, oiseaux). À la recherche d'une allergie médicamenteuse, le médecin vous demandera si vous prenez ou si vous avez pris récemment certains médicaments (voir questionnaire p. 119).

Il considérera aussi l'existence de facteurs psychosomatiques (contrariété, ou concernant votre enfant, mauvais résultats scolaires, conflit avec son instituteur ou vous-même) pouvant être à l'origine du déclenchement d'une crise d'allergie (asthme, rhinite, poussée d'eczéma).

➤ L'examen clinique

L'examen clinique est naturellement fonction de la maladie allergique. Celui-ci sera abordé en détail lors de l'étude des différentes maladies.

L'examen général d'un sujet allergique porte principalement sur :

- **Les poumons**, dont l'auscultation est normale chez l'allergique, sauf en cas de crises d'asthme ; chez l'enfant, des toux spasmodiques le plus souvent nocturnes, rebelles et résistantes aux traitements habituels, sont des équivalents d'asthme.
- **Les voies respiratoires supérieures**, pour lesquelles le médecin recherche une modification de la couleur de la muqueuse nasale et pharyngée, et une éventuelle sinusite.
- **Les yeux**, dont les conjonctives et les paupières peuvent être enflammées, et s'accompagner d'un larmoiement intense, surtout lors de conjonctivite allergique.
- **La peau**, à la recherche d'une sécheresse notable, de lésions aux plis des coudes, derrière les genoux.
- **L'abdomen**, plus afin d'éliminer une maladie digestive que de reconnaître des signes digestifs d'origine allergique qui n'ont rien de spécifique à l'examen clinique.

L'attention du médecin portera également sur des petits signes de reconnaissance du terrain atopique. Ainsi, chez l'enfant atopique, la sécheresse de la peau est une constante facilement reconnue au toucher. La présence d'un prurit associé à de petites lésions cutanées, souvent aux joues et au front, est un signe annonciateur d'eczéma. Ainsi, votre attention doit être éveillée si votre bébé se frotte le visage sur l'oreiller, crie et a du mal à s'endormir. Chez l'adulte, les signes cliniques sont différents. La sécheresse de la peau est amplifiée, mais ce signe est loin d'être constant. En dehors d'antécédents allergiques évocateurs (voir p. 116), le terrain atopique est évoqué chez des adultes ayant des signes d'appels très variés, ceci en fonction de la maladie allergique concernée.

➤ Les examens biologiques d'orientation

En cas de suspicion de maladie ou de terrain atopique, le médecin généraliste prescrit des examens complémentaires visant à mettre en évidence l'origine allergique de la maladie et à préciser les allergènes en cause.

Les examens sanguins

Après la consultation, le médecin confirme les éléments en sa possession par des examens biologiques afin d'attester de la nature allergique des troubles du patient.

Il fait effectuer une numération de la formule sanguine à la recherche d'une hyper-éosinophilie, avec un taux dans ce cas habituellement supérieur à 500 ; mais cet examen est également positif en cas de parasitose, de prise médicamenteuse ou d'infection chez l'enfant.

Le médecin généraliste ordonne des tests multi-allergéniques globaux qui explorent simultanément plusieurs allergènes et donnent une réponse globale positive ou négative. Parmi ceux-ci, sont particulièrement courants :

— Des tests qui révèlent une sensibilisation aux pneumallergènes les plus courants : Phadiatop® ou l'Allergy screen®.

— Des tests qui recherchent une allergie d'origine alimentaire : le Fx5® chez l'enfant, ou d'autres Fx selon la catégorie des allergènes suspectés.

Quand ils sont positifs, ces tests témoignent d'une sensibilisation à un ou des allergènes qu'ils contiennent. Ces tests n'explorent pas tous les allergènes existants ; ils peuvent donc être négatifs chez des sujets suspects de réactions allergiques. L'enquête allergologique doit alors être orientée vers d'autres allergènes.

Dans ces cas, la recherche d'IgE spécifiques ou l'utilisation des tests multi-allergéniques spécifiques (voir p. 119) est intéressante, car elle mesure le taux d'anticorps spécifiques, dans l'organisme, de l'allergène suspecté. Mais, cet examen, pour être remboursé, ne doit être effectué qu'après la réalisation des tests cutanés toujours pratiqués par l'allergologue. La découverte du ou des allergènes en cause est donc très souvent accomplie par l'allergologue.

Les autres examens complémentaires

En fonction de la maladie en cause, le médecin généraliste prescrira d'autres examens complémentaires telles, par exemple, une exploration fonctionnelle respiratoire chez un asthmatique présumé ou une radiographie des sinus en cas de suspicion de rhinite allergique. Si le diagnostic est difficile, il s'appuiera parfois sur d'autres spécialistes — ORL, pneumologues, dermatologues — mais devant la suspicion d'une maladie allergique, la consultation de l'allergologue sera déterminante.

➤ Décision d'une consultation allergologique

Au terme de l'examen clinique et des premières investigations paracliniques (biologie, radiologie, etc.), le médecin généraliste confiera le patient à l'allergologue afin que ce dernier détermine précisément l'étiologie de la maladie. Si un doute persiste, par exemple si les tests multi-allergéniques sont négatifs, mais que les symptômes cliniques sont en faveur d'une allergie, votre médecin traitant aura la même attitude. Devant des troubles intenses et/ou rebelles, ou si le sujet est un allergique ancien difficile à équilibrer, le médecin généraliste adressera aussi le patient à l'allergologue ; il procédera de même s'il suspecte une allergie alimentaire ou médicamenteuse qui nécessite un diagnostic très précis.

Les questions que le médecin peut vous poser

Qu'il soit généraliste ou allergologue, le médecin orientera son interrogatoire selon le type d'allergène suspecté : allergène inhalé, ingéré, ou allergène de contact avec la peau. Le lieu de survenue orientera aussi cet interrogatoire.

Les allergènes que vous respirez

Pour rechercher les allergènes inhalés auxquels vous êtes sensibilisé, le médecin recherchera la présence de :

■ **Pollens** : vos crises (de rhinite ou d'asthme) sont-elles déclenchées, aggravées ou améliorées :

— À certaines périodes de l'année (printemps et été) ? Par beau temps ou temps de pluie ?

— Après avoir tondu le gazon ?

— Après être allé vous promener à la campagne ou dans les champs ?

■ **D'acariens** à votre domicile :

— Vos symptômes surviennent-ils plus souvent la nuit ou au réveil ? (Les acariens sont particulièrement nombreux dans la literie.)

— Avez-vous de la moquette au sol, des tapis, du tissu mural, un canapé, des rideaux ?

— Quel est votre mode de chauffage : au sol, électrique, au gaz ou au fioul ?

— Vos pièces sont-elles suffisamment aérées ? Faites-vous de temps en temps des courants d'air ?

— Vos draps et couvertures sont-ils suffisamment aérés ?

— Changez-vous souvent vos draps ? À quelle température les lavez-vous ?

— Y a-t-il beaucoup de peluches dans la chambre ou le lit de votre enfant ?

— Passez-vous régulièrement l'aspirateur sous le lit ? Dans votre voiture ?

— Votre appartement n'est-il pas trop chaud ou trop humide ?

■ **De moisissures,** dans votre habitat :

— Avez-vous constaté des taches de moisissures dans les lieux humides et chauds de votre appartement, notamment sur les joints des carreaux de la cuisine, de la salle de bains ou de la buanderie ?

— Nettoyez-vous régulièrement votre réfrigérateur, les saturateurs de vos radiateurs, les bacs à réserve d'eau de vos plantes, vos poubelles ?

— Possédez-vous un aquarium ?

— Si vous êtes agriculteur, où stockez-vous le grain et le foin ?

— Entreposez-vous du bois coupé près de votre cheminée ?

— Avez-vous du papier peint au mur ?

■ **D'animaux ?**

— Possédez-vous un animal domestique : chat, chien, hamster, perruches ou animaux exotiques ?

— Avez-vous des animaux de ferme ?

— Faites-vous du cheval ?

Les allergènes que vous ingérez

■ Quel est votre mode d'alimentation ?

— Avez-vous des repas réguliers, équilibrés ?

— Mangez-vous chez-vous ou sur votre lieu de travail ?

— Consommez-vous en excès certains aliments ?

— Avez-vous un dégoût spontané pour un aliment particulier ?

— Au cours de certains repas, vous arrive-t-il de ressentir des démangeaisons à la bouche, aux lèvres ou aux gencives ? Si oui, avez-vous pu noter avec quels aliments cela se produisait ?

■ Quels sont les médicaments que vous prenez habituellement ou occasionnellement ?

— Des médicaments pris par la bouche ont-ils déjà provoqué des démangeaisons ou une éruption cutanée ?

— Certaines pommades, crèmes, lotions ont-elles déclenché ces phénomènes ?

— Avez-vous fait des réactions à des antibiotiques (pénicilline ou autres), à des anti-inflammatoires ou à d'autres médicaments ?

— Si oui, un médecin vous a-t-il déjà dit que vous étiez allergique à ce médicament ?

Les allergies de contact

— Vos lésions au poignet sont-elles consécutives à un changement de montre ? Celles situées sous le nombril sont-elles dues au port d'un jean dont le bouton est directement au contact de la peau ?

— Votre eczéma des oreilles est-il survenu après l'utilisation de la nouvelle paire de boucles d'oreilles que vous portez ?

— Utilisez-vous une nouvelle lessive, de nouveaux cosmétiques ? Avez-vous changé de parfum, de shampooing, de teinture de cheveux ?

— Lors de l'entretien de vos plantes, avez-vous eu des manifestations allergiques de la peau ?

— Avez-vous des réactions cutanées lorsque vous êtes à la campagne, dans les prés ?

Le lieu de survenue

Selon les circonstances d'apparition de l'allergie, l'attention du médecin se portera sur la recherche d'allergènes, à votre domicile, sur votre lieu de vacances, sur votre lieu de travail ou, pour l'enfant, lors de sa présence à l'école.

■ **À votre domicile**

En complément des questions relatives à votre habitat, votre médecin cherchera à savoir si, parmi les activités effectuées au domicile, certaines ne sont pas des sources potentielles d'allergie, notamment :

— Le bricolage, car la manipulation de produits allergisants est fréquente dans ce domaine d'activité.

— Les produits d'entretien, surtout si vous êtes un ou une adepte du ménage et du nettoyage forcené.

— Et naturellement sur le tabagisme passif auquel vous ou votre conjoint exposez votre enfant si vous fumez. Rappelons que si *le tabac n'est pas un allergène, il est un irritant majeur, potentialisateur des réactions allergiques.*

■ **En vacances**

Souvent, les maisons de vacances ne sont ouvertes que quelques mois de l'année. Le reste du temps, elles sont fermées, non chauffées, non aérées et humides. Si vous avez la malchance d'arriver en premier dans cette maison, vous serez exposé aux acariens et aux moisissures qui auront proliféré toute l'année. Si vous êtes allergique, vos risques de déclencher des crises sont alors amplifiés. Le sac de couchage soigneusement rangé toute l'année est aussi un nid à acariens : pensez-y si votre enfant l'emporte en camp d'adolescent ! Si les longs trajets déclenchent l'allergie, le médecin vous recommandera de nettoyer à fond votre voiture avant d'emmener en voyage votre enfant. Mais les vacances peuvent aussi être bénéfiques : c'est le cas à la montagne, en cas d'allergie aux acariens.

■ **Sur votre lieu de travail**

Le médecin recherchera si vous exercez une profession où le risque d'exposition à des allergènes est spécifique ou majoré :

— Travaillez-vous dans des locaux climatisés, humides, poussiéreux ? Y a-t-il beaucoup de moquette au sol ?

— Manipulez-vous ou fabriquez-vous des substances chimiques, des matériaux particuliers (farine, ciment, peinture, latex) ?

— Vous occupez-vous d'animaux ? Êtes-vous vétérinaire, éleveur d'animaux ? Êtes-vous agriculteur, apiculteur, chercheur en laboratoire ?

— Cultivez-vous des plantes, des fruits ? Êtes-vous horticulteur, maraîcher, fleuriste ?

■ **À l'école**

Pour les enfants, les parents s'ingénient à éliminer au domicile tous les allergènes. Malheureusement, l'école fréquentée par l'enfant ou l'adolescent six à huit heures par jour n'est pas exempte d'allergènes.

Le médecin vous demandera de vous renseigner auprès de l'instituteur si, dans la classe de votre enfant, il n'y a pas de substances potentiellement allergisantes, tels de petits animaux, des plantes décoratives ou tout simplement de la poussière. Vous pouvez éventuellement demander à l'instituteur de visiter la classe de votre enfant.

Informez-vous aussi pour savoir si vos enfants ne sont pas exposés à des substances chimiques ou à des allergènes de façon temporaire (travaux pratiques de physique, de chimie, de sciences naturelles) ou pour les plus grands lors de l'apprentissage de métiers « à risque » (menuiserie, boulangerie, coiffure).

Essayez de remarquer si l'allergie de votre enfant se modifie pendant les vacances scolaires :

— Soit vers une amélioration des symptômes : les allergies dues à l'environnement scolaire ont, comme les allergies professionnelles, la caractéristique de s'aggraver pendant la semaine et de s'améliorer les jours de repos et pendant les vacances.

— Soit vers une aggravation : c'est possible si, pendant les vacances, votre enfant va à la campagne dans une maison humide ; une intensification des maladies allergiques sera en faveur d'une allergie aux acariens ou aux moisissures.

Le médecin allergologue : un véritable enquêteur

Le plus souvent, vous consulterez un allergologue après avoir vu le médecin généraliste ou spécialiste qui aura eu de fortes présomptions en faveur d'une maladie allergique devant des tableaux évocateurs :

— Asthme ou quinte de toux.

— Rhinites saisonnières ou chroniques non infectieuses.

— Conjonctivite.

— Eczéma, urticaire, œdèmes du visage.

— Ou plus rarement choc anaphylactique.

L'association de ces éléments est encore plus fortement évocatrice de mécanismes allergiques sous-jacents.

Le médecin allergologue aura une triple responsabilité :

■ **Confirmer** ou **infirmer** l'implication de mécanismes allergiques dans l'affection dont vous souffrez.

■ **Préciser** les causes de cette allergie, principalement le ou les allergènes en cause, mais également les mécanismes impliqués, et le rôle des facteurs aggravants.

■ Enfin, il devra **proposer** une attitude thérapeutique en accord avec le patient et le médecin traitant : une thérapeutique qui ne reçoit pas un accord réel du patient risque fort d'être peu ou mal suivie.

Dans ce but il effectuera, outre l'examen clinique adapté, une démarche qui pourra comporter un interrogatoire détaillé, l'utilisation de tests cutanés, et éventuellement de tests biologiques. Des tests de provocation en présence de l'allergène seront pratiqués dans les cas difficiles, en milieu hospitalier.

➤ L'interrogatoire et l'exploration clinique en allergologie

L'interrogatoire complète celui déjà effectué par le médecin généraliste et s'exerce avec une minutie poussée qui le fait qualifier de « policier ». Mais le suspect dans ce cas, ce sont les allergènes et non le patient qui lui est à la fois victime et témoin du délit qu'acariens ou hyménoptères, pollens ou moisissures, aliments ou médicaments exercent sur sa propre personne.

Un interrogatoire détaillé

L'allergologue sera conduit à vous poser des questions sur :

■ Vos antécédents familiaux et personnels, en particulier ceux concernant les maladies allergiques. La précision des réponses est utile : la bronchite chronique d'un de vos deux grands-pères n'est pas l'équivalent d'un asthme, et le psoriasis de l'autre n'a pas la signification d'une dermatite atopique. Si vous êtes sûr de la nature allergique des maladies des membres de votre famille, les indications deviennent alors très utiles. L'existence d'un terrain « atopique » dans vos ascendants ou votre fratrie est en faveur de la nature allergique de vos symptômes, sans pour autant la déterminer obligatoirement, tant le rôle de l'environnement et du mode de vie individuel est déterminant. Pour un patient adulte, l'existence d'un eczéma ou d'asthme dans l'enfance doit être signalé.

■ Les symptômes qui motivent votre consultation :

Quels sont précisément les symptômes dont vous souffrez ?

Concernent-ils :

— Le nez : écoulement nasal, nez bouché, éternuement.

— Les poumons : difficulté à respirer, sensation d'étouffement.

— La peau : rougeur, suintement, gonflement ?

Avez-vous d'autres manifestations ?

Certains syndromes (association de symptômes) sont presque spécifiques de l'allergie : rhinite saisonnière, œdème de Quincke, et naturellement choc anaphylactique. D'autres symptômes tels que des crises d'asthme, de l'eczéma, de l'urticaire, sont très évocateurs, mais ne sont pas provoqués exclusivement par des réactions allergiques.

■ Les circonstances de leur survenue, en particulier leur chronologie :

Elles donnent des précisions importantes pour commencer à identifier le ou les allergènes.

— Quand vos symptômes ont-ils débuté ?

— Dans quelles circonstances ?

— De quelle manière, brutale ou progressive ?

— Quelle est leur fréquence de survenue : quotidienne, hebdomadaire, mensuelle, très irrégulière ?

— Se reproduisent-ils de la même façon ou sont-ils différents ? Si oui, surviennent-ils à des rythmes réguliers dans la journée ou dans l'année ?

— Sont-ils reliés à des facteurs climatiques ou météorologiques ?

Ainsi une périodicité saisonnière au printemps et à l'été dirigera vers une pollinose dont la spécificité sera précisée grâce au calendrier pollinique de la région. Mais l'implication de moisissures, surtout en période estivale, est possible.

Une recrudescence en automne et en hiver des symptômes oriente très fortement vers une allergie aux acariens surtout s'ils sont aggravés en fin de journée et qu'ils s'améliorent lors de vacances à la montagne.

■ Votre habitat :

— Quelle est la situation de votre habitat ?

— Est-il exposé au soleil ou à l'ombre ? Est-il humide ?

— Quel est l'état des pièces, du sol ?

— Quelle est la nature de la literie ?

— Avez-vous des moquettes, des tapis, des rideaux ?

— Quel est votre mode de chauffage ?

— Avez-vous des animaux domestiques, des plantes d'appartement ?

■ Votre environnement professionnel et de loisir :

— Quelles sont vos conditions de travail ?

— Êtes-vous exposé au tabac, à la pollution ?

— Quels sont vos loisirs : bricolage, jardinage, sport, ou lecture ? Cette dernière activité demeure la moins dangereuse sauf si vous aimez parcourir les vieilles bibliothèques ou fouiller dans les dossiers anciens.

■ Votre hygiène de vie :

— Utilisez-vous des cosmétiques ?

— Prenez-vous des médicaments de façon régulière ? En avez-vous pris récemment ?

— Quel est votre type d'alimentation ? Celle-ci est-elle variée ? Consommez-vous quotidiennement le même aliment ? Avez-vous des dégoûts particuliers ?

Une interprétation parfois facile, souvent complexe

Lorsque les symptômes se reproduisent de la même façon, à la même période de l'année, dans les mêmes lieux, il est possible d'établir une relation entre les symptômes et les allergènes potentiels. C'est le cas lorsqu'ils sont :

— Rythmés par les saisons, tel le « rhume des foins ».

— Liés au retour à la maison ou à l'exposition professionnelle.

— Provoqués ou aggravés par des facteurs précis : humidité, poussière, présence d'animaux.

Les allergènes peuvent également être aisément suspectés lorsqu'ils surviennent immédiatement après la prise de certains médicaments ou aliments. Mais la relation de cause à effet est plus difficile à établir lorsque les manifestations sont décalées par rapport au contact avec l'allergène, ce qui est le cas en particulier dans des allergies alimentaires chroniques où il est nécessaire de tenir un journal détaillant les aliments ingérés.

L'examen clinique

Il complétera l'interrogatoire et sera orienté par la nature des symptômes que vous mentionnez.

➤ Les tests cutanés d'allergie

Des outils indispensables

Ils sont déterminants pour le diagnostic exact de l'allergène. Simples à réaliser, ils permettent de dépister la sensibilisation à l'allergène en étudiant la réactivité de la peau lorsque l'allergène y est introduit. Des témoins (autres que l'allergène) permettent de vérifier que votre réactivité aux médiateurs de l'allergie (histamine) est intacte, et qu'à l'inverse votre peau ne réagit pas à la moindre stimulation. L'histamine et le solvant servent de marqueurs positifs et négatifs lors de ces tests.

Les tests cutanés ont pour but de reproduire localement une réaction allergique, le plus souvent immédiate. L'introduction dans le derme d'une dose infime d'allergène révèle la fixation préalable des anticorps anti-IgE sur les récepteurs spécifiques des mastocytes cutanés ; la rencontre de l'allergène avec les anticorps spécifiques issus d'une sensibilisation préalable provoque la dégranulation de ces cellules. La libération locale des médiateurs — histamine et autres médiateurs de la réaction allergique immédiate — se traduit par une réaction inflammatoire locale avec un gonflement (papule), une rougeur (érythème) et des démangeaisons locales lorsque le test est positif.

Les indications de ces tests sont posées en fonction de la clinique, en particulier en fonction des données de l'interrogatoire car la quantité d'allergènes qui peut être testée théoriquement est très grande.

La pratique est délicate et relève du domaine du spécialiste allergologue ; la survenue possible de réactions anaphylactiques ou de complications nécessite d'avoir à sa disposition des médicaments (adrénaline, corticoïdes, antihistaminiques). Deux séries de tests sont utilisées :

— Pour les allergènes responsables d'un mécanisme d'hypersensibilité immédiate, les tests cutanés utilisés nécessitent de pénétrer dans la peau, sous l'épiderme : il s'agit du prick-test et de l'intradermoréaction.

— Pour les allergènes responsables d'allergie de contact et d'allergie retardée, la mise en contact de l'allergène avec la peau est suffisante. On utilise alors le patch-test.

Le prick-test

Il s'agit de tests épidermiques, impliquant, pour chaque allergène testé, une piqûre, réalisée à l'aide d'une lancette. Cette piqûre, ou plutôt cette série de piqûres, n'est pas douloureuse. L'allergène dilué pénètre dans l'épiderme et provoque en cas de réponse positive une réaction inflammatoire — avec érythème, œdème et prurit — et rapide (dans les vingt minutes qui suivent), en relation avec la nature « immédiate » de l'hypersensibilité explorée. En pratique, une goutte de l'allergène dilué est appliquée sur la surface de la peau à la face antérieure de l'avant-bras. La pointe de la lancette (1 mm de profondeur pour ne pas pénétrer trop profondément dans le derme) est pressée avec l'index perpendiculairement à la surface de la peau pendant une seconde. Quinze à vingt minutes plus tard, on observe la « triade de Lewis » en cas de test positif : gonflement, rougeur, démangeaison. L'importance de la réaction sera quantifiée par le médecin allergologue qui aura réalisé le test.

Un *témoin positif* à l'histamine permet de vérifier la réactivité normale de la peau aux médiateurs de l'allergie et un *témoin négatif* au diluant permet d'éliminer une réactivité exagérée se manifestant par un dermographisme.

Ce test a une très grande sensibilité (il détecte bien les sujets allergiques), mais il n'est pas totalement spécifique de la véritable réaction allergique car il est positif chez des patients qui sont seulement sensibilisés à des allergènes, sans manifestation clinique liée à celui-ci. Il s'agit alors d'allergie latente qui concerne 15 à 20 % des sujets positifs. La détermination de cette sensibilité cutanée est utilisée pour le diagnostic, mais aussi pour la surveillance du traitement : éviction de l'allergène ou immunothérapie spécifique.

Les prick-tests doivent être réalisés sur une peau naturellement saine, après interruption des médicaments qui empêchent la dégranulation. C'est particulièrement vrai pour les antihistaminiques qui doivent être arrêtés pendant une semaine, pour certains pendant plus d'un mois, et pour la corticothérapie générale.

Indications

Le prick-test est utilisable dans la grande majorité des réactions d'hypersensibilité immédiate pour les allergènes suivants :

- **Respiratoires** : acariens, pollens, allergènes d'animaux, de blatte, moisissures.

■ **Alimentaires** : les tests peuvent être réalisés avec des allergènes fournis par le laboratoire, mais aussi avec des aliments natifs qui donnent des indications plus fiables dans certains cas, par exemple pour les fruits et légumes.

■ **Médicamenteux** : myorelaxants utilisés dans les anesthésies ; pénicilline. Ces tests devront être réalisés avec précaution car ils peuvent entraîner des réactions graves. Dans le cas de nombreuses allergies alimentaires, il faudra avoir recours à d'autres méthodes.

Ce type de tests cutanés est utilisable et interprétable très tôt chez le nourrisson dès l'âge de trois mois.

L'intradermoréaction

Cette technique repose sur une injection de l'allergène dans le derme et non plus dans l'épiderme. Réalisée avec une aiguille intradermique, elle se traduit par un phénomène de peau d'orange après l'injection. Elle est plus quantitative car elle permet de connaître la dose seuil à laquelle le sujet est allergique, beaucoup plus sensible, mais également plus dangereuse et de réalisation difficile chez l'enfant. Elle est effectuée avec une gamme de plusieurs dilutions du même allergène.

Elle est utilisée lorsque l'extrait allergénique n'est pas suffisamment puissant pour obtenir une réponse cutanée aux prick-tests. Elle est beaucoup plus sensible que le prick-test, mais moins spécifique, donnant plus souvent des faux positifs : réaction positive chez des patients qui ne sont pas sensibilisés. De plus, le risque de provoquer une réaction générale est accru car l'allergène peut passer dans le sang.

Ce test reste une méthode de choix pour les sujets faiblement sensibilisés à un allergène (par exemple aux acariens pour certains patients), et pour le diagnostic des allergies aux venins d'hyménoptères. Il est également utilisé pour la recherche des réactions à complexe-immun, de type III, avec une lecture plus tardive de la réaction (entre six et huit heures). Il peut aussi servir de révélateur d'une manifestation retardée de type IV (allergie de contact) avec lecture située entre vingt-quatre et quarante-huit heures. Mais ce sont plutôt les tests suivants qui sont utilisés.

Les épidermotests

Ces tests cutanés sont réalisés sans pénétration de la peau. Les extraits d'allergènes sont appliqués sur la peau du dos, puis recouverts afin qu'il n'y ait pas d'irritation. La lecture se fait quarante-huit à soixante-douze heures après l'application. En cas de test positif, une réaction inflammatoire avec rougeur localisée à la zone d'application de l'allergène apparaît. Ces tests sont réalisés dans les cas d'eczéma de contact dû à des cosmétiques, des médicaments, des allergènes professionnels, des produits chimiques, des extraits de plantes. Ils sont aussi utilisés dans le bilan de la dermatite atopique.

➤ Les tests biologiques

Les tests sanguins courants, en particulier la numération sanguine et le dosage des différents types cellulaires (polynucléaires éosinophiles et basophiles, lymphocytes) ont déjà été demandés par le médecin généraliste. Des maladies d'autre origine, infectieuses ou autres, peuvent ainsi être différenciées de maladies allergiques.

Confrontés aux données de l'interrogatoire, de l'examen clinique et des tests cutanés, des tests biologiques complémentaires sont utiles pour le diagnostic de la pathologie allergique, mais aussi pour le suivi de son évolution sous traitement, en particulier la désensibilisation.

Les plus couramment utilisés concernent le dosage des immunoglobulines, particulièrement les IgE. D'autres examens plus rares étudient l'activation des cellules impliquées dans l'allergie immédiate et la libération de médiateurs caractéristiques de leur activation.

Le dosage des immunoglobulines E

Il permet de détecter et de quantifier les IgE totales et spécifiques circulant dans le sang. Les techniques utilisées sont précises : immuno-enzymatiques ou radio-immunologiques.

Le dosage des IgE totales

Après avoir été très utilisé dans les années 1970-1980, ce test a vu son intérêt se réduire progressivement. Sa capacité à mettre en évidence un terrain atopique et donc une maladie allergique est limitée :

- **Par sa faible spécificité**[1] : le taux d'IgE totale peut être augmenté dans de nombreuses autres circonstances que l'allergie (parasitose, maladie virale).
- **Par sa sensibilité**[2] qui varie selon les pathologies. Ce taux est normal chez de nombreux sujets atteints de maladie allergique et même présentant un terrain atopique. De façon générale, ce taux augmente avec la sévérité de l'inflammation allergique et avec l'étendue de la surface atteinte. Il peut par exemple être normal dans des rhinites polliniques, alors qu'il est plus souvent élevé dans l'asthme ou dans la dermatite atopique.

En pratique, ce dosage est intéressant chez le jeune enfant de 6 mois à 5 ans, un taux élevé étant très en faveur d'un terrain atopique. Chez l'adulte, il n'est

---

1. Un test biologique est très spécifique quand il y a peu de patients non atteints de la maladie, l'allergie dans le cas présent, qui sont positifs. Le nombre important de patients ayant des IgE élevées pour une autre cause explique la faible spécificité dans le diagnostic de l'allergie.
2. Un test est très sensible quand la proportion de sujets malades non détectés par le test est très faible. Dans certaines maladies allergiques telle la pollinose, de nombreux malades ont des taux d'IgE spécifiques normaux, d'où la faible sensibilité du test dans ce cas. Pour les biologistes, il n'est pas facile de mettre au point un test très sensible et très spécifique à la fois.

pas spécifique du terrain atopique, mais pourra être demandé par le médecin allergologue pour différencier les maladies allergiques d'autres maladies.

Le dosage des IgE spécifiques

Le dosage des *IgE spécifiques* (IgEs) apporte des renseignements précis. Le praticien peut demander soit le dosage d'IgE spécifiques d'allergènes isolés, mais ceci dans des conditions restrictives, soit le dosage de plusieurs allergènes à l'aide de tests multi-allergéniques.

Les techniques de dosage utilisant les tests multi-allergéniques sont de deux ordres :

— Tests purement qualitatifs permettant de rechercher des IgE spécifiques d'un panel d'allergènes introduit par les voies respiratoires — pneumallergènes — (Phadiatop® ou autre test) ou allergènes alimentaires (Fx5). Ces tests déjà cités ci-dessus sont très utilisés par les médecins généralistes auxquels ils apportent des arguments en faveur de la présence d'IgE contre au moins un allergène respiratoire ou alimentaire. Mais ils ne permettent pas de l'identifier et restent surtout des tests d'orientation en faveur d'un terrain atopique.

— D'autres tests permettent un dosage quantitatif pour chaque allergène (Aéromatrix ou DHA pour le dosage spécifique des pneumallergènes CLA). Ils peuvent être utilisés par le médecin généraliste, mais ils présentent des inconvénients : remboursement partiel ou absent par la Sécurité sociale, risque de faux diagnostic par rapport à un allergène. Ils sont intéressants si les données fournies par l'interrogatoire sont pauvres.

En pratique, il est parfois préférable que le généraliste, après un interrogatoire qui peut être accompagné d'un test de dépistage, oriente son patient vers un allergologue. Le dosage des IgE spécifiques est à utiliser, le plus souvent par le médecin allergologue, dans des cas précis : tests cutanés de réalisation ou d'interprétation difficiles, suivi des résultats d'un traitement. Les résultats concernant les IgE spécifiques sont à interpréter en fonction des résultats de la clinique et si possible des tests cutanés.

Les immunoglobulines G4 (IgG4)

Les IgG4 ne représentent qu'une faible proportion des IgG globales de l'organisme. Elles sont particulièrement intéressantes en allergologie car elles bloquent la fixation des IgE spécifiques sur les récepteurs cellulaires et peuvent entraver leur action.

En pratique, leur dosage est un témoin utile pour suivre l'évolution biologique de patients sous désensibilisation, essentiellement au venin d'hyménoptères. En cas d'évolution clinique favorable, le taux d'IgG4 augmente parallèlement à la diminution du taux d'IgE.

Immunoglobulines (Tests de référence[3])	**Réponse**	**Remarque**
IgE totales (CAP PRIST)	Réponse quantitative	Non spécifique de l'allergie
IgE spécifiques Tests spécifiques : — D'un allergène (CAP RAST) — De plusieurs allergènes (Aéromatrix, CLA DHS)	Réponse qualitative et quantitative	Tests limités à trois Intérêt réel mais coût élevé
IgE spécifiques : Tests de dépistage qualitatif — Pneumallergènes (Phadiatop, Allergy screen) — Allergènes alimentaires (Fx5 : enfants, Fx2, 6, 7, 8, 9)	Réponse globale : allergène non identifié	Intérêt en médecine générale

Les tests biologiques ne remplacent ni l'interrogatoire minutieux ni les tests cutanés faits par l'allergologue.

Les autres tests biologiques

D'autres tests plus complexes explorent l'activation des basophiles ou des mastocytes et leur capacité à libérer l'histamine en présence des allergènes suspectés. Le dosage des autres médiateurs de la réaction allergique, telle la tryptase libérée par les mastocytes, est effectué pour des travaux de recherche appliquée et lors des tests de provocation alimentaire ou médicamenteuse. La mesure du taux sérique de l'*eosinophilic cationic protein* (ECP) libérée par les éosinophiles est utile pour apprécier la sévérité du syndrome asthmatique (chez l'enfant en particulier) et suivre son évolution avec les traitements au long cours. Le dosage des cytokines (interleukines 4 et 5, interféron gamma diminué dans la dermatite atopique) est actuellement peu utilisé en pratique courante.

Enfin d'autres techniques, utilisées en milieu hospitalier, peuvent explorer les fonctions des lymphocytes, cellules qui sont extrêmement sollicitées dans les réactions d'hypersensibilité à médiation cellulaire ou « retardée », impliquée dans les eczémas de contact et en partie dans l'eczéma atopique. Cependant, les tests biologiques explorant ce type d'hypersensibilité sont beaucoup moins développés que ceux relatifs à l'hypersensibilité immédiate, et très peu utilisés en pratique courante. L'interrogatoire et les tests cutanés (épidermotests) ont donc un grand intérêt dans les eczémas de contact et dans la dermatite atopique.

➤ Les tests de provocation

L'enquête allergologique laisse parfois planer des doutes sur la responsabilité du ou des allergènes suspectés dans la genèse de la maladie allergique. Les tests de provocation mettent en contact direct l'allergène avec la muqueuse sensibilisée

3. Sabbah A., « Les protéines sériques en allergologie », *Méd. et Hyg.* 1995 ; 53 : 1011-7.

qu'elle soit nasale, bronchique ou digestive. Ces tests seront réalisés en cas de rhinite, asthme, d'allergie alimentaire ou médicamenteuse.

Le test de provocation nasale

Il est réalisé dans des cas de rhinite isolée ou associée à l'asthme.

Il consiste à étudier la réponse du patient, soit par une appréciation des symptômes, soit par une mesure objective, à l'application de l'allergène sur la muqueuse nasale. Cette application se fait soit par pulvérisation ou par dépôt d'un support de papier ou de coton. La mesure se fait :

— Par un score clinique relatif à l'intensité des symptômes (écoulement, éternuements, obstruction, prurit), ceci en réponse à l'application de l'allergène.

— Par des méthodes plus objectives : variations de flux nasal mesuré dans les narines par rhinomanométrie ou variation de la température (rhinothermométrie).

Le test de provocation bronchique

Il mesure la réponse de la muqueuse bronchique à des allergènes :

— Soit dans un milieu hospitalier, où des solutions d'allergènes sont vaporisées pour être inhalées.

— Soit dans un milieu simulant ou reproduisant l'atmosphère du travail. Il s'agit alors de tests « réalistes ».

Ces tests de mesure de l'hyperréactivité bronchique à des allergènes sont essentiellement pratiqués dans le cadre d'allergies professionnelles. Lorsqu'une rhinite est associée, le test de provocation nasale lui sera préféré, car sa réalisation est plus simple. La mesure de l'hyperréactivité bronchique non spécifique d'un allergène donné est pratiquée en cas d'asthme, en dehors du contexte professionnel.

Les tests de provocation orale

Ils sont réalisés en cas de suspicion d'allergie alimentaire ou médicamenteuse devant des manifestations d'eczéma, d'urticaire chronique ou d'autres réactions allergiques. Ils ont pour but d'affirmer la responsabilité d'un allergène en dehors de tout contexte subjectif propre au malade. À cette fin, ils sont réalisés en simple aveugle (à l'insu du patient) ou en double aveugle (à l'Insu du médecin et du patient).

Leur réalisation est délicate et ils doivent être faits en milieu hospitalier. La substance testée est administrée par voie orale, et les symptômes qui apparaissent dans les heures qui suivent sont notés. On recherche particulièrement la reproduction des symptômes pour lesquels le malade a consulté. Les allergènes testés peuvent être des aliments, des additifs ou des médicaments administrés par voie orale.

Dans des cas simples, en particulier d'allergie alimentaire, ce test peut être remplacé par un test de provocation labiale. Le dépôt de l'allergène sur la muqueuse labiale se traduit, en cas de réaction positive, par une réaction locale de la peau et des muqueuses.

Les principales maladies allergiques

➤ Une double approche médicale

Comme nous l'avons vu à propos du terrain, les médecins ont une approche double et complémentaire des maladies allergiques :

— L'une centrée sur les localisations de la maladie allergique.

— L'autre qui concerne le « terrain » du sujet allergique et qui est centrée sur le patient.

Dans la partie suivante nous détaillerons les principales maladies allergiques, dans une perspective très classique, la démarche diagnostique et l'utilisation de la thérapeutique classique étant communes à tous les médecins.

La troisième partie sera centrée sur l'approche thérapeutique du « terrain » des patients allergiques, et elle mettra en jeu pour partie l'utilisation des thérapeutiques « non conventionnelles ».

➤ Quelles sont les principales localisations de la maladie allergique ?

Votre médecin généraliste aura envisagé une affection allergique devant des tableaux cliniques et des symptômes évocateurs touchant :

- **L'appareil respiratoire :** rhinite et asthme surtout mais aussi laryngite et trachéite spasmodique allergiques.
- **L'appareil oculaire :** conjonctivite et blépharite [4].
- **La peau :** dermite atopique, urticaires, œdème de Quincke, eczémas de contact.
- **L'appareil digestif :** signes souvent banals d'atteinte gastrique ou intestinale.

D'autres organes sont moins souvent concernés : les articulations avec des inflammations articulaires ou les reins.

Parfois, c'est l'organisme tout entier qui est concerné, ce qui se traduit par un choc anaphylactique, survenant par exemple dans les instants qui suivent l'injection d'un médicament ou une piqûre d'hyménoptère ou après l'ingestion de certains allergènes alimentaires.

La multiplicité des manifestations cliniques, l'atteinte possible de différents organes sont à l'origine de difficultés diagnostiques, en particulier de confusion avec des réactions pseudo-allergiques. Parce que l'attitude thérapeutique est différente en cas de réaction allergique ou irritative, parce que dans certains cas de réactions allergiques, la vie du patient peut être en danger, le généraliste collaborera étroitement avec l'allergologue et le spécialiste pour obtenir un diagnostic le plus exact possible.

4. Inflammation des paupières.

Nous allons détailler les différentes maladies allergiques, en choisissant une classification qui tient compte des organes cibles de l'allergie et des allergènes qui en sont la cause.

▪ Selon les organes atteints :

— Allergies pulmonaires : asthme essentiellement.

— Allergies cutanées : urticaire, eczéma atopique, eczéma de contact, toxidermie, photosensibilisation, vascularite.

— Allergies ORL et oculaires : rhinite saisonnière (pollinose surtout) ou perannuelle.

— Allergies oculaires : conjonctivite, blépharite.

▪ Selon le type d'allergènes en cause :

— Allergies alimentaires.

— Allergies médicamenteuses.

— Allergies aux venins d'hyménoptères.

La troisième partie sera centrée sur le « terrain » du sujet allergique et sur les traitements possibles.

Les maladies allergiques

2

L'asthme et les allergies pulmonaires

L'asthme est de très loin la plus fréquente manifestation de l'allergie pulmonaire. Si la description de ce syndrome qui a pour étymologie en grec « respiration difficile » est très ancienne, il a fallu cependant attendre la seconde moitié du XIXe siècle pour que Claude Bernard démontre le rôle du spasme bronchique dans l'asthme et que le clinicien Trousseau décrive de façon détaillée ses aspects cliniques.

Un problème de santé publique dans les pays « occidentalisés »

L'asthme est de très loin l'allergie pulmonaire qui intéresse le plus grand nombre de patients, mais aussi de médecins, de spécialistes de l'environnement ou de l'économie de santé. Cette allergie est un problème de santé publique dans tous les pays du monde en raison de l'augmentation de sa fréquence, mais aussi de la mortalité due à cette maladie et du coût qu'elle représente. Le nombre de sujets atteints d'asthme est en croissance constante, d'environ 10 % par an dans les pays développés. En France, c'est la maladie chronique la plus importante touchant 2,5 à 3 millions de personnes dont un tiers de moins de 15 ans. Elle concerne en premier lieu les enfants d'âge scolaire (10 à 18 %), et est la principale cause d'absentéisme scolaire. Les adultes sont moins fréquemment atteints par l'asthme : 3,5 à 5 % des sujets de 20 à 44 ans. L'absentéisme professionnel dû à l'asthme est cependant estimé en France à 7 millions de journées de travail perdues chaque année. Ces chiffres sont identiques à ceux des autres pays d'Europe de l'Ouest, mais moins élevés que dans les pays anglo-saxons. De façon générale, la fréquence de survenue de l'asthme est plus élevée dans les pays de l'Ouest que dans ceux de l'Est et touche plus ceux du Nord que ceux du Sud.

Ce n'est pas seulement une maladie chronique : on peut hélas mourir d'une crise aiguë. La mortalité due à l'asthme a augmenté dans les années 1980, avec un pic en France de 1985 à 1987. En 1990, on notait 4 décès pour 100 000 (1 924 décès) en France. La mortalité actuelle, 3 pour 100 000 par an, a commencé à décroître. Les causes de cette mortalité sont la croissance du nombre de cas d'asthmes, mais aussi de sa sévérité[1]. Le suivi du traitement et des

1. Au début des années 1990, l'abus des médicaments employés pour traiter la crise a été mis en question. Des spécialistes français (Pr Michel) écrivaient : « Ainsi, malgré une meilleure connaissance de la physiopathologie

paramètres objectifs de la maladie, ainsi que l'attention accordée au malade asthmatique sont les moyens les plus pertinents pour réduire cette mortalité. Les coûts sont très élevés (1 % des coûts médicaux totaux en 1990 aux USA) et sont de deux ordres :
— Coûts directs dus à la maladie : hospitalisation, consultations, médicaments, examens de laboratoire.
— Coûts indirects dus aux conséquences de la maladie : absentéisme scolaire et professionnel, invalidité, décès.
Le coût lié aux asthmes sévères correspondrait à la moitié des coûts dus à l'asthme. Selon une étude récente, le coût de l'asthme en France serait de 120 F en moyenne par an pour chaque Français.
L'asthme est un syndrome clinique très répandu posant des problèmes sérieux en premier lieu aux malades qui en sont atteints, mais aussi à l'ensemble de la collectivité. L'augmentation de sa fréquence de survenue, ceci malgré de réels progrès thérapeutiques, conduit à nous interroger sur notre mode de vie, et sur les modifications de notre habitat et de l'environnement.

L'asthme, une inflammation des bronches

Si l'asthme a connu de nombreuses définitions qui rendent compte de sa complexité, actuellement, tous les médecins connaissent cette maladie comme une inflammation chronique des bronches, caractérisée par :

— Des manifestations cliniques réversibles : respiration difficile (dyspnée), courte et sifflante, toux rauque.

— Un syndrome inflammatoire avec un afflux de cellules et la libération des médiateurs de l'inflammation.

— Une obstruction des bronches ressentie par le malade, et qui peut être mesurée objectivement.

— Une hyperréactivité des bronches à de nombreux facteurs, qui déclenchent ou aggravent l'asthme. Parmi ceux-ci, l'activité des neuro-médiateurs et les mécanismes de l'allergie occupent une place importante.

— La survenue fréquente sur un terrain atopique.

---

et une meilleure approche de la thérapeutique, toutes les statistiques concernant l'asthme (fréquence, sévérité, mortalité) vont dans la mauvaise direction. Est-ce l'asthme qui change ou bien le traitement est-il responsable par ses effets secondaires ? » L'on sait maintenant que les traitements de crise ne sont qu'un marqueur de l'accroissement de la sévérité de l'asthme et non une cause de l'augmentation de la mortalité.

➤ La respiration difficile

Cliniquement, l'asthme se traduit par des accès de dyspnée avec des sifflements. Ces accès sont variables et réversibles, soit spontanément, soit sous l'action d'un traitement qui dilate les voies respiratoires (β2 mimétiques). Les crises d'essoufflement avec sifflements sont le plus souvent nocturnes ou induites par l'effort. Mais ce que ressent le patient peut être très variable et la toux peut être le symptôme principal, particulièrement chez l'enfant.

Comment fonctionnent les poumons ?

La principale fonction des poumons est d'assurer les échanges gazeux entre l'air et le sang en absorbant l'oxygène rentré dans les voies respiratoires et en expulsant le gaz carbonique provenant des déchets sanguins. Ceci est possible grâce au transport de l'air inspiré vers les structures d'échanges gazeux, les alvéoles, à travers des voies respiratoires conductrices, hautes, du nez au larynx, et basses, de la trachée aux bronchioles. Celles-ci comprennent de multiples arborescences[2] avec des ramifications qui deviennent de plus en plus fines au fur et à mesure que l'on progresse vers les alvéoles, lieu où s'effectuent les échanges gazeux.

Chez un adulte qui respire spontanément, le volume respiratoire courant moyen au repos est de 500 ml, et sa fréquence respiratoire de 12 par minute, ce qui fait une ventilation moyenne de 6 litres par minute, qui peut atteindre 120 litres par minute pendant l'effort. Même au repos, les volumes d'air échangé sont impressionnants : 8 500 litres d'air inspiré chaque jour par un adulte sans effort particulier !

L'air qui arrive dans les alvéoles est un air humidifié, à 37 °C, stérile, théoriquement dénué d'agents nocifs. En fait, il contient de nombreux agents polluants ou irritants et des allergènes de l'environnement.

Dans l'asthme allergique, l'exposition à des irritants (tabac, polluants divers) et à des allergènes, chez un sujet sensibilisé provoque un resserrement du calibre, une constriction de ces tuyaux bronchiques, ce qui entrave le passage de l'air. Lorsque les crises d'asthme se répètent, le revêtement de ces tuyaux bronchiques s'altère et ils deviennent de plus en plus réactifs aux allergènes ou aux irritants de l'environnement. À long terme, les conduits aériens sont déformés, ce qui diminue les capacités d'échanges gazeux et est invalidant pour le malade.

2. Cette structure d'arborescences et de replis est de type fractale comme les côtes bretonnes. Elle accroît la surface utilisable pour la distribution de l'oxygène, surface réduite chez les asthmatiques par l'obstruction partielle des bronches.

➤ L'obstruction bronchique

Elle est à l'origine de ce que ressent le malade lorsqu'il a du mal à respirer et a l'impression d'étouffer. Ces symptômes cliniques sont en rapport avec une obstruction bronchique, diffuse et variable, qui entraîne une réduction de la capacité ventilatoire. Ce « syndrome obstructif » peut être mis objectivement en évidence par les mesures de débits (débit expiratoire de pointe ; boucle débit-volume). Il est variable dans le temps, réversible au début sous traitement broncho-dilatateur. Il est principalement dû à l'action de médiateurs de l'allergie qui provoquent un spasme des muscles des bronches et une diminution de leur diamètre. Il s'y ajoute une sécrétion accrue de mucus par les cellules bronchiques et une inflammation qui tend à devenir chronique si l'irritation persiste.

▪ **Les spasmes bronchiques** sont dus à l'augmentation de contraction du muscle lisse qui est le long des bronches. Ce spasme peut heureusement être levé rapidement, totalement ou partiellement, par les broncho-dilatateurs.

▪ **L'hypersécrétion bronchique** est liée à une accumulation de mucus que le patient expectore à la fin d'une crise. Lorsqu'elle est importante, il peut se former des « moules » de sécrétions bronchiques dans les petites bronches.

▪ **L'infiltration de la muqueuse bronchique par des cellules inflammatoires** (lymphocytes et éosinophiles) provoque la phase tardive de la réaction allergique. Les éosinophiles activés produisent des médiateurs tels l'ECP *(eosinophilic cationic protein)* qui sont des marqueurs de l'inflammation bronchique.

▪ **L'inflammation bronchique**, due à des phénomènes cellulaires et vasculaires, aboutit à une « desquamation » de l'épithélium dont la « mise à nu » rend le revêtement bronchique très sensible aux irritants et facilite les crises.

▪ **Une destruction bronchique** survient dans les asthmes anciens : la mise à nu de l'épithélium conduit à des modifications anatomiques avec un épaississement de la membrane basale et des dépôts de fibres collagènes.

➤ L'inflammation des bronches

Biologiquement, l'asthme est un « désordre inflammatoire » des voies aériennes, qui fait suite à une infiltration des tissus par des cellules de l'inflammation. Au début, il y a surtout des spasmes et le revêtement des bronches (la muqueuse) reste normal. Quand la maladie est chronique, les bronches deviennent inflammatoires : la muqueuse est gonflée, rouge, avec une sécrétion accrue de mucus et un afflux de cellules de l'inflammation, lymphocytes (Th2) et éosinophiles en particulier, mais aussi macrophages, et polynucléaires neutrophiles. Il y a de plus une libération de médiateurs par ces cellules : histamine, tryptase, prostaglandines (PGD2), leucotriènes, ECP, cytokines. À long terme, ceci provoque une desquamation de l'épithélium bronchique et une accumulation de tissu fibreux, qui rend les conduits bronchiques plus rigides.

➤ La réactivité accrue des bronches

L'asthme s'accompagne presque toujours d'une hyperréactivité bronchique due à l'action de médiateurs de l'allergie et de l'inflammation, mais aussi à des facteurs physiques : exercice, hyperventilation avec inhalation d'air froid et sec. Lorsqu'ils réalisent des tests[3], les médecins distinguent :

— Une hyperréactivité bronchique (HRB) dite « non spécifique », provoquée soit par des agents pharmacologiques inhalés par le patient (histamine, acétylcholine, et autres médiateurs de l'inflammation allergique), soit induite par des facteurs physiques (en cas d'asthme d'effort).

— Une HRB spécifique due aux allergènes chez les sujets sensibilisés. Des médicaments, en particulier les bêtabloquants (utilisés dans l'hypertension) favorisent l'HRB et sont contre-indiqués chez les malades asthmatiques.

➤ Le rôle du système nerveux sur la contraction des bronches

La contraction du muscle bronchique est fortement impliquée dans les crises d'asthme. Cette contraction obéit à des signaux moléculaires, dont certains viennent des commandes nerveuses. Les cellules musculaires comportent des récepteurs dont la fonction normale est de capter les signaux régulateurs venant de l'extérieur : médiateurs de l'inflammation, neuromédiateurs, hormones. Ces mêmes récepteurs sont les cibles de l'action des médicaments, tels les ß2 mimétiques utilisés dans la crise. Les principaux agents biologiques modulant la constriction bronchique agissent sur ces récepteurs spécifiques. Il s'agit :

- **Des neuromédiateurs** : noradrénaline et adrénaline qui relaxent le muscle bronchique, acétylcholine qui provoque une constriction, médiateurs du système NANC, telle la substance P, qui provoquent une inflammation locale.
- **Des médiateurs de l'inflammation** : leucotriènes, prostaglandines, histamine qui provoquent une constriction des bronches, comme l'histamine. Le monoxyde d'azote est aussi très actif sur les bronches.

➤ Le rôle des allergènes

Pour beaucoup d'entre vous, asthme et allergie sont presque équivalents. Il est vrai que l'origine allergique de l'asthme est très fréquente chez l'enfant et l'adulte jeune. Elle est plus rare chez les sujets plus âgés.

Depuis le XVIIIe siècle, on sait, grâce à Blackley, que l'inhalation d'allergènes provoque l'asthme. Plus tard, au début des années 1950, il a été démontré que l'inhalation d'allergènes pouvait provoquer non seulement une réponse immédiate (dans l'heure suivante), mais aussi une réponse retardée due surtout aux éosinophiles.

3. Lorsqu'ils font ces tests, les spécialistes recherchent pour un médiateur la dose qui induit une chute de 20 % du VEMS (PC20).

Celle-ci est observée chez 50 % des sujets, ce pourcentage étant plus développé chez les enfants.

L'inhalation d'allergènes par un sujet asthmatique sensibilisé induit :

— Une obstruction des bronches, due à la contraction des muscles lisses et à l'œdème des voies respiratoires ; les médiateurs libérés par les mastocytes (histamine, leucotriènes) jouent un rôle essentiel dans ce processus.

— Une inflammation des voies aériennes, due à l'attraction des éosinophiles, attirés par les cytokines (en particulier l'interleukine 5 IL-5) issues de la réaction d'hypersensibilité immédiate.

— Une hyperréactivité des voies aériennes qui persiste plusieurs jours, et est consécutive à cette inflammation.

➤ Le terrain particulier

Comme les principales maladies allergiques (rhume des foins, eczéma atopique), l'asthme survient fréquemment sur un terrain particulier, l'atopie, dont elle est une manifestation pulmonaire fréquente.

L'asthme : une maladie d'adaptation à l'environnement

Au-delà des mécanismes dont la connaissance varie selon les époques, l'asthme demeure une maladie de l'environnement, avec des causes multiples qui interagissent, expliquant ainsi la grande variété d'expression de cette maladie. Ces causes peuvent être très variables selon les malades et souvent elles additionnent leurs effets. À côté des facteurs génétiques, principalement liés au terrain atopique, interviennent des facteurs majeurs : allergie et pollution, qui souvent interagissent ensemble, modifications de conditions de vie.

➤ Y a-t-il un gène de l'asthme ?

Les facteurs héréditaires sont importants surtout dans les premières années de la vie. Cependant, ils sont loin de tout expliquer. Il n'y a pas un gène de l'asthme, mais une multiplicité de gènes dont les produits interagissent entre eux et avec les facteurs d'environnement. Si vous et votre conjoint êtes asthmatiques, votre enfant aura plus de chances de l'être, que si un seul d'entre vous l'est, ou à plus forte raison, aucun des deux n'est asthmatique. Mais on peut aussi être asthmatique sans que ses parents le soient. Ces contrôles génétiques complexes expliquent qu'il y ait dans l'asthme seulement une tendance héréditaire, ce qui laisse la possibilité d'agir sur les facteurs d'environnement, qu'il s'agisse des allergènes ou des irritants des voies respiratoires. Leur identification pourra aider à la compréhension des mécanismes de l'asthme, à l'identification des produits de ces gènes et à la recherche de médicaments pouvant modifier ces mécanismes pathologiques.

➤ Quels sont les facteurs d'environnement qui provoquent l'asthme ?

Leur rôle augmente avec l'âge et leur identification est essentielle car elle peut conduire à leur éviction et à une amélioration très importante de l'asthme et de la qualité de vie des asthmatiques.

Les principaux facteurs environnementaux déclenchant ou favorisant l'asthme sont :

- Des facteurs immunologiquement spécifiques, c'est-à-dire des allergènes ·
  - — Domestiques : acariens, blattes, animaux, moisissures.
  - — Atmosphériques : pollens, moisissures atmosphériques.
  - — Alimentaires.
  - — Professionnels : farine, animal de laboratoire, poussière de bois.
- Des agents infectieux qui peuvent déclencher ou aggraver des crises d'asthme. Les infections ont un rôle paradoxal, celles de la petite enfance pouvant avoir un rôle immunologique protecteur contre l'atopie.
- Des polluants domestiques : outre le tabagisme, de nombreux polluants domestiques présents dans des habitations souvent trop calfeutrées aggravent l'asthme.
- Des polluants atmosphériques qui aggravent l'asthme, plus qu'ils ne le provoquent, en dehors des particules diesels qui exercent un effet pro-allergique réel.
- Des facteurs météorologiques (air froid et sec), souvent liés à l'exercice physique.
- Des émotions, les stress professionnels.
- Des médicaments, tels que l'aspirine responsable d'une forme sérieuse d'asthme par un mécanisme d'intolérance.
- Des facteurs chimiques, impliqués en particulier dans l'asthme professionnel non allergique.

Chez de nombreux patients, ces facteurs d'environnement sont la cause d'un asthme chronique. L'arrêt ou la diminution de l'exposition améliore très souvent l'asthme. Pour certains allergènes professionnels, l'asthme peut persister après l'arrêt de l'exposition. Le rôle de ces facteurs d'environnement est important : une des hypothèses plausibles est que l'asthme est induit par l'inhalation de facteurs d'environnement, dont certains sont identifiés et dont d'autres ne le sont pas encore. La notion « d'asthme intrinsèque », due à des facteurs propres au patient est ainsi remise en question même si le terrain atopique est un facteur prédisposant.

➤ Chaque asthmatique a son histoire

À côté de ces facteurs environnementaux et génétiques, des facteurs généraux liés au terrain du malade, donc à son « histoire » biologique, immunologique, endocrinienne et neurologique interviennent. Parmi les facteurs endocriniens, le rôle de l'aggravation prémenstruelle est réel et doit être pris en compte chez certaines patientes. Les facteurs psychologiques sont naturellement très importants et ils doivent être intégrés dans le contexte d'une maladie qui est par nature génératrice d'une anxiété totalement compréhensible. Les troubles digestifs, en particulier le reflux gastro-œsophagien, font l'objet de débats entre les pédiatres.

L'asthme n'est donc pas une maladie toujours semblable due à une cause unique. Il est même exactement le contraire. C'est un syndrome complexe, dit « multifactoriel » car il peut être provoqué par de multiples facteurs déclenchants dont les effets peuvent s'ajouter. Si les allergènes sont fréquemment impliqués dans l'enfance et chez les jeunes adultes, l'hyperréactivité bronchique, liée à l'inflammation des voies aériennes, intervient aussi en réponse à de nombreux stimuli.

Les différents facteurs qui provoquent l'asthme

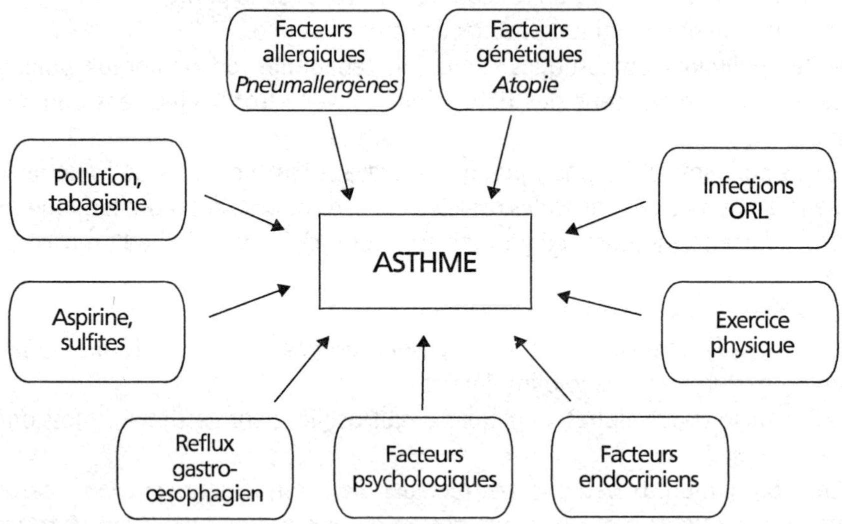

Comment se manifeste l'asthme ?

Pour le patient, l'asthme est le plus souvent une difficulté à respirer, fréquemment génératrice d'anxiété ou même angoissante. Mais toutes les difficultés respiratoires ne sont pas de l'asthme, et l'asthme peut prendre d'autres visages, en particulier celui de la toux. Les symptômes qui gênent surtout le malade sont l'obstruction des voies respiratoires ainsi que l'oppression.

➤ La crise d'asthme

La crise d'asthme typique

C'est une crise nocturne avec oppression respiratoire, une difficulté à respirer à la fois expiratoire et inspiratoire, avec souvent des sifflements. Cette crise dure plusieurs minutes à quelques heures et se termine par une toux et l'émission de crachats perlés. La position assise, le buste droit, améliore souvent les patients car elle facilite le travail des muscles respiratoires accessoires. La répétition des crises d'asthme nocturne est un signe de sévérité. Ces crises peuvent avoir des aspects différents selon l'importance de l'expectoration et des sifflements.

La toux qui persiste

La toux isolée peut être un équivalent d'asthme, particulièrement si elle est nocturne, déclenchée par l'air froid ou l'exercice. Ce type de toux est amélioré par les broncho-dilatateurs (ß2-mimétiques). Il s'agit d'une forme particulière de l'asthme allergique, fréquente chez l'enfant, mais retrouvée aussi chez l'adulte.

Chez l'enfant, la toux est chronique, surtout nocturne, souvent accentuée à l'effort ou lors des infections virales. Les antibiotiques sont inefficaces. Des corps étrangers (objets avalés par l'enfant) ou d'autres maladies des bronches peuvent aussi provoquer une toux chronique. De même chez l'adulte, la toux chronique peut être provoquée par l'asthme, mais aussi par d'autres causes : écoulement rhino-pharyngé postérieur, un reflux gastro-œsophagien, une prise de médicaments tels les inhibiteurs d'enzyme de conversion utilisés dans le traitement de l'hypertension.

Asthme et rhinite allergique

L'asthme est fréquemment associé à une rhinite allergique puisque 75 % des asthmatiques ont une rhinite. À l'inverse, seulement 20 % des malades ayant une rhinite ont également un asthme. Traiter la rhinite allergique et aussi la sinusite, souvent discrète, qui peut être associée, contribue à améliorer l'asthme.

Quelques formes particulières d'asthme

L'asthme cardiaque est une forme qui survient chez des personnes âgées ; le traitement de la cardiopathie améliore l'asthme.

L'asthme aigu grave (ancien « état de mal asthmatique ») ou « asthme presque mortel » est une urgence médicale (voir p. 155). Il peut survenir même sous un traitement de fond bien adapté.

Le risque de mort subsiste non en milieu médicalement assisté car l'on dispose actuellement de médicaments très efficaces, mais soit à domicile, soit en cours de transport à l'hôpital. Ce risque est considérablement diminué si, étant asthmatique, vous connaissez bien vos symptômes et ce qui les déclenche, si vous suivez votre fonction respiratoire (par le débitmètre de pointe) et si votre traitement est bien adapté.

Des formes rares existent, liées à des maladies générales, et les patients qui en sont atteints sont suivis par des spécialistes[4].

L'asthme peut aussi exister en l'absence de symptômes et être révélé par des explorations fonctionnelles respiratoires.

Les complications

Elles sont de deux natures et nécessitent un suivi attentif médical et familial :

— Les complications aiguës : asthme aigu grave (voir p. 155), les infections.

— Les complications chroniques : chez l'enfant, il faut surveiller un retard de croissance dû soit à la sévérité de l'asthme, soit aux effets des corticoïdes inhalés. Les corticoïdes inhalés, jusqu'à la dose quotidienne de 800 µg (trois ou quatre bouffées pour les produits les plus courants) sont considérés comme n'entraînant pas de retard de croissance, mais il existe des enfants très sensibles. Un retard de croissance peut aussi être dû à un asthme mal traité. Les autres complications de l'asthme sont consécutives à l'obstruction et à l'inflammation bronchiques.

➤ L'asthme du nourrisson et de l'enfant

Le nourrisson

Une toux sèche, une respiration difficile, une expiration bruyante et sifflante, perçue à distance : ainsi se manifestent fréquemment les crises d'asthme chez le nourrisson. Trois épisodes de cette nature survenant avant l'âge de deux ans permettent de porter le diagnostic d'asthme.

La survenue de l'asthme du nourrisson est favorisée par différents facteurs :

— Le terrain atopique et l'asthme des parents en particulier celui de la mère.

— Des infections bronchiques d'origine virale (virus respiratoire syncitial), fréquemment à l'origine de l'asthme.

— Le tabagisme passif.

— Le reflux gastro-œsophagien.

Il existe d'autres causes à l'obstruction bronchique chez le nourrisson dont les voies aériennes sont étroites et le système immunitaire en maturation. Les maladies les plus courantes qui doivent être distinguées de l'asthme sont :

— La mucoviscidose, maladie génétique diagnostiquée par le test de la sueur.

— Les corps étrangers ayant fait fausse route dans les bronches.

— Les troubles de la déglutition.

---

4. Citons *l'aspergillose broncho-pulmonaire*, due au développement d'un champignon, l'*Aspergillus*, qui touche le poumon avec une hypersensibilité de type IgE, un taux d'éosinophiles augmenté, des images pulmonaires ; la *vascularite granulomateuse* ou Syndrome de Churg et Strauss : l'asthme est compliqué d'atteintes vasculaires d'origine immunologique qui touchent de nombreux organes ; *l'asthme hyperéosinophilique.*

En pratique, si vous avez un nourrisson qui tousse ou siffle souvent, même s'il est en excellent état général, il faut consulter le médecin qui décidera des investigations à effectuer pour savoir s'il s'agit ou non d'un asthme et décider de l'attitude préventive et thérapeutique à adopter.

Le petit enfant

Les mêmes facteurs (atopie, infections, tabagisme passif) favorisent ou aggravent l'asthme du jeune enfant à l'âge préscolaire, asthme fréquent à cette période puisqu'il touche presque 10 % des enfants. Les crises ressemblent souvent à celles de l'adulte. Mais à cet âge où les rhino-pharyngites et les infections des voies respiratoires supérieures sont très fréquentes, la persistance d'un essoufflement ou d'une toux nocturne entre ces épisodes infectieux peut évoquer l'asthme, surtout chez le petit garçon de moins de 5 ans, plus souvent atteint que la petite fille.

Le grand enfant

Chez le grand enfant et l'adolescent, l'asthme se manifeste comme chez l'adulte. Le point le plus délicat concerne les adolescents, dont la révolte masquée ou le caractère rebelle fréquent à cet âge peut se traduire par un non-suivi du traitement. La prise en charge est parfois difficile et la qualité de la communication avec le médecin est importante, en particulier pour le suivi du traitement. La mort d'adolescents asthmatiques est, hélas, possible.

Comment traiter l'asthme de l'enfant

Les médecins connaissent les particularités du traitement de l'asthme de l'enfant. En suivant leurs conseils, la famille et l'enfant ont un rôle déterminant à jouer sur des facteurs clés :

— Le suivi du traitement et la bonne utilisation des appareils à aérosol et à inhalation. Ceci est important lorsqu'un traitement préventif de fond est nécessaire, ce qui est le cas d'un quart des enfants asthmatiques.

— Les mesures de prévention à l'égard des différents allergènes en cause (aliments, animaux, acariens).

— Les contraintes de la vie en collectivité (crèche, école) : des projets d'accueil individualisé à l'école se développent, permettant à des enseignants de coopérer pour l'aide au soin, l'aide à l'éviction alimentaire ou l'aide à la pratique du sport.

— La pratique sportive est encouragée sauf pour quelques sports qui sont interdits (plongée sous-marine avec bouteille), déconseillés (équitation en cas d'allergie au cheval) ou qui doivent être adaptés (sports d'endurance).

Le suivi de la croissance de l'enfant est essentiel : celle-ci peut être ralentie par le développement d'un asthme sévère, mais également par l'administration de fortes doses de corticoïdes inhalés[5]. La connaissance des particularités du « terrain » de l'enfant est toujours précieuse pour améliorer ce suivi qui doit être individualisé.

➤ L'asthme de la femme enceinte

Une situation fréquente

En raison de la fréquence de la maladie asthmatique chez les adultes, la survenue d'une grossesse chez une femme asthmatique n'est pas un événement exceptionnel, puisqu'il s'agit de la maladie respiratoire la plus fréquente de la femme enceinte (trois à cinq femmes sur cent). Ce n'est pas du tout catastrophique : le plus souvent l'asthme de la mère est amélioré ou inchangé. Dans un tiers des cas environ, l'asthle peut s'aggraver, nécessitant une adaptation du traitement. Ceci survient principalement à la fin de la grossesse.

Un suivi régulier

La survenue d'une grossesse chez une femme asthmatique nécessite avant tout un suivi très régulier et attentif, sans susciter d'inquiétude inutile. La surveillance sera d'autant plus attentive que l'asthme est sévère. Lorsque la prévention (mesure d'éviction des allergènes ou des autres facteurs favorisant les crises), le suivi de l'asthme et le traitement sont correctement effectués, les risques pour la mère et l'enfant ne sont pas supérieurs à ceux d'une grossesse normale. Le suivi de l'asthme d'une femme enceinte repose sur un examen clinique régulier et des explorations fonctionnelles respiratoires trimestrielles. L'utilisation quotidienne du débitmètre de pointe est recommandée, surtout pour les asthmes instables ou sévères. Parmi les étapes du diagnostic causal de l'asthme, il faut éviter les tests cutanés pendant la grossesse.

Un traitement adapté

Le traitement doit surtout avoir pour but d'éviter les attaques d'asthme grave et les carences en oxygène. Celles-ci peuvent être très dangereuses pour le fœtus car il a de très faibles réserves en oxygène. Le choix des médicaments par le médecin traitant intégrera également un critère majeur : l'absence d'effet secondaire sur le fœtus pendant la grossesse. Les thérapeutiques administrées par voie locale

---

5. Citons ici un spécialiste de l'asthme de l'enfant, le professeur Alain Grimfeld, qui dirige le Centre de l'asthme à l'hôpital Trousseau à Paris : « Le traitement de l'asthme a bénéficié ces dernières années de l'avènement des corticoïdes inhalés, bien tolérés dans les posologies dites habituelles. Cependant, on observe, du fait de l'accroissement de l'affection, en termes de sévérité, chez l'enfant notamment, une inflation dans cette classe thérapeutique avec certains effets secondaires sur la maturation osseuse et l'axe hypophyso-surrénalien. » in « De la dermatite atopique de l'asthme », Expansion scientifique française, p. 67.

sont les mieux indiquées : bêta-2-mimétiques, cromones, corticoïdes inhalés. Les corticoïdes par voie générale peuvent avoir des effets sur le fœtus. L'adrénaline par voie sous-cutanée, traitement de réactions anaphylactiques, est contre-indiquée dans le premier trimestre.

➤ L'asthme du senior

Est-ce les bronches ou le cœur qui fatiguent ?

Les sujets âgés (au-delà de 65 ans) peuvent aussi être atteints d'asthme. Le plus souvent, il s'agit d'un asthme ancien qui a débuté dans l'enfance ou à l'âge adulte et avec lequel le sujet a parcouru sa vie. Parfois, il s'agit d'un asthme débutant tardivement mais ceci est rare, seulement 3 % des asthmes débutant après 60 ans et 1 % après 70 ans. Dans ce cas, le diagnostic doit être fait très précisément afin d'écarter les autres causes pouvant simuler l'asthme, en particulier l'asthme dit « cardiaque » dû à une insuffisance cardiaque (insuffisance ventriculaire gauche).

Un traitement simple et non toxique

Outre ces problèmes de diagnostic, le principal problème posé par l'asthme du senior est celui du traitement. La transformation des médicaments (le métabolisme) dans le foie, leur élimination par le rein sont modifiées. Souvent, le patient a d'autres pathologies et des traitements qui posent le problème des interactions et des complications médicamenteuses. Les médicaments à l'égard desquels il faut être très prudent sont les bêtabloquants administrés par voie générale (dans l'hypertension artérielle) ainsi que par voie locale (dans le glaucome).

En pratique, les traitements simples sont bien suivis. L'utilisation en complément de thérapeutiques de « terrain » peut être très utile pour ces patients qui décident de choisir cette orientation car elle évite les risques dus aux excès de médicaments et s'adapte bien à ces malades parfois fragiles. Si l'on tient compte du vieillissement de la population, il devient utile d'évaluer l'efficacité de thérapeutiques telles l'homéopathie ou l'acupuncture chez ces patients, en tenant compte de leur qualité de vie et aussi des contraintes économiques qui sont de plus en plus importantes.

➤ Asthme et sport

Les professeurs d'éducation physique et sportive sont fréquemment confrontés au problème de la contre-indication chez des enfants asthmatiques à certaines activités physiques. Cela est-il toujours justifié ? Et le sport est-il vraiment dangereux pour les sujets asthmatiques, ou peut-il au contraire améliorer leur fonction respiratoire ? Pour répondre à cette question, il est nécessaire de définir ce qu'est l'asthme induit par l'effort, quelles sont les circonstances dans lesquelles il survient, comment il peut être prévenu et pourquoi l'enfant asthmatique peut et même doit faire du sport.

Qu'est-ce que l'asthme d'effort ?

L'asthme d'effort ou asthme induit par l'exercice est extrêmement fréquent s'il est recherché : près de 90 % des sujets asthmatiques et un tiers des patients atteints d'une rhinite allergique font un spasme bronchique lié à l'exercice intense et prolongé. De nombreux athlètes de haut niveau en seraient également atteints et l'on cite couramment des champions olympiques ou des sportifs renommés atteints de ce syndrome[6]. Parfois l'asthme d'effort est isolé et est la seule manifestation de la maladie asthmatique.

Comment se manifeste-t-il ?

C'est chez l'enfant que l'asthme d'effort est le plus souvent rencontré. Classiquement, il s'agit d'une crise d'asthme qui survient quelques minutes après l'arrêt d'un exercice physique énergique durant au moins cinq à dix minutes. Cette crise est spontanément réversible, ceci en fonction de son intensité. Il existe des formes minimes (simple toux) ou sévères, des cas où la crise d'asthme se manifeste pendant l'exercice ; chez d'autres patients enfin, elle se manifeste à distance (plusieurs heures) de l'effort. Dans les cas courants, cette crise est suivie, après quarante minutes environ, d'une période réfractaire de plusieurs heures pendant laquelle le sujet ne fera pas de crise. Cet asthme d'effort se distingue aisément de l'essoufflement provoqué par un effort souvent modéré chez des patients atteints d'emphysème ou de bronchite chronique. Cet essoufflement est amélioré dès l'arrêt de l'exercice.

Quand se déclenche la crise ?

Cette crise se déclenche quand le sujet est pendant plusieurs minutes aux deux tiers environ de sa VO_2 max., valeur bien connue des sportifs et des coureurs de fond en particulier. Elle représente la consommation maximale d'oxygène lors d'un effort d'endurance à dominante aérobie. La VO_2 max. a un réel intérêt physiologique puisqu'elle correspond à la quantité maximale d'oxygène qu'un sujet peut prélever au niveau pulmonaire, transporter par voie cardiovasculaire et consommer au niveau de la fibre musculaire. Elle est en moyenne de 45 ml/kg/min., peut atteindre 60 ml/kg/min. chez un sujet bien entraîné, et peut être plus élevée chez des sportifs de haut niveau.

Ces données techniques permettent de comprendre pourquoi l'entraînement progressif à l'effort améliore les asthmatiques : la VO_2 max. s'améliore avec l'entraînement et le seuil de déclenchement de l'asthme d'effort s'élève. L'entraînement régulier et progressif permet de faire des efforts plus intenses sans faire de crises, à condition de rester au-dessous de l'effort maximal. Les exercices brefs (sprint) ou peu intenses (entraînement en endurance), ne sont pas générateurs d'asthme lié à l'effort.

---

6. Il convient cependant d'être prudent car le diagnostic d'asthme porté par complaisance permet l'administration de ß2 mimétiques, voire de corticoïdes à des sportifs qui peuvent les utiliser comme produit dopant. Cela ne doit pas cependant conduire à une suspicion systématique.

Quelles en sont les causes ?

En fait, ce n'est pas l'exercice en tant que tel qui provoque l'asthme, mais l'augmentation de la ventilation liée à l'exercice et la respiration d'un air froid et sec[7]. Pour cette raison, les meilleurs tests de l'asthme d'effort faits dehors se déroulent après une course de plusieurs minutes en hiver. Les tests faits après une course sur un tapis roulant avec un contrôle de la saturation en vapeur d'eau et de la température de l'air sont plus précis. Une chute des débits respiratoires de plus de 20 % est très en faveur d'un asthme d'effort. D'autres tests mesurant l'hyperréactivité bronchique en présence de médiateurs chimiques (dérivés de l'acétylcholine) sont utilisés pour le diagnostic.

Quels sont les sports les plus conseillés ?

Les sports qui induisent le plus fréquemment l'asthme d'effort sont ceux qui demandent un effort soutenu, prolongé, avec des périodes d'effort plus intense : la course à pied en terrain accidenté et vallonné ou lors d'entraînements intensifs sur un stade, en est l'exemple type ; mais la course à pied, pratiquée à un rythme plus lent et régulier améliore le sujet asthmatique pour les raisons décrites ci-dessus. Le cyclisme est aussi générateur d'asthme d'effort, mais pas l'usage décontracté de la « bicyclette » sur terrain plat ! Parmi les sports collectifs, les sports à efforts intermittents (tennis, volley-ball, basket) sont bien tolérés.

La natation est le sport le plus recommandé parce que l'air respiré est chaud et humide, que la ventilation est moins augmentée que dans d'autres sports, et que cet effort améliore le fonctionnement des muscles thoraciques et la fonction respiratoire. Et s'il existe des cas individuels d'irritation au chlore, il est difficilement compréhensible, pour des professeurs d'EPS, de voir parfois cette « allergie » se propager comme une épidémie dans une classe, touchant quelques adolescents rebelles qui ont en réalité un allergène commun : l'effort !

L'enfant ou l'adulte qui présentent un asthme d'effort peuvent, avec un entraînement et un traitement appropriés, pratiquer presque tous les sports. Pour le choix du ou des sports, chaque cas reste particulier, mais il est préférable d'orienter un enfant ayant un asthme d'effort marqué vers la natation que vers la course de fond ou de demi-fond s'il veut réaliser rapidement des performances. Pour l'athlétisme, un entraînement approprié est nécessaire, et pour certains, cette activité sera contre-indiquée.

La plongée sous-marine : un sport contre-indiqué

Le seul sport qui fait l'objet d'une contre-indication absolue chez l'asthmatique est la plongée sous-marine avec bouteille, ceci pour plusieurs raisons, dont la principale est le risque de survenue d'une crise : il n'est pas possible de prendre le traitement sous l'eau et une remontée rapide à la surface expose à des accidents

7. L'air doit être réchauffé à 37 °C et être saturé en vapeur d'eau avant d'atteindre les alvéoles.

de décompression, avec formation de bulles d'air dans les vaisseaux sanguins. Compte tenu des dangers, il n'y a pas d'exception à cette contre-indication.

Quel traitement utiliser contre l'asthme d'effort ?

Ce syndrome peut aisément être prévenu :

- **Par des médicaments** administrés quinze à vingt minutes avant l'exercice et qui préviennent l'arrivée du spasme bronchique (ß2 mimétiques) et la libération des médiateurs responsables de ce spasme (cromones et dérivés). Ils seront prescrits par le médecin traitant selon les cas, et adaptés aux réactions des patients.
- **Par un entraînement** adapté reposant sur un échauffement prolongé suivi d'une période de repos. Il faut éviter la sédentarité, la réadaptation à l'exercice permettant de diminuer l'intensité des crises.

En cas d'asthme chronique, le traitement de fond est utile à la prévention de l'asthme d'effort.

Il reste donc très souhaitable que l'enfant asthmatique fasse du sport : d'une part, en raison de l'effet positif sur la musculature thoracique et diaphragmatique qui permet d'améliorer ses performances respiratoires ; d'autre part, grâce aux avantages psychologiques (confiance, maîtrise de soi). Le médecin traitant, le pneumologue, en coopération avec les parents et avec le professeur d'éducation physique sauront donner à l'enfant les conseils adaptés qui ne se limitent pas, sauf exception, à un certificat de contre-indication à l'activité physique et sportive.

L'anaphylaxie liée à l'exercice

Il s'agit d'une réaction anaphylactique généralisée avec des démangeaisons, de l'urticaire, des troubles vasculaires et parfois cardiaques, un malaise général. Ces manifestations parfois spectaculaires, dont le premier cas a été observé en 1979, sont dues soit à l'exercice physique isolé, soit à la prise d'aliments jointe à l'exercice physique. Le plus souvent, ces aliments sont alors des allergènes vrais auxquels le sujet est sensibilisé : farine de blé, fruits de mer, pomme, noisette, céleri. Il peut y avoir des réactions croisées avec les pollinoses. Parfois, il s'agit simplement de phénomènes survenant dans la suite des repas. Le diagnostic est fait dans des services d'allergologie et il doit conduire à l'éviction totale de l'allergène alimentaire lorsque celui-ci est détecté. S'il s'agit d'un phénomène qui suit le repas, il est nécessaire de ne pas faire de sport dans les trois heures qui suivent. Ces syndromes touchent le plus souvent des sujets de 30 à 40 ans. Ils sont parfois observés chez des athlètes de haut niveau.

➤ L'asthme professionnel

Il s'agit d'allergies respiratoires en relation prédominante ou exclusive avec l'activité professionnelle, dans l'industrie, l'artisanat ou l'agriculture. Provoqué par l'inhalation de fumées, poussières ou gaz présents sur les lieux de travail, l'asthme professionnel diffère de l'aggravation d'un asthme préexistant sous l'influence de l'inhalation d'irritants respiratoires.

La proportion des asthmes professionnels est croissante : 2 à 15 % des asthmes de l'adulte, selon les pays, seraient d'ordre professionnel. Le nombre de nouveaux cas par an (incidence) est mal connu. En France, il y a deux cents cas indemnisés par an sur quatre cents cas déclarés, mais l'incidence présumée est de mille à deux mille cas par an.

La sous-déclaration est due à une législation trop restrictive, mais aussi à la peur de perdre son emploi de la part du patient et parfois à la méconnaissance d'une réglementation complexe de la part du médecin.

Quelles sont les conditions d'apparition ?

On ne devient pas allergique à son environnement professionnel du jour au lendemain. La rapidité de la sensibilisation tient à la densité des allergènes dans l'atmosphère du lieu de travail, à la puissance des allergènes, à la prédisposition du sujet, et à des facteurs tels que le tabagisme et la pollution atmosphérique. L'asthme professionnel touche d'abord les sujets atopiques, ce qui souligne le fait que le malade allergique est un « détecteur de pollution ». Les asthmes professionnels sont le plus souvent causés par les mécanismes d'hypersensibilité habituels. Cependant, il persiste une inflammation des bronches qui restent hyperactives, même après l'éviction du risque.

D'autres mécanismes peuvent intervenir, de nature :

- **Inflammatoire**, après exposition majeure à un agent très irritant et concentré (formol, SO_2).
- **Pharmacologique**, dans les asthmes provoqués par des produits comme les insecticides organo-phosphorés qui inhibent une enzyme, la cholinestérase, et entraînent une surcharge des bronches en acétylcholine.

Comment se manifeste l'asthme d'origine professionnelle ?

Un asthme rythmé par le travail

Encore plus que pour les autres formes d'allergie, c'est la tonalité « dramatique » des manifestations qui est évocatrice : unité de lieu et de temps due aux contacts avec l'allergène qui rythment les crises. Au début, les crises se manifestent à la reprise du travail chaque semaine, et jamais pendant les jours de repos ou de congé. Progressivement, ce rythme s'estompe : l'hyperréactivité bronchique non spécifique se développe, les symptômes se développent la nuit, et les intervalles libres pendant le repos disparaissent. Souvent, l'intrication avec une autre cause d'asthme, plus ancienne, complique ce schéma simple.

Comment apprécier le rôle de l'allergène professionnel

L'appréciation repose sur une enquête sur place, parfois avec le médecin du travail, pour rechercher le polluant, et préciser l'intensité de l'exposition, ainsi que sur l'interrogatoire minutieux du patient. Parmi les tests complémentaires, les tests au travail et les tests de provocation, réalisés à l'hôpital, sont les plus utiles. Ils portent sur la mesure des fonctions respiratoires (débit expiratoire de pointe, boucle débit-volume) et les symptômes cliniques. Les tests cutanés et biologiques sont aussi utilisés.

Quels sont les allergènes les plus impliqués ?

Par ordre de fréquence, les allergènes les plus souvent impliqués sont la farine (18 %), les isocyanates (16 %), les squames et déjections d'animaux (16 %), les poussières de bois, les poussières de végétaux.

Principales causes d'asthme professionnel

Substances chimiques

— Isocyanates des matières plastiques, mousses, peintures en polyuréthane.
— Formol.
— Anhydride phtallique (peintures glycérophtaliques, plastique) et autres anhydrides (résine époxy).
— Métaux : sels de platine, nickel, chrome et chromates, cobalt, vanadium, aluminium.
— Sels de persulfate (décolorants capillaires) qui créent aussi des réactions allergiques cutanées.
— Pénicilline et antibiotiques.
— PVC (poussière, vapeurs) : asthme des emballeurs au papier plastique.

Substances organiques complexes

— Phanères des animaux de laboratoire : la sensibilisation allergique du personnel est fréquente.
— Insectes, acariens : chez des chercheurs travaillant sur une seule espèce.
— Produits utilisés par les boulangers et les meuniers : sensibilisation à la farine, aux acariens, aux grains de céréale, aux insectes, aux moisissures, aux charançons du blé, au textile des sacs.
— Bois exotiques, café vert, ricin, soja.
— Pyrèthre (insecticide).

Macromolécules simples, souvent responsables de réactions allergiques vraies

— Soie (séricine, protéine entourant la fibroïne, fibre noble de la soie) : ouvriers de la soie, boulangers, coiffeurs.
— Enzymes protéolytiques (trypsine, enzymes « gloutons »).
— Gomme arabique (imprimerie) et gommes végétales.

En résumé

L'asthme professionnel provoqué par des allergènes et des irritants est sous-estimé. Le diagnostic est difficile et repose sur l'interrogatoire du patient, l'exposition professionnelle (rôle du médecin du travail), les variations significatives de la fonction respiratoire lors des tests sur le lieu de travail ou à l'hôpital. Des déclarations de maladie professionnelle peuvent être faites dans le cadre du régime général, soit dans celui du régime agricole.

➤ L'asthme difficile

Des spécialistes de l'asthme de Montpellier identifient une forme particulière de l'asthme, « l'asthme difficile ». Cette forme ne rentre pas dans les consensus internationaux, mais est très réelle : elle correspond à des asthmes difficiles à contrôler, pour des raisons tenant à l'environnement, au malade et aux résistances thérapeutiques, en particulier aux corticoïdes. Ces patients ont des crises d'asthme nocturnes fréquentes, des débits de pointe très variables, une obstruction bronchique importante insuffisamment améliorée par le traitement et une médiocre qualité de vie. Ces asthmes invalidants représenteraient, selon les spécialistes de Montpellier, 5 % des 2 500 000 asthmatiques français, soit 125 000 personnes en France, ce qui est un chiffre impressionnant et rappelle une autre réalité : 20 % des asthmatiques consomment environ 80 % des dépenses de santé affectées à l'asthme.

Le suivi de ces malades asthmatiques demande une attention particulière et une prise en charge par une équipe spécialisée. Compte tenu des difficultés thérapeutiques rencontrées, en particulier de la dépendance ou de la résistance aux corticoïdes, certains de ces patients peuvent aussi bénéficier des thérapeutiques de terrain, à condition naturellement qu'il y ait un suivi régulier des paramètres objectifs de leur maladie.

➤ L'asthme aigu grave : une hospitalisation nécessaire

L'asthme reste une cause de mort surtout chez les jeunes : deux mille personnes meurent par an d'asthme en France, dont mille cinq cents jeunes. Lorsqu'une crise d'asthme se manifeste de façon inhabituelle ou ne cède pas rapidement au traitement de crise, il faut joindre les médecins d'urgence afin de bénéficier du traitement approprié le plus tôt possible.

Quels sont les malades à risque ?

Ce sont surtout les patients atteints d'asthme sévère :

— Asthme ancien, grave, instable, cortico-dépendant.

— Patients avec des antécédents de crise grave avec hospitalisation.

— Syndrome de Widal (polypose nasale, intolérance à l'aspirine, asthme non IgE dépendant).

Des crises soudaines peuvent aussi survenir chez des sujets jeunes (intolérance aux bisulfites). Chez certains patients peut aussi s'installer en quelques jours une aggravation rapide : crises fréquentes, résistance au traitement et consommation accrue des médicaments, diminution progressive du débit expiratoire de pointe.

Quels sont les facteurs pouvant aggraver l'asthme ?

Ils varient avec chaque patient selon les causes de son asthme :

— Inhalation massive d'allergènes : pollens, moisissures ; ingestion d'aspirine ou de sulfites.

— Infection virale ou bactérienne.

— Modification du traitement de fond.

— Perturbations psychologiques dans certains cas.

Comment reconnaître les critères de gravité d'une crise ?

Il y a des signes de gravité immédiate :

— *Respiratoires* : dyspnée majeure et inhabituelle pour le patient, fréquence respiratoire accélérée.

— *Cardiaques* : accélération de la fréquence cardiaque.

— *Musculaires* : épuisement avec difficultés à parler, à tousser, contracture des muscles du cou et des épaules.

— *Neurologiques et psychiques* : anxiété et agitation, puis abattement, confusion et somnolence.

Le débit expiratoire de pointe est très bas, inférieur à 150 l/min, et peu ou pas amélioré par la prise de ß2 stimulants.

Appeler les secours d'urgence

La présence de signes de gravité ou l'inefficacité des ß2 stimulants répétés impose d'alerter le SAMU, afin que les soins appropriés soient donnés en milieu hospitalier.

Après sortie de la crise, le médecin reverra le traitement de fond et complétera l'enquête allergologique si nécessaire.

Comment se fait le diagnostic de l'asthme ?

Le diagnostic de l'asthme et des facteurs qui le provoquent, doit être posé avec précision car il a pour conséquence un traitement et une hygiène préventive adaptés à chaque patient. Tout ce qui siffle n'est pas de l'asthme et tout essoufflement l'est encore moins. Chez l'enfant ou chez l'adulte, d'autres causes doivent être éliminées. Chez l'adulte âgé se pose en particulier le problème du diagnostic différentiel des autres syndromes obstructifs : bronchite chronique, emphysème.

Le diagnostic de l'asthme repose sur :

— L'interrogatoire : antécédents, conditions de survenue des symptômes.

— L'examen clinique : il peut être normal.

— Les examens biologiques.

— Les épreuves fonctionnelles respiratoires qui permettent une mesure objective de l'obstruction bronchique.

— Les tests allergologiques cutanés.

— La radiographie du thorax.

➤ L'interrogatoire

Il est utile de bien se connaître, afin de pouvoir décrire au mieux :

— Les antécédents personnels ou familiaux d'atopie en faveur de l'allergie.

— Les caractéristiques des crises.

— Les signes qui les accompagnent et orientent ou non vers une cause allergique. En cas d'asthme allergique, les crises sont souvent soudaines et précédées d'un coryza : 60 à 80 % des asthmes allergiques s'accompagnent d'un coryza.

➤ L'examen clinique

Pour le patient, l'asthme se manifeste le plus souvent sous la forme d'une difficulté à respirer survenant de façon répétitive ; le médecin recherchera si cette dyspnée est en relation avec une obstruction bronchique. La mesure objective de cette obstruction avec des appareils simples et sa réversibilité sous traitement broncho-dilatateur permettent de diagnostiquer l'asthme.

La description de la crise fournit déjà des indices précieux. Si le médecin est présent, il trouve le patient assis, le thorax distendu, les ailes du nez battantes, et entend sa respiration qui « siffle ». Une toux sèche et des manifestations anormales ont souvent précédé la crise : abattement ou excitation, malaise mal défini.

Les signes évoquant une crise sévère sont recherchés : fatigue due à des crises successives, fréquence respiratoire accélérée, anxiété, confusion. Les circonstances de survenue permettent d'évoquer la cause. Outre l'auscultation du patient, la recherche de manifestations allergiques touchant la peau, le nez, le tube digestif est faite par le médecin.

En dehors des crises, l'examen est souvent normal, ce qui impose la mise en jeu d'examens complémentaires.

Facteurs pris en compte	Questions qui peuvent être posées
Vos antécédents.	Vos parents, frères et sœurs, vos enfants ont-ils eu de l'eczéma, des rhumes des foins, de l'asthme ? Avez-vous eu de l'eczéma ou du rhume des foins ? Vos problèmes pulmonaires sont-ils récents ou anciens ?
Les allergènes ou facteurs aggravants (l'hyperréactivité bronchique) auxquels vous êtes exposés.	Quel est votre métier ? (école pour les enfants) Où vivez-vous ? Avez-vous des animaux ou êtes-vous en contact avec eux ? Prenez-vous des médicaments (aspirine, anti-hypertenseurs) ? Est-ce que vous fumez, ou êtes en contact avec des fumeurs ? Êtes-vous aggravé par l'air froid, l'exercice, les émotions ?
Le déroulement de la crise.	Comment se produit la crise : essoufflement, oppression, sifflements, toux ? Quand survient-elle ? Dans quelles circonstances ? Combien de temps dure la crise ? Quelle position vous améliore ?
Les facteurs qui modulent la crise.	Quels sont les facteurs qui provoquent ou aggravent votre asthme ?
La périodicité des manifestations.	Combien de jours par mois : — Avez-vous des crises d'asthme ? — Êtes-vous réveillé par l'asthme ? — Êtes-vous obligé de rester chez vous et de ne pas aller au travail (ou à l'école) ?
Les signes non pulmonaires qui l'accompagnent.	Avez-vous des problèmes au nez ou à la gorge en même temps que les crises ? Avez-vous des infections du nez, des sinus ?
Les examens complémentaires.	Avez-vous eu : — Une radio des poumons ? — Des explorations de votre fonction respiratoire ? — Une prise de sang ? — Un bilan allergologique (test sur la peau) ? Avez-vous un débitmètre de pointe ?
Le traitement suivi et ses effets.	Utilisez-vous souvent des broncho-dilatateurs ? Prenez-vous un traitement au long cours ? Lequel ? Comment le suivez-vous ? Avez-vous consulté un homéopathe, un acupuncteur ? Avez-vous été hospitalisé pour l'asthme ?

➤ Les explorations fonctionnelles respiratoires

Elles sont indispensables pour confirmer le diagnostic et apprécier la réalité et l'éventuelle sévérité de l'obstruction des bronches. Elles comprennent des explorations faites par le médecin, et aussi des mesures faites par le malade.

Les mesures faites par le malade : le débitmètre de poche

Si vous êtes asthmatique, vous connaissez cet appareil léger qui vous est utile quotidiennement : le débitmètre de poche. S'il ne remplace pas les épreuves fonctionnelles respiratoires, il permet un suivi quotidien de la maladie et de l'efficacité du traitement. Il faut faire deux à trois mesures par jour, au moins une matin et soir à heure fixe, et en faire aussi en cas de gêne particulière et inhabituelle.

Mesure du débit expiratoire de pointe (DEP) par le débitmètre.

Le DEP se mesure après une expiration forcée qui suit une inspiration forcée.

Avant la mesure

Se tenir debout.
Mettre le curseur en bas de l'échelle graduée.

Pendant la mesure

Saisir l'appareil.
Gonfler la poitrine au maximum bouche ouverte.
Introduire l'embout blanc dans la bouche et fermer les lèvres autour.
Souffler le plus fort et le plus vite possible.

Lire le résultat en fonction de la position du curseur qui donne le débit expiratoire de pointe (DEP).
Faire trois mesures et retenir la meilleure (généralement la deuxième).

Les résultats « normaux » sont variables pour chacun, dépendant de sa taille, son poids et son sexe. Les variations de plus de 20 % sont importantes et doivent être signalées au médecin afin de réadapter le traitement. Lorsque le DEP devient anormal (baisse importante ou variabilité accrue), il faut faire des courbes débit-volume, beaucoup plus précises et fiables que le DEP qui mesure seulement l'obstruction des grosses bronches.

Le principal intérêt de l'usage régulier de ce petit appareil (le débitmètre) est la connaissance directe par le patient d'un paramètre objectif de sa fonction pulmonaire, dont il peut surveiller l'absence de variation exagérée (inférieure à 20 %) par rapport à sa propre norme. C'est surtout dans la surveillance des asthmes sévères que le DEP est utile.

Les mesures faites par le médecin

Elles comprennent :

— La spirométrie qui mesure les volumes respiratoires : volume d'air expiré et inspiré, capacité vitale, et volume expiratoire maximal par seconde (VEMS) : le rapport de cette dernière valeur à la capacité vitale signe, quand il est diminué, une obstruction des bronches. Les volumes sont rapportés, pour chaque patient, à des valeurs théoriques. Un VEMS inférieur à 80 % de la valeur théorique et s'améliorant de plus de 15 % après administration d'un broncho-dilatateur signe l'asthme.

— L'étude des boucles débit-volume qui mesurent des débits instantanés, intégrés en volume (mesure faite par un pneumotachographe). L'obstruction des petites bronches est bien étudiée par cette technique.

— La mesure des résistances des voies aériennes, intéressante pour le nourrisson et le jeune enfant.

Ces examens sont faits lors du diagnostic initial de l'asthme, lors de son suivi périodique (mesure annuelle) et si nécessaire lors d'aggravations cliniques de la maladie. Ils donnent un état objectif de l'obstruction bronchique.

L'hyperréactivité bronchique à des agents pharmacologiques à des stimuli physiques (hyperventilation d'air froid, exercice) est explorée dans des cas particuliers. Elle n'est pas obligatoirement corrélée à l'asthme.

La boucle débit-volume

C'est l'enregistrement des débits expiratoires forcés en fonction des volumes. Elle permet la mesure :

— Du volume expiratoire maximal seconde, diminué de façon plus marquée que la capacité vitale forcée.

— Du débit expiratoire de pointe (DEP), généré par une expiration forcée. Il dépend des efforts du malade.

— Des débits expiratoires maximaux DEM à 75 %, 50 %, 25 % de la capacité vitale. Ces débits ne sont pas dépendants des efforts du malade.

La DEM 25, partie terminale de l'expiration forcée, explore les petites bronches. Une courbe concave à ce niveau signe leur atteinte, même en l'absence de tout symptôme.

➤ Les examens biologiques

Ils ont pour but d'apprécier l'importance de l'inflammation bronchique. Il n'y a pas de paramètres déterminants, mais certaines valeurs biologiques donnent des indications utiles :

— La numération des éosinophiles dans le sang : leur taux est élevé dans la moitié des asthmes environ. Elle permet de différencier l'asthme des autres syndromes obstructifs. C'est un marqueur de la sévérité de l'asthme. Ce taux décroît sous corticostéroïdes. Il y a aussi élévation du pourcentage d'éosinophiles dans les crachats.

— La mesure du taux de médiateurs issus des éosinophiles, en particulier l'ECP, est utilisée dans des services hospitaliers.

— Le taux d'IgE oriente vers une origine allergique quand il est élevé, sans être cependant décisif isolément.

— D'autres tests, telle l'étude des gaz sanguins, ne sont pratiqués que dans les asthmes sévères.

➤ La recherche des causes de l'asthme

Les plus importants facteurs, dans les cas d'asthme allergique, sont les allergènes. Mais l'asthme reste une maladie complexe aux causes multiples. Les autres facteurs doivent aussi être connus des malades asthmatiques car ils peuvent au cours du temps, aggraver leur asthme ou déclencher des poussées.

Les allergènes

La recherche des allergènes auxquels un patient asthmatique peut être sensibilisé suit toujours la même démarche :

— Les tests cutanés : ils permettent de révéler une sensibilisation. Ils sont sans danger sauf dans quelques cas (allergie à l'arachide, à l'œuf). Dans l'asthme, les acariens, les phanères d'animaux, les principaux pollens et moisissures, les blattes, sont systématiquement testés.

— Le dosage d'IgE spécifiques est nécessaire dans des cas particuliers.

— Les tests de provocation bronchique sont pratiqués dans les services hospitaliers afin de rechercher une HRB spécifique, par exemple à un allergène professionnel. En cas de rhinite associée, ce test bronchique pourra être remplacé par un test de provocation nasale plus simple à réaliser et dont les résultats sont bien corrélés.

La conduite à tenir dépend des allergènes responsables, des mesures d'éviction possible, des motivations des patients. Ainsi, si l'on est allergique au chat et que l'on fait de l'asthme, il est théoriquement nécessaire de s'en séparer, ce qui n'est pas toujours simple.

L'action des allergènes est favorisée par l'irritation chronique des bronches, ce qui nécessite d'élargir les mesures de prévention à ces irritants.

Principaux allergènes et irritants des bronches	Recommandations
Pneumallergènes :	
— Acariens.	Éviction des acariens. Désensibilisation.
— Animaux.	Éviction des animaux.
— Pollens.	Exposition limitée. Désensibilisation.
— Moisissures.	Hygiène. Attention aux climatiseurs, humidificateurs et conduits de ventilation.

Principaux allergènes et irritants des bronches	Recommandations
Allergènes alimentaires.	Allergie aiguë : éviction absolue. Attention aux allergènes masqués. Prévention : éviter la diversification précoce de l'alimentation du nourisson.
Allergènes professionnels : — Poussière de bois. — Farines, céréales, grains. — Phanères d'animaux de laboratoire. — Isocyanates (matières plastiques). — Métaux. — Latex.	Prévention assurée par la médecine du travail. Une déclaration de maladie professionnelle peut être faite sur les symptômes et les résultats des tests : — Suppression réintroduction de l'allergène. — Mesure des fonctions respiratoires. — Tests de provocation si nécessaire.
Allergènes médicamenteux : — Nombreuses intolérances. — Médicaments aggravant les réactions allergiques.	Carte d'allergique si nécessaire. Éviter la prise de médicaments inutiles. Attention aux bêtabloquants.
Allergènes chimiques (habitation).	Aérer et limiter la présence des polluants domestiques : formaldéhyde, solvants, gaz,...
Irritants non spécifiques des voies respiratoires.	Supprimer le tabagisme passif et éviter les polluants.

Les facteurs infectieux

Les maladies virales, les infections des sinus peuvent déclencher ou aggraver des crises d'asthme. Actuellement, le rôle « préventif » des infections naturelles sur le terrain allergique est discuté. L'existence d'une relation inverse entre les infections de la petite enfance et l'allergie est clairement établie par les études épidémiologiques. Les stimulations infectieuses (par exemple chez les enfants vivant dans les fermes ou en Allemagne de l'Est avant le rideau de fer) favorisent l'évolution vers un type de lymphocytes orientés vers la lutte anti-infectieuse, et non impliqués dans la réaction allergique. L'absence d'exposition à des agents infectieux favorise l'évolution spontanée vers les lymphocytes dont l'activité est liée aux réactions allergiques.

La pollution

La « pollution » à l'intérieur des logements est le principal facteur déclenchant d'asthme, qu'il s'agisse d'aéro-allergènes présents dans l'habitation ou de nombreux facteurs chimiques tel le formaldéhyde. Un asthmatique doit aérer son logement et sortir, même en ville. Rester enfermé dans un logement confiné est son plus sûr ennemi.

La pollution atmosphérique joue, pour sa part, un rôle moins important dans l'asthme que celui attribué par les médias. En premier lieu, la pollution d'origine industrielle a fortement diminué. En second lieu, les seuls polluants qui interviennent agissent en aggravant les asthmes existants. Ils ne sont pas directement à l'origine de l'asthme à l'exception des particules diesels qui sont fines, favorisent la production d'IgE spécifiques et peuvent modifier les allergènes, tels les grains de pollens.

Les séjours en altitude où la concentration en acariens est très faible, sont très bénéfiques aux asthmatiques allergiques aux acariens. D'une façon générale, moyenne et haute montagnes sont bénéfiques aux asthmatiques.

Le tabagisme passif

Le tabagisme passif intervient en second lieu. Exposer un enfant asthmatique au tabagisme passif est absurde. Le tabagisme actif ne l'est pas moins chez un adulte asthmatique. Cependant, beaucoup d'asthmatiques choisissent, probablement à « l'insu de leur plein gré », l'intoxication directe : 30 % des asthmatiques sont fumeurs. Comme pour la vitesse sur la route, l'information « menaçante » est peu efficace. La prise de conscience individuelle reste nécessaire, éclairée par des informations variées. Le risque accru de cancer est largement connu, mais il est facilement « nié » de façon inconsciente. Dans ces conditions, il est peut-être bon de savoir que c'est aussi notre respiration quotidienne qui est progressivement atteinte. Ainsi, selon une étude épidémiologique effectuée en Australie, un des paramètres clés de la fonction respiratoire, le VEMS, est au même niveau chez une personne âgée non fumeuse et non asthmatique de 75 ans, chez un asthmatique de 45 ans et chez un fumeur important de 45 ans.

Pour se rendre compte de cette obstruction respiratoire induite par le tabagisme, il suffit de s'exercer, modérément si on n'est pas habitué, à un sport d'endurance : l'essoufflement est alors très vite perçu. Nous avons vu que les sports d'endurance devaient être pratiqués avec précaution chez des enfants asthmatiques. Mais chez des adultes à l'asthme équilibré, ils sont très bénéfiques : parmi les coureurs de fond (préférer les terrains souples est bon pour les articulations !), les cyclotouristes ou les adeptes du ski de fond, il y a de nombreux asthmatiques et aussi d'anciens fumeurs qui ont compris que « fumer ou bien respirer », là aussi il fallait faire un choix.

L'aspirine et les sulfites

Parmi les médicaments responsables d'asthme, certains agissent par une sensibilisation vraie de type IgE, telle la pénicilline. D'autres médicaments provoquent un asthme par voie pharmacologique : c'est le cas de l'aspirine. L'asthme peut être grave dans certains cas, nécessitant la prise de corticoïdes. Il est alors souvent associé à la présence de polypes nasaux, réalisant la triade de Widal qui associe asthme cortico-dépendant, intolérance à l'aspirine, et polypes nasaux. Il est alors nécessaire d'éviter aussi la prise d'anti-inflammatoires non stéroïdiens, en raison d'une intolérance fréquemment associée. Le suivi médical attentif et la prudence sont nécessaires dans ce cas.

Parmi les nombreux additifs responsables d'intolérance (fausse allergie) ou d'allergie vraie, les sulfites occupent une place à part. Additifs utilisés comme conservateurs dans de nombreuses boissons, dans des vins, des conserves ou pour « blanchir » la moutarde, ils sont responsables de manifestations asthmatiques le plus souvent par un mécanisme d'intolérance de nature biochimique. Mais ils peuvent également, dans quelques cas, induire une réaction allergique vraie médiée par des IgE. Ceci nécessite un diagnostic allergologique précis, afin de réaliser une éviction aussi étendue que possible. Il y a des sulfites non seulement dans les boissons et les aliments, mais aussi dans des médicaments (par exemple dans certains corticoïdes). La prévention et l'information sont nécessaires : elles sont mieux réalisées dans certains pays, par exemple aux États-Unis (indication des sulfites sur les bouteilles de vin) qu'en Europe.

L'hyperventilation et le temps froid

L'asthme d'effort est dû à l'hyperventilation par temps froid et sec. Il ne contre-indique que très partiellement l'activité physique : l'asthme n'est pas en règle générale un motif d'inaptitude à toute activité physique et sportive.

Les autres facteurs

D'autres facteurs, de nature hormonale (aggravation avant les règles pour certaines patientes) digestive (reflux gastro-œsophagien), cardiaque (chez les sujets âgés) peuvent aggraver l'asthme ou contribuer à altérer la qualité de vie des asthmatiques. Bien identifiés, leur contrôle ou leur traitement améliorent l'asthme.

Différents facteurs émotionnels interviennent dans l'évolution de la maladie asthmatique, qui est aussi une maladie psychosomatique. Ils tiennent une grande place dans la vie du malade, sont pris en compte par les médecins, et sont importants pour les diagnostics de « terrain ». Mais ils ne doivent pas conduire à négliger les facteurs objectifs, qu'il s'agisse de prévention (allergènes, tabagisme, climat), du suivi de la maladie ou du traitement.

➤ Les examens radiographiques

La radiographie des poumons est de pratique systématique. L'image est en règle générale normale dans l'asthme, sauf dans les asthmes sévères où la distension du thorax est visible. Des complications ou des formes particulières d'asthme peuvent aussi être diagnostiquées, ainsi par exemple, l'asthme lié à une aspergillose broncho-pulmonaire donne des images caractéristiques. La fibroscopie bronchique permet d'aller visiter l'intérieur des bronches et éventuellement de faire des prélèvements (cellulaires en particulier) dans des cas cliniques particuliers.

➤ Éliminer ce qui n'est pas l'asthme

Ceci est réalisé par le médecin qui demandera des examens complémentaires adaptés après son interrogatoire et son examen. Il peut s'agir de la radiographie pulmonaire, pour éliminer d'autres maladies des poumons et détecter d'éventuelles complications, d'un test à la sueur chez l'enfant (pour la mucoviscidose) ou d'un examen cardiologique chez le sujet âgé. Le rôle des médicaments n'est pas négligé, certains utilisés pour le traitement de l'hypertension (inhibiteurs de l'enzyme de conversion) étant capables d'induire une toux chronique qui peut être confondue avec de l'asthme.

Les alvéolites allergiques

Ces maladies sont de nature allergique, mais elles procèdent d'un mécanisme différent de celui de la maladie asthmatique. Nommées aussi pneumopathies d'hypersensibilité, elles se présentent sous la forme de pneumopathies à répétition qui ressemblent à des épisodes grippaux et évoluent vers l'insuffisance respiratoire. Elles sont dues à l'inhalation de poussières organiques qui provoquent la fabrication d'anticorps précipitants. D'origine professionnelle, ces épisodes surviennent 6 à 12 heures après le travail, selon un mécanisme d'hypersensibilité semi-retardée. Le diagnostic est fait par la clinique, la radiologie, l'immunologie (recherche d'IgG spécifiques) et la fibroscopie pulmonaire. Il doit être établi le plus rapidement possible, car l'éviction des allergènes est le traitement qui s'impose, la corticothérapie ne faisant que freiner l'évolution qui se fait vers une fibrose pulmonaire et une insuffisance respiratoire. Les principales causes sont :

— La maladie du poumon de fermier dû à des champignons, les actinomycetes thermophiles, *Micropolypsora faeni* et *Thermopolyspora vulgaris*, présents sur le foin moisi.

— La maladie des éleveurs d'oiseaux due aux allergènes contenus dans les déjections et les plumes.

Comment traiter l'asthme ?

Le traitement de l'asthme est fonction de la sévérité de cette affection. Il doit être adapté au patient, aux causes de l'asthme, à l'évolution et à la sévérité de la maladie. Des consensus internationaux ont été établis permettant au médecin d'adapter le traitement en fonction du stade de la maladie. Il a à sa disposition :

— Des moyens préventifs : prévention de l'atopie, éviction de l'allergène et autres facteurs irritants.

— Des moyens curatifs : médicaments destinés à lutter contre la constriction bronchique, la réaction allergique, l'inflammation ; désensibilisation, très efficace pour certains allergènes tels les pollens, les acariens.

— D'autres techniques de soin telles que la kinésithérapie, le thermalisme, ainsi que des médecines de « terrain ».

➤ Les grands médicaments de l'asthme

Deux grands types de médicaments

Le traitement de l'asthme comporte deux grands types de médicaments :

■ **Des médicaments broncho-dilatateurs** qui luttent contre la broncho-constriction : ß2-mimétiques, théophylline. Ils agissent en dilatant les bronches (lèvent la constriction du muscle bronchique). Ils sont nécessaires pour le traitement des crises, mais aussi adaptés aux traitements d'entretien sous une forme différente.

■ **Des médicaments anti-inflammatoires** qui agissent au long cours et sont adaptés au traitement de fond. Ces médicaments luttent contre l'inflammation (corticoïdes) et la réaction allergique (cromones et produits apparentés).

Cette classification est simplifiée, car il existe des médicaments ayant une action mixte, en particulier la théophylline et une nouvelle classe, les anti-leucotriènes.

Action pharmacologique et thérapeutique	Classe de médicaments
Broncho-dilatateurs : traitement des crises.	ß2-mimétiques d'action immédiate. Anticholinergiques. Adrénaline (en cas d'anaphylaxie).
Broncho-dilatateurs à action prolongée : traitement de fond.	ß2-mimétiques d'action prolongée. Théophylline à libération prolongée (anti-inflammatoire).
Anti-inflammatoires et anti-allergiques : traitement de fond.	Cromones et produits apparentés. Corticoïdes inhalés et par voie générale. Anti-leucotriènes (activité broncho-dilatatrice).

Il y a deux décennies environ, l'usage des broncho-dilatateurs était très large, en regard du traitement anti-inflammatoire, corticoïde en particulier. Mais des études épidémiologiques ont montré que l'usage excessif des broncho-dilatateurs, ß2-mimétiques en particulier, était lié à un risque accru de décès, non pas en raison de l'effet de ces produits, mais en raison de l'inflammation qui était insuffisamment contrôlée. Le traitement anti-inflammatoire s'est développé, favorisé par l'introduction de la voie inhalée pour les corticoïdes, ce qui a diminué considérablement les effets secondaires de ces médicaments.

Actuellement, les consensus internationaux accordent une importance primordiale au traitement anti-inflammatoire, même dans l'asthme léger, et recommandent une attitude prudente à l'égard des broncho-dilatateurs : toute augmentation de la prise de ces médicaments de crise traduit en réalité une déstabilisation de la maladie asthmatique et conduit à revoir le traitement de fond selon le stade évolutif de l'asthme (voir tableau ci-dessous).

ADAPTATION DU TRAITEMENT
EN FONCTION DES DIFFÉRENTS STADES DE L'ASTHME

Selon le profil et la sévérité de l'obstruction bronchique, avec approche thérapeutique par paliers : 4 stades selon le profil clinique avant traitement, la fonction pulmonaire, le traitement.

Stade évolutif	**Profil clinique avant traitement**	**Fonction pulmonaire**	**Traitement**
Stade 1 intermittent	Symptômes intermittents < 1fois/semaine. Symptômes d'asthme nocturne < 2fois/mois. Pas de symptôme entre les crises.	DEP (ou VEMS) > 80 % de la valeur attendue ; variabilité < 20 %. Retour à la normale après broncho-dilatateur.	ß2-mimétique inhalé < 1 fois/semaine. ß2-mimétique ou cromone avant facteur déclenchant (effort, allergène). Pas de traitement de fond.
Stade 2 persistant léger	Symptômes entre 1 fois/ semaine et 1fois/jour. Symptômes d'asthme nocturne : 2 fois/mois ou plus. Ils peuvent nuire à l'activité et au sommeil.	DEP > 80 % de la valeur attendue ; variabilité : 20-30 %. Retour à la normale après broncho-dilatateur.	ß2-mimétique inhalé 1 à 4 fois/semaine. Traitement de fond : cromone, ou théophylline, ou corticoïde inhalé (200-500 ug).
Stade 3 persistant modéré	Symptômes quotidiens ; symptômes d'asthme nocturne 1 fois/semaine. Nuisent à l'activité et au sommeil.	DEP de 60 % à 80 % de la valeur attendue ; variabilité : 30 % ou plus. Retour à la normale après broncho-dilatateur.	ß2-mimétique inhalé quotidien (3 à 4). Traitement de fond : corticoïde inhalé (500-800 ug), ß2-mimétique ou théophylline à libération prolongée.
Stade 4 persistant sévère	Symptômes permanents ; crises et symptômes d'asthme nocturne fréquents. Activité physique limitée.	DEP < 60 % de la valeur attendue ; variabilité > 30 %. Pas de retour à la normale malgré un traitement optimal.	ß2-mimétique inhalé quotidien (3 à 4). Traitement de fond : corticoïde inhalé (800-2 000 ug) ; broncho-dilatateur retard quotidien ; corticoïde oral au long cours fréquent.

Les dilatateurs bronchiques : le souffle retrouvé

Les ß2-mimétiques, médicaments de la crise

Quelle est leur origine ?

Ils sont issus d'une classe de médicaments qui stimulait le système nerveux sympathique. L'adrénaline était ainsi employée depuis longtemps dans le traitement des chocs anaphylactiques dont elle reste le médicament majeur en urgence. Progressivement, les pharmacologues ont modifié les molécules de façon à ce que ces médicaments aient une action sur le muscle lisse des bronches avec le minimum d'effets sur d'autres fonctions en particulier cardiovasculaires. Les ß2-mimétiques agissent de façon ciblée sur les récepteurs ß2 du muscle lisse bronchique, ce qui diminue leurs effets sur les autres appareils et donne des effets secondaires minimes.

Comment agissent-ils ?

Ils agissent essentiellement en dilatant le muscle bronchique, ce qui lève rapidement la constriction des bronches, car ces médicaments sont les dilatateurs bronchiques les plus puissants de la pharmacopée. Ils ont aussi des effets locaux sur les bronches (diminution de l'œdème), mais ils sont sans effet contre l'inflammation.

Comment les prendre ?

Ces médicaments sont avant tout utilisés dans le traitement de la crise d'asthme. Ils sont utilisés en pratique courante en aérosols doseurs (Ventoline®, Bricanyl®, Maxair®, Bérotec®) afin d'amener directement le médicament dans les bronches. La technique d'inhalation doit être bonne afin de ne pas laisser les médicaments dans la gorge ou dans la bouche. La durée d'action des ß2 stimulants a été accrue, limitant la répétition des prises, sauf dans les cas d'urgence où la levée de la constriction bronchique doit être rapide.

Ces médicaments sont aussi pris par d'autres voies :

— Voie orale, utilisée pour les produits à action prolongée, prescrits particulièrement en cas d'asthme nocturne.

— Voie sous-cutanée, utilisable aisément en urgence.

— Voie intraveineuse utilisée en réanimation. Les nébulisations leur sont préférées dans les pays anglo-saxons.

Quelles sont leurs indications ?

Ils sont essentiellement utilisés dans le traitement de la crise d'asthme : leur utilisation est quantifiée pour mieux surveiller l'évolution de l'asthme. Ils peuvent aussi être utilisés en traitement de fond : il s'agit alors de ß2 agonistes de longue durée d'action (Foradil®, Sérévent®). Ceux-ci n'ont cependant pas d'action sur l'inflammation bronchique et doivent être utilisés avec des médicaments à action anti-inflammatoire.

Quels sont leurs inconvénients ?

Ils sont mineurs — tremblement des extrémités, palpitations, sueurs —, et ne sont gênants qu'en cas d'usage abusif. Les ß2-mimétiques peuvent être totalement contre-indiqués pour des raisons cardiovasculaires et sont utilisés sous surveillance chez des personnes diabétiques. Pour des patients exerçant des métiers de précision, leur usage peut être un inconvénient en raison des tremblements des mains.

En fait, le véritable danger de ces médicaments provient de leur mauvaise utilisation par des patients qui se contentent de traiter les crises, sans traitement de fond ou de « terrain ». Même si la dilatation des bronches améliore le patient, l'inflammation peut évoluer et l'asthme s'aggraver progressivement.

Comment prendre les médicaments de l'asthme par voie locale ?

Parmi les différentes voies d'introduction des médicaments dans l'asthme, la voie bronchique est la plus efficace et celle qui induit le moins d'effets secondaires. Les méthodes d'administration par voie locale des médicaments contre l'asthme se sont développées dans les années 1950 à l'initiative d'un médecin américain, le Dr Maison, qui développa le premier un aérosol doseur pour soigner sa fille. Le but de cet appareil et des autres méthodes d'administration par voie locale est de pouvoir faire parvenir directement le médicament dans les voies aériennes. Ceci permet d'avoir une action thérapeutique rapide, d'administrer une plus faible dose que par voie orale ou sanguine, et de diminuer ainsi les effets secondaires généraux des médicaments. Différentes techniques et types d'appareillage sont utilisés :

— Les aérosols-doseurs avec gaz propulseur, dans lequel les particules de médicament sont en suspension. Le problème posé par ces appareils est le dépôt du médicament dans la gorge : il est de 80 % de la dose inhalée, une partie arrivant dans l'œsophage et l'estomac. De plus, ce dépôt est souvent accru par les difficultés qu'ont de nombreux patients à coordonner la libération du produit et l'inspiration[8]. Les dépôts dans la gorge provoquent une augmentation du passage sanguin et des effets secondaires locaux (candidoses buccales pour les corticoïdes). Certains dispositifs se déclenchent automatiquement avec l'inspiration, supprimant les problèmes posés par la coordination entre la main, qui n'a plus besoin d'appuyer, et le poumon, qui déclenche seul la manœuvre.

▪ Des dispositifs comportant une chambre d'inhalation. Ces chambres ont plusieurs avantages :

— Suppression de la coordination entre main (pour actionner l'appareil) et poumons (pour inhaler) grâce à un dispositif qui permet la rétention du produit, puis son inhalation.

8. Ces différentes techniques d'inhalation demandent un apprentissage qui n'est évident ni pour les patients ni pour les médecins. Lire les notices, décomposer les mouvements, en contrôlant l'expiration, l'inspiration et le blocage de la respiration sont nécessaires. Voir Denis Vincent, « Comment prendre ses sprays », in *L'Asthme*, Odile Jacob, 141-144.

— Meilleure distribution du produit dans les poumons avec diminution des dépôts dans la gorge, ainsi que de la fraction avalée. Ceci est important en particulier pour les corticoïdes, lorsque les patients ont des mycoses locales ou une voix qui devient rauque ; les effets généraux diminuent aussi si le produit est moins avalé.

— Ralentissement de la vitesse des particules, ce qui limite le dépôt par impaction directe sur les parois de la gorge et de la bouche, et réduit ainsi les effets secondaires.

Cette technique est utile pour les enfants, les personnes âgées ayant des tremblements et tous les asthmatiques ayant du mal à coordonner la pression sur l'appareil et leur inspiration. Ces appareils sont soit ceux du circuit commercial, soit « bricolés » astucieusement par les médecins et les patients. Chez l'enfant, l'utilisation d'une chambre d'inhalation et d'un masque facial est la règle.

- Les dispositifs avec poudre à inhaler ont l'avantage de ne pas utiliser des gaz propulseurs, et de ne pas poser de problème de coordination entre la libération du produit et l'inhalation. Leur transport est également facile.
- Les nébuliseurs permettent la libération sous pression de fines gouttelettes contenant des particules du médicament qui est inhalé par l'intermédiaire d'un masque. Ce dispositif est utilisé dans les situations d'urgence ou pour les petits enfants qui ont des difficultés avec les autres méthodes. Mais ces appareils nécessitent une source d'énergie et ils sont encombrants.

La théophylline

Quelle est son origine ?

C'est le médicament le plus ancien de l'asthme, introduit dans la pharmacopée avant la guerre (1937). La théophylline appartient à une classe de molécules nommées méthylxanthines. Ces molécules ont été utilisées empiriquement dans l'asthme, sous forme d'extraits de thé et de café, pendant plusieurs siècles. La découverte au XIXe siècle des principes actifs contenus dans les plantes modifia la pharmacologie. La caféine fut découverte en 1820, et la théophylline en 1888. Présente en faible quantité dans la feuille du théier et dans la graine du kolatier, elle est actuellement produite par synthèse.

Comment agit-elle ?

Le principal effet de la théophylline est de dilater les bronches par une action sur le muscle lisse. Elle agit en augmentant le taux intracellulaire d'un médiateur, l'AMP-cyclique. Son effet relaxant sur le muscle lisse est moins puissant que celui des ß2 mimétiques. En revanche, elle inhibe l'arrivée et l'activité de cellules de l'inflammation (éosinophiles) et l'activité des lymphocytes pro-allergiques Th2. Elle exerce aussi des effets sur d'autres organes : le diaphragme dont elle améliore la contractilité, le cerveau, le rein et la glande surrénale.

Comment la prendre ?

La théophylline a beaucoup été prescrite sous forme de suppositoires. Elle est actuellement prescrite par voie orale, avec deux prises quotidiennes pour les nouvelles formes à libération prolongée (Armophylline®).

Quelles sont ses indications ?

La théophylline avait tendance à être de moins en moins prescrite, au profit des corticoïdes inhalés associés aux ß2-mimétiques. Cependant, la mise en évidence de ses propriétés anti-inflammatoires, à des doses faibles n'induisant pas d'effets secondaires, lui a redonné un regain d'activité en traitement d'entretien. Sous forme à libération prolongée, elle est indiquée :

— Dans l'asthme léger ou modéré en substitution aux thérapeutiques inhalées, en particulier quand celles-ci sont mal prises, par exemple par des adolescents qui ont une meilleure observance d'un traitement oral.

— Dans l'asthme mal contrôlé en association aux corticoïdes inhalés.

Le faible coût de la théophylline est aussi un facteur intéressant par rapport aux autres médicaments de fond de l'inflammation et du spasme bronchique [9]. Le renouveau de la théophylline dans l'asthme peut aussi avoir un réel intérêt dans les pays en développement où les maladies allergiques tendent à devenir de plus en plus fréquentes au fur et à mesure qu'ils s'occidentalisent.

Quels sont ses inconvénients ?

Le principal inconvénient de la théophylline est la faible marge existant entre les doses thérapeutiques et les doses toxiques. De plus, il y a des grandes variations individuelles de son métabolisme : les taux dans le sang peuvent varier selon les patients, et aussi selon l'action d'autres médicaments, pour une même dose administrée. Une infection ou une maladie hépatique peuvent aussi modifier le métabolisme et donc le taux circulant.

La théophylline induit des effets secondaires de nature digestive, nausées, vomissements et des troubles à type d'irritabilité, insomnies, céphalées. En fait, des doses limitées, adaptées grâce à des dosages sanguins permettant de contrôler les variations individuelles de transformation de ce médicament, rendent ces effets secondaires mineurs ou inconsistants. De plus, la prescription de théophylline à délitement prolongé permet d'obtenir des taux actifs sur une longue durée. Enfin, les effets anti-inflammatoires sont obtenus pour des concentrations faibles, éloignées des concentrations toxiques. Cependant, la théophylline n'est pas indiquée chez le nourrisson car elle présente des risques d'intoxication réels.

---

9. L'augmentation de prescription des corticoïdes inhalés et des ß2-mimétiques de longue action a engendré entre 1991 et 1996 un surcoût d'un facteur 3 dans les pays anglo-saxons. (Étude mentionnée par Blaive B. et Perrin C. dans « La Théophylline, vers un renouveau ? », *La revue du Praticien*, 1997, 386 : 11-14.)

En résumé

La théophylline reste un médicament de l'asthme très intéressant pour son effet broncho-dilatateur, son effet anti-inflammatoire diminuant la phase tardive de la réaction allergique, sa prise facile par voie orale et son faible coût. L'adaptation de la posologie à chaque patient permet d'éviter les effets secondaires de ce médicament.

Les anticholinergiques

Ce sont des dilatateurs bronchiques moins puissants que les ß2-mimétiques. Utilisés dans les bronchites chroniques, il sont également prescrits en traitement de fond de l'asthme sévère, en particulier chez l'enfant.

Les médicaments luttant contre la réaction allergique : les cromones

Quelle est leur origine ?

Les cromones comprennent le cromoglycate de sodium et le nédocromil de sodium. Le cromoglycate découvert vers 1960, est préparé à partir de la khelline, cromone extraite de la plante méditerranéenne *Ammi visnaga (khella)*. Le nédocromil sodique est un dérivé obtenu par synthèse.

Comment agissent-ils ?

Leur action s'effectue sur les cellules de la réaction allergique, avec diminution de la libération des mastocytes, ainsi que de l'arrivée et l'activation des éosinophiles et des neutrophiles. Ils diminuent aussi l'activité pro-allergique des lymphocytes Th2, et les réflexes neuronaux entretenant la réaction allergique locale.

Ils sont actifs dans la phase immédiate de la réaction allergique immédiate, ainsi que dans la phase tardive. Ils préviennent l'hyperréactivité bronchique et réduisent la tendance à fabriquer des IgE spécifiques (activité Th2).

L'action du cromoglycate est très intéressante dans l'asthme allergique, mais elle s'exerce après un délai assez long de deux semaines à un mois. Le nédocromil a une activité anti-inflammatoire plus marquée.

Comment les prendre ?

Pour des raisons liées aux caractéristiques chimiques de ces composés, ils ne peuvent être pris par voie orale dans l'asthme car ils ne sont pas absorbés par voie digestive. Ils sont pris par voie locale, sous forme inhalée dans les allergies respiratoires. Il faut respecter la posologie (quatre prises quotidiennes pour le cromoglycate, deux pour le nédocromil) pour qu'ils exercent leurs effets dans l'asthme persistant.

Quelles sont leurs indications ?

Ces produits font partie du traitement de fond de l'asthme.

Le cromoglycate de sodium (Lomudal®) est indiqué dans :

— La prévention de l'asthme d'effort et de l'asthme post-exercice : une à deux prises quinze minutes avant l'effort.

— Le traitement continu de l'asthme persistant léger.

Pour de nombreux praticiens, son absence d'effets secondaires permet d'étendre ses indications dans l'asthme modéré en particulier chez les jeunes enfants atopiques, et chez les sujets tolérant mal les effets secondaires des autres classes thérapeutiques. Il complète bien les corticoïdes inhalés et évite l'augmentation des doses.

Il y a deux limites à ses indications :

- D'une part, le cromoglycate de sodium n'est pas également actif chez tout le monde. On estime qu'environ 30 % des gens ne sont pas améliorés par ce produit, ce qui laisse tout de même 70 % de bons répondeurs.
- D'autre part, il doit être pris régulièrement quatre fois par jour pour être efficace : cette contrainte apparente est en réalité faible, en regard de l'absence d'effets indésirables à court et long terme.

Le nédocromil de sodium (Tilade®) qui a des effets anti-inflammatoires plus puissants est plus largement et plus intensément actif dans l'asthme, avec quelques effets secondaires minimes, en particulier un mauvais goût. L'usage de ce produit dans l'asthme persistant léger à modéré est très fréquent.

Ces produits n'ont pas d'intérêt dans le traitement de la crise d'asthme et ne peuvent se substituer aux ß2-mimétiques, broncho-dilatateurs d'action immédiate.

Quels sont leurs inconvénients ?

Les cromones ont très peu d'effets secondaires, induisant parfois une petite toux irritative ou rarement une réaction cutanée. Ils ont plus d'inconvénients lors de leur usage par voie digestive, dans l'allergie alimentaire.

> **En résumé**
>
> **Les cromones, par leurs effets anti-allergique et anti-inflammatoire, ont un grand intérêt dans le traitement préventif de l'asthme au long cours, en particulier chez des patients sensibles aux effets secondaires d'autres classes thérapeutiques. Selon notre expérience, ils sont particulièrement compatibles avec les traitements de « terrain ». La mise au point actuelle de nouveaux dérivés permettra peut-être de transformer ces produits d'origine phytothérapique en médicaments anti-asthmatiques du futur.**

Les médicaments à activité anti-inflammatoire

Les plus utilisés et les plus efficaces sont les corticoïdes, prescrits par voie inhalée. Des médicaments dirigés contre les médiateurs de l'inflammation, les leucotriènes, viennent récemment d'être mis au point.

Les corticoïdes inhalés

Quelle est leur origine ?

Les corticostéroïdes sont des molécules voisines de l'hydrocortisone naturelle, mais dont l'activité anti-inflammatoire a été accrue au détriment des autres activités sur le métabolisme du glucose, des graisses et des protéines et sur les minéraux (sodium, potassium). Des effets indésirables importants subsistent, de façon beaucoup moins marquée pour les produits inhalés que pour les produits pris par voie orale.

Comment agissent-ils ?

Les corticoïdes agissent :

— Sur les cellules de l'inflammation, par une diminution de l'activation et de la production de médiateurs par les lymphocytes, les éosinophiles, les macrophages ; ils diminuent également le nombre de mastocytes et de lymphocytes CD4+. Ils n'agissent pas sur la phase immédiate de l'allergie immédiate, mais sur la phase tardive et sur l'entretien de la réaction inflammatoire.

— Sur les vaisseaux sanguins, en diminuant la perméabilité vasculaire.

— Sur les bronches en diminuant la sécrétion de mucus, et l'hyperréactivité bronchique.

Comment les prendre ?

En dehors des asthmes sévères et difficiles, ils sont actuellement prescrits essentiellement par voie inhalée, selon des posologies adaptées à l'âge et à la sévérité de la maladie. L'utilisation de chambres d'inhalation permet de réduire les effets secondaires locaux : troubles de la voix, candidose.

Quelles sont leurs indications ?

Les corticoïdes inhalés sont actuellement la première thérapeutique indiquée dans le traitement de fond de l'asthme chez les patients nécessitant la prise de ß2 mimétique au moins une fois par jour. À forte dose, il sont prescrits dans des asthmes sévères et permettent de limiter la prise de corticoïdes par voie orale aux cas les plus difficiles.

La stratégie de prise des corticoïdes inhalés est fonction de chaque cas clinique, et est décidée par le médecin traitant. En dehors de certains asthmes sévères, de fortes doses de corticoïdes inhalés ne semblent pas avoir d'effets supérieurs aux doses modérées, en regard du risque accru d'effets indésirables. Des stratégies médicales récentes [10] sont en faveur de l'adjonction, à des doses modérées de corticoïdes inhalés, de broncho-dilatateurs ou d'autres anti-inflammatoires au long cours : théophylline faiblement dosée, ß2 stimulants à longue action, anti-leucotriènes.

10. Barnes P.J., « Efficacy of inhaled corticosteroids in asthma », *The Journal of Allergy and Clinical Immunology*, 1998, 102 : 531-538.

Quels sont leurs inconvénients[11] ?

Les corticoïdes inhalés (Bécotide®, Pulmicort®, Flixotide®) ont un effet anti-inflammatoire puissant et représentent un progrès majeur dans la thérapeutique de l'asthme. Il faut cependant rester vigilant sur leurs effets secondaires locaux (mycoses, voix rauque). Les effets secondaires généraux ont fait l'objet de nombreuses études, en particulier en ce qui concerne le retentissement à long terme sur le métabolisme et sur la croissance. Des précautions restent nécessaires en particulier pour le petit enfant chez qui les doses doivent rester aussi faibles que possible afin de ne pas altérer la croissance osseuse tout en demeurant efficaces dans l'asthme. Même chez l'adulte, il faut rester vigilant car la sensibilité des patients aux effets secondaires des corticoïdes est très variable, et ils peuvent agir sur les os, les surrénales, la peau, les yeux.

La surveillance s'impose donc dans tout traitement au long cours par ces corticoïdes inhalés, qui ne constituent pas, il faut le souligner, un traitement de la crise d'asthme.

Les corticoïdes oraux sont utilisés en cas d'asthme sévère ou difficile avec insuffisance d'action des autres traitements. Ils sont prescrits en cure courte avec des doses fortes au départ, décroissantes ensuite. Leurs effets secondaires sont surveillés, qu'il s'agisse de prise de poids, d'ostéoporose, de diabète, de troubles gastriques, et aussi des troubles apparaissant lors du sevrage des corticoïdes, en particulier la fatigue physique et mentale.

En résumé

Les corticoïdes inhalés représentent un grand progrès thérapeutique dans le traitement de fond de l'asthme. Ils ne sont cependant pas les seuls médicaments de cette maladie et ne sont pas non plus dénués de tout inconvénient : en dépit des faibles doses reçues par l'organisme, le développement de réactions secondaires est possible chez des sujets dont les récepteurs sont très sensibles. Ces effets secondaires apparaissent après des traitements prolongés, et ne peuvent être prévenus que par l'anticipation et par la prise de doses aussi faibles que possible, quand l'évolution de la maladie le permet. Les autres classes thérapeutiques destinées à lutter contre l'inflammation allergique gardent tout leur intérêt pour les médecins qui les prescrivent selon l'évolution de la maladie et des réactions des patients.

11. Un aspect plus « subtil » du fonctionnement des corticoïdes est étudié par les immunologistes : ils induiraient une activité Th2 pro-allergique et pourraient ainsi entretenir le « terrain » allergique, en même temps qu'ils soignent avec efficacité les symptômes de la maladie atopique, que ce soit dans l'asthme, dans les rhinites ou dans les eczémas atopiques. Ces études font l'objet de vives discussions quant à leurs conséquences cliniques, mais elles ne peuvent pas être négligées.

Les médicaments dirigés contre des médiateurs de l'inflammation

Dans l'asthme, les antihistaminiques se sont révélés ne pas avoir d'action efficace. Seul un médicament agissant aussi sur d'autres médiateurs, le ketotifen (Zaditen®), s'est avéré efficace dans le traitement de l'asthme, en particulier chez l'enfant. Il a peu d'inconvénients, mais peut provoquer de la somnolence et une prise de poids.

Cependant, les corticoïdes inhalés au long cours ne sont pas dénués d'inconvénients lors d'un usage prolongé chez l'enfant ou lors de l'utilisation de doses élevées. Aussi, les travaux de recherche ont continué afin de trouver de nouvelles molécules susceptibles de lutter contre l'inflammation chronique des bronches. Une nouvelle classe thérapeutique vient ainsi d'être mise à la disposition des patients et des médecins : les anti-leucotriènes.

Quelle est leur origine ?

Les leucotriènes dont la découverte a fait l'objet d'un prix Nobel de médecine en 1983[12], sont, à côté des prostaglandines et du paf-acether, des médiateurs de l'inflammation impliqués dans l'asthme, dont ils reproduisent les anomalies bronchiques. La recherche de médicaments s'opposant à leur action a été l'objet de nombreux travaux. Ils se sont avérés décevants pour les anti-paf-acether, mais concluants pour les anti-leucotriènes. Ces produits sont donc directement issus de la recherche fondamentale sur les mécanismes de l'asthme.

Comment agissent-ils ?

Ils luttent contre les phénomènes inflammatoires dus à l'action des leucotriènes, soit en s'opposant à la synthèse de ces médiateurs, soit en bloquant les récepteurs cellulaires de ces molécules. Leur action est double :

— Effet broncho-dilatateur sur le muscle bronchique.

— Effet anti-inflammatoire, sur les éosinophiles en particulier ; ils diminuent aussi la perméabilité vasculaire et la formation de mucus.

Comment les prendre ?

Ces médicaments sont actifs par voie orale, ce qui peut faciliter leur prise, en particulier chez les adolescents.

Quelles sont leurs indications ?

Les anti-leucotriènes sont indiqués en complément des corticoïdes inhalés, dans l'asthme léger à modéré, permettant ainsi de ne pas augmenter les doses. Ils sont également efficaces dans l'asthme induit par l'effort ou l'air froid. Une autre indication découle directement de leur mécanisme d'action : il s'agit de l'asthme à l'aspirine.

---

12. Prix Nobel remis aux docteurs Corey et Samuelson.

Quels sont leurs inconvénients ?

Ces médicaments semblent bien tolérés, mais leur mise sur le marché est trop récente.

Cette classe thérapeutique peut être très utile au traitement de l'asthme dans l'avenir en particulier dans certaines formes d'asthme et chez certains patients, car il s'agit de médicaments dont l'action est très « ciblée ».

➤ La désensibilisation

Tenter de prévenir l'atopie par des mesures générales, diminuer l'exposition aux allergènes du sujet sensibilisé, soit en assurant l'éviction de l'allergène, soit en éloignant le sujet allergique (séjour en altitude dans l'asthme aux acariens), c'est l'idéal. En réalité, ce n'est pas toujours possible. Essayer de rendre le sujet moins sensible à cet allergène reste nécessaire dans tous les cas ou allergique et allergènes sont condamnés à se côtoyer souvent et à vivre ensemble, par exemple dans les pollinoses.

Quelle est son origine ?

Thérapeutique employée dès le début du siècle en Angleterre, la désensibilisation ou immunothérapie spécifique consiste dans l'administration par voie injectable, mais aussi sublinguale de doses faibles, mais croissantes, de l'allergène, afin de diminuer la sensibilité du sujet allergique à cet allergène spécifique. L'évolution de plus en plus « scientifique » de cette thérapeutique empirique à l'origine est bien illustrée par l'intitulé d'un texte récent d'actualisation de l'OMS[13] : « Immunothérapie des allergènes : traitement vaccinal des maladies allergiques ».

Comment agit-elle ?

Empirique jusqu'aux années 1950, son efficacité a été démontrée pour certains allergènes dans des essais cliniques contre placebo : elle a été démontrée sur les symptômes, la diminution des médicaments, et la qualité de vie dans l'asthme et les rhinites dues aux acariens, aux pollens, à certaines moisissures et aux poils de chat. Ses mécanismes d'action sont de mieux en mieux connus : son effet principal s'exerce sur la balance Th1-Th2, avec une diminution de l'activité des lymphocytes Th2 qui favorisent la fabrication d'IgE spécifiques. Il y a aussi fabrication d'anticorps bloquants dans la désensibilisation aux venins d'hyménoptères qui est très efficace (voir p. 316).

Comment est-elle administrée ?

Elle est utilisée par voie injectable, sous-cutanée avec des règles strictes, bien connues des médecins, et qui confèrent à cette approche thérapeutique une absence de danger. Il faut en particulier éviter tout traitement par bêtabloquant,

---

13. Texte d'une réunion de Genève (27-29 janvier 1997) publié dans la *Revue française d'allergologie et d'immunologie clinique*, 1999, 5.

contre-indiqué dans l'asthme, s'assurer que l'asthme est stable et qu'il n'y a pas d'infection et rester sous surveillance médicale pendant la demi-heure suivant l'injection.

Une désensibilisation dure de un à quatre ans, le but étant d'atteindre progressivement une dose maximale bien tolérée qui fera l'objet d'injections espacées. D'autres voies d'administration existent, en particulier la voie sublinguale qui demande de la part du malade une prise régulière. Elle s'avère efficace dans l'asthme pollinique.

Quelles sont ses indications ?

Il s'agit essentiellement d'asthmes allergiques dus à un allergène clairement identifié par la clinique et les tests biologiques. L'asthme doit être relativement stable et le malade motivé et coopérant. Les bonnes indications sont l'asthme dû aux acariens, l'asthme pollinique (graminées, arbres), l'asthme provoqué par le chat ou le chien.

Quels sont ses inconvénients ?

Cette technique peut présenter des dangers si les règles de prescription et d'administration ne sont pas bien suivies. Elle nécessite également une forte coopération et donc une forte motivation. Son choix résulte donc d'une collaboration entre le patient, le spécialiste et le médecin traitant. Elle peut être très utile chez des asthmatiques qui ne sont sensibles qu'à un allergène, en particulier pour des enfants (après 5 ans).

➤ Autres méthodes et techniques conventionnelles

Parmi les autres méthodes de soin qui peuvent s'avérer selon les cas très utiles aux asthmatiques figurent la kinésithérapie, les cures thermales et les séjours climatiques ainsi que la psychothérapie.

La kinésithérapie

La rééducation respiratoire est très utile à certains patients pour le contrôle de la respiration, le fonctionnement des muscles respiratoires et du diaphragme. Une pratique sportive appropriée permet de conserver le bénéfice acquis. Dans certains asthmes avec hypersécrétion bronchique, chez l'enfant ou chez des sujets âgés, des techniques de drainage bronchique sont très utiles.

Cures thermales et séjours climatiques

L'allergie et les maladies atopiques sont un motif fréquent de recours aux cures thermales, particulièrement pour les enfants. Les indications sont l'asthme, les atteintes de la peau et des bronches, et des allergies de la sphère ORL. Les déficits immunitaires sont une contre-indication.

Le choix du lieu est fonction de la composition des eaux, de l'environnement allergénique, et naturellement des conditions et possibilités de séjour pour la famille. Les stations les plus fréquentées pour l'asthme sont :

— Les stations bi-carbonatées d'Auvergne, le Mont-Dore et la Bourboule, bien adaptées aux affections dermo-respiratoires.

— Les stations sulfurées des Alpes (Allevard, Challes-les-eaux) et des Pyrénées (Luchon, Cauterets, Amélie-les-bains).

La station de la Roche-Posay est très bien indiquée dans l'eczéma atopique.

Les mécanismes d'action des eaux thermales sont l'objet de recherches intéressantes. Outre les modifications de l'environnement allergénique (raréfaction des acariens à la montagne), et le bienfait psychologique qui résulte parfois de ces cures, des modifications réelles des mécanismes de la réaction allergique sont provoquées par les eaux thermales. Ainsi à La Bourboule, un programme de recherche est en cours sur la modification de production de l'oxyde nitrique, médiateur intervenant dans l'asthme, est sur l'activité des enzymes conduisant à sa synthèse.

Les cures climatiques, qui s'effectuent dans des microclimats privilégiés, permettent aussi une modification de l'environnement des allergènes. Font-Romeu dans les Pyrénées, Briançon dans les Alpes sont des lieux privilégiés pour les asthmatiques. Il peut s'agir de séjours en lycée ou collège pour les enfants, de vacances pour les adultes. Et certains bienheureux peuvent faire le choix d'y séjourner.

La psychothérapie

Comme dans toute pathologie chronique, la psychothérapie peut être utile à certains malades asthmatiques, principalement en soutien psychologique. Mais, nous l'avons vu, la maladie asthmatique est une maladie organique, même si de nombreux facteurs psychosomatiques peuvent interférer sur son évolution. Cette prise en charge psychologique peut aussi être assurée naturellement par le médecin traitant lorsque la qualité de la relation le permet.

Des techniques annexes qui sont aussi des techniques corporelles favorisent le contrôle de la respiration et diminuent l'anxiété induite par l'asthme. Selon l'intérêt du malade, le yoga ou des techniques de relaxation peuvent être très utiles et sont préférables à toute dépendance médicamenteuse.

➤ Un plan d'action commun

D'une stratégie thérapeutique médicale…

Du point de vue du médecin, la stratégie diagnostique et thérapeutique qu'il met en place découle des étapes décrites ci-dessus et que nous résumons ci-dessous.

Lutte contre l'asthme

1. Faire le diagnostic de l'asthme.
2. En apprécier la sévérité avec les examens nécessaires.
3. Rechercher les causes.
4. Évaluer et contrôler les facteurs déclenchant dans l'environnement du patient :
— L'hyperréactivité bronchique spécifique (allergènes+++) ou non (irritants chimiques, virus).
— Le spasme bronchique : effort, irritants (fumée), froid, brouillard, stress.
5. Prescrire selon le stade de la maladie et selon le patient :
— Traiter l'inflammation chronique des voies aériennes.
— Lutter contre l'obstruction ventilatoire.
— Tenir compte du « terrain ».
6. Intégrer les thérapeutiques non conventionnelles au traitement, si le patient les choisit.
7. Éduquer et écouter le patient.
— Contrôle de son environnement.
— Suivi de son traitement.

Un dernier aspect est essentiel, mais comme il est spontané, il n'est pas planifiable : il consiste à accorder du temps et de l'attention à la personne asthmatique, à ce qu'elle vit et ressent. Cette approche est effectuée par tous les médecins qui traitent des asthmatiques. Elle est essentielle pour les médecins homéopathes et acupuncteurs, car elle leur fournit des indices de prescription nécessaires pour ces thérapeutiques de terrain qui traitent autant la personne malade que la maladie. Reconnaître la personne allergique, et ne pas lui donner l'impression qu'elle est « éclipsée par sa maladie » est un facteur de confiance essentiel.

... À un plan d'action partagé

L'asthme est une maladie chronique au traitement complexe, qui nécessite la participation active du patient. Si vous êtes asthmatique, vous connaissez ce qu'il est convenu d'appeler un « plan d'action dans l'asthme ».

Quel est son but ?

Le but est d'élaborer, grâce à une coopération entre vous et les différents médecins ou soignants qui prennent en charge l'asthme, un traitement qui vous permet :

— De vivre le mieux possible avec cet asthme, d'avoir une bonne qualité de vie et de continuer à pratiquer une activité physique aussi normale que possible.

Chacun, en fonction de sa nature, de l'importance de son asthme, de l'endroit où il vit peut trouver un équilibre lui permettant d'avoir une vie normale : ne pas rester confiné chez soi et, si on est motivé, faire du sport qui améliore la fonction respiratoire et cardiaque restent des objectifs simples, mais qui assurent le maintien d'une qualité de vie personnelle et relationnelle.

— De diminuer les symptômes de l'asthme, essoufflement, toux, crises nocturnes.

— De bien traiter le fond de la maladie, inflammation, réactivité bronchique accrue, afin d'éviter une prise excessive de broncho-dilatateurs qui se contentent (mais c'est déjà beaucoup) de lever l'obstruction bronchique. Il ne faut pas dépasser, sauf exception, trois à quatre prises de ß2-mimétiques par jour. Un bon effet du traitement peut se traduire par une diminution des prises, une amélioration du DEP et déboucher sur un allègement du traitement de fond. Les signes inverses nécessitent au contraire une modification du traitement de fond avec un renforcement ou l'introduction de nouveaux outils thérapeutiques.

— D'éviter les crises graves, en sachant bien identifier les signes qui les annoncent, afin de modifier le traitement selon des règles préétablies à l'avance.

Quels sont les moyens ?

Le contrôle de l'environnement arrive en premier lieu. L'identification et la connaissance des facteurs déclenchants sont les piliers du traitement. Un entretien parfois long, des examens complémentaires adaptés sont nécessaires pour savoir comment se déclenchent les crises. Identifier les éléments déclenchants, prendre les mesures adaptées pour les éviter, se surveiller et se connaître sont des éléments qui permettent de vivre avec l'asthme.

Ensuite, le suivi subjectif et objectif de la fonction respiratoire permet de surveiller l'évolution et la sévérité de la maladie, et d'adapter le traitement. Dès que l'asthme est modéré, à plus forte raison sévère, la mesure du débit expiratoire de pointe deux fois par jour permet de suivre l'évolution de l'asthme et les effets du traitement, au moins pendant des périodes transitoires. Cette mesure simple est sous-utilisée en France [14] par rapport aux pays anglo-saxons. Des épreuves fonctionnelles respiratoires sont nécessaires, une fois par an en moyenne.

La bonne prise du traitement est aussi essentielle. Savoir manier avec efficacité les différents outils d'inhalation des produits améliore leur action et évite les effets secondaires locaux, ennuyeux dans le cas des corticoïdes inhalés. Adopter avec le médecin un plan de traitement des crises est fondamental pour prévenir les situations graves. Le traitement — de crise et aussi de fond — doit être revu lors de consultations médicales régulières dont la périodicité est discutée avec le médecin traitant.

L'information, votre information, est essentielle, pour que vous suiviez bien ce traitement (ce que les médecins appellent « l'observance »). Et vous ne le suivrez

14. Phénomène observé par exemple dans un audit réalisé auprès de médecins généralistes toulousains (*La revue du praticien Médecine générale*, 1996, 346 : 39-45, et 1997, 387).

bien que si vous êtes convaincu de son intérêt, de son caractère non dangereux au début, et ensuite de son efficacité et de sa bonne tolérance. Pour cela, il faut que vous soyez informé de la nature des médicaments, du résultat que l'on peut en attendre pour votre fonction pulmonaire, et du réel bénéfice que vous pouvez espérer dans votre vie courante. Le médecin peut donner une partie des explications, mais il ne faut pas hésiter à lire des ouvrages de vulgarisation, regarder des émissions télévisées souvent bien faites (par exemple sur la 5e) ou visiter des sites sur Internet (si vous aimez).

Un code de conduite du traitement

En pratique, chaque plan d'action est dépendant du patient, de son environnement, de ses habitudes et de son caractère ainsi que des habitudes thérapeutiques et du caractère [...] du médecin. De grandes règles peuvent cependant être dictées ; le statut hélas largement partagé d'*homo automobilus* conduit à proposer ce schéma largement adopté, avec des zones verte, orange et rouge[15].

- Dans la zone verte, vous vous portez bien : ce n'est pas une raison pour modifier de votre propre chef le traitement sans avoir consulté le médecin. Les patients qui font de l'asthme d'effort prennent leur traitement préventif.
- Dans la zone orange, il faut vous tenir prêt :

— Soit à modifier le traitement selon un schéma prévu avec votre médecin pour répondre aux situations de crise passagère.

— Soit à consulter rapidement votre médecin si votre état se détériore progressivement car il faut alors envisager une modification du traitement de fond.

- Dans la zone rouge, il faut demander une consultation urgente et prendre des ß2-mimétiques en attendant l'arrivée du médecin. Des corticoïdes par voie orale sont également indiqués (voir avec le médecin).

Zone définie	Symptômes et surveillance par le patient de sa fonction respiratoire
Zone verte « Confiance »	Symptômes de l'asthme minimes ou inexistants. Sommeil et activité physique non perturbés. DEP supérieur à 80 % de la valeur normale et peu variable (moins de 20 %).
Zone orange « Vigilance »	Survenue de symptômes : toux, sifflement, dyspnée. Sommeil et/ou activité perturbés. DEP situé entre 60 % et 80 % de la normale avec variabilité de 20 % à 30 %.
Zone rouge « Alerte »	Symptômes qui gênent l'activité quotidienne et persistent au repos : respiration pénible et accélérée, avec essoufflement aggravé en marchant, en parlant. DEP inférieur à 60 % de sa valeur attendue.

15. Ce schéma et le système à trois zones sont faits à partir d'un schéma issu des recommandations et références médicales sur l'asthme (ANDEM, 1996), et du modèle de plan de guidance de l'asthme par le patient (*Traitement de l'asthme et sa prévention*, Groupe de travail National Institute of Health, OMS, 1998).

➤ La place des médecines de « terrain »

Ces thérapeutiques sont très utilisées par les patients dans la maladie asthmatique. L'opinion des médecins est, elle, très variable. L'un de nous se souvient d'un de ses professeurs de pneumologie, humaniste à l'esprit ouvert, qui signalait pendant les cours officiels l'intérêt de l'homéopathie, de l'acupuncture et du yoga pour de nombreux malades asthmatiques. Mais les internes et chefs de clinique de son service n'étaient pas du même avis. Et lors de la préparation de l'internat, il était plus que préférable d'éviter un tel sujet.

Qu'il s'agisse des consensus des Instituts nationaux de la santé (États-Unis) et de l'OMS, ou de l'avis de spécialistes français [16], le même point de vue est émis : ces traitements sont largement utilisés sans que les preuves scientifiques de leur efficacité soient établies. Les auteurs recommandent de ne pas suspendre le traitement classique lorsqu'on essaie ces traitements.

Le suivi des patients par les praticiens homéopathes ou acupuncteurs et notre expérience nous conduisent à penser que ces traitements permettent de diminuer la sévérité de la maladie et ainsi de réduire les traitements classiques, en limitant ainsi leurs éventuels effets secondaires. Cette action ne porte pas sur la seule amélioration des symptômes, mais aussi sur l'amélioration de la fonction respiratoire suivie objectivement. Ces traitements sont difficiles et ne se limitent pas à des recettes dont il faut d'ailleurs se méfier. Ce sont par définition des traitements individualisés adaptés au « terrain » du patient et qui demandent de la patience, tant de sa part que de celle du médecin.

À notre avis, ces traitements non conventionnels doivent s'intégrer dans la stratégie thérapeutique générale de l'asthme, dont les buts sont d'améliorer la qualité de vie quotidienne (respirer mieux et plus librement), mais aussi d'éviter l'inflammation chronique et les risques de gravité, ceci avec le moins d'effets secondaires possibles. C'est ce point de vue, celui de l'intégration de l'ensemble des thérapeutiques, classiques et de « terrain » ou conventionnelles et non conventionnelles, que les deux auteurs de ce livre exposeront ici, de façon plus détaillée pages 331 à 413, pour l'asthme ainsi que pour les autres pathologies allergiques, ceci sous une double approche :

— L'utilisation pratique de ces différents traitements non conventionnels.

— Les questions relatives à leur évaluation et à leur insertion dans le système de santé.

---

16. Godard P. et coll., *Asthmologie*, p. 264, Masson, 2000.

Les maladies allergiques cutanées

■

Chacun d'entre nous est confronté, à un moment de son existence, à une maladie cutanée. Si le plus souvent, il s'agit de maladies épisodiques ou accidentelles, d'autres pathologies cutanées accompagnent les sujets atteints pendant une partie de leur vie. Souvent ces maladies ont une composante allergique ou immunologique. Certaines sont très courantes et très connues telles l'eczéma et l'urticaire. D'autres, plus rares, peuvent être graves telles certaines toxidermies, affections cutanées dues à des médicaments, qui peuvent provoquer des décollements cutanés étendus.

Pour mieux comprendre quel est, dans l'évolution de ces maladies, le rôle des mécanismes immunologiques, de l'atopie, des facteurs d'environnement, un bref survol de l'organisation de la peau est nécessaire[1].

La peau : une barrière protectrice

➤ La structure de la peau

La peau est composée de deux couches principales, l'épiderme et le derme, séparés par une membrane, la jonction dermo-épidermique. Sous le derme se trouve l'hypoderme, composé principalement de graisses et de vaisseaux.

L'épiderme : une barrière protectrice

L'épiderme est une couche mince dont l'épaisseur, comparable à celle d'une feuille de papier est variable : très fine sur les paupières (0,04 mm) et sur les seins, elle est plus épaisse sur la paume des mains (1,5 mm environ). L'épiderme est constitué d'une couche cornée et de trois zones contenant des cellules.

---

1. Nous décrirons ici essentiellement les structures et les fonctions de la peau liées au système immunitaire et à l'allergie. Pour l'ensemble des fonctions cutanées et pour les indications précises liées à l'hygiène de la peau, le lecteur pourra consulter *Le Guide santé et beauté de la peau* des docteurs Marie-Laure Fléchet et Pierre André (Éditions Odile Jacob), en particulier la première partie « La peau, un organe de communication avec le monde ».

Une barrière résistante : la couche cornée

Elle est constituée de cellules remplies de kératine, les kératinocytes, qui structurent l'épiderme. La kératine est formée de protéines insolubles, très résistantes aux agressions de nature physique et chimique. Les kératinocytes sont encastrés dans des lipides comme des briques dans du ciment : la couche cornée, résistante et peu perméable, nous protège des agressions mécaniques, physiques (soleil) et des micro-organismes. En plus de cette protection cellulaire, la peau est aussi protégée par un film hydro-lipidique (sébum, eau) et par son ph acide.

Des cellules très actives

Les zones sous-jacentes sont constituées de plusieurs types cellulaires :

— Des kératinocytes vivants et actifs qui fabriquent de la kératine et l'amènent à la couche cornée ; ils sécrètent aussi des molécules qui interviennent dans la cicatrisation et la réparation de la peau. Quand ils sont agressés, ils produisent des molécules de communication activant le système immunitaire. Les kératinocytes traversent l'épiderme en un mois. La desquamation qui se produit (*food for mites* (acariens) en anglais) est normalement en équilibre avec la maturation cellulaire ; l'épiderme garde ainsi une épaisseur et un aspect intacts.

— Des cellules qui prennent en charge les antigènes, les cellules de Langerhans. Elles forment la première ligne de défense immunologique de la peau, ceci en raison de l'absence de vaisseaux sanguins dans l'épiderme. Constituant 1 à 4 % des cellules de l'épiderme, elles assurent la présentation de l'antigène aux lymphocytes. Les cellules de Langerhans jouent ainsi un rôle important dans l'allergie de contact et dans l'eczéma atopique.

— Des mélanocytes qui sécrètent la mélanine, pigment responsable de la couleur de notre peau et de nos yeux. Ce pigment protecteur est fabriqué en réponse à l'action des ultraviolets, et transporté vers les kératinocytes. Les mélanocytes représentent environ 10 % des cellules de la couche cornée de l'épiderme. Leur répartition varie selon les endroits du corps : ils sont ainsi abondants sur le visage. Leur fonction peut être altérée par des maladies de l'épiderme, conduisant à une dépigmentation.

Le derme

Le derme est un tissu conjonctif essentiellement composé de collagène. Il contient également des cellules, des vaisseaux, des annexes (glandes et poils), des muscles et des nerfs. L'ensemble de ces éléments baigne dans une substance fondamentale constituée d'eau, d'ions et de molécules (protéines et mucopolysaccharides) qui participent à l'hydratation cutanée, et à sa cicatrisation. Le derme est beaucoup plus épais que l'épiderme, dix à quarante fois selon les endroits. Sa couche supérieure, couche papillaire, richement vascularisée, joue un rôle dans la régulation thermique de la peau et dans l'inflammation. La zone inférieure, réticulaire, est plus épaisse.

Les cellules du derme

Le derme contient des fibroblastes, cellules essentielles, car elles assurent la fabrication du collagène et des fibres élastiques. Le collagène représente 70 à 90 % du poids sec du derme et fait partie de la charpente de la peau, alors que les fibres élastiques (2 à 3 % du poids sec du derme) en assurent l'élasticité.

Les cellules immunitaires sont également présentes : il s'agit de lymphocytes, de cellules dendritiques chargées de capter les antigènes, de mastocytes situés près des vaisseaux, et de polynucléaires.

Le derme contient également des cellules de Merkel, sensibles au toucher et à l'action de neuromédiateurs.

Les autres constituants du derme

Outre la substance fondamentale qui renferme les éléments nutritifs, le derme contient :

— Des vaisseaux qui véhiculent de nombreuses cellules, éléments nutritifs et molécules de communication.

— Des glandes cutanées impliquées dans la sudation, la transmission de l'odeur (aisselles, région génitale) ; les glandes sébacées contribuent à la fabrication du film hydrolipidique, protecteur de la peau.

— Des cheveux et des poils, et des muscles annexés aux poils qui assurent leur contraction (« chair de poule »).

— Des éléments du système nerveux sensitif qui perçoivent l'environnement extérieur, ceci grâce à des récepteurs cutanés localisés dans le derme superficiel : ils provoquent par exemple les démangeaisons de l'urticaire.

— Des fibres du système nerveux autonome : le système sympathique, avec l'adrénaline, assure la contraction des muscles lisses des vaisseaux et des muscles des poils. Le système parasympathique contrôle la sudation.

En dessous du derme se trouve l'hypoderme qui contient les cellules graisseuses, regroupées en lobules et dont le développement dépend de facteurs alimentaires et hormonaux.

➤ Les fonctions immunologiques de la peau

Ces fonctions sont assurées par des cellules et des molécules qui interviennent dans l'inflammation allergique et dans la régulation nerveuse des réactions cutanées.

Un vrai réseau immunitaire

Il existe un véritable tissu lymphoïde associé à la peau regroupant les cellules de Langerhans, les kératinocytes et les lymphocytes qui ont gardé un tropisme cutané :

■ **Les cellules de Langerhans** : localisées dans l'épiderme, elles se lient à des composés de petit poids moléculaire et présentent les allergènes impliqués dans les dermites de contact. Elles jouent aussi un rôle, par leurs IgE de surface, dans l'eczéma atopique et dans les allergies cutanées liées à l'IgE. Ces cellules migrent vers les ganglions lymphoïdes et ont un rôle dans la surveillance immunitaire.

■ **Les kératinocytes** : longtemps considérées comme étant le squelette de l'épiderme, elles jouent aussi un rôle dans les maladies allergiques. Par des molécules de communication telle l'interleukine 1, elles activent les cellules de Langerhans et stimulent les fibroblastes et les macrophages.

■ **Les lymphocytes** CD4 jouent un rôle central dans la réponse immune cutanée, avec les deux types cellulaires Th1, impliqués dans les eczémas de contact, et Th2 qui interviennent dans l'eczéma atopique.

■ **Les mastocytes** : ces cellules caractéristiques de l'hypersensibilité immédiate sont localisées dans le derme superficiel, près des vaisseaux. Ceci leur permet de réagir aux allergènes diffusant à travers l'épiderme et à ceux qui arrivent par voie sanguine. Ils libèrent les médiateurs de l'hypersensibilité immédiate qui participent à la réaction cutanée allergique avec les neuromédiateurs issus des fibres nerveuses.

Les médiateurs

Les médiateurs classiques de l'allergie

L'histamine agit sur des récepteurs spécifiques de type H1 ou H2. Son injection dans la peau provoque de l'œdème, de l'inflammation, des démangeaisons. Ces phénomènes sont bloqués par l'action synergique de médicaments anti-H1 et anti-H2. Les cytokines agissent sur la prolifération, l'activation et la sécrétion des cellules. Les prostaglandines et les leucotriènes, dérivés de l'acide arachidonique, agissent rapidement dans l'inflammation.

Peau et neuromédiateurs

De nombreux neuromédiateurs cutanés sont impliqués dans les dermatoses : « avoir les nerfs à fleur de peau » est une expression qui reflète réellement la sensibilité de certains patients à leur action. Ils sont produits par les fibres nerveuses et par les cellules immunitaires de la peau. Ces mêmes cellules, ainsi que les autres cellules de la peau, ont des récepteurs à ces neuromédiateurs, ce qui constitue un véritable système d'information en réseau.

Ils interviennent dans l'inflammation cutanée dite « neurogène », dans les démangeaisons, dans l'eczéma atopique, dans des urticaires allergiques et « cholinergiques ». Leur concentration est très variable selon les individus et les maladies. La recherche d'antagonistes de ces substances est actuellement très active.

PRINCIPAUX NEUROMÉDIATEURS ACTIFS DANS LES MALADIES ALLERGIQUES CUTANÉES

Neuromédiateurs	Activité dans les symptômes et les maladies allergiques
Neuropeptides : Substance P et neurokinines.	Urticaire allergique et démangeaisons.
Neurohormone : Melano-stimulating hormone.	Effet bénéfique dans la dermatite atopique.
Catécholamines, enképhalines, endorphines.	Régulations neuro-hormonales.
Acétylcholine.	Urticaire.

Des symptômes simples aux maladies complexes

➤ Un diagnostic nécessaire

Les affections cutanées s'expriment par des symptômes souvent visibles (éruptions) ou gênants (démangeaisons ou « prurit » parfois intolérable). Selon la nature de ces lésions, leur mécanisme de déclenchement, leur évolution, un diagnostic est posé par le médecin. Cela est important car la même éruption d'eczéma ou d'urticaire peut correspondre à un incident sans lendemain ou à une pathologie chronique et/ou dangereuse : ceci est le cas de dermatoses d'origine médicamenteuse ou d'urticaires qui peuvent précéder un choc anaphylactique. Toute lésion cutanée durable ou récidivante devrait être vue par un médecin. Souvent un diagnostic allergologique sera nécessaire, ne serait-ce que pour des mesures d'éviction et d'hygiène.

LEXIQUE DE LÉSIONS SIMPLES EN DERMATOLOGIE

Érythème : rougeur cutanée traduisant la congestion vasculaire et signant l'inflammation.
Lésion érythémato-squameuse : tache rouge recouverte par des squames.
Macule : tache rouge sans élévation ni dépression de la surface cutanée.
Papule : il y a dans ce cas une petite élévation de la peau sans présence de liquide.
Vésicule : soulèvement de l'épiderme, limité à de petites surfaces, et contenant une sérosité claire.
Bulle : décollement plus important de l'épiderme que dans la vésicule.
Angio-œdème : œdème des parties profondes du derme et du tissu sous-cutané.
Purpura : éruption de taches rouges dues à des petites hémorragies cutanées.
Atrophie cutanée : la peau est amincie avec perte de son élasticité.
Érosion : perte de substance superficielle de l'épiderme ; elle ne laisse pas de cicatrice.
Ulcération : perte de substance du derme moyen et profond : elle laisse des cicatrices.
Ulcère : ulcération chronique sans guérison spontanée.
Gangrène : destruction du tissu cutané ou du tissu voisin par perte d'irrigation vasculaire.

➤ Les principales maladies cutanées d'origine allergique

Il est utile de classer les dermatoses allergiques selon leur mécanisme principal, car cela a des conséquences sur leur évolution et leur traitement. Souvent, plusieurs mécanismes sont impliqués, ce qui est le cas de l'eczéma atopique.

CLASSIFICATION DES DERMATOSES ALLERGIQUES SELON LEUR MÉCANISME

Réactions immunologiques	Maladies allergiques de la peau
Réactions d'hypersensibilité immédiate.	Urticaire allergique, angio-œdème ; urticaire de contact. Eczéma atopique.
Réactions d'hypersensibilité à médiation cellulaire.	Eczéma de contact allergique. Phase tardive de l'eczéma atopique. Photodermatoses allergiques. Nombreuses réactions cutanées médicamenteuses.
Réactions cytotoxiques.	Purpura allergique lié aux médicaments.
Réactions à immun complexes.	Vascularites allergiques. Réactions urticariennes de la maladie sérique.
Autres réactions.	Réactions inflammatoires (par exemple au collagène). Certaines réactions auto-immunes.

Nous accorderons ici une place importante aux maladies les plus courantes, qui de plus, peuvent également bénéficier des thérapeutiques de terrain. Ces grandes dermatoses allergiques sont :

— L'urticaire et l'œdème de Quincke.

— L'eczéma atopique.

— Les eczémas de contact.

D'autres affections de nature allergique seront aussi abordées car elles sont liées à des éléments de la vie courante. L'un est naturel, c'est le rayonnement solaire responsable de photodermatoses ; l'autre devrait peut-être l'être un peu moins : c'est la prise de médicaments, cause de nombreuses « toxidermies » nécessitant parfois des soins d'urgences.

La structure de la peau

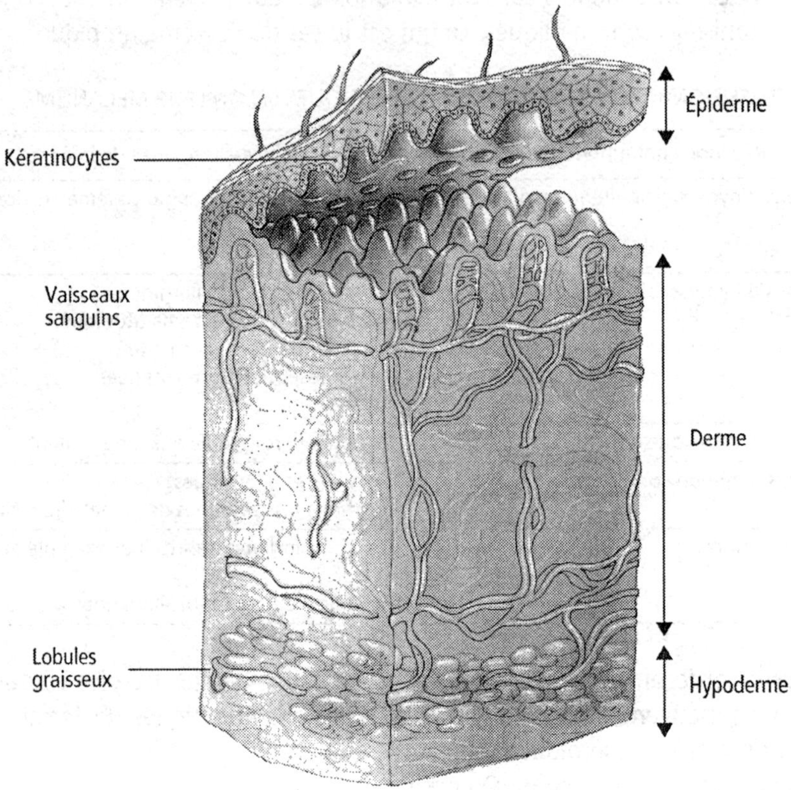

Épiderme : avec une zone supérieure kératinisée (cellules mortes) et une zone inférieure riche en cellules : kératinocytes vivants, cellules de Langerhans, mélanocytes fabriquant la mélanine.

Derme : il comporte un tissu conjonctif richement vascularisé, surtout dans sa partie supérieure, avec de nombreuses cellules : fibroblastes fabriquant le collagène et cellules de l'immunité : lymphocytes, mastocytes. L'innervation du derme joue un rôle essentiel dans l'évolution des symptômes des maladies allergiques cutanées.

Extrait du guide *Santé et beauté de la peau*, Odile Jacob, 1997.

Les urticaires

➤ Une maladie très répandue

L'urticaire est un syndrome très fréquent puisqu'elle atteint le quart de la population au moins une fois au cours de sa vie. S'il est bénin lorsqu'il est épisodique ou accidentel, ce syndrome, dans sa forme aiguë, peut être grave quand il correspond à une manifestation anaphylactique aiguë avec œdème de Quincke ou lorsqu'il est, dans sa forme chronique, le signe d'une maladie plus sérieuse. Derrière cette éruption qui gratte, bouge et se modifie vite, se cache un groupe très hétérogène de maladies dont les mécanismes allergiques sont variés et dont le diagnostic de la cause demande une recherche rigoureuse, souvent difficile, parfois infructueuse.

L'urticaire se manifeste comme une éruption cutanée de couleur rouge ou rosée, avec un gonflement, au centre parfois pâle ; ces lésions sont de taille variable, allant de la tête d'épingle jusqu'à des plaques de plusieurs centimètres de diamètre. Deux phénomènes sont caractéristiques :

— Les démangeaisons souvent intenses qui accompagnent les lésions.

— Le caractère fugace et mobile des lésions qui durent peu de temps au même endroit (moins de vingt-quatre heures), et changent de place. Elles peuvent concerner tout le corps.

Par rapport à cette atteinte superficielle du derme, l'angio-œdème est dû à des lésions plus profondes qui atteignent le derme profond et le tissu sous-cutané, avec fuite des liquides du sang hors des vaisseaux, sans fuite des cellules. Lorsque l'angio-œdème atteint les endroits du visage où la peau est fine (paupières, lèvres, joues) ou l'intérieur de la bouche, il s'agit d'un œdème de Quincke qui devient grave s'il concerne le larynx car il gène alors la respiration.

On distingue trois grandes variétés d'urticaire selon leur évolution dans le temps :

■ **Urticaires aiguës** qui se résorbent en quelques jours, et cessent spontanément ou sous l'effet du traitement : elles touchent 15 à 20 % de la population. Les principales causes sont les médicaments, les aliments et conservateurs, les infections virales, les facteurs physiques, les piqûres d'hyménoptères.

■ **Urticaires chroniques**, qui se caractérisent par une succession quasi quotidienne des lésions pendant plus de six semaines. Elles touchent 25 % de la population : aliments, additifs et médicaments sont les principales causes identifiables.

■ **Urticaires récidivantes**.

➤ Un gonflement des tissus cutanés et sous-cutanés

L'urticaire est l'expression visible d'un œdème de la peau (derme) qui s'étend dans des cas plus graves (angio-œdèmes) aux couches profondes de la peau. Le derme est envahi par des cellules inflammatoires, situées autour des vaisseaux : lymphocytes, polynucléaires neutrophiles et éosinophiles.

Cela est provoqué par l'action de médiateurs libérés dans le derme par les mastocytes cutanés. Il s'agit essentiellement de l'histamine, mais d'autres médiateurs libérés au niveau des terminaisons nerveuses interviennent souvent, ceci en fonction des causes de l'urticaire qui sont nombreuses.

Le rôle de l'histamine

L'histamine est responsable de nombreuses urticaires, correspondant à des mécanismes allergiques vrais (réaction IgE-dépendante due à des aliments, des médicaments ou des venins) ou faux. L'histamine provient alors soit d'un apport extérieur, le plus souvent alimentaire, soit d'une activation directe et non allergique des mastocytes cutanés par :

— Des médicaments : amphétamines, morphine, codéine, antibiotiques, quinine.

— Des aliments qui libèrent l'histamine : blanc d'œuf, fraises.

— Des facteurs infectieux qui activent le complément (antigènes bactériens, endotoxines, bactéries gram).

— Des médiateurs du système nerveux telle la substance P libérée par les fibres nerveuses cutanées.

Les autres médiateurs

Le plus fréquemment impliqué est l'acétylcholine, médiateur biochimique du système nerveux parasympathique libéré par les fibres nerveuses. Il est responsable d'urticaires cholinergiques. D'autres médiateurs qui sont pro-inflammatoires (prostaglandines, leucotriènes) ou ont une action vasodilatatrice interviennent dans l'urticaire.

➤ Comment se manifeste cliniquement l'urticaire ?

La peau est rouge, gonflée et démange

Classiquement, les plaques rouges et gonflées sont palpables, de taille variable, bien délimitées ; mobiles et fugaces, elles ont une durée de vie courte et subsistent moins de vingt-quatre heures au même endroit. L'œdème est variable, marqué aux zones où la peau est fine (paupières, lèvres, organes génitaux). Les démangeaisons sont importantes et constantes.

Œdème de Quincke et autres variétés d'urticaires

À côté de cette forme simple et peu inquiétante d'urticaire, existent des formes plus graves :

— L'urticaire profonde (angio-œdème) avec un gonflement très marqué, une rougeur très réduite. Il s'agit d'œdème de Quincke si la localisation est faciale ; elle siège préférentiellement aux zones à tissu lâche (face, paupières, lèvres, régions génitales), aux extrémités et aux zones de pression. L'angio-œdème peut être isolé ou associé à l'urticaire. Dans ce cas, la lésion est moins fugace : l'œdème est marqué et sa régression demande trois à quatre jours. Il y a une sensation de tension cutanée et parfois de douleur plus que de démangeaison. La gravité tient à l'atteinte possible de la muqueuse du pharynx et du larynx. Si la glotte est atteinte, il y a possibilité de dyspnée laryngée et d'asphyxie. Il s'agit là d'une urgence vitale qui demande un traitement urgent par l'adrénaline.

— L'urticaire de forme bulleuse ou de forme hémorragique (caractère très aigu). Ces variétés d'urticaire sont dues à un œdème majeur du derme ; elles sont fréquentes dans les urticaires de contact. En cas de forme hémorragique, l'urticaire peut laisser des traces pigmentées.

L'urticaire figurée, d'aspect arrondi, a une cause médicamenteuse fréquente.

Des signes variés peuvent être associés : fièvre lors d'une poussée importante, douleurs articulaires dues à l'œdème articulaire, douleurs abdominales, sensation de malaise.

➤ Comment est fait le diagnostic ?

Le diagnostic de l'urticaire peut être simple dans des formes aiguës où la cause de survenue de crises isolées est évidente et souvent fournie spontanément par le malade.

Mais dans certaines formes aiguës et surtout dans les formes chroniques ou récidivantes, les causes sont souvent plus complexes et nécessitent un bilan approfondi avec :

— Un interrogatoire complet et systématique : prise de médicaments récente ; habitudes alimentaires, infection récente ; exposition à de facteurs physiques (chaud, froid, pression).

— Un examen de la peau et des autres organes concernés par l'allergie ou pouvant être le siège d'une cause non allergique de l'urticaire.

— Un bilan biologique et des explorations immunologiques spécialisées (tests cutanés) peuvent être demandés.

— Des radios des poumons, des sinus, des dents sont parfois nécessaires pour rechercher un foyer infectieux.

➤ Quelles sont les causes ?

Elles sont très variées, ce qui explique le caractère difficile de l'enquête. Lorsque vous avez une crise d'urticaire depuis cinq jours, vous pouvez avoir dans le même temps consommé des crustacés ou des fruits exotiques que vous ne prenez pas d'habitude, avoir pris un anti-inflammatoire pour un traumatisme articulaire survenu en faisant du sport, vous être promené dans les champs ou avoir fait des plantations, et même avoir eu quelque conflit avec un petit chef autoritaire. Même si l'on attribue à l'urticaire des causes souvent psychologiques, il faut se méfier de ce diagnostic de facilité et toujours éliminer d'autres causes. C'est ce que fera votre médecin pour qui la recherche des causes d'une urticaire chronique est souvent un casse-tête, tant les causes possibles sont nombreuses. À l'origine des urticaires aiguës, se trouvent le plus souvent une allergie alimentaire ou médicamenteuse, le contact avec une substance urticante ou des facteurs de stress. Les facteurs physiques, des facteurs allergiques d'origine alimentaire, mais aussi des maladies générales infectieuses, sont le plus souvent à l'origine des urticaires chroniques.

Les urticaires physiques

Elles sont nombreuses et correspondent à environ 20 % des urticaires chroniques. Les plus courantes sont :

- **L'urticaire cholinergique**, fréquente (5 à 7 % des urticaires chroniques) qui se manifeste par des petites papules surélevées, prédominant sur la partie supérieure du corps. Elle peut être provoquée par l'effort, la chaleur, les émotions, la transpiration, et régresse quinze minutes après l'arrêt. Parfois, l'urticaire est accompagnée de maux de tête, de vomissements, de douleurs abdominales. Cette variété d'urticaire survient surtout chez des sujets jeunes, dure plusieurs mois à plusieurs années, puis disparaît. Le médiateur principal est l'acétylcholine, libéré par les terminaisons nerveuses qui innervent les glandes sudoripares, mais l'histamine intervient aussi.
- **Le dermographisme vrai** ou **urticaire factice** : il s'agit d'une hypersensibilité cutanée révélée par le frottement. Il atteint 5 % de la population pour les formes peu gênantes. Il peut être plus étendu, concerner les zones de frottement spontané (plis fessiers, face interne des cuisses) et s'accompagner de démangeaisons intenses. Il peut alors être dû à une parasitose.
- **L'urticaire retardée à la pression** : il s'agit d'une atteinte plus profonde et retardée (quatre à dix heures après la pression) avec sensation de douleur et de brûlure, touchant la plante des pieds (marche), les fesses (station assise), les mains (tenue d'un outil) ou l'épaule (port d'un sac).
- **L'urticaire vibratoire**, qui survient cinq minutes après un stimulus vibratoire, par exemple dû à un marteau piqueur.
- **L'urticaire au froid** : elle peut être provoquée par le contact du froid, ce qui est fréquent et représente 1 à 2 % des urticaires chroniques. Il faut éviter, chez les sujets atteints, la prise d'aliments ou de boissons glacés. Dans d'autres cas, elle est consécutive à un refroidissement généralisé. Cette urticaire de réflexe généralisé au froid débute sur les zones exposées au froid, puis s'étend au reste du corps. Le patient doit en être informé car il court un danger d'hydrocution en se baignant dans de l'eau froide.
- **L'urticaire de contact au chaud** : de survenue exceptionnelle, due à une augmentation de la température locale, les lésions apparaissent cinq minutes après le contact avec un objet chaud.

■ **L'urticaire due à l'eau** : elle survient lors du contact avec l'eau, indépendamment de sa température.

■ **L'urticaire solaire** : très rare, elle se traduit par des lésions des parties découvertes survenant dans les cinq minutes suivant l'exposition au soleil. Les lésions disparaissent quelques heures après la mise à l'ombre. Le soleil provoque d'autres réactions cutanées beaucoup plus fréquentes telle la lucite estivale bénigne.

Urticaires de cause allergique ou pseudo-allergique

Ce sont les urticaires déclenchées par les aliments, les médicaments, mais aussi par les venins d'hyménoptères.

Les urticaires alimentaires

Les aliments sont fréquemment impliqués dans les urticaires aiguës, mais aussi dans les urticaires chroniques. En cas d'urticaire aiguë, il y a un délai très court entre la prise de l'aliment et la survenue des manifestations qui sont souvent orales au début : démangeaisons de la gorge, œdème des lèvres. Pour les urticaires chroniques, les délais sont plus longs : les manifestations surviennent dans les quatre heures suivant les repas, ce rythme étant alors évocateur.

L'allergie alimentaire vraie est rare dans les urticaires chroniques (4 %). Elle est favorisée par le terrain atopique, la consommation excessive d'un type d'aliment, l'irritation de la muqueuse intestinale. Les aliments les plus impliqués sont chez l'enfant l'arachide, les œufs, le lait, le poisson et chez l'adulte, les crustacés, les fruits et légumes.

Les fausses allergies alimentaires, plus fréquentes, représenteraient 25 % des causes d'urticaires chroniques. Elles sont favorisées par des déséquilibres alimentaires, l'irritation de la muqueuse intestinale par des médicaments, de l'alcool, ou des épices, et par l'absorption d'additifs qui augmentent la perméabilité intestinale.

Mécanismes de la fausse allergie alimentaire	**Aliments responsables**
Aliments provoquant une libération non spécifique d'histamine. Aliments riches en histamine. Aliments riches en tyramine	Fraises, chocolat, œuf, poissons. Tomates, épinards, aliments fermentés. Vin blanc, gibier, chocolat.
Principaux additifs et conservateurs	**Principaux aliments les contenant**
Méta bisulfite et sulfites (E 220 à 227) : ils agissent par un mécanisme toxique, mais aussi allergique. Nitrites (E 250) : augmentent la libération d'histamine. Antioxydants : BHA (E 320) ; BHT (E 321). Acide sorbique et sorbates (E 200 à 203). Acide benzoïque (E 210) ; benzoate de sodium (E 211). Colorants : Tartrazine (E 102), Érythrosine (E 127). Glutamate de sodium.	Boissons alcoolisées : bière, cidre, vins blancs ; fruits et poissons secs ; etc. Viandes salées et fumées. Corps gras, céréales, gâteaux secs. Yaourts aux fruits. Boissons, conserves. Nombreux aliments colorés inutilement. Syndrome du restaurant chinois.

Le diagnostic est fait par une enquête systématique, avec souvent un questionnaire détaillé sur votre alimentation.

En cas d'urticaire chronique, il y a souvent excès d'aliments riches en histamine (ou favorisant sa libération), de féculents et de café. Des tests peuvent être utilisés par le médecin généraliste et l'allergologue.

Il existe des cas complexes où l'effet des allergènes alimentaires est amplifié par des facteurs qui augmentent la perméabilité intestinale : médicaments, infections ou efforts physiques. Cela se voit chez les sportifs de haut niveau ou de niveau plus modeste qui consomment souvent des céréales avant l'effort et font ensuite des réactions d'urticaire ou parfois des réactions anaphylactiques plus graves. Des réactions croisées avec les pollens de graminées sont fréquentes en cas d'allergie alimentaire aux céréales (voir p. 272).

Urticaires dues à des médicaments (voir p. 226)

Les mécanismes sont parfois immunologiques : c'est le cas avec la pénicilline et des anesthésiques généraux. Ils sont souvent pharmacologiques, dus à des médicaments histamino-libérateurs ou à des réactions d'intolérance. L'aspirine, les anti-inflammatoires non stéroïdiens, les opiacés, les barbituriques, certains antibiotiques peuvent être en cause.

Urticaires dues aux venins d'hyménoptères (voir p. 316)

Urticaires dues aux pneumallergènes

Poussières de maison, pollens, phanères d'animaux peuvent être responsables d'urticaire. Il y a alors un terrain atopique, un asthme ou une rhinite associés, des tests cutanés positifs à ces allergènes.

Urticaires de contact

Il s'agit d'une réaction allergique ou pseudo-allergique au contact de substances variées. L'urticaire peut être localisée au point de contact ou généralisée, avec rarement des manifestations anaphylactiques. Les urticaires de contact peuvent apparaître dans des circonstances professionnelles ou de la vie courante, très variées. Elles peuvent être dues à des mécanismes immunologiques ou non immunologiques (le plus fréquemment).

Mécanismes immunologiques	Mécanismes non immunologiques
— An[illegible]aux : poils, salive. [illegible]ts : viande, poisson, fromages, légumes, fruits. [illegible] laine, soie. [illegible] et plantes : latex, algues, lierre, armoise. [illegible]miques : matières plastiques, pesticides, [illegible]ants, conservateurs. [illegible]aume du Pérou. [illegible]tibiotiques.	— Animaux marins. — Insectes : chenilles processionnaires. — Végétaux : orties. — Essences aromatiques. — Médicaments. — Produits chimiques, conservateurs.

Autres causes d'urticaires

Urticaires liées à des maladies infectieuses

Lorsque les urticaires sont provoquées par des causes infectieuses, des signes d'infection sont souvent associés : fièvre, douleurs articulaires. Elles peuvent être dues à des :

- **Maladies virales** : hépatite, en particulier hépatite B, mononucléose infectieuse, rougeole, virus du sida.
- **Infections bactériennes** : brucellose, foyers infectieux.
- **Parasitoses intestinales** : oxyures, ascaris, ténia, douve, amibe.
- **Mycoses** : candidoses, dermatomycose.

Urticaires liées à d'autres maladies générales

Il s'agit de maladies de système, de mécanismes auto-immun ou d'atteinte des cellules du sang. L'urticaire sert alors de révélateur à ces maladies. Il s'agit souvent d'une forme particulière d'urticaire caractérisée par des plaques fixes qui sont douloureuses et qui démangent peu ou pas du tout. Il y a des signes généraux (fièvre, douleurs articulaires et musculaires), et des signes viscéraux (reins,...). Les maladies révélées par ces formes d'urticaire chronique nécessitent souvent un diagnostic hospitalier : il peut s'agir de vascularites urticariennes, de maladies de système (lupus), de maladies du sang, de maladies thyroïdiennes souvent d'origine auto-immune.

Signalons aussi une urticaire de cause génétique : l'œdème angioneurotique héréditaire. C'est une maladie familiale rare (moins de cent familles en France). En rapport avec une anomalie génétique du système du complément, elle se traduit par des gonflements de la peau dans la petite enfance qui s'aggravent à l'adolescence avec des œdèmes du tube digestif (douleurs abdominales) et du larynx, ce qui fait le danger de cette maladie. Son traitement fait appel à des perfusions de l'inhibiteur de la C1 estérase pour les crises et à des traitements préventifs (hormonaux).

Causes psychogènes

Selon certains, il y aurait un profil particulier des patients ayant une urticaire chronique, mais cela n'est pas démontré. Par contre, il existe une urticaire de mécanisme adrénergique due au stress, avec des papules blanches par constriction des vaisseaux. Elle est améliorée par les bêtabloquants qui aggravent habituellement l'urticaire chronique.

Urticaires idiopathiques

Il s'agit des urticaires dont les causes et les mécanismes ne sont pas identifiés. Cela correspond à la majorité des urticaires, ce qui explique parfois la perplexité des médecins devant ce syndrome souvent bénin, mais tenace et ennuyeux.

Récemment des mécanismes immunologiques ont été identifiés dans certaines urticaires idiopathiques. Mais cela reste rare, et souvent le traitement sera symptomatique.

➤ Quel traitement utiliser ?

Il faut d'abord éliminer si possible la cause de l'urticaire, ce qui suppose de l'avoir identifiée. C'est souvent le cas dans l'urticaire aiguë, plus rarement dans l'urticaire chronique. Des conseils diététiques ayant pour but de diminuer la consommation des aliments, d'additifs ou de médicaments responsables de fausse allergie sont alors très utiles.

Le traitement local de l'urticaire est inefficace.

Le traitement général n'est pas facile. Il repose surtout sur des médicaments antiallergiques : les antihistaminiques H1 (Atarax®, Teldane®, Zirtec®). Ils sont utilisés à doses fortes en traitement d'attaque pour l'urticaire aiguë. Pour l'urticaire chronique, le traitement est prolongé plusieurs mois et réduit progressivement si les symptômes s'améliorent. Le cromoglycate disodique (Nalcron®) peut être utilisé dans les urticaires dues à des allergies alimentaires, par voie orale pour inhiber la dégranulation des mastocytes digestifs.

Les corticoïdes ne sont indiqués que dans l'œdème de Quincke isolé et dans les manifestations anaphylactiques sévères. Les anti-inflammatoires non stéroïdiens sont indiqués dans l'urticaire retardée à la pression.

Les médicaments à visée neurologique ne sont utilisés que dans certains cas. Les bêtabloquants sont prescrits dans les urticaires adrénergiques de stress. Mais ils aggravent la majorité des urticaires chroniques et sont dangereux en cas d'allergie vraie.

Aussi, l'urticaire constitue un motif de consultation fréquent des médecins homéopathes et acupuncteurs. L'efficacité de l'homéopathie en particulier semble intéressante en pratique courante. Mais toutes les urticaires chroniques persistants depuis longtemps ne seront pas obligatoirement immédiatement améliorées. L'hygiène alimentaire, la diminution des facteurs de stress jouent aussi un rôle important dans ces urticaires chroniques.

Les eczémas

Ils constituent la plus fréquente des dermatoses inflammatoires. Le terme eczéma, d'origine grecque, signifie : « sortir ». Il recouvrait au départ toutes les éruptions cutanées.

Quels sont les signes de l'eczéma ?

L'eczéma peut se traduire de façon très variée, selon qu'il est aigu ou chronique, mais les lésions ont des caractéristiques communes : sur un fond rouge, parfois gonflé, se développent des papules et des vésicules, dissémi-

nées en nappe ou confluentes en placards. Ces vésicules vont *suinter*, soit spontanément, soit sous l'influence du grattage dû aux démangeaisons. Ceci sera suivi de la formation d'une croûte qui se détachera et d'une phase de *desquamation* qui correspond à la phase de réparation. Si les poussées d'eczéma se répètent, il y aura une *lichénification* (épaississement) et une *atrophie* de la peau.
Toutes ces lésions sont dues au départ à une réaction inflammatoire de la peau, avec œdème, dilatation des vaisseaux, dissociation des cellules de l'épiderme (kératinocytes) et passage de cellules inflammatoires (lymphocytes et macrophages) du derme vers l'épiderme.
La zone d'extension de l'eczéma peut être très variable : si elle reste surtout localisée à la zone de contact avec un allergène, elle peut aussi être étendue si l'eczéma est dû à des substances ingérées ou s'il s'agit d'un eczéma atopique. Lorsque le contact se répète, l'eczéma devient chronique. S'il évolue longtemps et est intense, il peut laisser place à une inflammation de la peau (dermite) pendant une longue période.

Quelles sont les causes de cette inflammation ?
Il y a deux grands types d'eczéma d'origine allergique :
— L'eczéma atopique qui survient sur un terrain atopique et se développe sous l'action de différents allergènes et de facteurs de l'environnement. C'est surtout une maladie de l'enfance.
— L'eczéma de contact lié à une sensibilisation de la peau par des agents externes mis en contact avec elle. Les allergènes pénètrent dans l'épiderme et se lient à des protéines de l'organisme pour constituer un allergène complet. Il y a alors sensibilisation et mise en mémoire de ce contact par des cellules chargées de l'immunité cellulaire. Un nouveau contact avec l'allergène se traduira par une réaction d'hypersensibilité cellulaire et la libération de médiateurs qui produiront la réaction observée. Celle-ci ne pourra cesser qu'après arrêt du contact entre la substance contenant l'allergène et la peau.

L'eczéma atopique

Appelée aussi dermatite atopique ou eczéma constitutionnel, cette maladie est très fréquente, surtout chez le petit enfant. Le plus souvent bénigne mais d'évolution chronique, elle alterne des phases de rémission et de poussée, ce qui crée le désarroi des patients. Le terme atopique signifie qu'elle est souvent associée à l'asthme et/ou à la rhinite allergique chez des patients dont le terrain génétique et le mode de réaction à l'environnement favorisent des réactions d'hypersensibilité à des allergènes auxquels d'autres patients sont insensibles.

➤ Une maladie de l'enfance

En Europe, le taux de cette maladie a été multiplié par deux durant les vingt à trente dernières années, surtout si l'on considère le nombre de cas survenus avant l'âge de 7 ans. C'est surtout une maladie de l'enfant : elle touche environ 15 % des enfants de moins de 3 ans en Europe. Elle débute souvent entre le deuxième et le quatrième mois de la vie mais peut commencer à tout âge. Actuellement, la prévalence moyenne est autour de 12 % et évolue entre 9 et 24 % selon les pays et les régions. Cet eczéma pourra persister à l'âge adulte ou se compliquer d'autres maladies atopiques : ainsi 10 à 20 % des enfants ayant une dermite atopique verront un asthme se développer ultérieurement.

Cette augmentation n'est pas due à des modifications de facteurs génétiques, mais à des modifications des conditions de vie dont les principales sont la diversification alimentaire précoce et l'exposition aux acariens. Ainsi, on constate que la dermatite atopique se rencontre plus fréquemment dans les pays du Nord, froids et humides et dans les milieux économiques favorisés dont les conditions de vie sont favorables au développement de l'atopie (moquette, appartements confinés, abandon plus précoce de l'allaitement maternel).

Le poids socioéconomique de la dermatite atopique est élevé. Beaucoup de soins sont à la charge des familles, ce qui n'est pas sans poser des difficultés à des familles aux revenus limités.

➤ Des mécanismes complexes

Des réactions immédiates et retardées

La dermatite atopique n'est pas une maladie au traitement simple. Cela, tous les parents des enfants atteints le savent. Cette difficulté de traitement est liée au « génie » même de la maladie dont les causes sont complexes et les mécanismes encore en train d'être élucidés. Même sous l'angle allergologique, la dermatite atopique est singulière puisqu'elle concerne deux types d'hypersensibilité : l'hypersensibilité à IgE, de manifestation immédiate, très active dans les maladies respiratoires et l'hypersensibilité retardée due à des activations cellulaires et qui est à l'œuvre dans les maladies dermatologiques de contact. Cette complexité est probablement un reflet exact des réactions de notre organisme, qui ne se sent aucunement obligé de se limiter aux schémas issus de classifications évolutives et provisoires. D'une certaine façon, la dermatite atopique est une école de patience et d'humilité médicale, et ce pour tous les thérapeutes.

Les différents facteurs qui peuvent intervenir dans les mécanismes de cette maladie sont de nature génétique, dermatologique, immunologique, infectieuse, et aussi neuropsychique. Examinons-les successivement, pour mieux comprendre la grande diversité des facteurs et des circonstances déclenchantes.

Les facteurs génétiques

Ils sont liés à l'atopie. L'influence héréditaire est manifeste dans la dermatite atopique. Ainsi, le risque pour un enfant d'être atteint de dermatite atopique est de 50 à 60 % si l'un des deux parents est atteint et de 80 % si les deux sont atteints. Le taux de concordance entre les jumeaux vrais (monozygotes) est élevé (70 %) alors qu'il est de 20 % chez les faux jumeaux, génétiquement non identiques (dizygotes). Les gènes associés à la maladie sont multiples, et le contrôle génétique de la maladie très complexe car la susceptibilité à des facteurs d'environnement joue un grand rôle en interaction avec les facteurs génétiques.

Les facteurs dermatologiques

Il y a une sécheresse cutanée qui, jointe à une altération de la couche cornée entraîne une perméabilité plus grande de la peau aux allergènes qui agissent par voie cutanée. L'altération de la barrière mécanique et de la barrière lipidique cutanée favorise un accroissement de la perte d'eau à travers l'épiderme. L'irritation mécanique par la laine, la poussière, les détergents, les produits chimiques favorise le passage des éléments, et l'allergie de contact peut se surajouter.

Les facteurs immunologiques

Nous avons vu que l'eczéma atopique touchait à la fois l'immunité immédiate liée à la fabrication excessive d'immunoglobulines IgE spécifiques et l'immunité cellulaire qui agit de façon retardée. Pour ceux qui aiment, avec raison, le jeu des mécanismes immunologiques, sachez qu'il y a une augmentation des IgE dans le sang, une augmentation des lymphocytes Th2, une augmentation des mastocytes cutanés, une hyperréactivité des basophiles sanguins. Les éosinophiles interviennent dans la phase retardée IgE dépendante. L'immunité à médiation cellulaire est défective et explique la tendance aux infections.

Les facteurs infectieux

Ils provoquent des poussées dues à l'infection, mais agissent surtout comme des allergènes de la peau. Les deux responsables sont une bactérie, le staphylocoque doré dont 90 % des sujets atteints d'eczéma atopique sont porteurs contre 5 % dans la population générale, et un champignon, le *Pityrosporum* ovale. Il y a des IgE spécifiques contre le *Pityrosporum* chez deux tiers des atopiques. Il est impliqué dans la « maladie de la tête et du cou », ce qui permet l'amélioration de certains eczémas atopiques par un antimycosique approprié (le kétoconazole).

Les facteurs neuropsychiques et comportementaux

Cela se traduit par une anomalie des réponses « neurovégétatives », dépendantes de facteurs émotionnels. Certains patients ont aussi une tendance très marquée au prurit et aux démangeaisons avec un rôle très probable des neuropeptides de la peau.

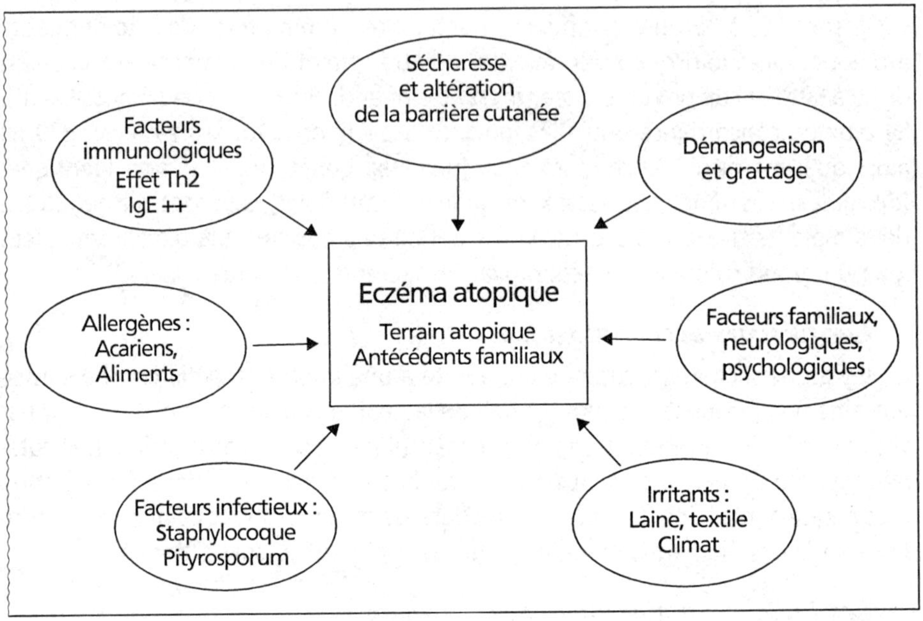

L'eczéma atopique est aussi vécu et partagé, d'une certaine façon, par toute la famille. Ceci peut provoquer des modifications du comportement allant de l'hyperprotection à l'agacement en passant par des comportements patients et équilibrés. Le comportement de la structure familiale est donc essentiel tant pour le climat psychologique relationnel général que pour des points aussi concrets que la diminution de l'exposition aux allergènes domestiques, c'est-à-dire la chasse aux acariens, et dans de nombreux cas, l'éviction d'allergènes alimentaires. Le milieu socioéconomique intervient aussi dans l'évolution de la dermatite atopique.

➤ Comment est fait le diagnostic d'eczéma atopique ?

Il repose surtout sur les données cliniques, sur l'interrogatoire et l'évolution de la maladie.

Des rougeurs qui démangent, gonflent, suintent et desquament

Les lésions démangent beaucoup : ce point capital est mentionné par les patients ou les parents.

Classiquement, elles évoluent en quatre stades :

- **Rougeur** (érythème) due à une dilatation des vaisseaux.
- **Œdème** avec papules et formations de vésicules dans le derme, à l'origine du suintement.
- **Suintement.**

■ **Croûtes et réparation**. Une hyperkératose l'accompagne, se traduisant par un épaississement de l'épiderme.

Les démangeaisons et la sécheresse cutanée sont également présentes chez le sujet atopique. Elles altèrent la fonction barrière de la peau et favorisent la sensibilisation aux facteurs d'environnement.

À l'interrogatoire

Les antécédents sont très évocateurs, en raison de la forte influence génétique. 75 % des patients ont un ou deux parents qui ont eu de l'eczéma atopique. Dans les deux tiers des cas, la maladie débute dans les six premiers mois de la vie, perturbant le sommeil de l'enfant ; 90 % développent la maladie dans les trois premières années de la vie. Les symptômes disparaissent dans 80 % des cas pendant l'enfance.

L'évolution de la maladie ainsi que les traitements suivis et les réactions aux traitements sont souvent évocateurs.

À l'examen clinique

Les lésions sont souvent révélatrices de l'eczéma atopique, ceci en fonction de l'âge d'apparition des symptômes.

Chez le nourrisson

C'est le cas le plus fréquent. L'inflammation est importante avec des papules, des vésicules, un suintement, des excoriations et une sécheresse cutanée à distance des lésions. Celles-ci sont localisées surtout au cuir chevelu, aux joues, à la tête et au cou, ainsi qu'aux faces postérieures et latérales des membres, aux mains et au pouce sucé. De nombreux nourrissons se grattent, ce qui les rend irritables et perturbe leur sommeil. Le grattage peut aggraver les plaies et créer des surinfections. L'évolution est souvent favorable avec 70 % d'amélioration après 3 mois.

Chez l'enfant

À partir de 1 an, l'eczéma touche les plis de flexion (coudes et genoux). Il y a aussi une atteinte du visage qui s'accompagne d'une pâleur et de lésions récidivantes autour des yeux et de la bouche. Un double sous-pli de la paupière inférieure et une fissure sous le lobule de l'oreille sont très fréquemment observés. Les démangeaisons sont importantes. Dans les formes persistantes, les lésions sont plus discrètes, localisées aux plis de flexion : coudes et genoux, poignets et chevilles. La peau est sèche et la lichénification (épaississement de la peau) marquée. Au niveau des articulations, elle peut entraîner des impotences fonctionnelles en rapport avec des fissures douloureuses.

La croissance de l'enfant peut être altérée dans les formes sévères ou lors de périodes de restriction diététique. Elle doit être surveillée. Dans ces cas sévères, il peut y avoir des problèmes relationnels, scolaires, psychologiques.

Chez l'adolescent et l'adulte

Les lésions ont une répartition proche de celle de l'enfant. Il existe des formes cliniques particulières :

■ **La dermatite atopique de la tête et du cou**, qui a des répercussions professionnelles et psychologiques.

■ **Le prurigo de Besnier**, avec des papules excoriées qui démangent et sont disséminées sur les membres, surtout les membres inférieurs.

■ **L'eczéma nummulaire** : ce sont de nombreuses plaques érythémateuses, rondes ovalaires, bien limitées, dont le diamètre varie de un à plusieurs millimètres, situées sur les membres. Suintantes ou sèches, ces plaques démangent beaucoup et évoluent vers une chronicité désespérante. Cette variété d'eczéma existe aussi chez le nourrisson et l'enfant.

Il peut aussi se développer un eczéma de contact des mains par irritation et une urticaire de contact péribuccal aux aliments (orange, tomate).

➤ La chasse aux facteurs déclenchants

Les facteurs d'environnement pouvant déclencher la maladie sont à identifier pour chaque patient :

■ **Allergènes alimentaires** : une hypersensibilité aux aliments peut exister en particulier chez le nourrisson et l'enfant. Dans les cas de dermatite sévère ou résistant au traitement, elle est présente dans 50 % des cas. Il s'agit le plus souvent d'une sensibilisation à plusieurs allergènes. Les aliments les plus souvent en cause sont l'œuf, le lait de vache, la farine de blé, le soja, le poisson et l'arachide. Le diagnostic n'est pas facile à faire. En pratique, une enquête allergologique alimentaire est nécessaire quand l'eczéma atopique est sévère et/ou résistant aux traitements usuels.

■ **Facteurs microbiens**. Il y a une production d'IgE spécifiques contre le staphylocoque et le *Pityrosporum* ovale chez de nombreux patients atopiques. Les vaccinations doivent être évitées lors des poussées.

■ **Aéroallergènes** : acariens, pollens, poils d'animaux. Si les tests cutanés sont positifs, les mesures d'éviction sont nécessaires.

■ **Les irritants chroniques de la peau** intensifient la maladie. Ainsi, une atmosphère froide, desséchante, aggrave l'eczéma atopique. Le climat intervient avec une aggravation hivernale et une amélioration l'été et au soleil. Parmi les agents chimiques, l'emploi des détergents industriels et ménagers nécessite aussi des mesures de protection.

■ **Les facteurs hormonaux** chez la femme, **les facteurs psychiques** (stress, anxiété) sont à l'origine de poussées.

■ **Un eczéma de contact** peut réactiver un eczéma atopique chez l'adulte avec des atteintes des yeux, des mains.

➤ Des complications fréquentes

L'eczéma atopique a souvent la malencontreuse idée de ne pas évoluer seul. Il fait souvent partie du « parcours » de l'atopique, où asthme et rhinite prennent le relais ou font suite à l'allergie alimentaire.

Elle peut aussi se compliquer de surinfections, avec des placards croûteux inflammatoires, de manifestations d'herpès ou de lésions mycosiques dues aux *Pityrosporum* et améliorées par les antifongiques.

Dans les formes sévères du nourrisson, les démangeaisons vives et fréquentes retentissent sur l'état général et sur l'éveil de l'enfant ; l'anorexie, le suintement parfois important provoquent une cassure de la courbe de poids.

➤ Un traitement à multiples facettes

Son but est d'améliorer la qualité de vie des patients en :

— Restaurant la fonction barrière de la peau.

— Réduisant l'intensité de la maladie et son extension par un traitement anti-inflammatoire.

— Luttant contre l'infection.

— Diminuant l'exposition aux allergènes et aux irritants.

— Tenant compte des incidences psychologiques lors de l'évolution chronique de la maladie.

Pour atteindre ce but, les mesures destinées au contrôle de l'environnement sont aussi importantes que les traitements.

Le contrôle de l'environnement

Il est variable selon les individus et dépend de la nature des facteurs déclenchants :

— Aéroallergènes : éviction avec, en particulier, mesures de prévention anti-acariens en cas de tests cutanés positifs. La désensibilisation aux acariens n'est pas indiquée en cas d'eczéma atopique isolé.

— Allergènes alimentaires : éviction dans les cas sévères.

— Facteurs infectieux : prévention et traitement.

— Facteurs climatiques (hiver) et chauffage qui dessèche la peau : hydrater la peau et humidifier l'atmosphère.

Il est aussi recommandé de :

— Préférer des températures fraîches qui limitent démangeaisons et grattage.

— Contrôler la sudation due aux bains chauds, aux efforts physiques.

— Éviter les irritants de nature textile (laine) ou chimique (protéger les mains chez l'adulte).

— Faire attention aux allergènes de contact dans les eczémas atopiques modérés.

Les mesures de prévention diététique chez les nourrissons

— Privilégier l'allaitement maternel.

— Éviter la diversification alimentaire avant 6 mois.

Ne pas appliquer de mesure diététique trop drastique ou trop prolongée en raison du retentissement sur la croissance.

Le traitement local

Il est indispensable pour :

— Prévenir la sécheresse de la peau et lutter contre le prurit grâce aux émollients : cold cream, cérat, pains sans savon, huiles de bain. Le traitement émollient qui hydrate et graisse la peau est une prévention nécessaire.

— Lutter contre l'inflammation lors des poussées, avec les corticoïdes locaux ; ils sont utiles et ont peu de danger sous réserve d'une surveillance attentive. Ils permettent également de lutter contre la surinfection.

Ils sont classés selon leur puissance et les zones atteintes. Sur le corps, le traitement débute souvent par un produit de classe II ou III (chez le nourrisson et le petit enfant) avec une décroissance progressive : Betnéval® (classe II) pendant un temps court, Locapred® (classe III) plus longtemps. Il faut veiller à ne pas appliquer de dermocorticoïdes trop puissants (classe II) sur le visage. L'hydrocortisone (classe IV) peut être utilisée en fin de traitement ou sur les zones de peau mince. En dehors des effets secondaires (atrophie cutanée, dilatation des vaisseaux, effet rebond) des corticoïdes, il peut y avoir un eczéma de contact aux corticoïdes ou à ses excipients. La quantité de dermocorticoïdes consommés doit être suivie.

Les émollients seront substitués progressivement aux corticoïdes. Par rapport aux dermocorticoïdes, il faut être prudent chez certains patients dont la sensibilité cutanée est telle qu'ils supportent moins bien des applications jugées sans danger en général. Les médecins homéopathes, en particulier les pédiatres, connaissent ces enfants ou adolescents qui ont un « terrain » marqué par une plus grande sensibilité à ces produits. Entre l'application des corticoïdes sans ménagement et la corticophobie systématique, c'est l'observation du patient et de ses réactions qui doit guider le traitement.

Les antiseptiques sont en général inutiles, car ils sont irritants.

Le traitement général

Les antihistaminiques H1 pourront être utilisés pour diminuer les démangeaisons et le grattage pendant la nuit. L'antibiothérapie générale est nécessaire en cas de staphylococcie étendue. La corticothérapie générale est contre-indiquée. Dans des cas particuliers, la photothérapie, voire les immunosuppresseurs seront indiqués.

La prise en charge du patient

La prise en charge psychologique de l'enfant et de l'entourage familial est importante, sous forme de soutien compréhensif et bienveillant dans une pathologie difficile. Pour de nombreux patients, cela passe aussi par la recherche d'une prise en charge « globale ». Ainsi, l'homéopathie est très utilisée en pratique avec des traitements individualisés, fonction de la nature des lésions, des antécédents du patient et de ses caractéristiques générales[2]. La prescription allie des médicaments symptomatiques destinés au traitement des démangeaisons, du suintement, de la sécheresse cutanée, et des médicaments de fond adaptés au traitement du terrain atopique, en tenant compte d'autres « points faibles » du sujet, telle la tendance aux surinfections et aux mycoses.

Les effets attendus de ce traitement homéopathique sont la diminution des poussées, la diminution de la corticothérapie et l'amélioration de la qualité de vie du patient. Il serait nécessaire de vérifier par des études appropriées si ces buts sont atteints, sur quel type de patient et avec quelle « stratégie thérapeutique ». L'impression des thérapeutes est très favorable, même si l'évolution des dermatites atopiques sous traitement de ce type peut sembler plus imprévisible et capricieuse que celle de l'asthme.

Les médecins hospitaliers développent aussi cette prise en charge de la maladie par le patient en mettant à leur disposition des « Écoles de l'eczéma » telle celle de l'hôpital de Nantes.

Les eczémas de contact

L'eczéma de contact allergique est une inflammation due à une sensibilisation induite, à travers la peau, par une substance d'origine naturelle (plantes) ou chimique, utilisée dans la vie courante ou dans la vie professionnelle. Il peut aussi s'agir de médicaments appliqués sur la peau.

Cet eczéma de contact d'origine allergique est différent de l'eczéma de contact d'origine toxique. Ce dernier est provoqué également par des substances de l'environnement, mais dont l'action sur la peau est due à un effet irritatif ou toxique direct, en l'absence de tout mécanisme d'hypersensibilité immunologique. Pour une même substance, par exemple le cobalt contenu dans le ciment, ces deux mécanismes peuvent exister.

Les eczémas de contact allergiques sont moins fréquents que les eczémas de contact dus aux irritants.

2. P. Siriex, « Conduite pratique du traitement homéopathique de la dermatite atopique », *Homéopathie européenne* 1997, 2 : 6-11.

➤ Quels sont ses mécanismes ?

Une hypersensibilité retardée

Maladies dues à des mécanismes d'hypersensibilité retardée à médiation cellulaire, les eczémas de contact se produisent après une phase de sensibilisation silencieuse, de durée variable, suivie d'une réaction allergique manifeste dans les vingt-quatre ou quarante-huit heures suivant la réintroduction de l'allergène sur la peau.

Lors de la première phase de sensibilisation, les allergènes, le plus souvent de petites substances de poids moléculaire faible, pénètrent dans la peau, souvent en profitant d'une altération de la couche cornée protectrice, et se lient à des molécules plus grosses. Des allergènes plus gros peuvent aussi pénétrer directement. Ils sont pris en charge par les cellules de Langerhans chargées de la présentation de l'antigène, préalablement transformé, aux lymphocytes T de type Th1. Ceux-ci sont sensibilisés et gardent la mémoire de cette information. La durée de cette phase varie avec les allergènes et les professions : longue pour les maçons, rapide pour les coiffeuses.

Lors de la réintroduction de l'allergène par voie cutanée, les lymphocytes sensibilisés réagissent par la production et la libération de cytokines produits par les lymphocytes de type Th1 (interféron, interleukine 2, TNF : *Tumor necrosis factor*) qui provoquent l'inflammation et attirent des cellules responsables de l'inflammation : macrophages, lymphocytes, éosinophiles. Il se produit une rougeur et une formation importante de petites vésicules dans le derme. L'apparition des lésions se fait en un à deux jours lors des contacts ultérieurs.

Pourquoi se sensibilise-t-on à un allergène de contact ?

La sensibilisation dépend de facteurs propres à l'allergène, à l'exposition et à l'individu. Citons par exemple :

— La fréquence de la sensibilisation à des produits de bricolage (résine époxy), favorisée par le caractère allergisant du produit et par le manque de précaution et de protection de certains bricoleurs.

— L'augmentation de fréquence des eczémas au nickel, due au port des bijoux et au perçage des oreilles.

— Le rôle des agressions de la peau par exemple dans l'eczéma à la lanoline (constituant des corps gras utilisés) qui survient chez des personnes atteintes d'un ulcère de jambe d'origine veineuse.

Il est évident que plus un allergène de contact est répandu et utilisé, plus il y aura de risques.

Notons aussi que les enfants ayant un eczéma atopique feront plus facilement des eczémas de contact.

➤ Comment se manifeste l'eczéma de contact ?

L'eczéma allergique démange

Il touche le plus souvent des femmes jeunes de 20 à 40 ans, mais les deux sexes et toutes les classes d'âge peuvent être concernés en particulier lors d'eczémas de contact d'origine professionnelle. Il se caractérise par des démangeaisons importantes avec des lésions localisées autour de la zone de contact, et qui la débordent légèrement. Les symptômes locaux sont ceux de l'eczéma :

- **Dans les formes aiguës**, les lésions formées de petites plaques rouges évoluent vers des vésicules et un suintement avec formation de croûtes et cicatrisation.
- **Dans les formes chroniques**, il s'agit de placards rouges et squameux avec un épaississement et une sécheresse marquée de la peau.

La localisation est variable, souvent liée au contact avec l'allergène, parfois à distance. Les zones où la peau est mince sont plus facilement atteintes ; ainsi pour les mains, la face dorsale des doigts et les espaces entre les doigts seront le plus souvent concernés[3]. Les lésions ont une tendance constante à s'étendre, avec un prurit très marqué.

À cet eczéma allergique, dû à une sensibilisation immunologique vraie, s'associent souvent des lésions irritatives, qui facilitent le passage des allergènes.

Les dermites irritatives brûlent

Ces eczémas dus à un effet irritant direct sur la peau sont les plus nombreux : entre deux tiers et 80 % des eczémas de contact sont provoqués par des irritants, le plus souvent de nature chimique, qui altèrent l'épiderme :

— En rompant la barrière mécanique de la peau : abrasifs, substances cristallines.

— En altérant la couche de protection hydrolipidique : détergents, savons, solvants.

— En modifiant le pH normal de la peau (5,2 à 5,4) : acides, produits caustiques alcalins.

Tous les sujets, même non sensibilisés, peuvent en faire : ce sont des réactions collectives, qui sont cependant favorisées par la peau sèche des atopiques, et qui, à leur tour, favorisent les sensibilisations.

Elles se différencient par des sensations de brûlure marquée, par des lésions nettement délimitées, et des fissures importantes dans les formes chroniques. La guérison est rapide après l'arrêt des contacts.

Les personnes réalisant des travaux manuels sans protection des mains sont particulièrement exposées à ces irritants, surtout quand les conditions atmosphériques sont rigoureuses, ce qui fragilise la peau. Il s'agit alors de dermites d'usure, dues à des traumatismes répétés, mécaniques ou chimiques. Les travailleurs du bâtiment, en particulier ceux manipulant le ciment sont très exposés à ces dermites, d'autant

---

3. La dishydrose des mains qui touche la face palmaire n'est pas un eczéma de contact.

plus que le ciment, non content d'être un irritant, contient aussi des allergènes de contact puissants tel le bichromate de potassium. Mécanismes allergiques et irritatifs ne s'excluent donc pas et peuvent conjuguer leurs effets nocifs, ce qui est très dommageable à ces professionnels exposés pour lesquels la reconversion n'est pas aisée.

Eczéma de contact	Eczéma allergique	Eczéma par irritation
Mécanisme	Hypersensibilité à médiation cellulaire.	Altération physico-chimique de la peau.
Signes cliniques	Démangeaison vive. Vésicules +++. Peu de fissures.	Sensation de brûlure. Sécheresse et fissures +++.
Localisation	Possible à distance de la zone d'exposition.	Toujours sur la zone d'exposition.
Période de survenue	Retardée par rapport à l'exposition.	Suit directement l'exposition.
Tests cutanés	Réactions positives à l'allergène.	Négatifs s'ils sont réalisés en cas de doute.

➤ Quelles sont les principales causes des eczémas de contact ?

Les causes professionnelles

Les dermites professionnelles représentent 60 % des cas de pathologie professionnelle : les dermites irritatives représentent deux tiers des cas et les dermites allergiques un tiers des cas.

Les eczémas de contact d'origine professionnelle touchent les mains en priorité, le dos, parfois les doigts, mais aussi le visage et les membres. Ils sont rythmés par le travail, avec au début une amélioration par le repos qui disparaît en cas d'eczéma chronique.

Les allergènes professionnels sont innombrables (5 000 allergènes) et ils évoluent constamment. Les allergènes les plus fréquents sont les métaux, le caoutchouc, les résines, les conservateurs. Les professions les plus exposées sont celles du bâtiment, de la coiffure, de la métallurgie, de l'agriculture et horticulture, du caoutchouc, et le personnel soignant. Depuis vingt ans, il y a une diminution des maladies professionnelles due à une meilleure prévention.

Principales causes d'eczéma professionnel

Métiers du bâtiment

— Dermites irritatives dues au ciment (très alcalin — pH 12 — et caustique), solvants (white spirit).

— Allergie aux sels de chrome (peinture, ciment, cuir, métallurgie), au cobalt et ses sels (peinture), au nickel.

— Allergie aux acrylates et isocyanates.

Allergie au caoutchouc (industrie du caoutchouc et métiers de l'automobile)

Les eczémas de contact, liés à des substances rajoutées au latex naturel, sont nombreux :

— Accélérateurs de vulcanisation (quatre familles : mercapto benzothiazole, thiuriame, carbamates, thiourée).

— Antioxydants, colorants, catalyseurs, résines plastiques (phénols, acrylates).

Coiffure

— Réactions irritatives dues aux shampoings, permanentes.

— Réactions allergiques de contact : très fréquentes, elles se révèlent très tôt dans l'apprentissage.

Les sensibilisations à plusieurs produits sont fréquentes : nickel, teinture capillaire (paraphénylènediamine), acide thioglycolique (permanentes), produits décolorants (persulfate d'ammonium).

Mécanique et métallurgie

— Réactions irritatives liées aux huiles (neuves et usagées) et détergents.

— Réactions allergiques au caoutchouc et aux métaux.

Agriculture et horticulture

— Dermites irritatives fréquentes, dues aux plantes et pesticides, aux désherbants.

— Réactions allergiques au nickel, au caoutchouc, aux pesticides et aux plantes : primevères, tulipes, plantes à lactones sesquiterpéniques (composées, lauracées).

Sylviculture

Les travailleurs de la forêt et du bois ont des allergies au :

— Pin, sapin : colophane, benzoate de coniféryl (baume du Pérou).

— Chêne : Frulliana (mousse du bois de chêne) responsable d'eczéma photosensible.

— Bois exotiques.

— Propolis responsable d'allergies de contact chez les apiculteurs.

Personnel soignant

— Irritation due aux détergents et aux antiseptiques : ammoniums quaternaires, colorants, savons (septivon).

— Allergie aux gants de latex.

— Urticaires de contact possible aux médicaments (pénicilline), aux solvants, au colophane.

Métiers de nettoyage

— Irritation par les détergents.

— Allergie aux antiseptiques et désinfectants.

Personnel de l'alimentation
Des dermites de contact aux protéines touchent les bouchers, poissonniers, boulangers, cuisiniers. Il y a des réactions cutanées de survenue « immédiate », liées aux IgE et des symptômes retardés, à type d'eczéma. De plus, il peut y avoir dans certaines professions des signes respiratoires, par exemple chez les boulangers qui sont également sensibles aux acariens de la farine. Il y a donc intrication de plusieurs mécanismes.

Professionnels utilisant des matières plastiques (métiers de la chauss)
Résines époxydiques, dérivés phénoliques.

La prévention et le traitement de ces eczémas de contact doivent tenir compte de leur nature allergique, une faible contamination étant suffisante pour déclencher l'eczéma. Il faut envisager des changements de produit si c'est possible ou des mesures strictes de protection, parfois des changements de poste de travail ou un reclassement professionnel. Il s'agit en fait de cas souvent difficiles, les possibilités d'action variant selon les patients et les professions. Comme dans l'asthme professionnel, les dermatoses professionnelles nécessitent une coopération entre le patient, le médecin traitant et le médecin du travail. Les déclarations de maladie professionnelle ont naturellement pour but d'aider individuellement les patients, mais aussi de faire progresser l'hygiène du travail de façon à diminuer les risques de pathologie professionnelle et à faire évoluer la législation. Ce n'est pas simple, car si le diagnostic précoce et l'arrêt de l'exposition au risque sont les meilleurs garants d'une évolution favorable, une perte d'emploi peut en résulter.

Les causes médicamenteuses

Les allergènes médicamenteux sont fréquents puisqu'ils représentent 25 à 30 % des eczémas de contact allergiques.

Ils sont dus soit aux principes actifs du médicament, soit aux excipients (alcools de laine), conservateurs et parfums.

Les médicaments les plus souvent en cause sont :

- **Des antibiotiques** : néomycine, pénicilline, streptomycine, sulfamides.
- **Des anti-inflammatoires non stéroïdiens utilisés en pommades et en gels** : ils créent une sensibilisation et contre-indiquent l'emploi de l'anti-inflammatoire pour des expositions ultérieures. Le nombre de cas qui leur est imputé semble en augmentation.
- **Le baume du Pérou**, présent dans de nombreux médicaments, dans des cosmétiques, des produits alimentaires.
- **Des anesthésiques locaux utilisés par voie locale** : benzocaïne et molécules proches surtout, xylocaïne et molécules apparentées plus rarement.

■ **Des corticoïdes locaux** : il peut s'agir d'allergie aux excipients, à des produits associés (antibiotiques, antiseptiques), mais aussi aux corticoïdes eux-mêmes. Le diagnostic est souvent difficile et sera évoqué devant des lésions qui ne guérissent pas ou s'étendent sous corticoïdes locaux.

■ **Des antifongiques** (imidazolés) utilisés par voie locale.

■ **Les antiseptiques mercuriels** présents dans des antiseptiques, des collyres, des vaccins. Théoriquement, ils ne devraient plus être utilisés.

■ **Les bêtabloquants** présents dans les collyres.

> **Tout eczéma persistant et nécessitant une application locale de médicaments doit en pratique, faire l'objet d'une investigation médicale. Certaines allergies de contact aux médicaments locaux favorisent la survenue de toxidermies, réactions générales parfois graves aux médicaments prescrits par voie générale.**

Les causes vestimentaires

Le rôle des allergènes (tissus, chaussures et « accessoires ») vestimentaires est souvent évoqué par la localisation de l'eczéma de contact. Il s'agit essentiellement :

— D'eczémas au nickel des boutons métalliques ou agrafes de soutien-gorge, et d'eczémas favorisés par la sensibilisation due aux bijoux de fantaisie.

— D'allergie au caoutchouc des bottes et des chaussures ou des colles des objets en cuir.

Certaines teintures vestimentaires (colorants azoïques) ou des produits de finition (résine, formaldéhyde) peuvent aussi provoquer des eczémas de contact. En revanche, les fibres sont rarement sensibilisantes. La laine peut être irritante chez des sujets atopiques ; les fibres naturelles (coton, lin) ou synthétiques sont alors préférables.

Les cosmétiques

Les allergies de contact aux cosmétiques deviennent plus rares, car l'allergénicité des constituants des cosmétiques est de mieux en mieux testée. Les eczémas de contact aux cosmétiques sont beaucoup plus rares que les irritations. Ces irritations locales favorisent la survenue de sensibilisations allergiques vraies surtout sur des peaux préalablement altérées. Les eczémas de contact allergiques sont surtout dus aux parfums (mélange de parfums, baume du Pérou, colophane). Ils peuvent aussi être provoqués par des filtres solaires, des colorants capillaires ou des crèmes de soin contenant des excipients (lanoline), des conservateurs (formaldéhyde, quaternium 15, parabens). Les sources sont donc extrêmement nombreuses.

Une intolérance aux produits cosmétiques est le plus souvent aisément suspectée par sa localisation. Le médecin vous conseillera en premier lieu d'arrêter leur application, de les remplacer par des produits neutres (cold cream, cérat). Lorsque les signes cliniques auront disparu, il pourra soit vous conseiller une réintroduction successive et indépendante des produits, soit vous orienter vers un allergologue qui pratiquera les tests cutanés nécessaires. Une fois le coupable identifié, le médecin vous donnera parfois des recommandations longues et précises relatives aux produits à éviter dans lesquels l'allergène en cause est présent : des cosmétiques, mais aussi des médicaments, des aliments, ou des produits industriels. Et si ce n'est pas simple pour vous, sachez que ce ne l'est pas non plus pour votre médecin qui doit parfois acquérir des connaissances d'ingénieur chimiste pour identifier et reconnaître des produits !

Les autres causes

Les travaux de bricolage sont une source de plus en plus fréquente d'eczémas de contact : peintures, colles, solvants.

Les allergies aux prothèses métalliques contenant du nickel existent mais sont heureusement rares (à type de manifestations cutanées en regard de la prothèse). L'ablation est exceptionnellement nécessaire.

Les soins externes en dermatologie sont aussi une cause d'eczéma de contact : excipients (lanoline) ou conservateurs (formol) contenus dans les crèmes, colophane des adhésifs, allergènes du caoutchouc des matériels de pansement.

Et même dame nature n'est pas inoffensive, les plantes elles-mêmes étant responsables de nombreuses allergies de contact, soit par contact direct, soit après transport par voie aérienne.

L'allergie aux plantes et produits d'origine végétale

***Les allergènes d'origine végétale* sont très nombreux. Ils appartiennent principalement aux groupes des :**

— Phénols : uroshiols du poison ivy, primine des primevères cultivées, benzoate de coniféryle du baume du Pérou.

— Terpènes : allergènes des huiles essentielles de graminées, de résines, de baumes, de térébenthine.

— Lactones sesquiterpéniques : nombreuses, elles ont en commun un groupement moléculaire responsable de l'allergie (bêta-butyrolactone pour les chimistes), ce qui explique la fréquence des réactions croisées entre les espèces. Elles sont responsables d'allergies de contact induites par de nombreuses plantes de la famille des composées et des lauracées.

— Furano-coumarines, molécules responsables des propriétés photosensibilisantes de diverses plantes. En présence de soleil et d'humidité, ces molécules induisent des réactions cutanées telle la dermite des prés due au panais et à la grande berce. Ces mêmes molécules sont utilisées à visée thérapeutique dans la puvathérapie.

Les plantes concernées sont :
— *Des plantes de la famille des composées* (ou astéracées), contenant les lactones sesquiterpéniques. Cette famille prolifique comprend 2 000 espèces légumineuses (laitue, salsifis, endive), ornementales (chrysanthème), médicinales (arnica, camomille). Des liliacées, des magnoliacées (tulipier de Virginie), des lauracées (laurier noble), des frullanaciées (« mousse de chêne ») contiennent aussi ces molécules. En raison des nombreuses réactions croisées, l'éviction de toutes les plantes contenant des lactones sesquiterpéniques est nécessaire quand l'allergie est confirmée par les tests cutanés. Pour les jardiniers et horticulteurs, c'est une maladie professionnelle.
— Des primevères contenant de la primine, des ficus, des tulipes.
— Des plantes contenant des uroshiols. Aux États-Unis, le sumac vénéneux ou *Rhus toxicodendron*, plantes de la famille des anacardiacées, est la première cause d'eczéma de contact d'origine végétale.
En pratique, les principales sources d'allergie de contact d'origine végétale sont, outre des plantes ornementales (primevères, ficus, sumac vénéneux aux États-Unis), des espèces médicinales (arnica), des baumes, en particulier le baume du Pérou utilisé dans les médicaments (balsamiques pour la toux, tulle gras), dans les ciments et liquides en dentisterie. La colophane, issue de la résine du pin, est responsable de l'allergie aux pansements adhésifs ; elle est utilisée également dans de nombreuses activités de bricolage et de loisir, et dans des cosmétiques.

➤ Comment se fait le diagnostic d'un eczéma de contact allergique ?

Le diagnostic repose essentiellement sur la localisation de l'eczéma, son aspect, la chronologie de son développement, et la connaissance des allergènes de contact les plus fréquemment rencontrés.

La localisation de l'eczéma

Il débute par la zone en contact avec l'agent responsable et reproduit souvent assez fidèlement l'empreinte de l'objet ou du produit allergisant (ou irritant) sur la peau. Le diagnostic est alors facilement évoqué si l'eczéma est à la place d'un bijou ou d'un bracelet de montre, de la zone d'application d'un cosmétique ou d'un médicament administré sous forme de pommade ou à l'emplacement d'un sparadrap. Une consultation médicale reste cependant très utile. Outre que celle-ci vous permettra de faire exactement le diagnostic du ou des allergènes auxquels vous êtes sensible, elle vous donnera des informations indispensables sur les produits à éviter. L'allergène est rarement contenu uniquement dans le cosmétique que vous utilisez ou dans le bijou que vous portez. Les mesures d'éviction à son égard devront en général être étendues.

Cependant, la localisation de votre eczéma ne sera pas toujours aussi aisément évocatrice. C'est le cas en particulier lorsque l'agent responsable agira :

— Après transport dans l'air (voie aéroportée) : c'est le cas de nombreux allergènes professionnels.

— Après transport à distance par les mains : le vernis à ongle peut ainsi provoquer un eczéma du cou.

— Par un mécanisme de photosensibilisation selon lequel l'allergène ne devient tel qu'après transformation au contact de la lumière. L'eczéma sera alors localisé aux parties du corps exposées à la lumière, ce qui est fortement évocateur de ce mécanisme complexe, mais assez fréquent.

— Par des voies encore plus indirectes telles que l'apport de nickel par l'alimentation par les instruments de cuisine (allergies au nickel).

La chronologie

La chronologie de survenue de l'eczéma donne des renseignements clés. Cependant, ceux-ci sont plus difficilement accessibles que dans l'allergie au pollen ou aux acariens car le mécanisme cellulaire (qui est non IgE dépendant) de l'allergie en cause, fait que le délai entre le contact avec l'allergène et la survenue de l'eczéma est au moins de quarante-huit heures. S'il est plus court, cela évoque une irritation.

Dans tous les cas, le médecin vous interrogera avec une patiente mais insistante minutie sur :

— Votre profession, les substances auxquelles vous êtes exposé, la façon dont vous les manipulez. La chronologie par rapport au travail est très importante dans les eczémas professionnels.

— Vos activités de bricolage et les précautions que vous prenez (ou souvent que vous et nous ne prenons pas hélas) à l'égard des produits manipulés.

— Votre usage de cosmétiques.

— Vos vêtements.

— Les médicaments que vous utilisez par voie locale, mais aussi par voie générale.

En fonction de ces résultats et de la connaissance qu'il a des allergènes de contact les plus fréquents, le diagnostic pourra être fortement évoqué. Une confirmation par des tests cutanés est cependant nécessaire pour préciser la nature allergique de l'eczéma. C'est au médecin allergologue qu'il incombera de réaliser des tests cutanés.

Pourquoi faire des tests ?

S'il suspecte une allergie de contact, le médecin allergologue pratiquera des tests épicutanés pour trouver le ou les allergènes responsables. Ces tests ont pour but de voir si l'allergène suspecté reproduit sur une zone de peau saine, et en format réduit, l'éruption qu'il est soupçonné de provoquer. Cette reproduction du délit immunologique cutané est très bien standardisée et s'effectue par la méthode des tests épicutanés (ou patch-tests) (voir p. 125). Le médecin utilisera une batterie standard comportant les allergènes de contact les plus fréquemment rencontrés, et éventuellement des batteries plus spécialisées, réalisées selon les orientations issues de l'interrogatoire.

Les lectures se font à quarante-huit et soizante-douze heures. L'intensité de la réaction allergique éventuelle est appréciée par l'importance de la rougeur, du gonflement et des démangeaisons. Une réaction d'irritation, toxique se manifestera très directement.

➤ Quel traitement ?

Le traitement repose sur l'éviction au moins partielle de l'agent causal, qu'il s'agisse d'allergènes ou d'irritants. Dans les eczémas de contact professionnel, un reclassement est parfois nécessaire.

Par voie générale, des antihistaminiques H1 peuvent diminuer le prurit et la symptomatologie. Les corticoïdes locaux seront utilisés pour lutter contre l'inflammation cutanée avec une décroissance progressive et un passage à des corticoïdes plus doux avant arrêt. Une désinfection locale est nécessaire et parfois des antibiotiques en cas de surinfection.

Les traitements homéopathiques peuvent être très utiles dans des eczémas de contact. Les principaux médicaments sont issus de sels métalliques (par exemple *Kali Bichromicum* préparé à partir de sels de chrome) ou de végétaux qui eux-mêmes induisent des allergies de contact. Ils sont naturellement employés en haute dilution et prescrits sur des signes précis. Il s'agit cependant d'un domaine où la réactualisation de la sémiologie homéopathique est à notre avis nécessaire en fonction des données acquises sur les propriétés toxiques et allergéniques des plantes utilisées[4].

Des dermatoses provoquées par la lumière

Le soleil a des effets sur la peau, et peut provoquer des maladies. Outre celles liées à une exposition excessive au soleil, figurent des réactions dues à une photosensibilité excessive de la peau : ce sont les photodermatoses, relatives à l'interaction de la lumière et d'une molécule photosensibilisante, qui peut appartenir à l'organisme (porphyrie), venir de l'extérieur (médicament) ou être non identifiée : il s'agit alors de photodermatoses dites « idiopathiques ». Sous l'angle allergologique, les plus importantes sont :

4. B. Poitevin, « Quand les médicaments homéopathiques sont aussi des allergènes », *L'Homéopathie Européenne*, 2000, 6, 171-178.

— Les photodermatoses d'origine médicamenteuse. Dues à une sensibilité exagérée à la lumière, elles sont provoquées par la rencontre sur la peau du médicament doté d'une propriété photosensible et d'une longueur d'onde efficace.

— Les photodermatoses dites « idiopathiques » de mécanisme immuno-allergique très probable. Elles correspondent à « l'allergie solaire » : il s'agit de la lucite estivale bénigne, de la lucite polymorphe, et de l'urticaire solaire.

À côté de ces photosensibilisations, le soleil intervient dans d'autres maladies de la peau : maladies virales (herpès labial), maladies auto-immunes (lupus érythémateux disséminé), déficiences de la photoprotection naturelle ou déficits enzymatiques touchant la synthèse de molécules qui sont des précurseurs de l'hémoglobine, les porphyrines.

➤ Quels sont les mécanismes de photosensibilisations ?

Le rayonnement solaire

Le rayonnement électromagnétique issu des explosions thermonucléaires permanentes du soleil est filtré par l'atmosphère et la couche d'ozone et n'arrive que partiellement sur la terre.

Qualité de la lumière solaire atteignant la peau et effets biologiques

Les infrarouges IR (800-2 500 nm) représentent 50 à 55 % du spectre solaire. Ils atteignent le derme et l'hypoderme et ont un effet immédiat avec une action calorique agréable en hiver.

Le rayonnement visible (380-780 nm) représente 40 %.

Les ultraviolets UV représentent 5 à 10 %. Ils sont très actifs biologiquement, les longueurs d'onde les plus courtes étant les plus énergétiques. Ils sont répartis en trois catégories dont les deux premières nous atteignent :

— Les UVA longs (315-380 nm) qui atteignent le derme profond. Ils représentent 98 % des UV arrivant sur la peau et sont présents toute l'année. Ils exercent une pigmentation rosée pendant quelques heures et ont un effet antiradicalaire provisoire. Ils agissent surtout sur le collagène et les fibres élastiques de la peau et favorisent son vieillissement. Ils attaquent aussi les cellules et peuvent ainsi favoriser les cancers.

— Les UVB moyens (280-315 nm) sont plus énergétiques. Ils sont filtrés en grande partie par la couche d'ozone et arrêtés par le verre à vitre. Ils représentent 2 % des UV arrivant sur la peau. Il sont absorbés par l'épiderme et pénètrent dans la partie supérieure du derme. Responsables du coup de soleil, ils provoquent la synthèse de la mélanine et la pigmentation du bronzage, selon le phototype. Ils diminuent la résistance immunologique cutanée. En provoquant la fabrication de radicaux libres, ils favorisent le développement d'anomalies cellulaires et de cancers, ainsi que l'atteinte

de la cornée et du cristallin. Il faut savoir s'en protéger surtout entre 12 et 16 heures où leur quantité est très importante.
— Les UVC courts (190 à 280 nm) sont arrêtés par la mince couche d'ozone de la stratosphère.

L'ensoleillement reçu au sol, en particulier de la part des UVB, dépend :

— De la longueur du trajet du rayonnement direct : il est maximum en juillet dans l'hémisphère nord, et dépend naturellement de l'heure de la journée (maximum à midi heure solaire, soit 14 heures en été) et de la latitude pour les voyageurs. Il augmente avec l'altitude, de 4 % par pallier de 300 m.

— De la filtration effectuée par la couverture nuageuse et la vapeur d'eau, qui porte plus sur les infrarouges que sur les UVA. Par temps nuageux, il y a une absence de perception du signal calorique, ce qui favorise indirectement l'exposition prolongée aux UVA.

— De la nature du sol qui réfléchit le rayonnement : la neige renvoie 85 % du rayonnement, le sable 17 %, l'eau 5 %, l'herbe 3 %. Le parasol ne suffit pas...

Comment la peau se protège-t-elle ?

La photoprotection naturelle est assurée par la pilosité, la couche cornée, les mélanocytes, les caroténoïdes.

La pilosité protège les mammifères, sauf l'espèce humaine qui préfère les vêtements, rarement issus maintenant de peau de bête. Les hommes chauves sont plus exposés aux méfaits du soleil.

La couche cornée est la principale barrière protectrice. Elle réfléchit le visible et les infrarouges et absorbe les UVB dont seuls 10 % arrivent au derme. Plus la couche cornée est épaisse, moins le rayonnement pénètre.

Les pigments mélaniques sont les principaux agents protecteurs. Fabriqués par les mélanocytes, ils sont de nature variable selon les sujets. La synthèse de ces pigments mélaniques, déclenchée par les UVB et les UVA courts, est responsable du bronzage qui exerce un effet protecteur.

Les caroténoïdes sont des molécules stockées dans l'épiderme et surtout l'hypoderme. Elles captent les radicaux libres et absorbent une partie des UVA et la lumière visible. Ces pigments issus de l'alimentation et des végétaux sont bénéfiques pour la santé. « Mangez des carottes » pourrait être le slogan d'une future campagne présidentielle !

Nous ne sommes à l'évidence pas égaux devant les méfaits de l'excès de soleil et les phototypes roux ou blonds, qui ne bronzent pas du tout ou peu, doivent réduire leur exposition et se protéger de façon plus vigilante du soleil. En ce qui concerne les dermatoses dues à des photoallergies, de très faibles rayonnements suffisent pour les induire. Mais dans tous les cas, la qualité des mécanismes de protection cutanée est importante.

➤ Diagnostic des photosensibilisations

Allergie et toxicité

La réaction photosensible est due à la rencontre d'un rayonnement ultraviolet et d'une molécule réactive à ce rayonnement, que l'on nomme un chromophore. On distingue la réaction phototoxique, qui peut survenir chez chacun d'entre nous lorsqu'il utilise des parfums ou des médicaments, et la réaction photoallergique, plus rare qui survient chez des sujets sensibilisés et pour une faible dose de rayonnement.

Schématiquement, on pourrait dire que la réaction phototoxique brûle alors que la réaction allergique démange. Mais la localisation des lésions peut aussi différer, et surtout la réaction photoallergique se fait comme toujours après une période de sensibilisation et est suivie par une mémoire immunologique du contact.

Réactions phototoxiques

Ce sont des réactions chimiques provoquées par l'absorption sélective de photons par une substance photoréactive, lors d'une exposition solaire relativement intense. Elles sont principalement dues à des médicaments (antibiotiques, neuroleptiques) et à des cosmétiques et parfums. Elles ont l'aspect d'une brûlure ou d'un gros coup de soleil, localisé aux zones exposées à la lumière.

Réactions photoallergiques

La molécule photosensibilisante déclenche, après une période de sensibilisation, une réaction d'hypersensibilité en présence du rayonnement approprié. La réaction est le plus souvent retardée, due à l'immunité cellulaire. Parfois elle est de type immédiate, due à des IgE et se manifeste alors par une urticaire. Ces réactions surviennent chez des sujets prédisposés, pour une concentration de produits et une dose de rayonnement qui peuvent être minimes.

L'exposition solaire provoque un eczéma, avec rougeur et vésicules, parfois une urticaire, avec des démangeaisons fortes. Les lésions siègent, au départ, aux parties découvertes du visage (front, pommettes, nez), au cou, au dos des mains, aux faces exposées des membres et au décolleté. Les lésions peuvent s'étendre ensuite aux parties couvertes. La photosensibilisation disparaît après arrêt de la substance. Dans de rares cas, il y a une photosensibilisation rémanente avec réaction persistante à la lumière, malgré l'éviction de la substance.

Comment se fait le diagnostic ?

Il repose sur l'interrogatoire, l'observation clinique et si nécessaire sur un bilan photobiologique. Cliniquement, une photodermatose est évoquée devant l'aspect clinique des lésions, le rôle de la lumière, le délai d'apparition, et le contact avec des allergènes possibles : cosmétiques, médicaments d'usage local ou administrés par voie générale. En cas de doute, un bilan photobiologique est réalisé dans un service de dermatologie. Ce bilan qui nécessite cinq à six consultations, permet de caractériser :

— La plus petite dose de lumière provoquant un érythème en vingt-quatre heures (dose érythémateuse minimale DEM). Ce test simple permet de déterminer une urticaire solaire ou une lucite rémanente.

— La sensibilité à de fortes irradiations répétées qui peut se manifester par une lucite polymorphe.

— La sensibilité à des allergènes appliqués dans le dos (épidermo-tests), avec et sans irradiation lumineuse ; on diagnostique ainsi une photoallergie à des antiseptiques, des cosmétiques (musc ambrette, fragrance mix), des végétaux, des médicaments, et même des filtres solaires aux UVB et UVA !

➤ Quelles sont les principales photosensibilisations ?

Les photosensibilisations « idiopathiques », de cause inconnue

L'agent photosensibilisant n'est pas connu ou identifié. Les principales formes sont la lucite estivale bénigne, les lucites polymorphes, moins bénignes que la précédente, et l'urticaire solaire qui est rare en réalité.

La lucite estivale bénigne

C'est la plus fréquente des dermatoses provoquées par le soleil. Moins de douze heures après une exposition solaire intense apparaît une éruption qui touche le décolleté, parfois les avant-bras et le dos des mains, mais respecte le visage. Il s'agit de petites taches rouges et surélevées qui démangent intensément. L'éruption s'atténue en une dizaine de jours et disparaît avec le bronzage. Mais elle récidive chaque année, et a tendance à s'aggraver et s'étendre. Son traitement repose sur l'hydratation de la peau et l'utilisation de crèmes protectrices d'indice élevé. Pour sa prévention, l'exposition très progressive aux « premiers soleils », l'utilisation de crèmes solaires fortement protectrices, la prise de caroténoïdes, suffisent le plus souvent. Dans les cas résistants et invalidants, des séances de puvathérapie (exposition aux UVA après sensibilisation de la peau aux psoralènes) sont faites sous contrôle médical. Un traitement symptomatique sera donné par le dermatologue dans les formes gênantes. Une forme proche est la lucite hivernale bénigne qui se voit chez l'enfant aux sports d'hiver.

La lucite polymorphe

Cette affection diffère de la précédente : plus rare, plus ennuyeuse aussi, elle survient aux premières expositions au soleil, même peu intenses, et se manifeste par des démangeaisons, puis une éruption qui touche le visage et les parties découvertes. L'éruption persiste deux à trois semaines et récidive le plus souvent à chaque exposition. Elle revient chaque année et s'améliore rarement spontanément. Une hydratation et un traitement dermatologique symptomatique sont nécessaires. La prévention peut être assurée par une exposition très progressive, la prise de bêta-carotènes ou des séances de puvathérapie dès le printemps.

L'urticaire solaire

Cette forme rare d'urticaire touche surtout la femme entre 20 et 40 ans. L'urticaire apparaît quelques minutes après l'exposition et siège sur les zones découvertes épisodiquement, respectant les parties découvertes en permanence (visage, dos des mains). L'éruption régresse lorsque le patient se met à l'abri du soleil et la zone atteinte est réfractaire provisoirement à une nouvelle poussée. Si l'urticaire solaire se produit pour une exposition très peu intense, elle peut être très invalidante et de traitement difficile. La puvathérapie progressive peut être utile.

Les photosensibilisations dues à des agents sensibilisants exogènes

Elles sont dues à des produits introduits par voie interne ou mis en contact avec la peau. Il peut s'agir de médicaments, de cosmétiques, de plantes (dermite des prés), et même de filtres solaires destinés à protéger la peau de l'action du soleil ! En ce qui concerne les médicaments qui peuvent être impliqués, votre médecin vous aura indiqué les précautions nécessaires en cas d'exposition solaire. N'hésitez pas à en parler avec lui. Pour les cosmétiques, il est bon d'éviter les produits parfumés lors d'expositions solaires. Les photoallergies aux crèmes solaires peuvent poser des problèmes de diagnostic et l'inefficacité apparente d'une crème solaire dans la photoprotection doit conduire à consulter. Les filtres chimiques, mais aussi les parfums, les conservateurs peuvent être en cause. Les filtres minéraux, actuellement aisément utilisables, sont préférables chez les sujets à risque. Le traitement comporte l'arrêt du produit et de l'exposition solaire, et un traitement symptomatique si nécessaire.

AGENTS PHOTOSENSIBILISANTS PAR VOIE INTERNE (PHOTOTOXICITÉ ET PHOTOALLERGIE)
Psoralènes utilisés en puvathérapie. Antibiotiques (cyclines, quinolones). Sulfamides antibactériens, hypoglycémiants ou diurétiques. Phénothiazines (neuroleptiques, antihistaminiques, antiémétiques) ; rémanence possible. Antidépresseurs tricycliques (imipramine). Anti-inflammatoires non stéroïdiens. Amodiarone (médicament du cœur).
AGENTS PHOTOSENSIBILISANTS PAR VOIE LOCALE (PHOTOTOXICITÉ ET PHOTOALLERGIE)
Furanocoumarine des végétaux (ils contiennent des psoralènes responsables de la « dermite des prés »). Lactones sesquiterpéniques des végétaux. Salicylanilides contenus dans les antiseptiques et les cosmétiques. Parfums (musc ambrette) responsables de « dermites en breloque ». Sulfamides locaux et dérivés. Phénothiazine (insecticides). Filtres solaires des crèmes écrans (cinnamate, benzophénone, PABA).

En résumé

Les dermatoses par photosensibilisation ont un mécanisme complexe. Si certaines sont bénignes (lucite estivale bénigne), d'autres, plus rares, sont invalidantes (lucite polymorphe). Parmi les agents extérieurs responsables d'une photosensibilisation, des cosmétiques, des filtres solaires et des médicaments, peuvent être en cause. Les progrès dans la photoprotection solaire (écrans minéraux) et l'information adaptée des malades à risque constituent la meilleure prévention. Pour une prévention à plus long terme, si la météo solaire est très utile, la simple connaissance du climat de sa région permet aussi d'y suppléer...

Des réactions cutanées aux médicaments

Beaucoup d'entre vous ont déjà eu des réactions cutanées secondaires à la prise de médicaments par voie orale ou par injection. Ces réactions sont des toxidermies[5], terme qui a le sens général de « dermatose » d'origine médicamenteuse, que cet accident soit de nature toxique ou allergique.

➤ Pourquoi surviennent-elles ?

Les accidents cutanés dus aux médicaments sont très variés, ceci en relation avec la diversité des mécanismes qui les provoquent. La complexité des problèmes est accrue par le fait qu'une même drogue peut provoquer des accidents d'aspects très différents selon les mécanismes en cause.

Mécanismes immunologiques

Les accidents dus à des mécanismes immunologiques nécessitent une sensibilisation préalable. Ils peuvent survenir très rapidement après une nouvelle prise du médicament (urticaire) ou après quelques jours de délai (eczéma).

Réactions immunologiques générales aux médicaments

Elles concernent principalement les types I, III et IV.

Type I (IgE dépendant) : urticaires et angio-œdème ; chocs anaphylactiques.

Type II (réactions cytotoxiques) : purpuras thrombopéniques.

5. Les effets secondaires à l'application locale des médicaments (eczéma ou urticaire de contact) ne sont pas des toxidermies.

Type III (complexes-immuns) : urticaires des vascularites et purpuras vasculaires.
Type IV (médiation cellulaire) : eczémas, exanthèmes, rashs cutanés, érythème pigmenté fixe, photoallergies.
Mécanisme auto-immun (altération de protéines ou de l'ADN) : lupus érythémateux disséminé, anémie hémolytique.

Mécanismes non immunologiques

Ils sont très variés. Il peut s'agir de mécanismes :

- **Biochimiques** : libération non spécifique d'histamine (opiacés, codéine, produits de contraste iodés).
- **Pharmacologiques** : modifications du métabolisme de l'acide arachidonique par l'aspirine.
- **Toxiques** : dépôts du médicament ou de ses dérivés, effets toxiques aigus par surdosage.
- **Écologiques** : candidoses induites par les antibiotiques.

Les médicaments peuvent aussi aggraver une dermatose préexistante, ou atteindre les cheveux (antimitotiques). Selon les sujets, le métabolisme du médicament et les pathologies traitées, les réactions sont très variables.

Quels sont les éléments d'orientation vers une étiologie médicamenteuse ?

Les caractéristiques cliniques sont, sauf exception, peu évocatrices et c'est surtout l'interrogatoire et la chronologie exacte des événements qui permettront de penser à une étiologie médicamenteuse. Après un examen clinique et biologique, des critères techniques et précis, dits « critères d'imputabilité » sont établis afin d'individualiser une cause médicamenteuse parmi toutes les causes possibles de l'accident. Cette étape est importante à titre individuel si vous êtes la malheureuse victime de l'accident, et aussi à titre collectif pour mieux connaître les effets indésirables des médicaments et être capable de les prévoir et de les prévenir. Ces critères permettent de définir :

— Une imputabilité « intrinsèque » reposant sur l'observation et établissant un lien de causalité au moins apparent entre la prise du médicament et les accidents survenus : il s'agit de critères sémiologiques, chronologiques (délai d'apparition) et évolutifs : évolution après arrêt, parfois après réintroduction (souvent accidentelle).

— Une imputabilité « extrinsèque » reposant sur la connaissance d'accidents identiques attribués antérieurement à un médicament donné.

Comment se fait le bilan d'une toxidermie ?

— Description précise des lésions et chronologie de survenue par rapport à la prise de médicaments.
— Déclaration de l'accident médicamenteux au centre régional de pharmacovigilance.
— Bilan allergologique 6 semaines après l'accident, avec prudence pour ne pas réactiver la toxidermie.
— Tests biologiques spécifiques : ils sont à l'étude et devraient être disponibles dans un avenir proche.
— Contre-indication formelle du médicament en cas de toxidermie avérée même bénigne (urticaire) ceci en raison de la possibilité d'accident plus grave (choc anaphylactique, décollement cutané étendu).
Attention à l'automédication et à l'utilisation excessive de médicaments.

➤ Les principales toxidermies

Elles sont très variées[6], non caractéristiques, sauf exception d'une origine médicamenteuse. Les principales sont :

— Les érythèmes, dont une forme, l'érythème pigmenté fixe, est caractéristique de l'atteinte médicamenteuse.

— Les réactions urticariennes et anaphylactiques.

— Les atteintes à type d'eczéma, avec le syndrome d'hypersensibilité.

— Les dermatoses bulleuses qui peuvent être gravissimes quand il y a un décollement cutané étendu.

— Les photosensibilisations.

— Les vascularites, dues au dépôt du médicament dans les petits vaisseaux du derme.

Érythèmes

Les éruptions cutanées dues aux médicaments ont le plus souvent un aspect d'érythème dit « morbilliforme », car les lésions ressemblent à la rougeole, avec des macules séparées par des intervalles de peau saine, une fine desquamation, des démangeaisons ; ce sont les plus fréquentes des toxidermies.

Elles peuvent aussi prendre un aspect dit « scarlatiniforme » (macules confluentes, sans intervalles de peau saine, éruption palpable donnant l'aspect d'un fin piqueté), ou « roséoliforme » (faites de macules discrètes). Ces éruptions surviennent soit vers le deuxième jour après l'introduction du médicament (chez des sujets déjà

6. Pour les termes un peu techniques, voir le lexique des lésions simples en dermatologie (p. 188).

sensibilisés), soit plus tard ; elles peuvent s'accompagner de fièvre, de douleurs articulaires. Les principaux médicaments responsables sont les antibiotiques (pénicilline), les anticonvulsivants, les antiuricémiants, les sels d'or, les barbituriques.

L'érythème pigmenté fixe

Cette lésion caractéristique est constituée d'une papule érythémateuse ou brune, parfois bulleuse, de quelque dix centimètres de diamètre. Il peut y en avoir une ou plusieurs. Elle régresse en une dizaine de jours et laisse une pigmentation résiduelle qui récidive au même endroit à chaque nouvelle prise du médicament. Parfois, les lésions sont plus étendues. Les principaux médicaments responsables sont les barbituriques, l'aspirine, les anti-inflammatoires, les sulfamides antibactériens, certains antibiotiques (cyclines).

Les urticaires et l'œdème de Quincke

L'urticaire aiguë due au médicament n'a aucune particularité. Sa gravité tient au fait qu'elle peut être associée à un œdème de Quincke, voire à un choc anaphylactique. Les causes médicamenteuses des urticaires représentent moins de 10 % des urticaires. Les principaux médicaments responsables sont :

— Les pénicillines et anesthésiques généraux, responsables de réactions allergiques vraies. Pour ces médicaments, le risque de choc anaphylactique ultérieur est réel.

— Les produits de contraste iodés qui créent des réactions anaphylactoïdes.

— Les inhibiteurs de l'enzyme de conversion et l'aspirine qui agissent par des mécanismes pharmacologiques. En cas d'intolérance à l'aspirine, les patients sont exposés à des réactions voisines avec les autres anti-inflammatoires non stéroïdiens (différents des corticoïdes).

Les eczémas

Deux formes sont distinguées :

■ **Les eczémas médicamenteux induits par voie générale** : si des eczémas sont provoqués par le contact du médicament, ils peuvent aussi être dus à des médicaments pris par voie générale. Le risque est augmenté s'il y a eu sensibilisation locale, mais ce n'est pas automatique.

■ **Le syndrome d'hypersensibilité médicamenteuse** : c'est une dermatose sévère due aux médicaments, généralisée à tout le corps (érythrodermie), d'évolution prolongée ; elle peut être sèche ou suintante, avec des signes généraux beaucoup plus marqués dans ce deuxième cas : fièvre, atteintes du foie, du rein, des cellules sanguines. Elle débute plusieurs semaines après le début du traitement et peut durer plusieurs mois après son arrêt. Un traitement puissant est nécessaire dans les formes graves, la mort survenant dans 10 % des cas. Les principaux médicaments responsables sont les anticonvulsivants et les sulfamides.

Les dermatoses bulleuses

Ces réactions peuvent être extrêmement graves lorsque le décollement cutané est étendu. On distingue :

- **Le pemphigus** : il s'agit de bulles dues à un décollement de l'épiderme. Il y a parfois des lésions muqueuses, et le tableau clinique peut être grave ; les lésions peuvent persister ou régresser à l'arrêt du traitement.
- **Le syndrome de Stevens-Johnson**, dermatose rare (un à six cas par million de personnes et par an) mais grave, car elle met en danger la vie des patients atteints (5 % de décès). Elle survient une à trois semaines après la prise du médicament (parfois plus tôt) et débute souvent par une petite fièvre. Elle associe des lésions cutanées, douloureuses qui évoluent vers des bulles, et des lésions des muqueuses buccales, génitales et conjonctivales. Dans ce syndrome, moins de 10 % de la surface corporelle est décollé. Ce tableau est très évocateur d'une cause médicamenteuse (anti-inflammatoires non stéroïdiens, barbituriques, sulfamides).
- **Le syndrome de Lyell**, proche du précédent, est plus rare (moins d'un cas par million de personnes et par an) et plus grave. L'atteinte de la peau est plus étendue et la zone décollée occupe plus de 30 % de la surface corporelle. Ceci explique la gravité de ce syndrome qui entraîne une mortalité élevée malgré la réanimation en centre de grands brûlés. Les signes de début sont très bien connus des médecins : fièvre, gène des muqueuses (bouche, organes génitaux), éruption cutanée avec décollement très facile de l'épiderme. Des signes généraux graves surviennent très vite, dus à la mise à nu du derme et à la perte de liquide. Il faut hospitaliser et prévenir les surinfections en chambre stérile. Les médicaments les plus souvent en cause sont les anti-inflammatoires non stéroïdiens, les sulfamides, les antibiotiques, les anticonvulsivants.

Réactions de photosensibilisation

Elles peuvent se traduire par des lésions proches des brûlures, limitées aux zones exposées à la lumière (réactions phototoxiques dues à des antibiotiques) ou par un eczéma vrai avec des démangeaisons marquées. Il s'agit alors de réactions photoallergiques et la régression de l'eczéma peut être lente après l'arrêt du médicament.

Les vascularites

Une inflammation des petits vaisseaux

Il s'agit d'un ensemble de manifestations cliniques dues à une inflammation de la paroi vasculaire. Elles sont de mécanisme immuno-allergique, le plus souvent liées à la présence d'immuns complexes circulants. Ceux-ci en se fixant sur la paroi des vaisseaux attirent des cellules de l'inflammation, les polynucléaires neutrophiles qui libèrent des médiateurs et attaquent les cellules de la paroi des vaisseaux (endothélium). Les globules rouges sortent des vaisseaux, et il se produit une hémorragie cutanée avec des petites taches purpuriques.

La vascularite se manifeste par un purpura vasculaire avec des lésions qui prédominent sur les membres inférieurs et sont aggravées par la station debout. Le délai d'apparition est long (sept à vingt et un jours après la prise du médicament). L'atteinte cutanée peut être isolée ou s'accompagner de douleurs articulaires, de signes digestifs ; elle peut aussi toucher les reins dont l'atteinte fait la gravité de l'affection et conditionne le pronostic.

L'évolution est imprévisible. À côté des formes aiguës qui guérissent sans séquelles, existent des formes chroniques, des formes récidivantes. Le diagnostic est fait à l'aide d'une biopsie dans les premières vingt-quatre heures.

La maladie sérique est aussi due à un dépôt d'immuns complexes. L'éruption cutanée débute par les mains et les pieds. Elle est souvent accompagnée de fièvre, de douleurs articulaires et parfois d'une atteinte rénale et digestive. Le délai de survenue est de une à deux semaines après la prise du médicament.

Des causes médicamenteuses plutôt rares

La cause des vascularites d'hypersensibilité est retrouvée dans moins de 50 % des cas. Les médicaments sont une cause rare de vascularite et il faudra avoir éliminé les autres causes infectieuses et immunologiques avant d'évoquer une cause médicamenteuse. Elles sont, de plus, difficiles à mettre en évidence, les symptômes débutant sept à vingt et un jours après la prise du médicament. La guérison est obtenue après l'arrêt des médicaments, dont les plus fréquemment en cause sont les pénicillines, les diurétiques, les anti-inflammatoires non stéroïdiens, les sulfamides, les sels d'or ; des vaccins peuvent aussi être en cause, ainsi que dans la maladie sérique. Pour ces deux maladies, l'arrêt du traitement suffit pour obtenir la guérison.

Principales causes des vascularites d'hypersensibilité

Maladies bien individualisées

— Purpura rhumatoïde : maladie le plus souvent bénigne de l'enfant, succédant souvent à une infection ORL.

— Purpura hyperglobulinémique de Waldenström touchant l'adulte (les femmes jeunes le plus souvent).

Infections

— Bactériennes : streptocoques.

— Virales : hépatite B (fréquentes), HIV.

— Parasitaires.

Maladies auto-immunes

— Polyarthrite rhumatoïde.

— Lupus érythémateux disséminé.

— Dermatomyosite.
— Syndrome de Gougerot-Sjögren.
— Inflammation du tube digestif (maladie de Crohn, rectocolite hémorragique).

Médicaments

— Antibiotiques (pénicilline), sulfamides, anti-inflammatoires, antidiabétiques oraux, diurétiques.
— Vaccins : vaccin antigrippal, DT Coq, vaccins contre l'hépatite B.

Autres dermatoses médicamenteuses

D'autres formes de dermatoses d'origine auto-immune peuvent survenir, de gravité variable. Ce catalogue a le triste intérêt de rappeler que la prise de nombreux médicaments n'est pas sans risque, pour la peau en particulier. Ces risques seront d'autant mieux prévenus qu'ils sont connus, surtout en cas d'automédication.

Parmi les maladies de peau pouvant survenir, figurent :

— Des purpuras dus à une destruction plaquettaire par l'aspirine, des antibiotiques, des anti-inflammatoires.

— Des éruptions sèches dues aux sels d'or, aux bêtabloquants.

— Du psoriasis qui peut être déclenché ou aggravé par des médicaments.

— Des pigmentations dues à des métaux ou à des contraceptifs (chloasma).

— De l'acné qui peut survenir ou être aggravé s'il préexiste.

— Des atteintes des phanères : alopécie avec les antimitotiques, atteinte des ongles avec des antibiotiques.

— Des maladies auto-immunes, tel le lupus érythémateux qui, outre la peau, atteint parfois le rein. Le lupus peut persister après l'arrêt du traitement. Les anticonvulsivants, des antituberculeux peuvent l'induire.

— Des lésions des muqueuses buccales ou génitales.

Réactions cutanées sérieuses	Principaux médicaments responsables
— Œdème de Quincke, réactions anaphylactiques. — Syndrome d'hypersensibilité médicamenteuse. — Réactions bulleuses : syndrome de Stevens et Johnson, syndrome de Lyell. — Vascularites.	Anti-inflammatoires non stéroïdiens. Antibiotiques : pénicilline. Barbituriques. Anticonvulsivants. Anti-infectieux : sulfamides. Antiuricémiant : allopurinol.

Il est essentiel que ces toxidermies soient bien diagnostiquées car l'apparition d'une dermatose cutanée d'origine médicamenteuse implique l'arrêt immédiat du médicament et en interdit, sauf exception, la reprise ultérieure par le patient. Ceci est important même pour des lésions bénignes comme des éruptions « morbilliformes » simples ou des urticaires susceptibles d'évoluer vers les syndromes liés à un décollement cutané étendu (pour les éruptions) ou vers un choc anaphylactique (dans le cas des urticaires) qui mettent en jeu la vie du patient.

Outre les soins d'urgence nécessaires dans les cas graves, tels les décollements cutanés étendus, le seul traitement réellement efficace de ces toxidermies est l'arrêt du médicament suspect. Des protocoles d'accoutumance peuvent être utilisés si un médicament est indispensable, par exemple avec la pénicilline ou avec un sulfamide antibactérien chez des malades atteints du sida.

La prévention de ces accidents qui peuvent être graves passe par la déclaration aux centres de pharmacovigilance de tous les accidents observés, surtout avec les médicaments récemment mis sur le marché. Elle passe aussi par l'utilisation non abusive de médicaments dont l'efficacité est grande, mais dont les effets secondaires peuvent également être puissants. Ainsi les anti-inflammatoires non stéroïdiens (AINS, non dérivés des corticostéroïdes) peuvent provoquer de multiples effets indésirables cutanés : éruptions, urticaires et angio-œdèmes, photoallergies, vascularites. Si les dermatoses bulleuses sont très rares, elles sont dues dans presque un cas sur deux aux AINS, surtout avec les médicaments les plus récents. Les contre-indications de ces médicaments doivent être suivies avec attention en cas d'hypersensibilité car il y a une sensibilisation de groupe avec les autres AINS ou l'aspirine.

En résumé

Si plusieurs affections dermatologiques sont du ressort du spécialiste, c'est souvent le médecin généraliste ou le pédiatre que vous verrez pour des affections plus courantes telles l'urticaire ou l'eczéma. La recherche des causes exactes pourra nécessiter une consultation allergologique spécialisée. Dans les maladies complexes où les causes et les facteurs aggravants sont nombreux et variables selon les patients, les thérapeutiques de terrain peuvent être très utiles, surtout dans les urticaires et l'eczéma atopique.

Les rhinites allergiques

■

Lorsque le nez s'enflamme

➤ Un instrument aux multiples fonctions

Le nez, cette proéminence chère à Cyrano de Bergerac, a certes toutes les capacités qui lui sont conférées dans la célèbre tirade. Mais il assure aussi des fonctions plus prosaïques :

■ **La ventilation** : non seulement, il permet à l'air de pénétrer dans les voies aériennes mais il le réchauffe et l'humidifie. Le nez est un véritable appareil à air conditionné, grâce à la grande surface de contact entre la muqueuse du nez et l'air, à la vascularisation, la capacité sécrétoire et l'innervation de cette muqueuse. Ainsi de l'air inspiré à température ambiante arrive à 30 °C au pharynx alors que de l'air beaucoup plus froid (autour de 0 °C) arrive à 25 °C. L'humidification est très importante puisque l'air arrive à 98 % d'humidité relative dans la bouche.

■ **La filtration** : le nez ne laisse passer dans les voies respiratoires inférieures que les particules très petites (2 µm) telles celles de certaines moisissures qui atteignent les bronches ou les alvéoles (pour les plus petites). Les particules qui se déposent sont éliminées par le transport dans le mucus et l'activité ciliaire. Le nez sert aussi de « masque à gaz » en retenant 99 % des gaz inhalés solubles dans l'eau : ozone, dioxyde de soufre, formaldéhyde.

■ **L'olfaction**, grâce à la muqueuse olfactive richement innervée située dans la partie supérieure des fosses nasales.

■ **La sécrétion**, avec production de mucus nasal doté d'une activité antibactérienne.

■ **La défense immunitaire locale**, due à la présence de cellules aptes à reconnaître les éléments immunologiquement étrangers, et aussi à la présence d'une flore bactérienne normale.

➤ La réaction allergique nasale

La présence de cellules immunitaires a une contrepartie. L'organisme peut se sensibiliser à un antigène par voie nasale. Cet élément de l'environnement naturel, par exemple un grain de pollen, devient alors un allergène. Il va être pris en charge par des cellules spécialisées qui vont le transformer, le présenter aux lymphocytes de type Th2, ce qui va stimuler la synthèse d'IgE spécifiques. Ceux-ci vont se fixer sur les mastocytes de la muqueuse nasale. Lors d'une réintroduction de grains de pollen par voie nasale, en quantité parfois très faible, ils vont se fixer sur les IgE des mastocytes, les activer et entraîner la libération de médiateurs de l'allergie (histamine, prostaglandine et autres médiateurs de l'inflammation). La rhinite allergique, souvent explosive, est alors déclenchée avec une phase « immédiate » très intense et bien connue des patients. Une réaction plus tardive, après un délai de quelques heures (trois à douze heures), survient chez une partie des patients. Elle se manifeste par l'afflux de polynucléaires éosinophiles et par la libération de médiateurs qui altèrent la muqueuse nasale et contribuent à l'hyperréactivité nasale. Ceci explique la sensibilité accrue de certains patients à des allergènes saisonniers ou à des facteurs non spécifiques de l'environnement. Certains d'entre eux deviennent de plus en plus sensibles au cours de la saison pollinique, en raison d'un phénomène de préactivation cellulaire. Cette sensibilité accrue se traduit par une apparition des symptômes pour une quantité d'allergènes plus faibles ainsi que par une aggravation de ces symptômes pour une exposition à des quantités de pollen constantes.

➤ La rhinite allergique

Définie comme une inflammation aiguë ou chronique des muqueuses des fosses nasales, la rhinite est allergique quand elle est provoquée par des allergènes qui déclenchent la réaction d'hypersensibilité immédiate. La survenue des symptômes chez le sujet allergique est liée à l'exposition à l'allergène. Ce dernier peut être soit :

- **Saisonnier** : le « rhume des foins » dû aux pollens ou certaines rhinites allergiques dues aux moisissures ont ce caractère saisonnier et périodique.
- **Permanent** : c'est le cas des rhinites dites « perannuelles » dues aux poussières de maison, aux acariens, aux animaux, aux moisissures.

Les rhinites allergiques deviennent de plus en plus fréquentes depuis dix ans, et touchent actuellement en France plus de 15 % de la population. Cette fréquence est variable selon les régions et la répartition géographique des allergènes en particulier pour les pollens et les moisissures. Débutant le plus souvent à l'adolescence, les rhinites allergiques touchent plus les garçons que les filles.

➤ Les autres formes de rhinite

De nombreuses rhinites ne sont pas allergiques et s'en différencient aisément. Ainsi, la rhinite aiguë (ou simple rhume) est le plus souvent due à des virus : il s'agit d'infections banales, normales en particulier chez le jeune enfant, et qui ne durent pas. Une bonne hygiène de vie et un traitement simple suffisent alors le plus souvent.

La survenue de rhinites à répétition demande plus d'attention. En dehors des allergènes, elles peuvent être dues à :

— Des infections spécifiques ou non (inflammations aiguës) qui se surinfectent et se répètent : ces rhinites infectieuses à répétition avec fièvre et signes d'infections atteignant le reste des voies respiratoires supérieures demandent un diagnostic et un traitement adaptés. Il s'agit souvent d'infections virales, parfois bactériennes qui peuvent entraîner des complications locales (sinusites).

— Des anomalies de structure qui provoquent une obstruction (polypes, tumeurs, déviations de la paroi...). Elles se manifestent surtout par des symptômes touchant une seule narine. Leur survenue demande une consultation spécialisée pour un diagnostic approprié.

— Des facteurs professionnels. La rhinite est alors déclenchée par l'exposition à des substances au travail. Ces substances sont souvent les mêmes que celles déclenchant l'asthme professionnel. Elles agissent soit par un mécanisme allergique (la farine chez le pâtissier par exemple) soit par un mécanisme mal connu dû à la nature chimique de l'agent professionnel (isocyanates, formaldéhyde, etc.).

— D'autres causes provoquent des manifestations semblables à l'allergie : elles sont dues à une hyperexcitabilité nasale dont la cause est mal connue, mais n'est pas infectieuse. On parle de « rhinite vasomotrice » mais il serait préférable de parler de rhinite idiopathique. Des facteurs tels un changement de température, une exposition à une odeur forte ou à différentes poussières provoquent les symptômes. Ce défaut de fonctionnement nasal peut être dû à une hyperréactivité du système nerveux périphérique (système parasympathique, neuropeptides locaux). Il existe également des rhinites dues à une hyperréactivité de cause inconnue et qui sont caractérisées par la présence d'un pourcentage élevé d'éosinophiles dans les sécrétions nasales.

En résumé

Les rhinites allergiques comprennent donc principalement les rhinites allergiques saisonnières au pollen et les rhinites allergiques chroniques dites perannuelles qui durent plus de 6 mois. Elles doivent être distinguées des infections aiguës du nez et des sinus qui peuvent devenir chroniques, et des rhinites dues à des obstacles (polypes, tumeurs, corps étranger).

Dans les rhinites allergiques, la muqueuse nasale réagit par un mécanisme immunologique aux allergènes auxquels elle est sensibilisée. Mais elle devient également, en raison de l'inflammation, hyperréactive à des facteurs non spécifiques de l'environnement. Cette hyperréactivité est liée à la libération des médiateurs de l'allergie, en particulier de l'histamine.

Comment reconnaître une rhinite allergique ?

Une rhinite, c'est un rhume, c'est un nez qui proteste et se manifeste parce qu'il est le siège d'une inflammation dont les causes peuvent être variées, allant du simple « rhume de cerveau » d'origine virale à la tumeur nasale. En pratique, tout le monde a des symptômes liés au nez, ce qui se comprend aisément quand on se réfère à la physiologie de cet organe. La rhinite vraie survient quand il y a association d'éternuements, d'écoulement et d'obstruction pendant au moins une heure par jour pendant plusieurs jours, ce qui exclut les réactions nasales discrètes et normales à l'environnement. Devant un tableau de rhinite, nous avons vu que le médecin devait éliminer les causes liées à des anomalies de structure et à des obstacles anatomiques. Ensuite, c'est la nature de l'écoulement (s'il est purulent, ceci est en faveur d'une origine infectieuse), les circonstances de survenue, les tests cutanés et éventuellement des examens complémentaires qui permettront de faire le diagnostic de rhinite allergique ainsi que des allergènes responsables.

➤ Quels sont les signes évocateurs d'une rhinite allergique ?

Des éternuements et un écoulement clair

Si vous êtes atteint d'une rhinite allergique, vous connaissez ces signes très évocateurs :

— Des éternuements en salve, parfois très nombreux.

— Un écoulement de liquide clair (rhinorrhée aqueuse) par voie antérieure, parfois surinfecté. Il peut s'accompagner d'un écoulement postérieur qui se manifeste par un raclement.

— Une obstruction nasale due à l'œdème et à l'inflammation de la muqueuse nasale. Elle peut survenir le jour mais aussi la nuit et perturber le sommeil, générant ainsi une fatigue. L'obstruction est plus marquée dans les rhinites perannuelles et dans les rhinites allergiques de l'adulte, s'accompagnant souvent d'une respiration par voie buccale et d'un ronflement.

Des démangeaisons du nez peuvent accompagner cette triade symptomatique classique, et se traduire par des signes plus objectifs. Ainsi, chez l'enfant se frottant souvent le nez, le « salut allergique » se traduit par le développement d'un pli nasal transverse à la partie inférieure du nez. Ce signe traduit l'intensité des démangeaisons, les éternuements étant discrets chez l'enfant.

Il peut y avoir également une perte du goût et de l'odorat, ce qui orientera le médecin vers la recherche de polypes.

Les circonstances de survenue de ces signes de rhinite banale peuvent évoquer une réaction allergique : même saison ou même circonstance météorologique, même lieu, même mode de manifestation. Cependant, ceci n'est pas spécifique, des atteintes virales ou des causes irritatives pouvant entraîner ce même tableau très reproductible.

D'autres signes peuvent être associés :

— Signes oculaires : une conjonctivite — avec larmoiement, démangeaison et irritation —, est fréquemment associée à la rhinite en cas de pollinose. Ces signes sont moins importants en cas de rhinite perannuelle.

— Signes bronchiques : toux chronique, oppression et sifflements traduisant un asthme, bronchites à répétition.

— Poussées de sinusites dues à l'œdème et aux sécrétions : elles peuvent obstruer les voies de communication entre cavité nasale et sinus et provoquer de vives douleurs.

— Picotements de la bouche, œdème des lèvres après l'ingestion de certains aliments. Ils peuvent orienter vers une allergie alimentaire associée à la pollinose (voir réactions croisées, p. 276).

Des signes généraux accompagnent la rhinite allergique qui n'est pas uniquement une maladie du nez. Certaines rhinites allergiques retentissent sur la qualité de la vie et provoquent selon les patients :

— Une fatigue.

— Des troubles du sommeil.

— Des maux de tête.

— Une sensibilité des voies respiratoires aux irritants tel le tabac qui provoque des symptômes nasaux ou une toux.

— Des difficultés à se concentrer.

— Des perturbations de l'activité scolaire et professionnelle.

— Des troubles de l'humeur et du caractère.

— Des modifications de la vie relationnelle avec un retentissement psychique et affectif qui sera pris en compte par le médecin.

Celui-ci accordera également une place importante :

— Aux antécédents personnels et familiaux et particulièrement à l'existence de terrain atopique familial ou personnel caractérisé par la triade de la maladie atopique : rhume des foins, asthme, eczéma.

— À l'âge : la rhinite allergique débute souvent au cours de l'adolescence.

— Au rôle de facteurs non spécifiques favorisant l'expression des symptômes de la réaction allergique : tabagisme, changement de température, changement de climat, pollution atmosphérique.

— Aux caractéristiques de l'habitat et à l'environnement professionnel.

La sévérité des symptômes sera appréciée par des critères quantifiés : quantité de mouchoirs utilisés, cotation quotidienne des symptômes sur une période d'observation donnée.

Un examen attentif

Les signes que vous aurez exposés au médecin sont parfois très évocateurs du caractère allergique de la rhinite ; ceci est souvent le cas dans la pollinose, moins souvent dans les rhinites dites perannuelles. Ils seront confirmés par l'examen de votre nez : dans la rhinite chronique, les cornets sont hypertrophiés, la muqueuse est rouge vif, parfois rouge lilas ou pâle et atone. Il n'y a pas d'anomalies morphologiques (déviation de la paroi banale lorsqu'elle est légère, polypes). Les oreilles, sinus, yeux et bronches sont examinés également.

Les examens complémentaires

Les tests destinés à rechercher et identifier les allergènes (voir ci-dessous) seront utilisés par le médecin généraliste (tests globaux) et par l'allergologue (tests cutanés et tests biologiques si nécessaire).

La rhinomanométrie est une technique qui permet d'apprécier la ventilation globale et sélective (gauche et droite) des fosses nasales et donc de mesurer objectivement le degré d'obstruction. Réalisée par le spécialiste, c'est une technique rapide et simple qui mesure la relation entre le débit nasal et la pression. Une augmentation des valeurs en présence de l'allergène est recherchée.

L'examen des sécrétions nasales postérieures permet de connaître la nature des cellules présentes et d'orienter le diagnostic, en particulier en cas de rhinite non allergique à éosinophiles qui se traduit par une éosinophilie supérieure à 20 % et une négativité des tests d'allergie.

Dans certains cas, un examen endoscopique de la fosse nasale sera fait par le spécialiste et un scanner sera demandé.

Au terme de cette démarche, il sera possible de distinguer les principales causes de rhinite chronique ou de rhinite à répétition (en dehors des rhinites dues à des obstacles morphologiques ou tumoraux).

Rhinites infectieuses.	Rhumes à répétition, de nature le plus souvent virale.
Rhinites chroniques non allergiques.	Rhinites à éosinophiles non allergiques. Rhinites idiopathiques inflammatoires et vasomotrices.
Rhinites allergiques.	Rhinites saisonnières : pollinoses, certaines moisissures. Rhinites perannuelles.

➤ Quelles sont les causes de la rhinite allergique ?

Les principaux allergènes diffèrent selon qu'il s'agit de rhinite saisonnière ou perannuelle :

■ Rhinite saisonnière :

— Pollens d'arbres, de graminées, d'herbacées (beaucoup de personnes ont un rhume des foins bâtard).

— Moisissures : *Alternaria*, *Cladosporium* sont principalement périodiques.

■ Rhinite perannuelle :

— Acariens, blattes.

— Animaux : chats, chiens plus rarement.

— Moisissures : *Alternaria* et *Cladosporium* à l'extérieur ; *Aspergillus* et *Penicillinum* à l'intérieur.

Des réactions croisées (voir p. 276) avec des allergènes d'origine alimentaire sont fréquentes en cas de pollinose.

Comment détecter les allergènes ?

La recherche des allergènes se fait grâce à différents tests :

— Tests globaux à un mélange d'allergènes, demandés par le généraliste.

— Tests cutanés pratiqués par l'allergologue. Rappelons qu'ils peuvent être positifs chez des sujets qui ne présentent pas de symptômes.

— Tests biologiques qui peuvent être demandés par l'allergologue ou le médecin généraliste. Le dosage des IgE totales et des éosinophiles du sang a peu d'intérêt. Le dosage des IgE spécifiques, test coûteux, sera plutôt demandé par l'allergologue, surtout s'il envisage une désensibilisation. Une positivité des IgE spécifiques témoigne d'une sensibilisation biologique ; mais la réactivité du nez et l'environnement allergénique conditionnent l'apparition de la maladie. En cas de discordance, la clinique l'emporte.

— Tests plus complexes tel le test de provocation nasale seront faits en cas de doute ou dans des cas difficiles par des laboratoires spécialisés. Ce test met en jeu des mesures de pression (rhinomanométrie), en présence d'allergènes courants suspectés (acariens, phanères d'animaux). Lorsque les résistances nasales augmentent nettement, cela signifie que les cellules de la muqueuse (mastocytes) sont réellement sensibles à l'allergène qui provoque cette augmentation.

Quelles sont les causes pouvant être confondues avec la rhinite allergique ?

En cas de rhinite saisonnière, telle la pollinose, les causes de confusion sont minimes.

En cas de rhinite chronique non allergique, le diagnostic n'est pas toujours facile. Normalement, les tests d'allergie sont négatifs dans les rhinites chroniques non allergiques. En réalité, il peut y avoir des tests cutanés positifs, par exemple aux acariens, sans que ceux-ci soient responsables de la rhinite. Rappelons qu'une proportion importante de personnes est sensibilisée à des allergènes sans présenter de maladie allergique.

L'interrogatoire et la clinique gardent donc, comme toujours en médecine, une importance primordiale. La survenue des symptômes par rapport à l'environnement permet souvent de trancher ; par exemple, une absence d'aggravation dans une maison humide, et une absence d'amélioration en altitude sont en défaveur du rôle des acariens ; les tests de provocation sont aussi importants.

Parmi les rhinites chroniques non allergiques figurent la rhinite à éosinophiles non allergique dont le diagnostic est fait par le spécialiste, et la rhinite vasomotrice, terme un peu dépassé qui correspond à une rhinite chronique non allergique avec une hyperréactivité à des facteurs d'environnement. Elle est fréquemment rencontrée en pratique.

Les rhinites allergiques et les rhinites vasomotrices se différencient par :

— L'âge de début de la survenue, souvent plus précoce en cas d'allergie.

— La prédominance des éternuements et des écoulements, plus en faveur de l'allergie.

— Le terrain atopique, en faveur de l'allergie.

— Les facteurs déclenchants : le rôle des allergènes est aisément suspecté avec les pollens, les acariens et la poussière de maison, le chat ; il l'est plus difficilement pour les facteurs liés à l'humidité ; la périodicité des symptômes est alors importante pour certaines moisissures, en particulier pour *Alternaria* et *Cladosporium*.

— Le rôle prédominant des facteurs irritants, tels le tabac, la fumée, le parfum, en faveur de la rhinite vasomotrice.

	Rhinite allergique	**Rhinite « vasomotrice »**
Âge de début	Précoce : adolescence, enfance.	Plus tardif : adulte.
Symptômes	Éternuements, écoulements, prurit.	Congestion et obstruction.
Terrain	Atopie (IgE).	Terrain non spécifique.
Allergènes	Caractère saisonnier +++ (pollens). Caractère perannuel : plus difficile (acariens, chat).	Pas de rôle.
Facteurs irritants	Rôle aggravant : tabac, fumée, parfum.	Rôle prédominant.

Quelles sont les complications de la rhinite allergique ?

— L'asthme bronchique, qui coexiste souvent avec la rhinite et qui peut se manifester par une toux chronique, principalement en fin de journée.

— L'infection des sinus, favorisée par la réaction inflammatoire due à l'allergie. Elle peut devenir chronique dans les rhinites perannuelles avec un œdème et l'apparition de polypes.

— L'otite séro-muqueuse chez l'enfant : elle est provoquée par de multiples facteurs dont l'inflammation allergique nasale qui lui est associée dans un tiers des cas. Elle est souvent observée chez des petits enfants atopiques.

— Une complication plus grave est la triade de Widal qui associe asthme allergique, intolérance à l'aspirine et polypose nasale. La réduction de l'intolérance à l'aspirine est difficile.

Même si elle ne se complique pas, il est maintenant clairement démontré que la rhinite allergique n'est pas si banale qu'il paraît et qu'elle perturbe la vie quotidienne des patients. Elle altère la qualité de la vie de façon comparable à l'asthme. Aussi sa prévention et son traitement doivent être sérieusement entrepris.

Règles d'hygiène, prévention, traitement

Les rhinites allergiques ne guérissent pas spontanément dans la majorité des cas. Un pourcentage de 5 à 10 % de patients guérit spontanément, et le même pourcentage évolue vers l'asthme.

Dans cette maladie qui évolue souvent sur de longues années, le traitement doit être adapté au patient afin de faciliter l'observance. Il est possible d'utiliser selon les cas différents éléments d'une « palette » thérapeutique qui comporte :

- L'éviction de l'allergène.
- Des médicaments « classiques ».
- La désensibilisation.
- Des thérapeutiques de « terrain ».

➤ Éviction de l'allergène

Souvent partielle, elle est néanmoins utile, l'intensité des symptômes étant proportionnelle à la densité des antigènes autour du malade. Les possibilités d'éviction diffèrent selon les allergènes :

■ **Pollens et allergènes de l'extérieur** : l'éviction est impossible ou relève du ressort d'action de santé publique telle l'action menée dans la région Rhône-Alpes pour lutter contre l'ambroisie. Le jardinage avec un masque, la filtration d'air dans la voiture et dans la chambre contribuent à limiter l'exposition.

■ **Acariens** : les mesures de prévention habituelle seront prises. La mesure de la concentration en acariens grâce à l'Acarex-test® sera utile. Elle reflète le taux des allergènes issus des déjections des acariens ; de forte taille, ils sont mis en suspension lors des mouvements de la poussière ou la nuit par le flux sanguin. Les autres allergènes provenant des acariens sont plus légers et sont en suspension tout le temps. Il faudra faire attention aux chats et chiens qui remuent la poussière.

■ **Moisissures** : aérer et déshumidifier permet de réduire les moisissures intérieures.

■ **Chats et animaux de compagnie** : l'éviction est souhaitable. Sinon il faut limiter l'exposition dans la maison.

➤ Traitement symptomatique classique

Le traitement médicamenteux de la rhinite allergique est efficace et associe des médicaments locaux et des médicaments par voie orale, principalement des antihistaminiques. Le choix des traitements et des modes d'administration doit être fait par le médecin traitant, surtout dans les rhinites allergiques sérieuses.

Schématiquement, les principaux médicaments utilisés sont cités ci-dessous.

Par voie locale

■ **Le cromoglycate sodique local** : il inhibe la dégranulation cellulaire induite par les IgE spécifiques. Efficace, sans effets secondaires, il constitue le traitement de première intention chez l'enfant. Il est aussi très efficace localement dans la conjonctivite souvent associée à la rhinite allergique.

■ **Les corticoïdes locaux** : ils réduisent l'inflammation de la muqueuse nasale, mais sont à utiliser sous contrôle, même si les effets secondaires sont limités. Sur une longue période, la surveillance s'impose. Les formes moins dosées sont de maniement plus facile.

■ **Les antihistaminiques H1** : ils peuvent être maintenant utilisés en application locale.

■ **Le sérum physiologique** : il fait partie de l'hygiène nasale de nombreux allergiques.

■ **Les vasoconstricteurs locaux** : ils permettent de lutter provisoirement contre une obstruction. Leur utilisation doit être inférieure à une semaine, le risque d'induction d'une rhinite médicamenteuse étant réel.

Par voie orale

■ **Les antihistaminiques H1** : ils empêchent la fixation de l'histamine sur le récepteur H1, impliqué dans l'effet « pro-allergique » de l'histamine, et sont le traitement de référence de la rhinite allergique. Ceux de dernière génération sont de mieux en mieux tolérés et n'ont plus l'action sédative des premières molécules.

■ **Les anticholinergiques** : ils n'ont d'action que sur l'écoulement nasal mais sont bien tolérés.

■ **Les corticoïdes par voie orale** : ils sont en règle générale contre-indiqués si l'on compare la relative bénignité de la maladie aux inconvénients possibles du traitement. Une dépression de l'activité cortico-surrénalienne peut être induite par les traitements injectables « retard », ce qui contre-indique leur utilisation.

Désensibilisation

Tout en tenant compte des progrès thérapeutiques réalisés et de la meilleure tolérance des médicaments majeurs de la rhinite allergique (antihistaminiques H1), la désensibilisation garde tout son intérêt à condition de bien peser les risques et les bénéfices de son indication. Elle est pratiquée dans la rhinite allergique aux pollens, aux acariens et aux poils de chat, après que l'éviction des allergènes domestiques aura été effectuée dans les limites du possible. Son efficacité a été démontrée par de nombreux essais cliniques contrôlés. Ses indications doivent être discutées précisément. La désensibilisation est principalement indiquée en cas de sensibilisation à un seul allergène, lorsque la rhinite allergique est sévère ou compliquée et quand les symptômes sont mal contrôlés par le traitement. La voie sublinguale peut être une alternative à la voie sous-cutanée, à envisager selon les patients.

Thérapeutiques de terrain

Elles sont très utiles dans le traitement des symptômes et des complications des rhinites allergiques, ainsi que dans le traitement du terrain atopique. L'homéopathie rencontre ici une de ses meilleures indications avec l'association de médicaments destinés au terrain, au traitement des symptômes (éternuements, écoulement, obstruction), à la diminution de la réactivité cellulaire (poumon histamine) et de la sensibilité à l'allergène. Sur cette dernière indication, des essais cliniques contrôlés ont donné des résultats favorables à l'homéopathie par rapport au placebo, tout en restant controversés. Ce traitement doit être adapté au patient et nécessite l'intervention d'un médecin expérimenté en homéopathie[1]. Un traitement phytothérapique, la prescription d'oligo-éléments, l'utilisation de l'acupuncture, et dans certains cas les cures thermales, pourront aussi être utilisés en complément du traitement classique. Ce choix se fait en fonction des options du patient et des orientations du médecin.

Nous résumons ci-dessous très sommairement les indications de ces différents outils thérapeutiques.

PRINCIPALES STRATÉGIES THÉRAPEUTIQUES

Pathologie	Traitement classique
Rhinite allergique saisonnière.	Peu grave : cromoglycate ou antihistaminique H1 per os. Modérée : corticoïdes locaux. Résistante au traitement : envisager l'immunothérapie.
Rhinite allergique perannuelle de l'adulte.	Éviction de l'allergène et des irritants non spécifiques. Symptômes intermittents : antihistaminiques H1, cromoglycate. Symptômes persistants : corticoïdes locaux.
Rhinite d'origine professionnelle.	Spécialiste.
Un traitement de terrain peut être associé dans tous les cas	

1. L'acquisition d'un diplôme universitaire ou d'un diplôme de l'École française d'homéopathie, est une bonne garantie d'une formation qui n'est pas clairement reconnue par les autorités.

En résumé

Les rhinites allergiques ne sont pas une pathologie mineure. Maladies dont la fréquence importante est en croissance constante, elles ont un retentissement sur la qualité de vie, et peuvent être associées à l'asthme et provoquer des complications locales. Elles bénéficient d'une prévention « écologique » de l'environnement extérieur (plantations) et intérieur (acariens, moisissures, animaux). À cette fin, l'identification du ou des allergènes est indispensable.
Leur traitement ne doit pas être uniquement symptomatique et épisodique, mais s'appuyer sur une palette thérapeutique très complète et sur des traitements de terrain utiles. En cas de résistance au traitement, le diagnostic peut être approfondi et remis en question.

Les allergies oculaires

■

L'œil et ses annexes

➤ L'œil est transparent

L'œil est fait pour voir. Aussi, la lumière qui parcourt l'axe optique du paysage ou de l'objet regardé jusqu'au photorécepteur qu'est la rétine, doit traverser un milieu transparent. La cornée, la chambre antérieure de l'œil, le cristallin, le corps vitré, situés sur l'axe de la vision, répondent à cette exigence. En conséquence, ces organes ne sont pas vascularisés et n'ont pas de cellules inflammatoires ni de lymphocytes. Seul le pourtour de la cornée, nommé limbe cornéen, est vascularisé et peut répondre aux agressions immunologiques à partir de la conjonctive.

L'intérieur du globe oculaire (chambre antérieure contenant l'humeur aqueuse, cristallin, corps vitré) n'est normalement pas accessible aux micro-organismes. La vascularisation de l'intérieur du globe oculaire concerne l'uvée antérieure (avec l'iris, diaphragme pigmenté en avant du cristallin, et les corps ciliaires), la choroïde, tissu pigmentaire très vascularisé qui assure l'oxygénation de la rétine, et la rétine, siège de la vision. Ces organes peuvent être le siège d'atteintes inflammatoires.

Ce sont principalement deux « annexes » de l'œil, les conjonctives (membrane qui tapisse la cornée et le blanc de l'œil), et les paupières qui sont le siège de conflits allergiques. La cornée répond aux agressions immunologiques à partir de la conjonctive par l'intermédiaire du limbe cornéen, situé à la limite de la conjonctive. L'appareil lacrymal, troisième annexe de l'œil, joue un rôle essentiel dans la protection du globe oculaire.

➤ Les facteurs de protection

La cornée

La cornée est en contact avec l'environnement et avec le milieu intraoculaire. C'est la partie transparente de la mince coque qui couvre l'œil, la sclérotique.

Tout en ne possédant pas de défense immunologique active, elle assure la défense de l'œil grâce :

— Aux cellules de son épithélium qui sont très serrées, et jouent le rôle de barrière à l'égard des micro-organismes.

— Aux défenses immunologiques issues de la conjonctive. Lors des inflammations de la conjonctive, le limbe peut être infiltré par des cellules inflammatoires et devenir très vascularisé, ce qui se traduit par le cercle rouge autour de la cornée. Lorsque l'inflammation persiste, il peut se produire une vascularisation de la cornée à partir du limbe, avec multiplication des cellules lymphoïdes et développement d'une hypersensibilité à médiation cellulaire destructrice.

— Les larmes et le réflexe de clignement des yeux participent à cette protection exercée par la cornée.

Les larmes

Les larmes sont sécrétées par des glandes lacrymales, situées à la partie supérieure et externe de l'œil. Ces glandes possèdent des cellules immunitaires qui assurent en particulier la production des immunoglobulines.

Les larmes, qui ne sont pas composées seulement d'eau, exercent un double rôle de protection et de lubrifiant.

Autour de la partie aqueuse proprement dite, il y a une couche de mucus qui arrime la larme à la cornée et une couche externe constituée d'un film lipidique qui empêche l'évaporation ; les lipides sont fabriqués par des glandes spécialisées (glandes de Meibomius) situées à la racine des cils.

Grâce aux substances qu'elles contiennent, les larmes assurent :

— Une défense non spécifique due à des substances qui ont un rôle antibactérien : lactoferrine, lysozyme.

— Une défense immunologique spécifique, due principalement aux anticorps IgA qui préservent l'œil de la fixation et de la pénétration des micro-organismes.

La composition des larmes traduit aussi les conflits immunologiques de la cornée et de la conjonctive avec présence des médiateurs de l'inflammation et de la réaction allergique.

La conjonctive

La conjonctive est une membrane muqueuse qui tapisse la partie antérieure du globe oculaire et la face postérieure de la paupière. Elle comporte trois parties : conjonctive palpébrale, bulbaire (le long de la sclérotique) et les culs-de-sac inférieurs et supérieurs.

La conjonctive est un prolongement histologique de la muqueuse nasale et trachéo-bronchique. Elle est richement vascularisée et contient des cellules immunitaires, comme les paupières et l'uvée, tissu nourricier qui possède un équipement immunitaire complet. Elle est également richement innervée, ce qui explique en particulier l'existence d'un réflexe lacrymal secondaire à l'irritation ou l'inflammation de la conjonctive ou de la cornée.

Les éléments immunologiques présents dans la conjonctive sont :

— Les immunoglobulines A (IgA) de surface qui empêchent les micro-organismes d'adhérer à la barrière conjonctivale et de la traverser.

— Les lymphocytes B et T ; ces amas de lymphocytes font partie du tissu lymphoïde associé aux muqueuses. Cela explique que les conjonctivites allergiques ne sont pas uniquement une maladie allergique de l'œil, mais qu'elles font aussi partie de l'allergie, maladie générale, qui touche plusieurs organes après sensibilisation des lymphocytes.

— Les mastocytes qui sont impliqués dans la réaction allergique à IgE.

— Les cellules de Langerhans, qui assurent la présentation de l'antigène aux lymphocytes et interviennent dans les réactions allergiques d'hypersensibilité.

Normalement, il y a six fois plus de lymphocytes fabriquant des IgA que de lymphocytes fabriquant des IgE dans la conjonctive normale.

➤ Comment surviennent les allergies oculaires ?

La conjonctivite aiguë

La production d'IgE spécifiques d'un allergène augmente lorsqu'une de ces substances banales de l'environnement (pollens, acariens, phanères d'animaux) provoque une sensibilisation avec la synthèse d'IgE spécifiques. Ces anticorps se fixent sur les mastocytes de la conjonctive. Ils peuvent aussi passer dans la circulation générale et se fixer sur les basophiles du sang et les mastocytes d'autres tissus qui sont des cibles possibles de l'allergie. La réaction allergique immédiate, de mécanisme IgE dépendant, se déclenche lorsque l'allergène, dissous dans le flux lacrymal, entre de nouveau en contact avec les IgE fixés sur les mastocytes de la conjonctive, siège préférentiel des réactions allergiques de l'œil. Les mastocytes sont activés par la liaison de l'allergène aux IgE spécifiques et libèrent leurs médiateurs : histamine, prostaglandines, leucotriènes, enzymes. Ceux-ci provoquent une dilatation des vaisseaux, une rougeur, un œdème conjonctival, une hypersécrétion de mucus, et souvent une atteinte de la muqueuse nasale. Cette conjonctivite aiguë est parfois suivie d'une réaction plus tardive due aux éosinophiles.

L'eczéma des paupières

Dans l'eczéma des paupières, dû en général à des allergènes de contact, ce sont les mécanismes de l'hypersensibilité à médiation cellulaire qui sont sollicités. L'intervalle entre l'exposition à l'allergène et le déclenchement des mécanismes est plus long, et l'identification de l'allergène responsable demande souvent plus de patience.

En ce qui concerne les allergies de la cornée et de la conjonctive (kératoconjonctivites), différentes réactions d'hypersensibilité immunologique interviennent de façon intriquée et complexe.

Quels sont les facteurs responsables ?

Les conjonctivites allergiques sont en augmentation non seulement en raison du rôle des allergènes contenus dans l'atmosphère tels le pollen, les phanères d'animaux, les acariens ou des allergènes professionnels, mais aussi en raison de facteurs non spécifiques :

— Pollution de l'environnement, en particulier par les hydrocarbures qui agressent la couche lipidique des larmes.

— Modification de l'habitat : présence d'animaux au domicile, chauffage excessif et manque d'aération qui favorisent le développement des acariens, climatiseurs qui diminuent l'hygrométrie, tabagisme passif.

— Le travail sur écran ne provoque pas d'allergies oculaires ; il peut les entretenir, comme le port de lentilles de contact.

Comment se fait le diagnostic d'une allergie oculaire ?

Par un beau matin de printemps, quand l'hiver se termine enfin, et que la beauté des parcs ou de la campagne vous incline à laisser tomber toutes les activités routinières, votre œil malicieux (en fait les deux hélas) choisit ce moment privilégié pour devenir rouge, vous démanger, et vous faire pleurer. Et cela se reproduit chaque fois qu'il fait beau !

Vous avez depuis un an un chat qui vous fait oublier les soucis créés par certains de vos congénères pour qui le rapport de force reste la règle des relations humaines. Oui, mais depuis quelques mois, votre œil larmoie, il vous agace, et votre entourage vous demande pourquoi il est parfois rouge. Ceci augmente progressivement, insidieusement, et votre nez aussi réagit. Votre médecin, à qui vous aviez confié les antécédents d'asthme et d'eczéma atopique, vous avait déconseillé d'avoir un animal domestique, un chat en particulier. Il vous avait expliqué qu'une autre allergie pouvait survenir. Et s'il avait raison ?

Vous appréciez vos lentilles de contact. Disparues, ces lunettes à l'esthétique discutable, ces prothèses que l'on tord, que l'on oublie, que l'on perd, qui sont gênantes lors de la pratique du sport et qui, lorsqu'il pleut, assurent une bien piètre vision. Oui, mais depuis quelque temps, votre œil vous gêne, il vous irrite, vous avez du mal à garder vos lentilles et vous vous en séparez de plus en plus tôt chaque jour.

Dans tous ces cas, vous consultez votre médecin qui pensera à une allergie.

➤ Des yeux qui démangent, sont rouges et larmoient

Des yeux qui grattent, sont rouges, larmoient : ceci évoque une conjonctivite allergique, allergie oculaire la plus fréquente. Dans ce cas, l'œil n'est pas douloureux et la vision n'est pas altérée. L'autre cause courante d'œil rouge est l'hémorragie d'un petit vaisseau situé sous la conjonctive, qui se distingue clairement d'une conjonctivite.

Lorsqu'un œil est rouge et douloureux, et surtout s'il y a une altération de la vision, il faut vite consulter un ophtalmologiste qui diagnostiquera selon les cas :

— Une inflammation de la cornée, kératite, qui perd sa transparence et est entourée d'un cercle rouge caractéristique. Il y a une douleur à la lumière.

— Une inflammation de l'iris et du corps ciliaire, irido-cyclite, qui se traduit par une douleur parfois vive.

— Une crise de glaucome aigu qui se traduit par une vision très abaissée et une douleur très vive imposant une consultation urgente.

Naturellement un traumatisme de l'œil nécessite une consultation spécialisée.

Œil rouge douloureux	
Kératite.	Causes bactériennes, virales ; corps étranger superficiel.
Irido-cyclite.	Causes locales ou générales (maladies immunitaires).
Glaucome aigu.	Fermeture de l'angle irido-cornéen.
Œil rouge non douloureux	
Hémorragie sous-conjonctivale.	Vérifier la tension artérielle, la coagulation.
Conjonctivite.	Causes allergiques, infectieuses, toxiques.

Les conjonctivites peuvent avoir différentes origines, allergique, virale, bactérienne, toxique. Les signes en faveur d'une réaction allergique sont l'intensité des démangeaisons de l'œil, surtout aux angles externe et interne, les sécrétions claires, le larmoiement intense.

Par contre, la douleur provoquée par la lumière (photophobie) est en général modérée et la cornée est, en cas de conjonctivite allergique simple, intacte. Il n'y a pas de trouble de la vue.

Il y a une association fréquente à la rhinite, voire à l'asthme (pollinose ou allergie aux acariens).

➤ La recherche de l'allergène

Devant ces signes, le diagnostic de conjonctivite allergique repose avant tout sur un interrogatoire approfondi, un examen clinique et sur la pratique des tests cutanés.

Des renseignements très utiles

Comme toujours en allergologie, l'interrogatoire du médecin porte sur :

■ **Le terrain personnel et familial :** recherche d'une atopie générale, avec asthme, rhinite ou dermatite atopique associée. Les maladies allergiques oculaires sont plus rarement retrouvées dans les antécédents familiaux.

■ **Les symptômes oculaires :**

— À quel âge sont-ils apparus ? Les conjonctivites allergiques sont souvent des maladies du jeune adulte.

— À quelle période de l'année, dans quel lieu, dans quelles circonstances ?

— Le nez ou les sinus sont-ils atteints ?

— Avez-vous des problèmes de respiration ou de peau en même temps ?

— Êtes-vous sensible aux irritants : fumée de tabac, polluants divers ?

— Prenez-vous des médicaments ?

— Quelle est votre profession et vos conditions de travail ?

— Où habitez-vous ? Dans quelles conditions ?

À partir de ces données, la recherche pourra s'orienter vers les allergènes courants :

■ **Les pollens :** la rhino-conjonctivite pollinique due aux espèces anémophiles est fréquente. Il s'agit alors de conjonctivites aiguës saisonnières, avec des manifestations spectaculaires ; le calendrier pollinique régional favorise la recherche des pollens responsables, les pollens d'arbres, de graminées ou d'herbacées.

■ **Les squames d'animaux, les acariens :** les manifestations sont plus discrètes, mais plus chroniques. Elles peuvent être présentes toute l'année ou avoir des recrudescences saisonnières. C'est le cas avec les acariens, mais aussi avec les moisissures atmosphériques.

■ **Les allergènes alimentaires**

En cas de suspicion d'allergie de contact (eczéma des paupières), ce sont les cosmétiques et produits d'hygiène, les collyres et les produits d'entretien des lentilles qui seront les premiers suspects.

L'examen clinique

Le médecin non-spécialiste examine l'œil directement à l'œil nu ou avec des lunettes grossissantes. L'ophtalmologiste utilise une lampe à fente qui grossit jusqu'à quarante fois la surface de l'œil. Les paupières et les surfaces de la conjonctive seront examinées à la recherche de rougeur, d'œdème, de sécrétions, de formations anormales. La cornée sera examinée par le spécialiste qui pourra détecter une kératoconjonctivite (printanière ou atopique) ou une conjonctivite giganto-papillaire. L'examen ophtalmologique est primordial dans tous les cas.

Les tests cutanés

Ils seront faits par l'allergologue, après l'examen ophtalmologique. L'utilisation des tests cutanés a deux limites : d'une part, l'œil est un petit organe, et parfois la production d'IgE va être insuffisante pour rendre les tests cutanés usuels (prick-tests) positifs. Il faut alors recourir à des intradermo-réactions. D'autre part, la consultation ophtalmologique oriente la pratique des tests : il ne faut pas faire de tests cutanés, dès qu'une lésion est proche de la macula (zone de la rétine où l'acuité visuelle est maximale) : il y a un risque d'aggravation des symptômes (réaction syndromique) qui peut être dramatique.

La recherche d'allergènes de contact est nécessaire en cas d'atteinte des paupières et de suspicion d'eczéma de contact : orientée par l'interrogatoire, elle reposera sur l'utilisation des épidermotests portant sur les allergènes standard, et selon les cas sur les allergènes professionnels ou les cosmétiques.

Le bilan biologique

D'usage limité, il sera utilisé pour préciser le diagnostic :

— Dosage des IgE totales, peu augmentées dans l'allergie oculaire isolée.

— Dosage des IgE spécifiques : les tests multi-allergéniques d'orientation, demandés par le médecin généraliste, peuvent être faussement négatifs. Les tests sanguins seront demandés si les tests cutanés ne sont pas réalisables ou pour compléter des informations apportées par les tests.

— La recherche des IgE des larmes peut être demandée par l'allergologue. Normalement, les IgE ne sont pas détectables. Les tests récents, effectués à partir d'une faible quantité de larmes, sont très sensibles.

— Un test de provocation conjonctival avec recherche d'IgE dans les larmes sera demandé dans les cas difficiles.

Les autres examens seront effectués sur l'initiative du spécialiste.

La consultation du spécialiste ophtalmologiste

Elle est nécessaire pour vérifier l'état de la vision avant la pratique des tests et surtout en cas de suspicion d'atteinte cornéenne. Elle est aussi indispensable avant l'instauration d'une corticothérapie locale.

Quelles sont les autres causes de conjonctivite ?

Les causes d'agression de la conjonctive sont nombreuses :

— Hémorragies sous-conjonctivales.

— Conjonctivites bactériennes avec sécrétions purulentes et agglutination des cils.

— Conjonctivites virales, en particulier dues à l'herpès.

— Conjonctivites dues à un parasite, le Demodex.

— Les abus de collyre.

Diverses pathologies oculaires peuvent être associées à une conjonctivite allergique avérée et une consultation ophtalmologique est, dans tous les cas, nécessaire.

Les différentes atteintes allergiques de l'œil

Schématiquement, il peut s'agir de :

■ **Pathologies uniquement allergiques :** si les plus courantes, les conjonctivites allergiques saisonnières (pollens) et perannuelles (acariens) ne sont pas dangereuses, deux formes plus rares, la kératoconjonctivite printanière et la kératoconjonctivite atopique peuvent menacer la vue.

■ **Pathologies à participation allergique :** l'eczéma des paupières et les blépharites sont fréquentes. Les problèmes liés au port des lentilles de contact, les pathologies dues aux collyres et à leurs conservateurs et le syndrome de l'œil sec sont aussi des motifs fréquents de plainte de la part des patients.

En pratique, trois tableaux dominent l'allergie oculaire :

— Les conjonctivites allergiques, qui représentent environ 25 % des conjonctivites.

— L'eczéma des paupières et les blépharites.

— Les réactions allergiques aux collyres et produits d'entretien des lentilles.

➤ Les conjonctivites allergiques

Une forme est fréquemment rencontrée : ce sont les conjonctivites allergiques dues aux pneumallergènes. Elles sont souvent vues et traitées par le médecin généraliste, en collaboration avec l'allergologue quand il y a un problème de diagnostic. Les autres formes, plus graves, sont la kératoconjonctivite printanière, rencontrée chez des jeunes garçons, la kératoconjonctivite atopique de l'adulte et les conjonctivites à papilles géantes qui touchent les porteurs de lentilles de contact. Leur simple suspicion impose une consultation spécialisée chez un ophtalmologiste.

Conjonctivites allergiques dues aux pneumallergènes

Elles peuvent avoir une origine pollinique, et se manifester par des crises de conjonctivite aiguë saisonnière, souvent associées à une rhinite ou être dues à des allergènes non saisonniers, phanères d'animaux ou acariens. Elles se manifestent alors de façon plus chronique.

Dans les cas typiques, le patient est atteint du syndrome de « papier de verre » : les yeux démangent, sont larmoyants et rouges, avec une impression de corps étranger (comme du sable sous la paupière) ; les paupières peuvent être collées par des sécrétions muqueuses, non purulentes. Il y a généralement absence de douleur et absence de baisse de l'acuité visuelle. Il s'agit d'un syndrome allergique vrai, avec existence de petits follicules que le médecin voit sur la conjonctive en renversant la paupière.

Le traitement de ces conjonctivites allergiques est proche de celui de la rhinite allergique ; il repose sur :

— L'éviction de l'allergène ou tout au moins la diminution de l'exposition.

— Les antihistaminiques H1.

— La prescription de cromoglycate oculaire, très efficace dans cette indication, à répéter souvent.

Les corticoïdes topiques ne sont pas indiqués dans cette affection. La désensibilisation spécifique est utile en cas de rhinite et de conjonctivite pollinique sévère. Le port des lentilles de contact peut être difficile.

Les conjonctivites allergiques sont de diagnostic assez simple pour les formes aiguës. Elles doivent cependant être différenciées d'un traumatisme, d'une infection virale (herpès).

En cas de conjonctivite chronique, il faut éliminer avec attention d'autres causes :

— Autres formes de conjonctivites allergiques plus graves.

— Des conjonctivites infectieuses, notamment dues au *Chlamydia* (contamination génitale ou dans des piscines).

— Des irritations chroniques de la conjonctive, dues en particulier à des fixations prolongées (lecture, travail sur écran, télévision). Une consultation ophtalmologique s'impose pour corriger les éventuelles anomalies de la vision et l'effort d'adaptation oculaire qu'elles suscitent. L'exposition à des fumées ou à des particules irritantes crée aussi une irritation de la conjonctive.

— Le syndrome de « l'œil sec » caractérisé par une sensation de brûlure et paradoxalement des larmoiements est la cause de confusion la plus fréquente.

« L'œil sec »

Les larmes ont un rôle de défense, de protection, mais aussi de lubrifiant. Elles sont composées de trois couches dont la couche externe, couche protectrice lipidique qui empêche l'évaporation, est de plus en plus souvent altérée par les irritants de notre environnement.

Il y a actuellement une augmentation des syndromes de sécheresse oculaire, souvent confondus avec des allergies.

Les facteurs favorisants

L'environnement :

— Pollution extérieure, due en particulier aux hydrocarbures qui altèrent les lipides des larmes.

— Exposition prolongée au froid sec, au soleil, au vent.

— Climatisation, ventilation des lieux publics et des lieux de travail.

— Fumée de cigarette.

— Fixation prolongée des écrans qui diminue le clignement et assèche l'œil.
Les médicaments. De très nombreux produits peuvent créer un syndrome de l'œil sec :
— Antihypertenseurs : bêtabloquants.
— Tranquillisants, antidépresseurs.
— Contraceptifs oraux (sauf produits mini dosés).
— Antispasmodiques.
— Antihistaminiques.
— Antiacnéiques.
— Certains collyres.
L'âge, les suites de certaines maladies virales de l'œil, des maladies dermatologiques (rosacée).

Le diagnostic
Il sera fait par l'ophtalmologiste.

La kératoconjonctivite printanière

Cette pathologie, plus rare, touche surtout les garçons et débute entre 3 et 10 ans. En Europe, elle se manifeste de façon saisonnière, au printemps et en été, et survient surtout chez des enfants atopiques. Dans d'autres pays où cette maladie est fréquente (pays du pourtour méditerranéen, Afrique, Moyen-Orient, Extrême-Orient, Amérique du Sud), elle se manifeste de façon continue, le terrain atopique ayant alors un rôle moins important.

Les symptômes sont souvent intenses : douleur à la lumière (photophobie) intense, avec difficulté à ouvrir les paupières qui démangent ; l'œil est très rouge et larmoyant, avec des sécrétions filamenteuses. L'exposition au soleil aggrave cet état que la pluie améliore. L'intensité des signes peut conduire l'enfant à s'isoler, ce qui retentit sur son travail scolaire et sa vie sociale. Ces signes sont provoqués par une mosaïque de végétations (aspect de pavés) que le médecin voit en soulevant la paupière supérieure.

Cette pathologie, bilatérale, est invalidante pour l'enfant. Après dix ans d'évolution, elle guérit spontanément, souvent autour de la puberté. Elle peut être grave en raison de l'atteinte de la cornée : si les petites ulcérations guérissent souvent, des ulcères de plus grande taille peuvent laisser des cicatrices sur la cornée et entraîner une baisse de la vision, voire une cécité.

Le traitement de la kératoconjonctivite printanière est de la compétence du spécialiste. Il vise à calmer la douleur par l'utilisation de verres teintés et à lever les spasmes des paupières par le port de lentilles thérapeutiques s'interposant entre la cornée et les paupières. Les corticoïdes locaux sont souvent nécessaires, la prescription et le suivi étant assurés par l'ophtalmologiste. En cas d'allergie démontrée, il faut assurer l'éviction de l'allergène ainsi que celle de tous les irritants. Des traitements locaux seront nécessaires en cas d'atteinte cornéenne marquée.

La kératoconjonctivite atopique

Ces conjonctivites sont rares mais peuvent être graves. Elles touchent de jeunes adultes atopiques, et n'ont pas tendance à la guérison spontanée. Souvent liées à l'eczéma atopique auquel elles s'associent dans un quart des cas, elles atteignent la conjonctive, la cornée, les paupières, avec un eczéma du visage souvent associé. Leur bilan et leur traitement sont faits par l'ophtalmologiste.

La conjonctivite à papilles géantes due aux lentilles de contact

En dehors des problèmes dus aux conservateurs (voir ci-dessous), les lentilles de contact créent des pathologies :

- **Infectieuses :** d'origine bactérienne, mycosique ou parasitaire, elles nécessitent un traitement rapide et approprié.
- **Pseudo-allergiques :** dues à une intolérance mécanique avec effet de corps étranger ; cette intolérance peut être minime et améliorée simplement par des substituts de larme. Il faut cependant faire attention aux lentilles cassées ou rayées qui irritent les paupières.
- **Allergiques :** conjonctivites giganto-papillaires. Dans ce cas, une consultation ophtalmologique est indispensable. Elles touchent le plus souvent les porteurs de lentilles de contact, mais aussi les porteurs de prothèse oculaire.

Si vous en êtes atteint, vous ressentirez une gêne et des démangeaisons lorsque vous enlèverez vos lentilles. Vous pourrez les porter moins longtemps. Le port de lentilles neuves vous améliorera provisoirement. Ces symptômes et cette gêne sont dus à l'accumulation de mucus sous la lentille, provoquée par des papilles « géantes ».

Les causes de cette conjonctivite peuvent être mécaniques (chirurgie oculaire, prothèses), mais sont le plus souvent dues au port des lentilles et aux dépôts qui se forment (dénaturation des protéines des larmes sur les lentilles, stockage des produits d'entretien sur la lentille).

Le traitement repose sur :

— L'hygiène des lentilles : ajustement, nettoyage soigneux par massage de la lentille, déprotéinisation fréquente, réduction du temps de port.

— Le port de lentilles de contact à renouvellement fréquent, telles les lentilles jetables à renouvellement quotidien.

— Un traitement local, à base de cromoglycate ; les corticoïdes locaux ne doivent pas être utilisés.

Lentilles de contact et allergie

Les lentilles de contact sont de deux types :
— Les lentilles rigides très perméables à l'oxygène, de petite taille ; rigides, elles peuvent être aisément nettoyées.
— Les lentilles souples de plus grande taille. Hydrophiles, elles contiennent une grande proportion d'eau. Les dépôts divers (protéines, microbes, produits d'entretien, polluants, s'y accumulent facilement). Les lentilles souples à renouvellement fréquent, mensuel, sont très utilisées. Les lentilles jetables changées quotidiennement sont les mieux adaptées et évitent le recours aux produits d'entretien, parfois mal tolérés. Leur coût est plus élevé.
Il n'y a pas d'allergie au matériau des lentilles, mais aux produits d'entretien qui contiennent en particulier :
— Des ammoniums quaternaires : benzalkonium, qui a aussi des effets toxiques.
— Des dérivés mercuriels : thiomersal, le plus allergisant.
— La chlorexhidine, qui peut provoquer des sensibilisations.
Ces produits s'accumulent dans des lentilles hydrophiles souples. Les symptômes — intolérance aux lentilles de contact, rougeur oculaire — s'améliorent lorsque l'on change de lentilles.
Il faut remplacer les produits de nettoyage et utiliser selon les cas des produits à usage unique sans conservateur ou des produits contenant des filtres piégeant les conservateurs (benzalkonium). Il existe aussi des systèmes au peroxyde d'hydrogène, transformé en eau après neutralisation.

➤ Les atteintes allergiques des paupières

L'atteinte des paupières est fréquente, car la peau de la paupière, très fine (plus fine que la peau du sein) est recouverte d'un enduit sébacé qui retient les corps étrangers et les germes. Les atteintes les plus fréquentes sont :

— L'eczéma des paupières qui peut être soit un eczéma de contact isolé, soit un eczéma lié à une dermatite atopique. Celle-ci se manifeste sous la forme d'un eczéma sec, chronique, récidivant et localisé à des endroits privilégiés (grands plis, cou et visage), dans un contexte atopique (voir eczéma atopique). L'utilisation de corticoïdes locaux sur les paupières est à éviter.

— Les blépharites allergiques (atteinte du bord libre des paupières) dues à des mécanismes d'hypersensibilité retardée provoqués par les germes.

L'eczéma des paupières isolé

Le plus souvent, il s'agit d'une femme qui présente une atteinte isolée des paupières qui sont rouges, gonflées et démangent ; des vésicules apparaissent, suivies d'un suintement et d'une desquamation dans les jours suivants. Ceci évoque immédiatement un eczéma de contact, dû le plus souvent à des cosmétiques ou à des collyres. Lors de l'usage de cosmétiques, la paupière peut être la seule partie du visage qui réagit en raison de la finesse de la peau.

Dans ces eczémas de contact des paupières, la mise en évidence de l'allergène (par l'interrogatoire et les épidermotests) et le traitement (éviction de l'allergène) sont les mêmes que dans l'eczéma de contact habituel. Dans le cas d'eczéma des paupières, le produit responsable a souvent été naturellement appliqué localement, mais il peut aussi avoir été parfois simplement manipulé avec les mains qui touchent ensuite les paupières ou bien vaporisé. Cela explique la diversité des produits qui peuvent être responsables.

Produits pouvant induire un eczéma des paupières

Cosmétiques et produits d'hygiène (rôle des conservateurs et des parfums)

— savon,
— produits de maquillage et démaquillants,
— lotion après rasage,
— shampoings (qui coulent sur le visage),
— vernis à ongle (transporté en se frottant l'œil),
— laques.

Collyres allergisants (eczéma de contact)

— atropiniques (diminution de la sécrétion lacrymale),
— pilocarpine,
— bêtabloquants (ils peuvent aussi au long cours entraîner un asthme, une rhinite chez des sujets prédisposés),
— néomycine,
— vasoconstricteurs à base d'adrénaline.

Les collyres comportant des corticoïdes peuvent induire un glaucome sur un terrain prédisposé. Les corticoïdes inhalés pris au long cours peuvent aussi entraîner un glaucome.

Conservateurs

Ils sont identiques à ceux contenus dans les produits d'entretien des lentilles : dérivés mercuriels, ammonium quaternaires, chlorexidine. Ils sont présents dans des collyres contenant des antidégranulants ou des corticoïdes, d'où l'intérêt des doses uniques et du système à filtre qui retiennent les ammoniums quaternaires.

La blépharite allergique

Cette atteinte du bord libre des paupières et des racines se manifeste par des rougeurs minimes et des démangeaisons du pourtour de l'œil, ou par des atteintes plus marquées avec sécheresse de la peau et anomalies des cils (croûtes ou chutes des cils). Bilatérale, chronique, évoluant par poussées, elle peut se compliquer par des chalazions (« compères-loriots ») à répétition. Ces kystes graisseux dus à l'obturation des glandes de Meibonius nécessitent une intervention.

Dans cette pathologie, les facteurs microbiens (staphylocoques), allergiques (au sens d'hypersensibilité retardée en particulier au staphylocoque) et parasitaires (rôle du *Demodex folliculirum Homni)* sont souvent associés.

Qu'est-ce que le Demodex ?

Il s'agit d'un acarien situé sur le cil, générateur de microbes, et allergisant par ses produits de déjection (manchon du cil). Le traitement vise à supprimer les sécrétions à la base du cil et éliminer le Demodex. Parmi les traitements prescrits par le spécialiste figurent le Calendulène, la vaseline stérile, ou des pommades avec des sels de mercure.

Le traitement repose sur l'hygiène locale, l'utilisation parfois d'une antibiothérapie ou une « vaccination » avec des extraits microbiens staphylococciques. Les corticoïdes locaux ne sont prescrits que pendant des courtes périodes.

Une indispensable coopération avec l'ophtalmologiste

Les atteintes allergiques de l'œil nécessitent le mêmes mesures de prévention que les atteintes des autres organes, qu'il s'agisse de conjonctivite pollinique, souvent associée à une rhinite ou d'eczéma de contact des paupières.

La singularité de la pathologie ophtalmologique tient à la « fragilité » du globe oculaire, aux conséquences parfois graves de pathologies touchant la cornée et les parties internes de l'œil. Aussi, le diagnostic de l'ophtalmologiste et la coopération entre médecin généraliste, allergologue et ophtalmologiste sont indispensables pour la sécurité du patient.

La place des thérapeutiques de terrain est réelle dans le traitement de l'allergie oculaire comme elle l'est dans celle des rhinites. Mais là aussi, la sécurité des patients et l'exactitude du diagnostic fait par le spécialiste sont essentiels. Les ophtalmologues homéopathes l'ont bien compris et ont créé une société de qualité regroupant les spécialistes d'ophtalmologie qui utilisent l'homéopathie[1].

En résumé

L'allergie oculaire est dominée par des manifestations d'apparence bénigne : conjonctivite allergique due à des pneumallergènes, eczéma des paupières provoqué par des cosmétiques. La nécessité d'un examen ophtalmologique précis reste indispensable pour éliminer des atteintes plus graves de l'œil et pour dicter une conduite thérapeutique privilégiant l'élimination des produits responsables d'hypersensibilité en particulier chez les sujets porteurs de lentilles de contact.

1. Sociéte d'ophtalmologie homéopathique.

L'allergie alimentaire

Un sujet d'actualité

L'allergie alimentaire a été un sujet de controverse dans les décennies précédentes : source de symptômes très variés pour certains médecins et patients, elle correspondait à une réalité clinique trop imprécise pour de nombreux autres praticiens. Depuis quelques années, la multiplication des manifestations cliniques de l'allergie alimentaire, en particulier des chocs anaphylactiques, a attiré l'attention sur les conséquences des modifications rapides de notre environnement alimentaire. Ainsi, aux États-Unis et en Grande-Bretagne, la croissance rapide et la gravité potentielle de l'allergie à l'arachide sont liées à la consommation massive de cacahuètes.

Expressions de la réponse allergique d'un organisme sensibilisé à des protéines alimentaires, les manifestations cliniques de l'allergie alimentaire sont de gravité très variable : prurit et œdème local, choc anaphylactique, atteintes cutanées (urticaire, dermatite atopique), symptômes digestifs (diarrhée), troubles respiratoires (asthme, rhinite). C'est donc une pathologie invalidante, qui peut être grave, voire mortelle dans ses manifestations aiguës ou altérer profondément la qualité de vie des patients lors de manifestations chroniques ou récidivantes.

Actuellement, les allergies alimentaires occupent une place croissante, ceci pour deux raisons principales :

— Une meilleure identification : le dépistage de l'allergie alimentaire a progressé grâce à une meilleure connaissance des mécanismes, ainsi qu'à une meilleure identification des allergènes.

— Une réelle augmentation de croissance : les bouleversements importants survenus dans l'alimentation (production, conservation, introduction de nouveaux aliments) ont favorisé la sensibilisation aux allergènes introduits par voie digestive chez les enfants, mais aussi chez les adultes.

Sur ce sujet en pleine évolution, nous essaierons d'apporter des éléments de réponse à quelques questions simples :

— Comment définir exactement l'allergie alimentaire ?

— Touche-t-elle une partie importante de la population ?

— Quels sont les mécanismes susceptibles d'expliquer pourquoi un aliment bien supporté par beaucoup devient pour certains une substance nocive, voire dangereuse ? Quel est en particulier le rôle des mécanismes de protection locaux du tube digestif ?

— Quels sont les principaux allergènes, soit par leur fréquence, soit par la gravité de leur manifestation ?

— Quelles sont les principales manifestations cliniques ? Comment faire le diagnostic de l'allergie alimentaire ?

— Quels sont les grands axes de la prévention et du traitement ?

Vraies et fausses allergies alimentaires

➤ Les réactions « adverses » aux aliments : toxicité, intolérance et allergie

L'ingestion d'un aliment, normalement bénéfique, peut déclencher plusieurs types de « réactions adverses aux aliments » (terme issu de la définition anglo-saxonne).

Il peut s'agir :

▪ **De réactions toxiques** en relation avec la préparation des aliments ou en raison de la présence de produits contaminants. Les contaminations bactériennes en sont un exemple.

▪ **De réactions non toxiques** que l'on différencie par leur mécanisme de survenue :

— S'il met en jeu des mécanismes immunologiques d'hypersensibilité, il s'agit d'*allergie alimentaire vraie.*

— Si les mécanismes sont autres, il s'agit d'*intolérances alimentaires*, dues souvent à des caractéristiques biochimiques propres à l'individu. C'est le cas chez l'enfant de l'intolérance au lactose contenu dans le lait. Ce syndrome, qui se traduit par des troubles digestifs consécutifs à l'absorption du lait, est lié au déficit d'une enzyme, la lactase. Ce déficit est physiologique chez de nombreux êtres humains. Il se corrige aisément par l'utilisation de lait fermenté où la lactase est présente. Il ne s'agit donc pas d'une allergie alimentaire.

➤ L'allergie alimentaire « vraie »

La définition de l'allergie alimentaire vraie est donc théoriquement claire : elle correspond à l'ensemble des manifestations cliniques liées à une réponse immuno-allergique dirigée contre des allergènes alimentaires qui peuvent être des aliments mais aussi des additifs.

Les manifestations cliniques peuvent être de nature digestive, mais peuvent aussi toucher d'autres appareils (peau, muqueuse nasale ou bronchique) ou déclencher des manifestations anaphylactiques générales. Pour cette raison, l'allergie alimentaire, définie par les mécanismes et la voie d'introduction des allergènes, ne peut être confondue avec l'allergie digestive, terminologie liée à la localisation des manifestations cliniques, et non à la nature des allergènes qui peuvent être des aliments mais aussi des médicaments, des piqûres d'insectes, etc.

La *réponse immuno-allergique* est une réaction d'hypersensibilité, essentiellement de type IgE dépendant (voir p. 68).

Les *allergènes* en cause ont pour caractéristique d'être absorbés par voie digestive : ces trophallergènes (terme donné aux allergènes introduits par voie alimentaire) regroupent les allergènes contenus dans les aliments, mais aussi certains additifs (colorants tels l'érythrosine, la tartrazine, le rouge cochenille) et conservateurs (sulfites).

RÉACTIONS AUX ALIMENTS ET ADDITIFS ALIMENTAIRES

Type de réaction « adverse »	**Mécanismes**	**Exemples**
Réactions toxiques.	Action toxique : produits contaminants, procédés culinaires.	Contamination bactérienne. Toxines.
Réactions d'intolérance.	Action de l'histamine et d'autres amines biogènes issus des aliments.	Aliments fermentés. Saucisson sec, thon, hareng fumé.
	Libération non immunologique de l'histamine par l'aliment.	Fraise. Tartrazine (colorant).
	Déficit enzymatique individuel.	Intolérance au lactose.
	Action chimique.	Caféine.
	Modifications métaboliques : Prostaglandines, Acétylcholine.	Acide benzoïque (conservateurs). Glutamate (aromatisant).
Réactions allergiques.	*Hypersensibilité immédiate à IgE : allergie alimentaire vraie.* Autres types d'hypersensibilité (rare).	*Nombreux aliments + quelques additifs (conservateurs, colorants).* Intolérance au gluten.

➤ Les fausses allergies alimentaires

En pratique, l'allergie alimentaire n'est pas aussi évidente, car de nombreux aliments ou additifs peuvent créer de *fausses allergies alimentaires* qui diffèrent des réactions toxiques. Il s'agit de manifestations cliniques dont les symptômes, mais aussi les mécanismes miment ceux de l'allergie. La différence, essentielle pour la conduite à tenir, tient au fait que les mécanismes à l'origine de la réaction sont de nature chimique et non immunologique.

Le point commun entre ces réactions est l'histamine, médiateur le plus impliqué quantitativement dans la réaction allergique. Lors de cette réaction d'hypersensibilité due aux IgE, l'histamine est libérée par les cellules impliquées dans l'allergie immédiate (basophiles du sang, mastocytes des tissus) après contact entre l'allergène et les anticorps spécifiques IgE fixés sur ces cellules. Ensuite, elle agit sur les cellules cibles des différents tissus (peau, poumons, tube digestif), déclenchant ainsi les symptômes de la maladie allergique.

Or ce médiateur chimique est directement contenu en quantité importante dans de nombreux aliments comme la choucroute, le saucisson sec, les fromages fermentés, certains poissons tel le thon. D'autres médiateurs chimiques, de la même nature que l'histamine, peuvent avoir le même effet : la plus connue de ces « amines biogènes », issus de la dégradation des protéines, est la tyramine contenue de façon importante dans des aliments tels le gruyère, le roquefort, le gibier faisandé, les harengs marinés. Il est clair que toute consommation excessive d'aliments riches en histamine et produits apparentés peut susciter des symptômes mimant l'allergie alimentaire ou aggraver une allergie préexistante, due à des allergènes alimentaires vrais ou à d'autres allergènes.

Le problème se complique un peu plus encore en raison de l'action chimique de certains aliments qui peuvent déclencher la libération d'histamine contenue dans les mastocytes du tube digestif. C'est le cas principalement des fraises (l'allergie vraie aux fraises est rare), de certains crustacés ou de la tomate.

Les mécanismes s'intriquent parfois : un même aliment, tel le poisson, peut susciter une allergie alimentaire vraie, due à un allergène identifiable, et provoquer une fausse allergie alimentaire par le biais de l'histamine qu'il contient ou dont il provoque la libération. De plus, de nombreux additifs peuvent, par des mécanismes mimant ou s'intriquant avec ceux de la réaction allergique, susciter une symptomatologie identique à celle provoquée par l'allergie alimentaire. Ils peuvent aussi provoquer ou aggraver une allergie alimentaire vraie.

En dépit de cette complexité ou plus exactement à cause d'elle, le diagnostic des manifestations d'allergies alimentaires vraies doit être fait le plus exactement possible par le médecin généraliste et par l'allergologue. Cette nécessité est loin de répondre à de seules préoccupations académiques. Dans les fausses allergies alimentaires, les plus fréquentes, une modification du régime alimentaire conduisant à la réduction des aliments riches en histamine ou histamino-libérateurs, et à la diminution des conservateurs et additifs est suffisante. Par contre, en cas d'allergie alimentaire vraie, les manifestations cliniques peuvent être graves. Ceci conduit pour certains allergènes responsables de réactions aiguës graves, par exemple l'arachide, à recommander l'éviction totale de l'aliment en cause. Pour de nombreux autres allergènes alimentaires, il est difficile d'éliminer systématiquement le ou les aliments en cause. Souvent une simple réduction de la consommation de cet aliment suffit.

En résumé

L'allergie alimentaire vraie est définie par des mécanismes immunologiques clairement identifiés. Elle ne se réduit pas à une seule atteinte digestive, mais touche souvent d'autres appareils (peau, appareil respiratoire, etc.), et peut provoquer des réactions générales aiguës graves. Aussi, elle nécessite un diagnostic précis. Elle doit être différenciée des réactions toxiques, et des réactions pseudo-allergiques d'intolérance alimentaire due à des mécanismes non immunologiques. Plus fréquentes que l'allergie alimentaire vraie, ces fausses allergies alimentaires sont dues à des mécanismes biochimiques (contenu en histamine), pharmacologiques, enzymatiques ou à des phénomènes d'idiosyncrasie (susceptibilité individuelle innée liée à des facteurs constitutionnels).

Une fréquence très variable

La fréquence de survenue de l'allergie alimentaire est à la fois majorée et minorée. *Elle tend à être majorée par les patients* qui qualifient souvent toute réaction à un aliment « d'allergique ». En réalité, la proportion de « fausses » allergies alimentaires est quatre fois supérieure à celle des « vraies » allergies alimentaires.

Mais cette fréquence est aussi *minorée par les spécialistes,* conscients qu'il existe de nombreuses allergies alimentaires « masquées » dont le diagnostic est difficile à faire.

Tout cela explique la difficulté d'estimation de l'allergie alimentaire dont la fréquence est très variable selon les facteurs géographiques et selon les populations et leurs habitudes alimentaires. Elle concernerait globalement 5 à 10 % des enfants, dont 30 % de ceux présentant une dermatite atopique, et 2 % des adultes. Huit pour cent des asthmes seraient en relation avec une origine alimentaire, la proportion étant plus importante chez les sujets ayant un terrain prédisposé avec des antécédents atopiques.

➤ Fréquence des allergènes alimentaires

Selon une enquête dirigée par une spécialiste de l'allergie alimentaire en France, le docteur Moneret-Vautrin, les allergènes alimentaires peuvent être classés en trois catégories :

- **Allergènes fréquents** (environ deux tiers des cas) : œuf, poisson, noisette, drupacées, lait, céleri, crustacés.
- **Allergènes moins fréquents** (environ un quart des cas) : fruits exotiques, légumineuses, farine de blé, cacahuète, moule, bœuf, pomme de terre, chocolat, noix, porc, fraise, moutarde.

■ **Allergènes exceptionnels** (environ 10 % des cas) : orange, banane, escargot, raisin, tomate, artichaut, radis, chou rouge, oignon, ail, ciboulette, châtaigne, laurier, coriandre, gelée royale, coquille Saint-Jacques, encornet, calamar.

Chez le nourrisson et l'enfant (jusqu'à 15 ans), les aliments les plus fréquemment impliqués sont, par ordre de fréquence : l'œuf, la cacahuète, le poisson, le lait de vache (environ 75 % des cas en tout).

Chez l'adulte, six aliments correspondent à 60 % des cas : fruits de la famille des rosacées (pomme), légumes de la famille des ombellifères (céleri), crustacés, œuf, poisson et lait de vache. Les allergènes qui suivent (dans l'ordre : farine de blé, légumineuses, banane, avocat, kiwi) sont rencontrés dans moins de 5 % des cas, ce qui est cependant loin d'être négligeable.

Il existe de grandes variations selon les régions et les pays. Au Royaume-Uni, les chocs anaphylactiques d'origine alimentaire, surtout dus à l'arachide, sont plus fréquents que ceux provoqués par les venins d'hyménoptère. Les « nouveaux » allergènes alimentaires tels l'arachide et les fruits exotiques sont impliqués de façon croissante.

ALLERGÈNES ALIMENTAIRES LES PLUS FRÉQUENTS (PAR ORDRE DE FRÉQUENCE)

Enfants : 4 allergènes : environ trois quarts des cas.	Œuf, cacahuète, poisson, lait.
Adultes : 6 allergènes : environ deux tiers des cas.	Drupacées (pomme, noisette), ombellifères (céleri), crustacés, œuf, poisson, lait.

➤ Fréquence des manifestations cliniques

Les manifestations cliniques de l'allergie alimentaire varient en fonction de l'âge. Selon le travail du groupe du Cercle d'investigations cliniques et biologiques en allergologie alimentaire (CICBAA), la dermatite atopique et l'urticaire sont de loin les manifestations les plus fréquentes chez l'enfant jusqu'à 3 ans. Après 3 ans, la fréquence de l'allergie alimentaire commence à décroître ; à côté de la dermatite atopique et de l'urticaire apparaissent les manifestations d'angio-œdème[1] (laryngé et autres) et d'asthme.

À partir de 15 ans, les mêmes syndromes surviennent dans des proportions à peu près égales, et les chocs anaphylactiques commencent à apparaître. Ils sont assez fréquents chez l'adulte, à côté de l'urticaire, des angio-œdèmes et des manifestations orales. Après 45 ans, la fréquence de l'allergie alimentaire décroît, mais les manifestations anaphylactiques demeurent fréquentes. Les signes digestifs occupent une place très secondaire dans les manifestations de l'allergie alimentaire[2].

1. Ou œdème de Quincke : variété d'urticaire s'accompagnant d'œdèmes de la face et des muqueuses, d'apparition brusque et parfois volumineux. La localisation laryngée peut être grave.
2. Voir l'étude de Moneret-Vautrin et al. (JACI, 1998 : 101 : S87) sur 33 110 individus.

Comment devient-on allergique aux aliments ?

Pourquoi et surtout comment devient-on allergique à un aliment habituellement bien toléré par d'autres personnes ?

En première intention, ceci peut apparaître absurde. Manger est une activité simple, naturelle, qui ne peut être que bénéfique si l'aliment est dépourvu de risque toxique ou infectieux, ce qui est de mieux en mieux garanti par les normes de sécurité sanitaire. Aussi il est très difficile, pour des allergiques, quel que soit leur âge, de comprendre pourquoi des aliments bien tolérés par les autres sont chez eux à l'origine de manifestations parfois graves. Il est encore plus difficile à des parents d'accepter de priver leur enfant de produits très naturels tels le lait ou les œufs. Et les adolescents pour lesquels la guérison de l'allergie alimentaire, spontanée pour la plupart des aliments, n'a pas été obtenue, ont des difficultés à respecter des règles très strictes leur apparaissant comme des interdits peu compréhensibles pouvant donner une impression d'isolement.

Pour toutes ces raisons, il est utile de comprendre les grandes lignes des « mécanismes » de l'allergie alimentaire. Comprendre pour mieux accepter ces mesures d'éviction parfois drastiques qui sont, en raison de l'absence de traitement adapté de la cause, le véritable traitement de l'allergie alimentaire : cela nécessite de refaire un peu de physiologie et d'immunologie. Connaître notre physiologie intestinale, savoir comment notre organisme accepte les aliments, comprendre pourquoi et comment il devient intolérant à certains d'entre eux, tout cela peut favoriser le suivi de ces mesures d'éviction que beaucoup d'allergiques doivent observer, en particulier dans la petite enfance.

Trois facteurs contribuent à expliquer notre inégalité devant la survenue d'allergies alimentaires :

— La modification des habitudes alimentaires et du mode de préparation des aliments.

— L'existence d'un terrain prédisposé (voir terrain atopique).

— L'altération des mécanismes naturels de protection du tube digestif, que nous développerons maintenant.

➤ Le tube digestif : une protection parfois débordée

Nous exposons ci-dessous les grandes lignes d'un sujet qui demeure complexe en raison de la qualité des barrières de protection naturelle. Le lecteur pressé pourra consulter directement le résumé. Le lecteur attentif trouvera finalement ces mécanismes plus simples que ceux relatifs à l'installation de certains logiciels sur son ordinateur et plus rationnels que ceux qui gèrent le fonctionnement de l'économie moderne. Et puis, il s'agit de notre propre fonctionnement biologique, réel et non virtuel.

Le tube digestif a de nombreux mécanismes de protection vis-à-vis de la pénétration de substances pouvant avoir une activité antigénique ; mais il apprend aussi à tolérer les petites protéines issues de l'alimentation qui pénètrent dans le tube digestif. Ces différents mécanismes sont schématiquement de deux natures : immunologique et non immunologique.

Les protections non immunologiques

Les principaux mécanismes non immunologiques sont liés à :

■ **Des phénomènes enzymatiques** : les protéines sont dégradées par les enzymes salivaires, le suc gastrique, et les enzymes pancréatiques et intestinales : leur action entraîne la formation de molécules de taille réduite, et contribue à instaurer une tolérance aux allergènes alimentaires.

■ **Des facteurs mécaniques** : le mucus intestinal et l'intégrité des cellules formant la paroi du tube digestif s'opposent à la pénétration des molécules antigéniques.

■ **L'équilibre de la flore intestinale** : toute perturbation peut favoriser la survenue d'infections, puis de réactions inflammatoires et accroître la perméabilité de la muqueuse intestinale, ce qui permet le passage de grosses molécules antigéniques et le développement d'allergies alimentaires. Ce facteur joue un grand rôle dans l'allergie alimentaire et plus généralement dans le syndrome d'allergies multiples qui se développe chez de nombreux enfants atopiques. Il y a souvent chez ces enfants une modification de la flore intestinale avec une diminution des lactobacilles qui favorise le développement de l'atopie.

■ **La qualité du transit intestinal** : la réduction des mouvements normaux de l'intestin favorise l'absorption des molécules d'origine alimentaire par la muqueuse intestinale.

Lors de la digestion, des molécules de grosse taille peuvent échapper à la dégradation en petites molécules, passer à travers la « bordure en brosse » des cellules intestinales ou au niveau des jonctions intercellulaires altérées par exemple lors d'une inflammation.

Les protections immunologiques

Les mécanismes immunologiques de protection, présents dans la paroi de l'intestin grêle, interviennent alors. Ils sont liés à la circulation des antigènes dans le système lymphoïde associé au tube digestif (GALT), qui comprend :

— Les plaques de Peyer, organes lymphoïdes assurant la défense de l'intestin grêle. En regard de ces plaques se situent des cellules particulières, les cellules M. C'est à leur niveau que pénètrent les antigènes protéiques moléculaires. Ceux-ci entrent en contact avec des lymphocytes situés dans les replis membranaires. Le système lymphocytaire associé à la muqueuse du tube digestif est ainsi informé.

— Des cellules lymphocytaires situées dans l'épithélium (cellules tapissant la muqueuse) du tube digestif et dans la *lamina propria* (région située dans les villosités intestinales).

Lorsqu'elles ont été activées, les cellules lymphoïdes B et T migrent dans les ganglions mésentériques, et pénètrent dans le canal thoracique pour atteindre la circulation générale. Certaines retournent dans la muqueuse digestive ; d'autres migreront vers le système lymphoïde d'autres muqueuses ou de la peau. Cet échange d'informations immunologiques entre différentes muqueuses contribue à l'extension des manifestations de l'allergie alimentaire.

En temps normal, la *réponse immunitaire du tube digestif* se traduit par :

— La production locale d'immunoglobulines IgA. Les IgA dits « sécrétoires » protègent la muqueuse intestinale, en entravant la pénétration des molécules antigéniques, en prévenant la sensibilisation et en contribuant à établir une tolérance immunitaire à laquelle participent également des cellules T « suppressives ».

— La production d'anticorps IgG. Ils forment des complexes immuns avec des antigènes d'origine alimentaire, ce qui permet l'élimination normale de ces derniers. Dans certains cas, les complexes immuns peuvent se déposer dans les vaisseaux, la peau, les reins ou les articulations. Cela se produit dans certaines allergies alimentaires, mais surtout dans les maladies inflammatoires de l'intestin, et dans certaines maladies auto-immunes.

— L'activation de lymphocytes T qui participent au phénomène de tolérance aux allergènes alimentaires.

PRINCIPAUX MÉCANISMES DE PROTECTION DU TUBE DIGESTIF

Mécanismes non immunologiques Ils s'opposent à la pénétration des molécules de grosse taille, qui « sensibilisent » le système immunitaire.	— Enzymatiques : enzymes salivaires, sucs gastriques, enzymes pancréatiques et intestinales. — Mécaniques : mucus intestinal, paroi cellulaire. — Équilibre de la flore intestinale. — Qualité du transit intestinal.
Mécanismes immunologiques Le système lymphoïde est : — Associé au tube digestif : action locale. — Relié aux autres muqueuses de l'organisme : mécanismes généraux d'information.	— Production locale d'IgA : protection et tolérance. — Production d'IgG. — Activation des lymphocytes T : tolérance immunitaire.

La production d'IgE spécifiques et l'allergie à un aliment résultent de l'insuffisance des mécanismes de protection.

Lorsque ces mécanismes de protection et de tolérance aux allergènes alimentaires sont insuffisants, ceux-ci peuvent déclencher les *mécanismes d'hypersensibilité de type I*. Dans une première étape de sensibilisation, l'allergène est capturé par les cellules présentant l'antigène (macrophages et cellules apparentées). Celles-ci fragmentent l'allergène et présentent l'épitope aux lymphocytes T CD4 qui activent les cellules Th2, entraînant la production d'IgE et la sensibilisation des cellules immunitaires (mastocytes) du tube digestif ou d'autres muqueuses. Dans une seconde étape, la réintroduction de l'antigène protéique d'origine alimentaire et sa reconnaissance par les IgE activent les cellules mastocytaires de l'intestin. Les médiateurs de l'allergie sont alors libérés. Ils provoquent les manifestations digestives de l'allergie (diarrhée, douleurs abdominales) et augmentent la perméabilité intestinale. Ceci favorise la pénétration des trophallergènes dans l'organisme, la survenue de sensibilisations secondaires et de manifestations non digestives, dues à des échanges d'informations immunologiques entre les muqueuses de l'organisme.

En résumé

Toute altération des mécanismes de protection enzymatique, chimique, mécanique et immunologique de la barrière muqueuse du tube digestif peut être à l'origine d'une rupture de la « tolérance immunitaire » naturelle, et d'une captation exagérée des antigènes provenant des protéines alimentaires. Tous les facteurs modifiant ces mécanismes de protection peuvent donc être à l'origine d'une allergie alimentaire vraie.

➤ Rôle de l'âge et de la sensibilité personnelle

Les facteurs induisant cette réponse sont variables selon l'âge.

Le nourrisson et le petit enfant

Chez *l'enfant et le nourrisson*, il peut s'agir :

— D'un défaut de maturité de la paroi intestinale.

— De déficit en immunoglobuline IgA exerçant une protection immunologique de la muqueuse intestinale.

— De suite de maladies virales qui peuvent exercer un effet immunosuppresseur.

— De troubles du transit intestinal augmentant l'exposition aux antigènes alimentaires.

— D'un environnement néfaste qui peut être à l'origine d'allergies.

— Enfin et surtout de l'existence d'un terrain atopique favorisant la sensibilisation alimentaire : l'allergie alimentaire est chronologiquement la première manifestation clinique de l'atopie.

De plus, dans nos sociétés, le taux réduit d'infections dans la toute petite enfance semble être à l'origine d'une modification du statut immunitaire du nouveau-né. Ceci favorise une orientation « pro-allergique » du système immunitaire, et entraîne une sensibilisation plus fréquente à un ou plusieurs des différents allergènes avec lesquels le nourrisson est en contact. Ainsi, l'alimentation du nourrisson et de l'enfant représente un risque allergique accru avec un apport répété d'allergènes variés.

Intervient également la diversification trop précoce des aliments, qui ne laisse pas le temps au système immunitaire d'apprendre à reconnaître et à tolérer les protéines alimentaires. Dans de nombreux cas, cette fragilité est transitoire, les allergies alimentaires classiques de l'enfant (lait, œuf, poisson, etc.) ayant tendance à disparaître avec l'âge. Mais dans d'autres cas, et en particulier en cas de « terrain » atopique, l'enfant en grandissant pourra conserver certaines sensibilisations à l'adolescence et à l'âge adulte. C'est vrai en particulier pour l'allergie à l'arachide qui n'a aucune tendance à disparaître et dont le caractère « fixé » explique que des manifestations graves s'observent actuellement chez des jeunes adultes.

L'enfant, l'adolescent et l'adulte

Chez *le grand enfant, l'adolescent et l'adulte*, ce sont principalement les facteurs infectieux (parasitoses, mycoses) et irritatifs qui altèrent la muqueuse digestive, augmentent la perméabilité intestinale, et favorisent la pénétration de l'antigène et la sensibilisation à des aliments d'apparence bien innocente. Dans ce cas aussi, l'inadaptation du régime alimentaire (consommation excessive de certains aliments), et l'existence d'un terrain atopique favorisent l'apparition d'allergies alimentaires.

La survenue de l'allergie à un aliment donné ne dépend pas seulement d'une consommation excessive ou inadaptée, mais également *d'une prédisposition individuelle* à se sensibiliser à un antigène alimentaire particulier. Cette prédisposition serait liée à une association préférentielle entre certaines molécules du complexe HLA de classe II (HLA Dr) et certains peptides allergéniques. Dans l'avenir, il est donc possible que la médecine prédictive, capable d'identifier nos prédispositions pathologiques à l'aide de techniques de biologie moléculaire, favorise la prévention des allergies alimentaires. Cependant, une bonne hygiène alimentaire restera toujours nécessaire, surtout si l'on a hérité d'un terrain prédisposé aux maladies allergiques.

Facteurs augmentant le risque d'allergies alimentaires
Atopie des parents, surtout de la maman. Diversification alimentaire précoce. Modifications techniques de préparation des aliments. Perturbations de la flore intestinale : infections, déséquilibres alimentaires, produits irritants. Exposition importante aux allergènes par voie inhalée. Tabagisme passif *in utero* et après la naissance.

Les principaux allergènes alimentaires

➤ Comment un aliment devient-il un allergène ?

Si tous les aliments de nature protéique peuvent théoriquement être à l'origine d'allergies alimentaires, en pratique seuls certains le sont. Plusieurs facteurs sont responsables de cette capacité à susciter une réponse allergique :

— Les caractéristiques biochimiques de l'aliment, caractéristiques qui conditionnent aussi leur résistance ou leur sensibilité à la chaleur[3]. La majorité des allergènes alimentaires résiste à la chaleur et à l'acidité. Cependant de nombreux végétaux perdent leur allergénicité dans le tube digestif et ne créent que des symptômes buccaux.

— Le mode de préparation de l'aliment.

— Le mode de conservation des aliments : ainsi la maturation de fruits et légumes augmente leur allergénicité par des réactions de « brunissement » (formation de groupes chimiques présents dans de nombreux allergènes).

— La consommation excessive de l'aliment, qui explique la répartition géographique des allergies alimentaires : l'allergie à l'arachide est plus fréquente aux États-Unis qu'en Europe et l'allergie au poisson est très fréquente au Japon.

— La capacité individuelle à se sensibiliser contre un aliment : cela explique les variations individuelles existant entre des sujets ayant des types d'alimentation proches, par exemple au sein d'une même famille.

➤ Quelles sont les principales sources d'allergènes alimentaires ?

Elles sont variables selon les habitudes alimentaires de différents pays, et selon l'évolution, actuellement très rapide, de ces habitudes. En France, les principales sources d'allergènes alimentaires varient selon qu'il s'agit d'un enfant (avant 15 ans) ou d'un patient plus âgé :

- **Chez l'enfant**, les allergènes animaux sont majoritairement responsables avec le blanc d'œuf, le lait et le poisson. L'arachide occupe cependant une place préoccupante, en raison de la gravité des manifestations qu'elle peut déclencher.

- **Chez l'adulte**, ce sont les fruits et légumes qui sont les plus souvent responsables, ceci parallèlement à l'augmentation de la sensibilisation au pollen. Les fruits de la famille des rosacées (pomme, pêche, prune, poire), les légumes de la famille

3. Les allergènes alimentaires sont des protéines solubles dans l'eau, de poids moléculaire moyen. Ils sont reconnus comme allergènes par des portions nommées épitopes, parties de la molécule qui se lient aux anticorps IgE spécifiques. Ces épitopes peuvent dépendre uniquement de la structure moléculaire et ils sont alors résistants à la chaleur. Par contre, si c'est leur conformation dans l'espace qui leur confère leur activité antigénique, celle-ci disparaît à la chaleur. Ceci a des incidences sur le mode de préparation des aliments dans certains cas (voir p. 56).

des ombellifères (céleri et aussi persil, fenouil, carotte), les produits présentant des réactions croisées avec le latex (avocat, kiwi, banane, châtaigne), les fruits secs, sont fréquemment impliqués à côté des crustacés, des œufs et du poisson.

De façon générale, il faut noter l'importance croissante des nouveaux allergènes alimentaires : arachide, fruits exotiques (kiwi : réactions croisées avec le latex, la banane, l'avocat), épices et condiments (sésame, moutarde).

PRINCIPALES SOURCES D'ALLERGÈNES ALIMENTAIRES

Origine animale	Lait : vache, chèvre. Œuf de poule : blanc d'œuf, jaune. Poissons : poissons de mer. Crustacés : (crevettes) et mollusques (moules). Viandes : bœuf, porc.
Origine végétale	Céréales : blé, maïs. Légumineuses : soja, arachide. Légumes : ombellifères (céleri), solanacées, crucifères (moutarde). Fruits : drupacées (pomme, noisette), fruits exotiques.

De nombreuses autres sources d'allergènes alimentaires existent, et peuvent être responsables de manifestations cliniques graves ou perturber sérieusement la qualité de vie des patients. Nous les analyserons par famille.

➤ Les principaux allergènes d'origine animale

Le lait

L'allergie au lait de vache est très fréquente chez le petit enfant, plus rare chez l'adulte. Elle peut provoquer des réactions variées cutanées et intestinales. Le lait est riche en protéines, comprenant 80 % de caséine et 20 % de protéines solubles qui sont, par ordre décroissant de pouvoir allergénique :

— La bêta globuline, protéine la plus allergisante, absente du lait de la femme, et donc de celui de la maman.

— L'alpha lactalbumine, qui a des parentés avec une molécule du blanc d'œuf, le lysozyme.

— La sérum albumine qui crée des réactions croisées avec la viande de bœuf et de veau.

Le lait de chèvre est souvent proposé en aliment de remplacement pour des jeunes enfants allergiques au lait de vache. Hélas, il contient aussi des allergènes puissants. De plus, il peut être à l'origine de déséquilibres en minéraux et en vitamines.

En pratique, l'allergie aux protéines du lait de vache (voir p. 291-293) impose l'éviction de tout produit contenant ces protéines : lait de vache, mais aussi aliments (gâteaux), médicaments. Les hydrolysats de protéines ou les produits fabriqués à partir d'acides aminés (indiqués dans des cas précis) font disparaître les symptômes et permettent une bonne croissance de l'enfant. La meilleure prévention reste en règle générale l'allaitement au sein.

L'œuf de poule

Le blanc d'œuf est fréquemment responsable d'allergie alimentaire chez l'enfant et l'adulte. Il contient deux allergènes majeurs :

— L'ovalbumine, le plus fréquemment impliqué, sensible à la chaleur.

— L'ovomucoïde, partiellement résistant à la chaleur, et capable d'induire aussi des phénomènes de fausse allergie alimentaire par libération d'histamine.

Cela explique pourquoi certains épisodes allergiques provoqués par la consommation d'œufs peu cuits, ne surviennent pas avec des œufs ayant cuit plus longtemps. Ces allergènes sont puissants et des traces suffisent pour déclencher une allergie.

Dans le jaune d'œuf, beaucoup moins souvent responsable d'allergies alimentaires, les allergènes majeurs sont des lécithines qui présentent une communauté antigénique avec des protéines sériques de diverses espèces d'oiseaux. Cela explique la survenue de certaines allergies croisées (allergies provoquées par un autre allergène que celui auquel le sujet est apparemment sensibilisé) entre jaune d'œuf et plume de certains oiseaux.

Pour les sujets allergiques à l'œuf, particulièrement les enfants, il faut informer votre médecin avant les vaccinations contre la rougeole, les oreillons, la grippe, la fièvre jaune. Ces vaccins viraux cultivés sur œuf embryonné contiennent des traces d'ovalbumine. Le médecin allergologue pourra alors décider de faire un test cutané préalable avec le vaccin faiblement dilué. Cependant, cette précaution n'est pas automatique, le risque allergique en particulier avec le ROR étant très faible selon les observations faites sur des sujets allergiques à l'œuf (voir p. 313).

Les poissons

L'ingestion de poissons peut être la cause de manifestations sévères d'allergies alimentaires, en particulier le poisson de mer. Ils contiennent des antigènes résistants à la chaleur, retrouvés dans des vapeurs ou des odeurs de poisson auxquels certains patients sont allergiques. Le poisson peut être responsable de manifestations anaphylactiques et de crises d'asthme, ainsi que d'urticaire. Il existe des allergies croisées entre différents types de poisson. Un des allergènes les mieux identifiés est la protéine M de la morue. Les poissons d'eau douce sont moins allergisants. Les allergies de contact (urticaires) au poisson existent également.

Il existe également de nombreuses « fausses » allergies alimentaires au poisson dues à la richesse en histamine de poissons peu frais, de poissons séchés ou en conserve et de certains types de poisson (anchois, thon, etc.).

Les crustacés

L'allergie aux crustacés est bien connue. Les allergènes sont différents de ceux du poisson. Par contre, il existe des réactions croisées entre différents crustacés, tels la crevette (crustacé le plus fréquemment impliqué) et le crabe. Les allergènes sont résistants à la chaleur. Le diagnostic est parfois difficile en cas d'allergie masquée provoquée par l'utilisation de crustacés dans des sauces ou des biscuits apéritifs par exemple. Toutes les manifestations d'allergie peuvent être observées. Ils sont également la cause de fausses allergies alimentaires dues à leur richesse en histamine.

Les mollusques

Les manifestations « allergiques » qu'on leur attribue souvent sont généralement dues à leur contamination virale ou bactérienne (huîtres, moules, coques). L'allergie vraie est rare. Cependant, il existe dans certains pays du Sud de l'Europe une allergie aux escargots, responsable d'asthme.

S'il n'existe pas de réactions croisées avec les poissons, des allergies croisées ont lieu entre escargots, crevettes et acariens.

Les viandes

Parmi les viandes fréquemment responsables d'allergie figure le bœuf qui présente des réactions croisées avec le lait de vache, l'allergène étant la sérumalbumine bovine.

Le porc est responsable de nombreuses réactions aux aliments. Il s'agit rarement d'allergies vraies, beaucoup plus souvent d'intolérance aux conservateurs (nitrite) et aux colorants contenus dans les charcuteries, ou de réactions à l'histamine et à la tyramine (viandes faisandées). Cependant, l'allergie alimentaire vraie au porc devient plus fréquente dans les régions où la consommation est élevée, tel l'Ouest de la France. Des chocs anaphylactiques déclenchés par l'effort physique après consommation de viande de porc ont été observés.

Le veau, le poulet (possibilité d'allergies croisées avec les plumes d'oiseau), la dinde et le lapin sont des protéines peu allergisantes et sont recommandés en cas de régime hypoallergénique.

➤ Les principaux allergènes d'origine végétale

Ils proviennent essentiellement des légumineuses (arachide), des fruits (famille des rosacées, fruits exotiques), des légumes (famille des ombellifères et des solanacées), et moins souvent des céréales.

Les céréales

La déesse romaine des moissons, Cérès, a donné son nom à ces espèces végétales dont les grains, entiers ou sous forme de farines, servent à la nourriture des hommes et des animaux. Ces graminées cultivées sont à l'origine de l'agriculture. Depuis, Cérès est restée très active puisque les céréales représentent les deux tiers des calories et la moitié des protéines absorbées par les humains. Cette proportion est très variable selon les régions : trois quarts des calories dans les pays en développement, un quart dans les grandes villes des pays développés. En raison de l'importance de cette famille dans la nutrition des différentes populations du monde, nous donnerons quelques précisions sur les principales céréales et sur leurs caractéristiques nutritionnelles.

Le blé

C'est la céréale la plus cultivée dans le monde. Céréale européenne par excellence, elle est source d'allergies alimentaires chez l'enfant et l'adulte. Le blé dont le contenu protéique est le plus bas est utilisé pour les biscuits, les gâteaux et les pâtisseries et celui avec un plus haut niveau protéique pour le pain. Le blé dur est utilisé pour la semoule, les macaronis et les pâtes. Le blé est aussi une source d'allergie masquée dans de nombreux aliments. En dehors de l'allergie alimentaire, les farines de blé sont de puissants allergènes professionnels (boulangers). Les farines peuvent aussi induire de fausses allergies alimentaires en provoquant la libération d'histamine.

Le seigle, l'orge et l'avoine

Elles appartiennent comme le blé à la tribu (niveau de classification entre la famille et le genre) des hordées, présentant des réactions croisées avec celui-ci. Il faut aussi noter que les antigènes des céréales utilisées pour la préparation des alcools (orge pour le malt) passent dans ceux-ci (whisky, bourbon). L'avoine, de la tribu des avenées, est utilisée dans de multiples préparations à base de céréales. L'allergie à l'avoine est plus rare.

Le riz et le maïs

Les deux autres grandes céréales mondiales sont le riz d'origine asiatique et le maïs d'origine américaine, maintenant cultivé sur tous les continents. Le riz, assez éloigné du blé, est actuellement responsable de peu d'allergies. Le maïs a été énormément modifié par des sélections successives afin d'en améliorer le rendement. C'est une source potentielle d'allergies alimentaires et des enfants présentant une dermite atopique y sont sensibilisés.

Autres céréales

Le mil, le millet et le sorgho, dont la teneur en protéine est faible, sont d'origine africaine, le millet étant également très consommé en Inde. En Afrique, les régimes essentiellement céréaliens sont à l'origine de carences qualitatives chez les enfants.

Le sarrasin n'est pas réellement une céréale (c'est une herbacée et non une graminée). Proposé comme alternative dans l'allergie aux céréales en Europe, il constitue au Japon un allergène majeur.

Quels sont les allergènes des céréales ?

Ils sont issus des protéines. Celles qui sont contenues dans le son, enveloppe entourant le grain, ont une structure très proche de celles des protéines animales. Les grains ont des protéines très différentes des protéines animales, une plus grande quantité d'amidon, moins de cellulose, de fibres, de vitamines et d'oligo-éléments. Les allergènes protéiques identifiés sont classés en deux catégories :

— Les albumines et les globulines qui contiennent la majorité des composants stimulant la synthèse des IgE, et sont donc responsables d'allergie alimentaire vraie.

— Les gliadines et les gluténines qui constituent le gluten du blé. Les gliadines du blé, du seigle et de l'orge sont responsables de l'intolérance au gluten, en particulier de la maladie cœliaque. Cette maladie a un mécanisme immunologique qui n'est pas celui de l'hypersensibilité immédiate, mais celui de l'hypersensibilité retardée de type cellulaire. Les gluténines suscitent aussi la formation d'IgE spécifique.

Un problème assez particulier aux céréales est l'augmentation de leur allergénicité avec la cuisson[4]. Ceci peut expliquer la survenue plus fréquente de l'allergie au blé (États-Unis, Europe du Nord) qui semble liée à la consommation de céréales chauffées (« corn-flakes »), consommation qui croît aussi en France.

Une dernière caractéristique peut compliquer le sujet : il existe des allergies croisées qui surviennent entre les principales céréales, mais aussi avec les pollens de céréales et de graminées.

Les légumineuses

Deux allergènes puissants appartiennent à cette famille : l'arachide et le soja.

L'arachide

L'allergie alimentaire à l'arachide est actuellement caractérisée par son augmentation de fréquence et sa sévérité. Ainsi en Angleterre, elle est responsable d'un nombre de morts plus élevé que l'allergie aux hyménoptères. Aux États-Unis, l'allergie à l'arachide et/ou aux noix affecte approximativement 1,1 % de la population générale (enquête effectuée récemment sur plus de 12 000 personnes) soit environ trois millions d'Américains[5]. Lors de cette enquête, ces allergies ont été rapportées davantage chez des adultes. Ceci est dû au fait que l'allergie à l'ara-

4. Les chauffages des céréales provoquent des réactions de Maillard (décrites par ce chimiste en 1916) entre le groupement amine des protéines et le groupement carbonyle des sucres. Cela crée la formation de composés complexes (aldosamines, cétosamines, prémélanoïdines à l'origine de l'odeur de « grillé » des aliments chauffés) en partie absorbés par l'intestin puis métabolisés.

5. Sicherer, Munoz-Furlong, Burks et Sampson, « Prevalence of peanut and tree nut (TN) allergy in the US determined by a random digit dial telephone survey », *Journal of Allergy and Clinical Immunology*, avril 1999.

chide et aux noix ne disparaît pas spontanément avec l'âge et qu'il y a une accumulation des cas avec le temps.

Parce qu'elle représente maintenant la deuxième cause d'allergie alimentaire chez l'enfant, après l'allergie à l'œuf, que ses manifestations cliniques sont souvent explosives, qu'elle disparaît peu ou pas avec le temps, l'allergie à cet aliment occupe une place particulière dans les allergies alimentaires. Les manifestations cliniques apparaissent souvent lors du premier contact connu avec l'arachide, ceci parce que cet aliment est présent partout dans l'alimentation, souvent sous forme masquée. Elles vont de simples démangeaisons au décès par choc anaphylactique. Les signes cliniques observés chez les enfants sont le plus souvent cutanés (urticaire ou œdème localisé), respiratoires (asthme, rhinite ou gêne laryngée), digestifs (vomissements, douleurs abdominales, diarrhée), ophtalmologiques (conjonctivite) ou anaphylactiques. L'association de signes est fréquente. Les enfants asthmatiques allergiques à l'arachide sont à haut risque de réaction sévère.

La sévérité de cette allergie s'explique par le fait que les deux allergènes majeurs de l'arachide résistent à la chaleur, et sont donc présents dans l'arachide crue et grillée. En dehors des cacahuètes, l'arachide est présente dans le beurre de cacahuète, et de façon masquée dans de très nombreuses confiseries ou sauces. L'arachide améliore le goût des gâteaux, fait mousser les boissons, rend le chocolat plus moelleux. Les réactions allergiques à l'huile d'arachide existent, mais sont relativement rares. L'allergie croisée avec les autres fruits secs (noix, noisettes, amandes) est rare, mais la préparation industrielle de certains produits (amandes, noisettes) peut avoir entraîné leur contamination par les protéines de l'arachide et donc provoquer une réaction clinique. Une allergie croisée avec les autres membres de la famille des légumineuses (soja, lentilles, pois, caroube, haricots, fèves) est possible et nécessite une enquête médicale pour décider ou non de l'exclusion de ces produits en cas d'allergie sévère à l'arachide. Selon une spécialiste de l'allergie alimentaire (Pr. Moneret-Vautrin), il est possible que ces allergies masquées aux légumineuses contribuent à expliquer la persistance dans le temps de l'allergie à l'arachide.

Le soja

Le soja est le légume le plus important du monde et constitue une denrée importante en Asie, mais également sur d'autres continents. C'est un allergène puissant. Le soja a longtemps été indiqué comme substitut au lait de vache dans les intolérances alimentaires dues à celui-ci. Mais dans de nombreux cas, une allergie alimentaire aux protéines de soja se développe par réaction croisée ou en raison de l'augmentation de la perméabilité intestinale. Le soja est présent dans de nombreux aliments (charcuterie, pâtisserie). Les huiles de soja sont sans effet. Il faut aussi noter que le soja est aussi un allergène professionnel.

Les allergies aux autres légumineuses (petits pois, haricots secs, lentilles, fèves) sont plus rares. Si ces légumineuses sont parfois source de troubles digestifs, c'est principalement en raison de la présence de substances à activité immunologique (lectines). Elles n'induisent cependant pas d'allergies alimentaires et sont donc sans danger.

Les réactions croisées

Qu'est-ce qu'une réaction croisée ?

Un enfant allergique aux plumes du canari de l'appartement familial fait quelques années plus tard une allergie à l'œuf. Une infirmière devenue allergique au latex (sensibilisation par le port des gants) fait une allergie à la châtaigne contenue dans la dinde de Noël. Une jeune femme allergique à un sulfamide anti-infectieux fait un choc anaphylactique à un sulfamide anesthésiant (procaïne). Ces exemples[6] illustrent ce qu'est une allergie croisée : une réaction due à des allergènes apparemment différents de celui responsable de l'immunisation du sujet. Ces allergies non expliquées par une sensibilisation préalable à l'allergène provoquant la réaction sont dues à des phénomènes d'identité ou de parenté biochimique entre les déterminants antigéniques[7] qui induisent la réaction allergique. Ils peuvent être communs aux deux allergènes ou de structure très proche, reconnue comme identique par les cellules impliquées dans les mécanismes de l'allergie.

En conséquence, ces réactions croisées s'observent dans des circonstances différentes :

— Soit au sein de substances végétales ou animales proches (par exemple entre des allergènes polliniques de même espèce ou d'espèce voisine). Ceci s'explique aisément par la présence de protéines identiques. Ainsi une sensibilisation au pollen d'olivier a été retrouvée chez des habitants du nord de la Loire : la sensibilisation avait été induite par le pollen de frêne, présent en abondance dans ces régions, et qui appartient à la même famille que l'olivier, la famille des oléacées. Des connaissances en botanique sont précieuses dans ce cas.

— Soit entre des sources d'allergènes très différentes, tels les pollens d'arbre et des fruits et légumes responsables d'allergies alimentaires. Ces réactions croisées entre pollinoses et allergies alimentaires sont surprenantes car les sources d'allergène sont apparemment très différentes. Ainsi plus de la moitié des sujets allergiques au pollen de bouleau ont des manifestations d'allergie alimentaire en mangeant des pommes ou des noisettes.

6. Ils sont issus d'un excellent livre de présentation de l'allergologie aux médecins généralistes : Moneret-Vautrin et col., *Guide du praticien en immuno-allergologie*, Masson, Paris, 1994.
7. Épitopes reconnus spécifiquement par l'anticorps IgE dont ils ont provoqué la fabrication.

Principales réactions croisées

Il est utile de connaître les principales réactions croisées pour interpréter des manifestations cliniques dont la survenue semble incompréhensible et est peu prévisible. Aussi, nous citons les plus courantes, tout en soulignant que leur apparition n'est, heureusement, absolument pas systématique.

Réactions croisées entre substances de même origine

Il existe des réactions croisées entre :

— Les pollens de graminées (phléole, dactyle, avoine, etc.), de bétulacées (bouleau, aulne, charme, etc.), de composées (armoises, chrysanthèmes, ambroisie, etc.), d'oléacées.

— Les céréales : blé, seigle, orge, et à un moindre degré, avoine et maïs. Il existe également des réactions croisées avec les pollens des graminées correspondantes.

— Les légumineuses : arachide, soja, pois.

— Les légumes : les réactions croisées existent à l'intérieur des mêmes familles : ombellifères (céleri, carotte, persil) ; crucifères (moutarde, radis) ; solanacées (tomate, poivron, aubergine) ; liliacées (ail, oignon).

— Les fruits, en particulier entre les drupacées (pomme, noisette, pêche, poire, abricot).

— Le jaune d'œuf et le poulet : l'albumine est à l'origine d'autres réactions croisées entre allergènes alimentaires d'origine animale.

— Le lait et les fromages.

— La morue, le thon et le saumon.

— Le crabe et la crevette.

Réactions croisées entre des substances d'origine différente

Elles concernent *principalement les relations entre allergènes inhalés (pollens) et allergènes alimentaires,* le latex constituant un cas particulier.

— Allergie croisée entre le pollen de bouleau et des fruits (pommes, mais aussi noisettes, cerises, pêches, poires, abricots, amandes...) est bien connue et l'allergène responsable identifié (Betv1). Cet allergène n'est pas présent dans toutes les espèces de pomme : certaines peuvent donc être consommées par les sujets allergiques au bouleau.

— Allergie croisée entre le pollen d'armoise, le céleri et des légumes de la famille des ombellifères (carotte) ou des solanacées (pomme de terre, tomate). Les manifestations dues au céleri peuvent être violentes.

— Allergie croisée au pollen d'ambroisie (importante aux États-Unis) et les allergènes du melon.

Réactions croisées entre latex et aliments
L'allergie au latex est importante en raison de la gravité des manifestations allergiques qu'il provoque : il existe des réactions croisées avec des allergènes alimentaires courants : banane, avocat, kiwi, châtaigne.
Il existe aussi de nombreuses réactions croisées entre médicaments.
Ces réactions croisées reposent sur une similitude structurelle d'épitopes antigéniques : leur meilleure connaissance ainsi que celle des récepteurs structuraux permettra de mieux comprendre certaines associations cliniques. Les structures impliquées sont des protéines ou glycoprotéines qui se sont conservées au cours de l'évolution des espèces et sont présentes dans des molécules de fonction différente.
En pratique, il ne faut pas hésiter à signaler les faits curieux et singuliers à votre médecin. Celui-ci saura, le plus souvent en coopération avec un allergologue, mettre en jeu les différents examens et tests nécessaires au diagnostic. La prévention de manifestations anaphylactiques parfois graves peut être ainsi facilitée.

Les légumes

Très nombreux, ils sont classés par famille en raison des réactions croisées à l'intérieur d'une même famille.

Parmi les *ombellifères*, le céleri est un allergène puissant, principalement lorsqu'il est râpé et conservé (dans de l'acide citrique). Des allergies croisées se produisent entre des plantes (persil, fenouil, aneth) et des épices (poivre vert, coriandre, cumin) de la même famille, et du pollen d'armoise, ceci en raison d'un composé chimique commun. La carotte peut être allergisante quand elle est consommée crue.

Dans la famille des *solanacées* qui comprend la pomme de terre, l'aubergine, le poivron, ainsi que le café et la tomate, c'est cette dernière qui est principalement connue pour induire des allergies alimentaires. Il s'agit le plus souvent de fausses allergies dues à la capacité de cet aliment à libérer de l'histamine, ce qui provoque des manifestations cutanées ou buccales. La pomme de terre voit son pouvoir allergisant disparaître avec la chaleur. Le café est exceptionnellement allergisant mais, consommé en excès, il peut aggraver l'état de santé de certains patients allergiques.

Les *crucifères* (choux, cresson, radis, raifort, moutarde) peuvent être responsables d'allergies alimentaires, parfois sévères avec la moutarde, qui est souvent un allergène masqué dans d'autres aliments.

Les *liliacées* (ail, oignon) et les *rutacées* (agrumes) sont rarement impliquées.

Les fruits

Ils sont une source fréquente d'allergie alimentaire, en particulier ceux de la famille des *rosacées* dont la pomme est le chef de file. Son antigène, labile, est détruit après quarante-huit heures à température ambiante. L'allergie croisée avec les pollens de certains arbres (bouleau, noisetier, charme) est fréquente. La pêche provoque aussi des réactions allergiques qui peuvent s'étendre aux autres fruits de la même famille : poire, abricot, prune, cerise.

La fraise, fréquemment incriminée, est exceptionnellement responsable d'allergie alimentaire vraie. Les réactions observées sont dues à la libération d'histamine qu'elle provoque, surtout en cas de consommation importante.

Les fruits exotiques deviennent de nouveaux allergènes alimentaires, en particulier le kiwi. Comme d'autres fruits exotiques ou non (banane, melon, châtaigne, fruits de la passion) le kiwi est responsable de réactions croisées avec les allergènes du latex. Les épinards, les noix et les avocats ont la même caractéristique.

Les nouvelles causes d'allergies alimentaires

Parmi tous les allergènes déjà mentionnés, il est nécessaire de souligner le rôle des nouveaux allergènes, en raison des accidents, parfois graves, qu'ils suscitent depuis quelques années.

Ces risques sont dus, soit à de nouveaux allergènes, soit à des voies d'introduction complexes.

Les nouveaux allergènes proviennent pour la plupart de nouvelles habitudes alimentaires :

— L'arachide est la plus dangereuse en particulier chez l'enfant. Cette allergie ne disparaît pas avec l'âge et un nombre croissant d'adultes sensibilisés dans leur enfance peuvent aussi présenter des manifestations anaphylactiques graves.

— Parmi les fruits exotiques, le kiwi est le plus répandu et induit des réactions anaphylactiques parfois sévères.

— Le sésame, actuellement introduit dans de nombreux pains et pâtisseries auxquels il donne un goût agréable, est responsable de chocs anaphylactiques parfois sévères.

Certains allergènes alimentaires sont dangereux parce que les aliments impliqués sont présents de façon masquée dans des plats préparés ou des conserves : c'est le cas de la cacahuète (confiseries, pâtisseries), de l'œuf (flanc, mayonnaise), de la moutarde et des épices (sauces).

Dans d'autres cas, la sensibilisation peut se faire lors d'activités professionnelles dans l'industrie agroalimentaire. Un cas particulier est celui de l'allergie au latex, auquel se sensibilisent des enfants opérés de malformations, et des membres du personnel médical : l'ingestion de certains fruits — kiwi, banane, avocat, châtaigne — qui provoquent des réactions croisées avec le latex peuvent être source d'accidents allergiques.

➤ Les additifs alimentaires

Leur rôle est complexe, souvent controversé, et l'information relative à leur sujet est, dans les grands médias, parfois très approximative. De plus, les mêmes substances (en particulier les colorants et les conservateurs) sont également utilisées dans des médicaments y compris des médicaments anti-allergiques ! Ces additifs sont très nombreux et ont des mécanismes d'action variés :

— Le plus souvent, ils sont responsables de *fausses allergies alimentaires*, donc de réactions d'intolérances, qui peuvent être cependant graves dans certains cas. C'est le cas des aromatisants (glutamate des restaurants chinois) et de l'acide benzoïque utilisé comme conservateur dans de nombreuses boissons.

— Certains conservateurs et colorants parmi les plus employés sont responsables d'*allergies vraies*. Ils doivent être bien identifiés dans un but préventif. C'est le cas de la tartrazine, colorant fréquemment employé dans les pâtisseries, et d'une famille de conservateurs : les méta bisulfites.

— D'autres additifs agissent en modifiant la perméabilité intestinale au long cours. Ils peuvent ainsi favoriser la survenue d'allergies alimentaires vraies : les nitrites de sodium utilisés pour conserver les charcuteries sous plastique ont cet effet.

Les réactions aux additifs alimentaires et médicamenteux ne touchent qu'une faible partie de la population générale (moins de 1 %), mais concernent préférentiellement des sujets atteints de maladies cutanées ou respiratoires allergiques (urticaires, mais aussi asthmes). Elles contribuent ainsi à entretenir ou à aggraver les symptômes de ces sujets. Par contre, l'état de santé de ces derniers peut être amélioré par des mesures visant à la réduction de consommation, souvent ignorée ou involontaire, de ces additifs.

Nous décrirons brièvement les principaux additifs responsables de manifestations allergiques cliniques, en détaillant le rôle et le mécanisme d'une de ces familles, les sulfites. Cela permettra d'illustrer la complexité d'un sujet qui nécessite un diagnostic médical approfondi de la part du médecin, et beaucoup d'attention de votre part dans la prévention. Il n'est cependant pas nécessaire de tomber dans des excès de précaution qui pourraient être tout aussi pathologiques. Rappelons en particulier que des régimes d'éviction drastique ne peuvent être décidés qu'après diagnostic médical et sous suivi du médecin généraliste et de l'allergologue.

Principaux additifs alimentaires [8]

Ce terme désigne toute substance ajoutée à un produit alimentaire, par le fabricant ou par le distributeur, pour en améliorer la présentation ou la conservation. Les principaux additifs destinés à modifier la présentation des aliments concernent :

8. Ce sont aussi souvent des additifs médicamenteux.

- **Leur couleur** : colorants destinés aux aliments, mais aussi aux médicaments.
- **Leur goût** : releveur de goût et agent de sapidité.
- **Leur consistance** : agents de texture (émulsifiants, épaississants).

La liste des substances impliquées potentiellement étant longue, seuls les additifs les plus fréquemment rencontrés seront indiqués.

Les colorants

Ils seraient responsables de plus de la moitié des accidents allergiques ou pseudo-allergiques.

Ce sont surtout les colorants de synthèse qui sont responsables d'allergies alimentaires vraies, en particulier des colorants azoïques, telle la tartrazine (E102). Ce colorant jaune est présent dans de nombreux biscuits, desserts et entremets, dans des pâtisseries, et aussi dans des poissons séchés et salés, des crevettes. La tartrazine est responsable à la fois de vraies allergies alimentaires et de fausses allergies par un mécanisme biochimique identique à celui impliqué dans l'intolérance à l'aspirine. Deux autres colorants, l'érythrosine (E127), et le rouge cochenille A (E124) présents dans des pâtisseries et confiseries sont aussi responsables de réactions allergiques vraies.

Les colorants à éviter

En pratique, les principaux colorants qu'il convient d'éviter ou de supprimer en cas de terrain atopique avec manifestations allergiques chroniques sont la tartrazine (E102), les autres colorants azoïques (E122 à E127), en particulier l'érythrosine (E127) et le rouge cochenille (E124), E110 (jaune orangé S), ainsi que les colorants identifiés sous les numéros E104 (jaune de quinoléine) et E131 (bleu patenté V).

Les conservateurs

Ils sont utilisés pour leurs propriétés antiseptiques et antioxydantes.

Les plus fréquemment utilisés sont :

— Les nitrites de sodium (E250) et nitrates. Très répandus dans l'alimentation (conserves de porc, charcuteries sous plastique, viandes et poissons fumés), ils augmentent la perméabilité intestinale, et jouent un rôle dans certaines urticaires chroniques. Ils ont aussi des effets toxiques directs (se traduisant par des céphalées, un inconfort abdominal) dus à la formation de nitrosamines (poissons et viandes fumés).

— Les sulfites et méta bisulfites (E220 à E228, détaillés ci-dessous).

— Des antioxydants utilisés dans les huiles et les corps gras, dans des desserts glacés et des chewing-gums (gommes à mâcher) : BHA (Butylhydroxylanisol, E320) et BHT (Butylhydroxyltolune, E321). Ils agissent par un mécanisme biochimique et sont responsables d'urticaire et d'eczéma.

— L'acide benzoïque (E210) et les sels dérivés. Ils sont très répandus dans les boissons non alcoolisées et alcoolisées (apéritifs, bières), dans les conserves alimentaires, mais sont aussi présents à l'état naturel dans les fruits rouges (prunes). Ils sont responsables de fausses allergies alimentaires, en sollicitant une voie métabolique identique à celle impliquée dans l'intolérance à l'aspirine et aux anti-inflammatoires non stéroïdiens.

— Les autres conservateurs sont plus rarement impliqués. Signalons le rôle de l'acide sorbique et dérivés (E200 à 203) utilisés comme fongicides (yaourts aux fruits, petits suisses, vins) et celui des diphényles, antiparasitaires utilisés pour protéger la peau des agrumes, dans certaines allergies de contact.

Les agents de texture

Utilisés comme émulsifiants, épaississants et gélifiants, ces produits (codifiés E131 à E483) sont nombreux : dérivés d'algues, gommes végétales, gélatines, pectines. Seuls quelques cas rares d'allergie à une gomme végétale (gomme adragante E413) et à des gélatines (réactions se produisant également avec des substituts du plasma à base de gélatine) ont été observés.

Les agents de sapidité

Ils ne semblent pas responsables d'allergie vraie par mécanisme immunologique. Parmi les releveurs de goût, le glutamate de sodium est connu des amateurs de cuisine chinoise, qui ont pu être un jour atteints du syndrome du restaurant chinois : maux de tête, rougeurs du visage, sensation de malaise, troubles digestifs, douleurs simulant celles d'origine cardiaque, etc. Ceci est dû à l'activation de l'une des deux voies principales du système neurovégétatif, la voie cholinergique, et touche préférentiellement les sujets prédisposés.

Parmi les édulcorants de synthèse, de très rares cas d'asthme ou d'urticaire ont été décrits avec l'aspartam, additif impliqué aussi dans des troubles neurologiques mineurs (céphalées, etc.) d'origine non allergique.

Les aromatisants (vanille, etc.) n'ont pas été clairement impliqués. Seul le menthol serait responsable de quelques cas d'asthme et d'urticaire.

Les enzymes

La papaïne, utilisée aux États-Unis pour l'attendrissement des viandes, peut être à l'origine de manifestations anaphylactiques. Son utilisation est interdite en France. L'alpha amylase contenue dans la farine est responsable d'asthme professionnel chez les boulangers, mais elle n'agit pas par voie digestive.

Allergie et intolérance aux bisulfites

Le rôle des additifs alimentaires et médicamenteux, dont les mécanismes sont complexes, est controversé. Il est cependant réel comme l'illustre le cas des additifs de la famille des sulfites.

Les sulfites (E220 à E227 dans la nomenclature[9]) sont des conservateurs très utilisés dans les aliments et aussi dans de nombreux médicaments, pour leurs propriétés antioxydantes. Produits par l'organisme, ils sont dégradés par une enzyme, la sulfate oxydase. Leurs principales sources, en tant qu'additifs, dans l'alimentation sont :

— Les boissons (sodas, jus de fruits — abricot, raisins —, bière, cidre, vin blanc).

— Les poissons séchés ou en conserve, les coquillages et les crustacés.

— Les plats cuisinés (congelés, surgelés, conserves).

— Les fruits et légumes (pommes de terre déshydratées, fruits secs).

— La moutarde, les cornichons.

Ils sont également présents dans les médicaments (sirops, gélules), antibiotiques (dont une famille, les aminosides, est souvent utilisée chez les allergiques), corticoïdes, anesthésiques, antalgiques. Il en existe aussi dans le domaine ménager (antifongiques, insecticides), dans des cosmétiques, dans des liquides photographiques.

Cette utilisation considérable contraste avec une proportion assez réduite de manifestations d'intolérance ou d'allergie, inférieure à 2 % dans la population générale. Elle est cependant beaucoup plus élevée dans les populations prédisposées : asthmatiques (4 à 10 %), allergiques, en particulier ceux qui sont intolérants à l'aspirine (plus de 20 %).

Leur mécanisme d'action est varié et passe par :

— Une action biochimique des dérivés soufrés : libération d'histamine, action de type cholinergique.

— Une intolérance vraie aux bisulfites par la voie biochimique impliquée aussi dans l'intolérance à l'aspirine (métabolisme des prostaglandines).

— Un déficit enzymatique en sulfite oxydase qui transforme naturellement les sulfites en sulfates (rôle thérapeutique de la vitamine B12). De plus, les champignons peuvent transformer les sulfates en sulfites, d'où le rôle aggravant des candidoses digestives et des mycoses.

— Une hypersensibilité immédiate qui est due à la production d'anticorps IgE spécifiques des sulfites. Ce mécanisme a été démontré chez certains patients par des tests cutanés et biologiques.

Il n'est pas toujours facile de penser au rôle de cette famille d'additifs. Le médecin l'évoquera devant toute manifestation cutanée chronique, répétitive,

---

9. Nomenclature :
E220 : anhydride sulfureux, SO_2.
E221 : sulfite de sodium.
E222 : bisulfite de sodium.
E223 : méta bisulfite de sodium.
E224 : méta bisulfite de potassium.
E226 : sulfite de calcium.
E227 : bisulfite de calcium.
E228 : bisulfite de potassium.

d'origine non évidente, mais aussi devant des pathologies respiratoires ou digestives. Leur rôle dans l'aggravation d'asthmes sévères est de plus en plus sûrement établi.

Le diagnostic sera fait sur les tests cutanés, mais surtout par une épreuve dite « d'éviction-réintroduction » des sulfites (un mois) et par des tests de provocation faits en milieu hospitalier. Des tests biologiques sont également utiles. Ce diagnostic est important car des signes allergiques banals peuvent être annonciateurs d'accidents sévères. Une information et une prévention sont d'autant plus nécessaires chez les patients que les sulfites sont présents dans de nombreux médicaments (anti-infectieux, mais aussi antiallergiques).

En pratique

Ce dernier exemple permet de comprendre qu'il faut, comme souvent, naviguer entre deux écueils : la phobie des additifs et conservateurs, souvent nécessaires à la conservation des aliments et à l'hygiène alimentaire, et le caractère inoffensif qui leur est attribué par certains professionnels.

Il est clair que les additifs jouent un rôle réel dans l'allergie d'origine alimentaire :

— Soit en tant qu'allergènes vrais : c'est le cas de colorants azoïques (tartrazine) et des sulfites.

— Soit en tant qu'inducteurs de fausses réactions allergiques par des mécanismes biochimiques : c'est le cas des benzoates qui agissent par le même mécanisme que l'aspirine.

— Soit en agressant la muqueuse intestinale : c'est en particulier le cas des nitrites.

Réduire la « charge » en additifs

En dehors des évictions totales qui doivent être décidées avec le médecin traitant, il est utile pour un sujet allergique, ou pour toute personne ayant un terrain prédisposé, de réduire cette « charge » en additif. L'attention du consommateur se portera judicieusement sur les produits contenant :

— Des colorants de synthèse, surtout la tartrazine (E102), les E122 à 127. De façon générale, il est bon d'éviter les pâtisseries, confiseries, desserts, jus de fruits, artificiellement colorés en jaune, orange, rouge ou rose.

— Des benzoates : E210 à 217.

— Des aromatisants tels les glutamates.

— Des nitrates et nitrites : E250 et suivants.

— Des sulfites : E221 à 228.

➤ Les aliments transgéniques (OGM)

L'attention de chacun d'entre nous est sollicitée fréquemment par les modifications rapides que subit notre alimentation. Le risque potentiel est considéré comme aussi important si ce n'est plus, que celui dû aux modifications de notre environnement atmosphérique. Ce point de vue est aussi celui de nombreux médecins, dont des allergologues qui considèrent que l'alimentation représente un microenvironnement endogène très important pour notre équilibre de vie. Parmi les facteurs contribuant à l'augmentation des allergies alimentaires figurent la diversification croissante des protéines alimentaires offertes à la consommation, les modifications importantes des allergènes naturels, liées aux technologies agroalimentaires, qui augmentent l'allergénicité de certains aliments et font parfois apparaître de nouveaux allergènes.

Dans ce contexte, que faut-il penser de l'introduction de protéines transgéniques qui correspondent dans l'alimentation humaine à des protéines nouvelles ? Peuvent-elles être à l'origine de nouvelles allergies alimentaires ?

➤ Les risques généraux des organismes génétiquement modifiés (OGM)

Sur ce sujet très controversé, une idée émerge clairement : les aliments transgéniques doivent être l'objet d'études indépendantes, surtout pour leur retentissement écologique à long terme. Ainsi, deux universitaires, Jean-Marie Pelt, président de l'Institut européen d'écologie, et Gilles-Éric Séralini, biologiste moléculaire [10] rappellent que « les organismes génétiquement modifiés sont des chimères génétiques qui n'existaient pas il y a quelques années hors des laboratoires, c'est-à-dire des hybrides ayant acquis des caractères d'êtres vivants d'autres espèces ou même d'autres règnes. Ainsi, l'on trouve dans le commerce du maïs avec du patrimoine génétique de virus ou de bactérien... [...] Aussi, il serait irrationnel de penser qu'un outil aussi puissant que la transgénèse sur le vivant ne puisse jamais receler aucun risque grave sur la santé ou l'environnement ». Ces auteurs ne contestent ni l'utilité des OGM pour produire des médicaments ni le fait que l'intervention humaine dans la sélection de plantes en agriculture existe depuis huit mille ans. Mais, selon eux, les brevets et la commercialisation des OGM posent des problèmes éthiques considérables et le vrai débat porte sur le contrôle de ce développement. La solution proposée, « un moratoire général sur la diffusion des OGM dans la nature et l'alimentation (y compris sur les importations) pour pouvoir aménager les recherches, la traçabilité, les méthodes d'autorisation et d'étiquetage » a trouvé un écho social et politique.

Il reste cependant qu'il est excessif de diaboliser les OGM. Il faudrait seulement, comme le demandent de nombreux scientifiques, que leur développement

10. Jean-Marie Pelt, Gilles-Éric Séralini, « Les OGM, oui mais pas à tout prix », *Libération*, 23 juin 1999.

s'appuie sur des études approfondies et indépendantes, et non sur des démarches industrielles hâtives, et inconséquentes en terme d'image. Un exemple de cette précipitation a été celui de la fabrication du maïs transgénique résistant à un insecte, la pyrale. Un gène de résistance aux antibiotiques a été utilisé comme gène marqueur permettant de sélectionner les bactéries pour lesquelles le transfert de gène a réussi. Ce choix, purement technique, n'a pas été précédé d'expérimentations prouvant son absence de conséquence biologique et médicale à terme. Une telle méthode, même si le danger pour la santé semble négligeable, ne pouvait que susciter l'opposition de l'opinion. Par ailleurs, les transferts de gène entre végétaux ne semblent pas si négligeables qu'on le pensait, et les scientifiques demandent à les étudier. De façon générale, ils acceptent un moratoire sur la culture et l'exploitation commerciale des OGM, mais demandent à continuer la recherche sur ce thème. Entre des initiatives commerciales hâtives et des oppositions systématiques, cette attitude semble marquée du sceau de la raison.

Risque allergénique des aliments transgéniques

En ce qui concerne les maladies allergiques proprement dites, le risque allergénique des aliments transgéniques est important en raison de la fréquence des allergies alimentaires dues à des végétaux chez l'adulte, et des nombreuses réactions croisées. Si le transgène provient d'un produit allergisant, il peut être transmis au produit génétiquement modifié : c'est le cas d'un allergène de la noix du Brésil exprimé dans du soja génétiquement modifié, qui n'a pas été commercialisé. Sous l'angle allergologique, plusieurs niveaux de vérification sont nécessaires, de la source du gène, à la plante génétiquement modifiée. Ceci fait l'objet de directives européennes et françaises réglementant les OGM.

À l'inverse, les techniques de préparation des OGM peuvent être à l'origine de produits alimentaires dépourvus des portions antigéniques : ainsi, on envisage de diminuer l'expression des allergènes majeurs de l'arachide, ce qui pourrait diminuer l'allergie à la cacahuète.

L'avenir se situe dans la mise en place d'une « allergovigilance [11] » appliquée à l'alimentation afin de dépister sur les nouveaux aliments (en particulier les aliments transgéniques) un risque allergique qui serait passé inaperçu après les études nécessaires à l'autorisation de mise sur le marché. La fréquence et la sévérité des allergies alimentaires nécessitent la mise en place de stratégies préventives par les autorités administratives et politiques, impliquant des services spécialisés en allergologie alimentaire et s'appuyant sur un réseau d'allergologues français.

---

11. Moneret-Vautrin D.A., « Les allergènes alimentaires et leurs modifications par les technologies agroalimentaires », *Rev. fr. allergol.* 1997, 37 : 21-28.

Comment se manifeste l'allergie alimentaire ?

Naturellement, il appartient au médecin d'évoquer le diagnostic de maladie allergique, de suspecter le rôle de facteurs d'origine alimentaire, d'en établir le diagnostic, puis de mettre au point un traitement et une prévention adaptés. Mais le médecin sera d'autant plus efficace dans cette démarche souvent délicate que vous lui aurez communiqué, dans le cas ou vous êtes atteint de manifestations allergiques, des informations exactes et pertinentes. C'est particulièrement vrai pour l'allergie alimentaire car beaucoup de patients sont persuadés d'être allergiques à un ou plusieurs aliments, sans que la réalité de cette allergie ne soit démontrée. Ainsi, un questionnaire adressé à vingt mille personnes retrouve, dans la population générale, une « croyance » en une allergie alimentaire chez 20 % des sujets, alors que celle-ci n'est prouvée que chez 1 à 2 % des sujets. Cela ne veut pas dire que vous ne devez pas confier vos interrogations ou vos suspicions au médecin. En cas de fausse allergie alimentaire, il saura vous rassurer et vous conseiller quelques modifications diététiques adaptées. Mais si vous êtes atteint d'allergie alimentaire vraie ou d'intolérance grave, les aliments en cause auront été dépistés, ce qui est essentiel pour assurer le véritable traitement, à savoir l'éviction de ces aliments.

En pratique, les signes cliniques sont aussi différents selon qu'il s'agit d'allergie alimentaire aiguë ou chronique. L'attitude du médecin, le diagnostic, le traitement et la prévention, diffèrent dans ces deux cas.

➤ L'allergie alimentaire aiguë

Vous pouvez penser vous-même à des manifestations d'allergie alimentaire aiguë devant le caractère répétitif, brutal des symptômes qui surviennent après la prise d'aliments, ont une durée brève (quelques heures en général) et disparaissent entre les crises.

De plus, il existe des symptômes très évocateurs en particulier lorsqu'ils concernent le tube digestif. Le plus représentatif est le syndrome oral [12] avec des démangeaisons des gencives, des lèvres, de la bouche, consécutives à l'ingestion d'un aliment essentiellement de nature végétale dans ce cas. Les symptômes sont brutaux, apparaissent et disparaissent rapidement et se reproduisent après la consommation de chaque aliment. Parfois, il y a également un gonflement

12. Ce syndrome est dû à la présence de mastocytes sous-muqueux dans la bouche. Ils libèrent leur contenu quand l'allergène se fixe sur les IgE spécifiques présents à la surface de la cellule et provoquent les symptômes locaux. L'extension de ce syndrome à des manifestations régionales et générales est due à l'activation de mastocytes d'autres tissus, mastocytes sensibilisés préalablement à l'allergène alimentaire.

(œdème) qui peut s'étendre localement aux lèvres, à la face ou à la glotte, créant alors des difficultés respiratoires.

Ce syndrome peut aussi s'accompagner d'une urticaire géante ou de spasmes bronchiques à l'origine d'un asthme. Dans quelques cas, il peut précéder des manifestations générales avec un choc anaphylactique qui réclame des soins urgents. La banalité apparente de ce syndrome ne doit donc surtout pas faire sous-estimer sa gravité potentielle due à l'extension des symptômes au larynx, aux bronches et à des manifestations générales. Encore une fois, ceci est dû au fait qu'il s'agit là d'une réaction allergique vraie, dont la nature est d'être excessive et qui peut être explosive.

Les autres manifestations de l'allergie alimentaire aiguë sont :

— Cutanées : urticaire aiguë.

— Digestives, avec des signes souvent banals.

— Respiratoires : spasmes bronchiques.

— Générales : choc anaphylactique.

Il est parfois difficile de penser à une cause alimentaire devant ces manifestations. Aussi, la perspicacité du médecin sera d'autant plus efficace dans cette enquête que le patient aura été un bon observateur des phénomènes concomitants à la survenue de ses symptômes.

L'allergie alimentaire chronique

Il est souvent plus difficile de penser à l'allergie alimentaire chronique, car le facteur alimentaire est souvent intriqué avec d'autres facteurs qui contribuent à rendre la maladie chronique. Il s'agit d'un diagnostic médical qui sera évoqué lors de la survenue de manifestations :

— Digestives : troubles intestinaux chroniques de toute nature.

— Cutanées : dermatite atopique de l'enfant, eczéma de l'adulte, urticaire chronique (plutôt provoquée par de fausses allergies alimentaires).

— Respiratoires : asthme dont on a vu qu'il pouvait être aggravé ou provoqué par des additifs (bisulfites).

— Rhinites, plus rarement.

— Diverses, telles que migraines ou autres troubles neurologiques ou comportementaux, pour lesquels la relation avec l'allergie alimentaire est plus difficile à établir.

Un diagnostic délicat

Devant le caractère non spécifique des manifestations de l'allergie alimentaire, en dehors du « syndrome oral », le diagnostic médical prend toute son importance. La coopération du patient sera le meilleur allié du médecin.

➤ L'importance de l'entretien avec le médecin

C'est souvent lors de l'entretien entre vous et le médecin que celui-ci pourra évoquer le diagnostic d'allergie alimentaire, devant le caractère répétitif des manifestations, leurs circonstances de survenue, en particulier leur rythme par rapport aux repas. Des cofacteurs jouent également un rôle, tel l'exercice physique. Le comportement alimentaire sera aussi un très bon guide : un dégoût alimentaire peut évoquer une allergie aiguë, l'enfant ou l'adulte ayant eu consciemment ou non une attitude « d'évitement ». À l'opposé, la consommation excessive ou quotidienne d'un aliment est souvent notée dans une allergie alimentaire chronique.

Un autre élément commun à toutes les maladies allergiques sera recherché lors de l'interrogatoire : l'existence d'un terrain atopique, révélée par les antécédents personnels et familiaux du patient.

Parfois, c'est devant l'absence de causes expliquant la survenue des manifestations allergiques que le médecin cherchera une cause alimentaire cachée ou passée inaperçue. Il y pensera également lorsqu'une maladie allergique bien traitée, avec une prévention et une hygiène adaptées aux causes décelées (par exemple un asthme dû aux acariens) résiste au traitement. Souvent aussi, une allergie alimentaire ne se manifestera qu'avec l'addition d'autres facteurs favorisant une réaction allergique : exercice et sport (voir anaphylaxie liée à l'exercice, p. 152), alcool, médicaments, fatigue ou stress.

Le médecin vous demandera alors fréquemment de noter pendant une semaine les aliments consommés ainsi que les additifs. Il pourra aussi vous conseiller un régime hypoallergénique pour voir si une amélioration se produit. Les aliments seront alors réintroduits progressivement.

Quand peut-on penser à une allergie alimentaire ?

— Pour un nourrisson ou un enfant, s'il a un eczéma atopique, surtout avec d'autres signes.
— Lorsque vous avez des symptômes digestifs, cutanés, respiratoires, rythmés par les repas.
— Si vous êtes atteint de symptômes allergiques d'origine non connue.
— Si des symptômes de maladies allergique résistent à un traitement bien conduit.
— Si vous avez des symptômes à l'effort tels que l'urticaire.
— Si vous êtes allergique aux pollens et si vous tolérez mal certains fruits ou légumes.
— Si votre enfant ou vous avez un terrain atopique. L'allergie alimentaire peut alors encore être plus aisément évoquée dans les situations précédentes.

➤ Les examens complémentaires

La description des allergènes a largement mis en évidence le fait que l'allergie alimentaire pouvait se dissimuler, et avancer masquée, avec des conséquences parfois gravissimes.

Cela explique que le médecin généraliste, puis le spécialiste utilisent des examens complémentaires pour faire le diagnostic le plus exact possible. La démarche est d'abord identique à celle habituellement suivie :

▪ **Tests biologiques** simples prescrits par le généraliste : les tests de dépistage sont particulièrement intéressants : Fx 5 chez l'enfant, CLA DHS trophallergènes chez l'adulte.

▪ **Tests cutanés** effectués par l'allergologue, avec éventuellement des tests biologiques (IgE spécifiques).

Les tests cutanés sont d'interprétation plus difficile avec les allergènes alimentaires qu'avec les allergènes respiratoires. Les prick-tests seront souvent réalisés avec des produits frais (fruits, légumes). Dans les manifestations cutanées, des épidermotests seront faits pour rechercher une hypersensibilité retardée.

➤ Des tests plus réalistes

La démarche devient ensuite plus précise avec des tests dits « réalistes » destinés à vérifier la responsabilité de l'aliment en situation réelle. La mise en jeu de ces tests est délicate et se fera sur la notion d'histoire clinique convaincante, c'est-à-dire suffisamment évocatrice d'une manifestation d'allergie alimentaire. Très schématiquement, les tests utilisés sont :

— En premier lieu, un test de suppression-réintroduction de l'aliment. Ce test est particulièrement intéressant en cas d'allergie alimentaire chronique. Il doit être utilisé avec beaucoup de précaution (pour certains spécialistes, pas du tout utilisé) en cas d'allergie alimentaire aiguë, car il peut être à l'origine d'une crise. La réintroduction se fait à partir du deuxième mois.

— Dans les cas plus difficiles ou lorsqu'une allergie alimentaire aiguë est suspectée (par exemple à l'arachide), un test de provocation oral sera fait, en milieu hospitalier (en fonction des risques). Il utilise une démarche « expérimentale » contrôlée en simple aveugle ou double aveugle. Cela est nécessaire pour neutraliser les implications subjectives, souvent majeures, du patient dans sa relation aux aliments. Des aversions alimentaires d'origine psychologique peuvent provoquer des manifestations organiques simulant (inconsciemment bien sûr) l'allergie alimentaire. Elles ne sont pas reproduites par l'utilisation de techniques de double aveugle où ni le patient ni le médecin ne savent si l'aliment est présent ou non. Cela dit, l'aversion alimentaire est aussi un bon indice d'allergie alimentaire vraie ou d'intolérance réelle. Les aversions alimentaires subjectives se comprennent aisément car la nourriture a aussi une dimension symbolique. Mais en cas de manifestation sérieuse ou répétitive, il est utile pour le patient de savoir qui, de l'aliment ou lui, n'aime pas l'autre. Dans ce dernier cas, le danger est réel, d'autant que cet ennemi biologique sait se camoufler dans l'alimentation moderne et que les patients peuvent le consommer sans le savoir.

— Les tests de perméabilité intestinale, qui permettent d'apprécier le fonctionnement de l'intestin grêle, avec ou sans l'allergène suspecté, sont très utiles dans des syndromes complexes où la cause est difficile à établir.

L'allergie au lait de vache

Une cause fréquente d'allergie alimentaire

Les allergies alimentaires sont souvent les premières manifestations allergiques chez l'enfant atopique. Parmi celles-ci, l'allergie aux protéines du lait de vache (APLV), est souvent la première à apparaître puisque les protéines de lait de vache représentent la première source de protéines rencontrées en grande quantité dans l'enfance. Ce début précoce, souvent avant l'âge de 6 mois, est dû à des facteurs favorisant la sensibilisation aux protéines du lait de vache : sensibilisation dans l'utérus, passage de petites doses de protéines dans le lait maternel, premier biberon donné à la maternité pendant les trois premiers jours de vie.

L'APLV correspond à une réaction d'hypersensibilité immunologique aux protéines lactées bovines : le lait contient plus de trente protéines, toutes potentiellement allergisantes. Les caséines et la bétalactoglobuline sont le plus souvent en cause. Cette allergie touche en moyenne 2 % des enfants dans les pays développés (0,3 à 7,5 % selon les études), occupant la première place des allergies alimentaires dans la petite enfance. Elle surviendrait chez plus de 20 % des enfants atopiques. Chez l'enfant de moins de 15 ans, elle est responsable de plus de 10 % des allergies alimentaires et représente la quatrième allergie alimentaire chez l'enfant, derrière l'œuf, l'arachide et le poisson.

Quelles sont ses manifestations ?

Les principales manifestations cliniques sont :

— Digestives (50 % des cas) : les manifestations sont immédiates (vomissements) ou plus chroniques (diarrhées).

— Cutanées : urticaire aiguë, œdème de Quincke, et surtout eczéma atopique. Dans la dermatite atopique de la petite enfance, presque 50 % des enfants ont une allergie au lait de vache.

— Respiratoires, chez l'enfant plus grand : rhinite, asthme.

— Générales : des chocs anaphylactiques peuvent survenir, ce qui impose un traitement d'urgence, et une grande minutie dans l'application des régimes d'éviction chez les enfants allergiques aux protéines du lait de vache.

Quels sont ses mécanismes ?

Toutes les réactions au lait de vache de la petite enfance ne sont pas des allergies : il existe des intolérances dues à un mécanisme enzymatique : le déficit de lactase, enzyme nécessaire à la décomposition du lactose contenu

dans le lait. Ce mécanisme est surtout présent chez les populations qui, traditionnellement, ne consomment pas de lait de vache. En dehors de ce cas, trois mécanismes immunologiques peuvent intervenir :
— Le mécanisme d'allergie immédiate médié par les IgE, le plus souvent en jeu : les antigènes du lait de vache, après avoir franchi la barrière intestinale, suscitent une hyperproduction spécifique d'IgE. Ce mécanisme est favorisé chez les enfants atopiques, qui ont souvent des antécédents familiaux de maladies allergiques. Il peut provoquer des vomissements brutaux, des réactions générales, des signes cutanés (urticaire). Les tests cutanés (fiables très tôt dans l'enfance) et le dosage des IgE spécifiques permettent de faire le diagnostic précis.
— Un autre mécanisme est celui de l'hypersensibilité à médiation cellulaire qui se traduit par des troubles chroniques, digestifs (diarrhée chronique, colites) ou cutanés, avec retentissement sur la croissance.
— Un déficit local en IgA sécrétoires peut également être impliqué.

Comment traiter cette allergie ?

Le traitement de l'APLV repose sur l'éviction des protéines lactées bovines, sous toutes ses formes. Chez le nourrisson, l'allaitement maternel est maintenu autant qu'il est possible. Ensuite, le lait est remplacé par des substituts qui ont subi une hydrolyse extensive des protéines (caséine ou protéines du lactosérum), ce qui leur enlève leur allergénicité. Dans quelques cas (1 à 2 %), le petit enfant peut être allergique à ces hydrolysats de protéines. Des substituts sont alors proposés (après des tests réalisés en milieu hospitalier). Ces produits préparés à partir d'acides aminés permettent de faire disparaître les signes d'allergie et assurent la croissance de l'enfant. La réintroduction du lait de vache peut être effectuée à partir de 1 an, le plus souvent en hôpital de jour. En cas d'échec, la réintroduction doit être tentée plus tard.
L'éviction totale des protéines du lait de vache est difficile. En cas de persistance de l'APLV, la diversification de l'alimentation doit être prudente lorsque l'enfant grandit. Les aliments contenant du lait de vache de façon explicite (lait, fromages, entremets, etc.) sont naturellement proscrits. Mais le lait de vache peut provoquer des chocs anaphylactiques par consommation de lait masqué dans les aliments (gâteaux, céréales mais aussi la viande de bœuf, la plupart des charcuteries), de lactose industriel ou pharmaceutique qui peuvent révéler la présence de caséine et de protéines du lactosérum. Ces dernières peuvent aussi être présentes dans des crèmes topiques et des médicaments. La caséine peut être utilisée sous forme de caséinate de sodium ou de calcium dans des produits tels les « hot-dogs ». Il serait nécessaire que la législation impose de mentionner les différents constituants dans les produits industriels afin d'éviter des accidents, et d'aider

les parents qui doivent, outre faire la chasse aux étiquettes, appeler les services consommateurs des marques d'aliments.
L'induction d'une tolérance au lait par voie orale est parfois utilisée. Elle se réalise pratiquement par l'ingestion de lait sous la forme de gouttes, à dose augmentée tous les jours. En pratique, cette technique n'est réalisée qu'en cas d'allergie « vraie » (médiée par les IgE), avec un risque vital, lorsque l'éviction totale est impossible ou lorsque l'allergie alimentaire compromet l'insertion scolaire du jeune enfant.

Quelle est son évolution ?

L'allergie aux protéines du lait de vache guérit dans 80 à 90 % des cas, en moyenne vers 18 à 24 mois. La plupart des enfants tolèrent le lait de vache avant l'âge de 3 ans. Il reste 10 à 20 % de cas rebelles, principalement en cas d'association à d'autres allergies alimentaires (œuf, soja, arachide). Ultérieurement, ces enfants pourront développer d'autres manifestations d'atopie : asthme, dermatite atopique, rhinite.

Peut-on la prévenir ?

Les outils majeurs de la prévention de l'APLV et des maladies atopiques qui peuvent l'accompagner sont le lait maternel et l'absence d'exposition précoce aux protéines étrangères. Dans les études effectuées, l'alimentation au sein, seule ou complétée avec un hydrolysat de protéines, une diversification tardive après 6 mois et un retard d'introduction des aliments à risque, semblent protéger l'enfant du développement de l'allergie aux protéines du lait de vache et de la dermatite atopique. Cependant, ces précautions diététiques ne modifient pas l'évolution vers l'asthme et les sensibilisations respiratoires, pour lesquelles d'autres facteurs, génétiques et environnementaux, jouent probablement un rôle important.

La prévention

Elle est différente selon qu'elle concerne la population des familles de patients atopiques ou la population générale.

➤ Les enfants nés de parents atopiques

La population à risque est représentée par les sujets appartenant à une famille de patients atopiques (voir terrain et allergie). Ceci est particulièrement utile pour l'alimentation des enfants nés de parents atopiques. Ce sujet est encore l'objet de nombreuses études. Trois types de mesure ont déjà cependant montré leur utilité :

■ **Les précautions prises pendant la grossesse et l'allaitement** : deux éléments contribuent à retarder la sensibilisation aux aliments et à diminuer la survenue de certaines maladies tel l'eczéma atopique : l'allaitement maternel et la diminution des aliments sensibilisants chez la mère pendant l'allaitement (arachide, œuf, épices). Si chez l'enfant, une grande partie des allergies alimentaires (lait de vache, œuf) disparaît avec l'âge, certaines allergies restent fixées : poisson, cacahuète, soja, noisette. Cela justifie ces précautions recommandées également pendant la dernière partie de la grossesse. De plus, la mère et l'enfant bénéficieront de mesures de prévention générale du risque allergique : arrêt du tabac (évident, mais pas si facile...), réduction des acariens et des phanères d'animaux.

■ **La diversification de l'alimentation** : elle s'effectuera progressivement chez l'enfant auquel les parents ne donneront pas d'aliment solide avant 6 mois, pas d'œuf et de poisson avant 1 an.

■ **L'attention apportée aux enfants allergiques mangeant en collectivité** : les problèmes posés par l'alimentation en collectivité (crèche, cantine scolaire) sont examinés par le médecin traitant, en relation avec le médecin scolaire, et la direction de l'établissement. De nombreux spécialistes en France demandent qu'une plus grande attention soit portée à cette prévention, comme aux États-Unis par exemple.

Prévention de l'allergie alimentaire chez un enfant à risque
— Allaitement maternel ou lait hypoallergénique. — Diversification prudente et progressive des aliments : légumes et fruits à partir de 4 mois : viandes et gluten à 6 mois, puis produits laitiers autres que le lait : attendre 12 mois pour les œufs, le poisson. — Limitation de l'exposition aux allergènes atmosphériques. — Absence de tabagisme familial.

➤ La population générale

Pour la population générale, il est utile d'accorder, sans phobie excessive, une attention suffisante à son alimentation :

— Limiter la consommation des aliments comportant des additifs (nitrites, benzoates, sulfites) : c'est le cas de la charcuterie sous plastique, des desserts et jus de fruits riches en colorants synthétiques, etc.

— Éviter l'excès d'aliments irritants, de café, d'épices, de condiments.

— Éviter la consommation excessive d'un aliment précis.

— Éviter les apports médicamenteux trop fréquents : certains médicaments favorisent l'allergie alimentaire.

Ces précautions seront encore plus utiles si des maladies ou des traitements au long cours ont altéré l'équilibre de la muqueuse intestinale, favorisant ainsi le passage de molécules sensibilisantes.

Le traitement

Il est différent s'il s'agit d'une allergie alimentaire vraie avec des allergènes identifiés, survenant souvent sur un terrain atopique ou de fausse allergie provoquée par les effets conjoints d'erreurs diététiques et de troubles de la perméabilité intestinale.

➤ Une éviction souvent difficile

En cas d'allergie alimentaire vraie, le véritable traitement est l'éviction de l'allergène, éviction qui doit être totale en cas de manifestation anaphylactique. Cette éviction n'est possible qu'après un diagnostic précis des causes de l'allergie alimentaire. Son application nécessite souvent la collaboration d'allergologues et de diététiciennes, particulièrement pour l'enfant. Elle se heurte à de nombreuses difficultés[13] : allergènes masqués dans l'alimentation, réactions croisées non identifiées, surcoût dû aux régimes d'éviction, difficultés d'application dans les restaurants d'entreprise. Des traitements symptomatiques et de « terrain », principalement issus des thérapeutiques non conventionnelles pour ces derniers sont également nécessaires.

Les projets d'accueil individualisés (PAI) à l'école

Ce dispositif qui associe l'enfant allergique et ses parents, le médecin traitant, le médecin scolaire et les enseignants, a pour but l'aide à l'éviction des aliments (arachide, œufs), et l'information sur les premiers soins d'urgence : reconnaissance des signes d'appel d'une réaction allergique grave, utilisation d'une trousse d'urgence (adrénaline). L'application de ces PAI se fait dans le cadre réglementaire de l'Éducation nationale.

➤ Le traitement « classique »

Il comporte trois volets : éviction de l'allergène alimentaire, traitement symptomatique de l'allergie alimentaire, action sur la muqueuse digestive.

Éliminer l'allergène

Le premier objectif est l'éviction totale de l'allergène alimentaire en cas d'allergie alimentaire aiguë, ce qui suppose un diagnostic précis. La diminution de la consommation du ou des aliment(s) impliqué(s) peut suffire dans l'allergie chronique.

13. Moneret-Vautrin D. A., Kanny G., Sergeant P., « La diététique thérapeutique des allergies alimentaires », *Rev. fr. allergol.*, 1999, 39 : 325-338.

Ce traitement diététique est fonction des aliments impliqués. Si de nombreuses allergies alimentaires disparaissent avec le temps (lait vers 3 ans, œuf vers 7 ans), d'autres allergies restent « fixées » au cours du temps : c'est le cas des cacahuètes, des crustacés par exemple.

L'information du patient sur les risques de contamination par l'aliment « masqué », ou par des méthodes indirectes (cuisson avec le même ustensile pour du poisson et de la viande), est essentielle. Les sources journalistiques, mais aussi informatiques (en particulier le site du CICBAA [14]) complètent utilement les informations médicales. L'application d'un régime d'éviction strict est rendue difficile par l'imprécision fréquente de l'étiquetage. L'étiquetage devrait être obligatoire pour des allergènes alimentaires majeurs : protéines de lait, arachide, soja, farine de blé, poisson, œuf. Il gagnerait aussi à être plus systématique pour des additifs dont l'implication dans des intolérances et des allergies alimentaires vraies est avérée (cas des sulfites par exemple dont l'identification est très variable).

La désensibilisation par voie orale peut être réalisée, uniquement en milieu hospitalier, pour le lait de vache et l'œuf.

Traiter les symptômes de l'allergie alimentaire

Le traitement « symptomatique » des maladies allergiques est nécessaire et doit être adapté à l'amélioration, espérée, de la maladie. Il s'agit du traitement habituel des maladies, mais aussi du traitement d'urgence, indispensable en cas de risque de choc anaphylactique (voir p. 321-324). Dans ce cas, le patient doit avoir à sa disposition une trousse d'urgence comportant de l'adrénaline.

Traiter le tube digestif

Le traitement du tube digestif a pour but de diminuer la perméabilité intestinale aux aliments : des médicaments classiques agissent dans ce sens en diminuant la dégranulation des mastocytes du tube digestif, évitant ainsi la libération de l'histamine et des autres médiateurs de l'inflammation. Des agents « antidégranulants » ont montré leur efficacité, mais ils doivent être pris en dose assez élevée et sont parfois mal tolérés.

➤ Les thérapeutiques non conventionnelles

Pour les praticiens qui en ont l'expérience, elles contribuent de façon très positive à améliorer l'état du terrain des sujets atteints d'allergie alimentaire. En pratique, plusieurs thérapeutiques réellement « complémentaires » dans ce cas, contribuent à améliorer l'état du tube digestif. Il s'agit principalement de l'acupuncture et de l'homéopathie.

L'homéopathie a en particulier à sa disposition, des médicaments symptomatiques locaux adaptés aux manifestations de l'allergie alimentaire (dermatoses,

14. www.allergienet.com/CICBAA.

asthme, troubles digestifs, rhinite), et des médicaments de « terrain ». Le choix de ces derniers est adapté aux pathologies allergiques cutanées ou respiratoires, et aux troubles digestifs chroniques qui sont en partie à l'origine de l'allergie alimentaire, en favorisent l'entretien ou en sont la conséquence. Des médicaments tels *Sulfur, Lycopodium, Calcarea carbonica, Arsenicum album* sont très utiles au traitement des allergies alimentaires chroniques et des manifestations du terrain atopique en complément des mesures d'hygiène et de prévention indispensables. La prescription de ces médicaments de terrain est complexe et nécessite un suivi médical précis comme pour le traitement classique. Elle ne dispense pas de l'attention apportée à la prévention, à l'éviction des allergènes, ni de la prise d'un traitement classique si celui-ci est indispensable. L'automédication est là mauvaise conseillère, et le médecin qui sait prendre le temps reste le meilleur conseiller.

En résumé

L'allergie alimentaire est un sujet d'actualité en raison de l'intérêt croissant et justifié que porte la population aux relations entre nourriture et santé. Si les allergies alimentaires vraies sont beaucoup moins fréquentes que les fausses allergies alimentaires, leur gravité est réelle en raison du risque de choc anaphylactique.

Chez l'enfant atopique, les allergies alimentaires sont une des étapes de ce périple qui débute par l'eczéma atopique et peut évoluer ensuite vers la rhinite et l'asthme. Les allergènes les plus souvent impliqués sont les œufs, l'arachide (en forte augmentation), le poisson et le lait. Chez l'adulte, les végétaux, les fruits, les crustacés et le poisson sont le plus souvent en cause. Les fruits exotiques dont la consommation est croissante, sont également souvent impliqués.

La prévention et le traitement de l'allergie alimentaire reposent sur l'éviction. Cela nécessite une très bonne coopération entre un patient vigilant et bien informé et une équipe médicale attentive qui adapte ses conseils au patient, et l'accompagne dans la modification de son alimentation. C'est très utile dans ce qui est souvent une course de fond destinée à diminuer la charge allergénique due à une alimentation de plus en plus diversifiée. Les traitements classiques, symptomatiques, peuvent être complétés par des traitements de « terrain », en particulier homéopathiques.

Les allergies médicamenteuses[1]

Remède ou poison ?

➤ Un phénomène rare qui peut être grave

Être allergique à un médicament serait un phénomène fréquent si l'on en croit les plaintes spontanées et sincères de nombreux patients. Cette impression est en partie exacte : les intolérances médicamenteuses au sens large sont fréquentes, et concernent environ 30 % des patients hospitalisés. Mais le terme « allergie » est souvent attribué par excès à des effets indésirables d'origine non allergique. La proportion des réactions allergiques vraies est estimée à 10 % environ de ces effets. Certaines réactions peuvent être très graves lorsqu'elles sont généralisées et à l'origine, en particulier, de chocs anaphylactiques dont les médicaments sont actuellement la première cause devant les venins d'hyménoptères et les aliments.

Compte tenu de cette importance, on pourrait s'attendre à ce que la fréquence des allergies médicamenteuses soit très bien connue. En réalité, il y a très peu d'études globales satisfaisantes, mais de nombreuses études de qualité concernant un médicament précis. Ceci est dû au fait que « l'allergie médicamenteuse » n'existe pas de façon globale, tant est grande la variété des produits impliqués et des mécanismes en cause. De plus, la fréquence de leur survenue peut varier selon les habitudes de prescription et le niveau socioéconomique de différentes régions ou pays. De façon générale, les médicaments les plus souvent responsables de réactions allergiques sont les pénicillines et les anti-inflammatoires non stéroïdiens.

Distinguer allergie et toxicité

La distinction entre allergie et effets indésirables ou toxiques tient du débat académique entre spécialistes, nous direz-vous ! Pas si sûr. Pour un médecin, distinguer un phénomène allergique d'un phénomène de nature toxique a des conséquences pratiques. Dans le premier cas, particulièrement lorsqu'il y a risque d'accident allergique grave, le patient ne peut, sauf

1. Sur ce thème, lire aussi les toxidermies, p. 223.

exception, reprendre le médicament. Dans le second cas, il peut suffire de modifier la dose ou la voie d'administration pour continuer à prescrire le médicament. Cela justifie un interrogatoire, des examens, une attention partagée par le médecin et vous-même, pour votre santé : le médicament a gardé sa fonction de remède, même si ce terme a vieilli. Naturellement destiné à guérir la maladie ou à la prévenir, il aurait dû, en devenant un médicament aux effets codifiés, perdre toute capacité à devenir « poison ». Ce n'est pas le cas : la nature des substances, leur utilisation inadaptée dans certains cas, la complexité des réactions individuelles laissent à de nombreux médicaments cette double capacité de remède et de poison. L'allergie médicamenteuse est une de ces zones frontières dont la mise en évidence est souvent complexe, les tests objectifs en particulier biologiques, étant actuellement insuffisamment précis.

➤ Une grande diversité de mécanismes

Si les effets indésirables au sens large des médicaments sont très nombreux en particulier dans le milieu hospitalier où ils touchent 30 % des malades, seuls 10 % de ces accidents sont allergiques. D'où proviennent les autres cas ?

Il peut d'abord s'agir d'effets secondaires identifiés survenant de façon prévisible, liés aux effets pharmacologiques du médicament. Ils sont inscrits sur les notices accompagnant les médicaments. Les interactions médicamenteuses sont aussi responsables de nombreux effets secondaires qui peuvent être prévenus par la vigilance des prescripteurs ainsi que par des ordonnances aussi courtes qu'il est possible.

Les réactions toxiques résultent d'une inadaptation de la dose au sujet. La frontière entre dose thérapeutique et dose toxique est parfois faible : c'est le cas par exemple pour la théophylline, utilisée dans le traitement de l'asthme. Un des domaines de la pharmacologie où elles sont confondues parfois avec des réactions allergiques est celui lié à la prescription des anesthésiques locaux.

À côté de ces effets indésirables pharmacologiques ou toxiques, existent des réactions d'idiosyncrasie dus à des particularités métaboliques, notamment enzymatiques, propres à l'individu ou à des groupes d'individus.

L'ensemble de ces phénomènes se distingue des réactions regroupées sous le terme d'hypersensibilité. Ceci correspond surtout aux réactions allergiques vraies recouvrant les différents mécanismes de l'hypersensibilité, telles qu'elles peuvent être provoquées par les pénicillines. Mais des réactions non spécifiquement allergiques et survenant chez un faible nombre d'individus y sont associées. Ces réactions « pseudo-allergiques » sont d'origines diverses :

— Libération d'histamine induite directement (produits de contraste iodés, codéine et autres médicaments).

— Intolérances liées à des modifications biochimiques de la réaction inflammatoire : effets de l'aspirine sur les prostaglandines, des inhibiteurs de l'enzyme de conversion (antihypertenseurs) sur les kinines.

— Mécanismes immunologiques non allergiques : réactions auto-immunes.

— Intolérances aux conservateurs et additifs des vaccins ou des médicaments : dérivés mercuriels, bisulfites.

PRINCIPAUX MÉCANISMES DE RÉACTIONS ALLERGIQUES
OU D'INTOLÉRANCES AUX MÉDICAMENTS

Mécanismes	**Exemples**
Effets pharmacologiques indésirables. *Interactions médicamenteuses.*	Variables selon les médicaments, ils sont connus des médecins, des pharmaciens et des patients (notices).
Toxicité.	Dosage excessif ou inadapté.
Idiosyncrasie : hypersensibilité individuelle.	Nombreux cas individuels.
Réactions allergiques vraies. Hypersensibilité immédiate IgE-dépendante. Toxicité cellulaire (cellules sanguines). Maladie sérique. Allergies de contact.	 Antibiotiques, latex, anesthésiques généraux. Pénicilline, quinidine, pyramidon, phénylbutazone. Vaccins, sérums. Pommades, baumes, phytothérapie locale.
Réactions pseudo-allergiques. Intolérance pharmacologique : — Biochimie de l'inflammation. — Hyperréactivité bronchique non spécifique. Libération d'histamine (non allergique).	 Aspirine, inhibiteurs de l'enzyme de conversion. Bêtabloquants (attention aux collyres). Produits de contraste iodés utilisés en radiologie.
Réactions auto-immunes.	Médicaments divers.
Réactions dues à des additifs et conservateurs.	Vaccins, corticoïdes, collyres.
Effet nocebo (opposé du placebo) sans cause connue.	Diagnostic d'élimination (pas en première intention).

Les manifestations cliniques dues à ces allergies vraies ou à des intolérances ne doivent jamais être négligées car elles peuvent être graves surtout en cas de sensibilisation vraie.

Lors du traitement des malades allergiques, en particulier des asthmatiques, il faut être très attentif, surtout en cas d'hypertension, à l'administration de bêtabloquants, contre-indiqués dans l'asthme. Ces médicaments sont également contre-indiqués lors des désensibilisations.

➤ Quelles sont les substances en cause ?

Les médicaments

Ils sont nombreux et provoquent principalement des réactions immédiates et des réactions retardées de contact.

Parmi les médicaments qui provoquent les réactions allergiques immédiates, liées aux anticorps anti-IgE, arrivent en tête les antibiotiques : pénicilline et bêtalactamine, puis les anesthésiques généraux, en particulier les dérivés du curare. Les réactions à l'aspirine et aux anti-inflammatoires non stéroïdiens (ceux qui ne sont pas des corticoïdes) arrivent en tête des réactions d'intolérance pharmacologique. Les vaccins sont rarement responsables d'allergies immédiates vraies.

Des médicaments provoquent des réactions d'hypersensibilité cellulaire, sous forme d'allergies de contact :

— Les médicaments à usage local cutané (crèmes, poudres, lotions), mais aussi à usage buccal, constituent une cause fréquente d'allergies de contact. Il peut s'agir d'antibiotiques (néomycine en particulier), d'anti-inflammatoires non stéroïdiens, d'anesthésiques locaux, d'antifongiques, et même des corticoïdes locaux.

— Des médicaments sont aussi responsables d'allergies de contact après une exposition solaire qui active une substance photosensibilisante contenue dans le médicament (ou dans des plantes, selon le même mécanisme). Certains sulfamides, neuroleptiques, anti-inflammatoires ont cette propriété. Des filtres solaires de crèmes écrans et des parfums (musc ambrette) ont des propriétés photosensibilisantes.

Les conservateurs

Les conservateurs des médicaments (mais aussi des cosmétiques et des aliments) sont une source fréquente de réactions d'intolérance ou d'allergies vraies : dérivés mercuriels et formaldéhyde responsables d'allergies de contact, métabisulfites souvent responsables d'intolérance, parfois d'allergies vraies.

Des produits d'origine végétale

Les plantes ne sont pas toujours aussi innocentes qu'il y paraît. Elles contiennent des allergènes de contact puissants :

— Phénols : uroshiols du poison ivy, primine des primevères cultivées, benzoate de coniféryle du baume du Pérou, utilisé dans les médicaments (balsamiques pour la toux, tulle gras), dans les ciments et liquides en dentisterie.

— Lactones sesquiterpéniques, contenues dans les plantes médicinales de la famille des composées.

La colophane, issue de la résine du pin, est responsable en particulier de l'allergie aux pansements adhésifs.

Une identification difficile

➤ Quels sont les symptômes évocateurs d'une réaction allergique ?

Selon les patients, selon les médicaments et leur mode d'administration, il peut s'agir de manifestations :

— D'allergie immédiate, le plus souvent cutanée : l'urticaire, fréquente, l'œdème de Quincke peuvent précéder des manifestations anaphylactiques graves. Les antibiotiques (pénicilline) sont souvent en cause. Les symptômes peuvent aussi être respiratoires.

— D'allergie retardée : inflammation cutanée, eczémas de contact observés avec de nombreux médicaments, photosensibilisations, réactions bulleuses parfois graves.

— D'hypersensibilité cytotoxique touchant les cellules du sang : globules rouges (anémie hémolytique), plaquettes.

— D'hypersensibilité due à des complexes immuns circulants : maladie sérique avec dépôts dans le rein, la peau, les articulations, vascularites dues à des dépôts autour des vaisseaux.

— De réactions cutanées aux mécanismes complexes : certaines peuvent être graves telles les atteintes bulleuses étendues, d'autres sont peu sévères mais signent l'allergie médicamenteuse, tel l'érythème pigmenté fixe.

Dans tous ces cas, le médecin cherchera à établir une relation directe entre la prise d'un médicament et les symptômes observés. La pièce maîtresse reste l'interrogatoire, et la précision de vos réponses est précieuse dans la détermination de critères « d'imputabilité ». Les tests cutanés seront aussi, parfois, très utiles.

➤ Un interrogatoire précis

Il est essentiel afin de fournir des informations précises et détaillées sur des points déterminants :

— Quels sont précisément vos symptômes ? Leur description permet souvent d'éliminer des effets toxiques dus à un surdosage. Mais les accidents allergiques vrais seront difficiles à distinguer de réactions pseudo-allergiques.

— Avez-vous déjà pris ce ou ces médicaments ? Une sensibilisation est nécessaire à l'apparition de phénomènes allergiques. Cependant, ces sensibilisations peuvent passer inaperçues, par exemple lorsqu'elles se font par l'alimentation (pénicilline) ou lorsqu'elles proviennent de réactions croisées avec d'autres médicaments.

— Quand sont apparus les symptômes par rapport à la prise du médicament ? Le délai peut évoquer un mécanisme : une à six heures pour l'allergie immédiate, deux à trois jours pour l'allergie retardée.

— Si vous avez arrêté le médicament, que s'est-il passé ? Selon le métabolisme du médicament et la nature de l'hypersensibilité (dépôts d'immuns complexes), l'arrêt des symptômes n'est pas obligatoirement immédiat.

➤ Les tests cutanés d'allergie

Les prick-tests

Ils sont très précieux en cas d'allergie liée aux IgE quand ils peuvent être réalisés. Ceci est le cas avec un nombre limité de médicaments, car la plupart ne deviennent des allergènes qu'après combinaison à des molécules de l'organisme qui les transportent. Ils sont utilisés pour les pénicillines, les myorelaxants, le latex. En règle générale, des tests cutanés négatifs n'excluent pas une réaction allergique au médicament testé.

Les épidermotests

Ils sont pratiqués en cas de suspicion d'allergies de contact et de dermatoses provoquées par le soleil (voir p. 217). Des tests de provocation ou de réintroduction peuvent être réalisés en milieu hospitalier.

Les tests cutanés restent limités pour le diagnostic de l'allergie immédiate. Aussi la mise au point de tests biologiques adaptés à l'allergie médicamenteuse a été et reste une préoccupation constante des allergologues.

➤ Les limites des tests biologiques

En dehors des tests sanguins habituels qui peuvent montrer une augmentation des éosinophiles, les tests biologiques peuvent concerner les immunoglobulines spécifiques de l'allergène et les cellules de l'allergie.

Le dosage des immunoglobulines

Le dosage des IgE spécifiques est possible pour un nombre très réduit de médicaments : pénicilline, myorelaxants. Le dosage d'autres immunoglobulines est utile lors de réactions allergiques touchant les cellules sanguines.

Les tests cellulaires

Nous insistons sur ce sujet car des progrès dans ce domaine assureront une sécurité importante pour tous les patients. Les tests explorant la réaction cellulaire se sont avérés peu spécifiques dans le diagnostic de l'allergie médicamenteuse. Ces difficultés sont dues à la complexité scientifique du sujet mais aussi, selon certains allergologues européens[2] à un manque d'intérêt des pouvoirs publics, des laboratoires pharmaceutiques et des structures institutionnelles de recherche pour

2. A.L. de Weck, « Techniques d'exploration en allergie médicamenteuse », *Rev. fr. allergol.* 1996 ; 36 : 282-288.

un thème pourtant extrêmement important pour la sécurité des patients. Les mêmes auteurs sont favorables à l'étude de tests nouveaux dans un cadre européen : ces tests d'activation de cellules impliquées dans la réaction allergique — basophiles, mastocytes, lymphocytes — utilisent des techniques sensibles pour détecter l'activation des cellules et la libération de médiateurs qu'elles contiennent. Il est essentiel que les efforts des médecins et chercheurs travaillant sur ces tests soient soutenus, car il s'agit là d'un risque réel qui est une cause effective de décès. Ces tests ne sont pas encore validés en France, comme l'illustrent les recommandations récentes d'une commission spécialisée en allergologie[3].

Les principales allergies médicamenteuses

Quelques formes d'allergies médicamenteuses, parmi les plus fréquemment rencontrées, sont décrites ci-dessous ; l'allergie à la pénicilline est détaillée en raison de sa fréquence. Ces précisions ne doivent pas créer une « peur » à l'égard de ces médicaments. Elles rappellent seulement que leur consommation n'est pas anodine, et que des prises inutiles peuvent provoquer des sensibilisations qui nuiront à l'efficacité d'une thérapeutique quand celle-ci devient indispensable. Il est inutile et dangereux de demander un médicament puissant pour une maladie bénigne. Par exemple, de nombreuses maladies virales non compliquées, survenant chez des individus par ailleurs sains, ne nécessitent aucune antibiothérapie de couverture. Tous les médecins l'ont appris et ont pu vérifier le bien-fondé de cette règle qui permet de faire une gestion économique et « écologique » de médicaments puissants. C'est d'ailleurs une raison suffisante pour ne pas condamner, et supprimer trop brutalement des « petits » médicaments qui n'ont pas fait la preuve de leur efficacité dans des maladies graves, mais sont très utiles en pratique médicale courante.

L'allergie à la pénicilline, médicament essentiel depuis la dernière guerre mondiale pour lutter contre de nombreuses infections, illustre la nécessité d'éviter les administrations inutiles en médecine humaine et en médecine vétérinaire.

➤ Allergie aux antibiotiques et aux médicaments anti-infectieux

Les allergies aux médicaments anti-infectieux, antibiotiques, sulfamides, sont connues en raison de leur fréquence. Elles sont représentées pour plus de la moitié

3. Une commission tripartite d'allergologues hospitaliers et de ville s'est prononcée en 1999 (*Rev. fr. allergol.* 1999 ; 39 : 2) pour « l'abandon des tests de transformation lymphocytaire, d'inhibition de la migration leucocytaire et de dégranulation des basophiles humains pour l'exploration d'une allergie médicamenteuse tant que leur reproductibilité et leur valeur prédictive n'auront pas été établies ». La prééminence de la consultation spécialisée en allergologie avec éventuellement des tests cutanés est soulignée. Ce point de vue est cohérent, à condition que l'effort de recherche sur ce sujet soit soutenu.

par l'allergie à la pénicilline et aux antibiotiques apparentés (céphalosporines) qui appartiennent à la famille des bêta-lactamines. Les autres antibiotiques et les sulfamides sont plus rarement en cause dans les allergies vraies.

La pénicilline a été découverte en 1928, à partir de sa production par une moisissure, *Penicillinum*. Cette moisissure est toujours présente dans les sous-sols humides ou dans l'alimentation (pain moisi) et elle est toujours responsable d'allergie, chez des personnes qui ne sont pas obligatoirement allergiques à la pénicilline médicament. Très utilisée à partir de la Seconde Guerre mondiale, la pénicilline existe aujourd'hui sous des formes synthétiques nombreuses. Elle est actuellement la principale cause d'allergies médicamenteuses graves.

Les réactions allergiques vraies constituent le quart des réactions allergiques aux médicaments et sont les plus courantes. En dehors de réactions cutanées banales, les bêta-lactamines sont principalement responsables d'allergies IgE dépendantes allant de la crise d'urticaire à des réactions anaphylactiques graves. Elles surviennent presque exclusivement après administration par voie injectable. L'atopie ne favorise pas la survenue de l'allergie à la pénicilline, mais les patients atopiques font des réactions plus sévères. Il y a des réactions croisées entre les pénicillines et les céphalosporines.

Les manifestations cliniques allergiques dues à la pénicilline sont de plusieurs types :

— Des réactions inflammatoires locales : ces simples éruptions avec rougeur et œdème sont fréquentes et accompagnent certaines infections virales. Le plus souvent, ces réactions ne sont pas des réactions allergiques vraies et elles sont sans danger.

— Des réactions allergiques immédiates, les plus dangereuses : urticaire, œdème de Quincke, choc anaphylactique.

— Des réactions retardées à type d'eczéma, une maladie sérique, une anémie hémolytique peuvent aussi survenir.

L'interrogatoire et les tests cutanés permettent de faire le diagnostic : si les tests sont positifs, les pénicillines et certaines céphalosporines sont contre-indiquées. Il faut utiliser des antibiotiques de classe différente. Si les tests sont négatifs, il faut rester très prudent car les réactions allergiques restent possibles. Pour certains patients, une « accoutumance » peut être pratiquée avec une grande prudence, en milieu hospitalier.

À côté des pénicillines, d'autres antibiotiques peuvent déclencher des réactions allergiques, mais de façon rare : il s'agit essentiellement des macrolides (Josacine®, Spiramycine®) qui provoquent surtout des réactions cutanées mineures. L'allergie au Bactrim® (sulfamide anti-infectieux) est devenue de plus en plus fréquente chez les patients atteints du sida et traités pour des maladies infectieuses opportunistes.

➤ Allergie aux anesthésiques généraux

Il y a presque cinq millions d'anesthésies générales par an en France : un accident allergique vrai survient pour six mille anesthésies environ.

Des accidents du début de l'anesthésie

Trente minutes après une pré-anesthésie, l'anesthésie est induite par l'injection intraveineuse de trois médicaments : un hypnotique (barbiturique le plus souvent), un myorelaxant, un analgésique (morphinique).

Les manifestations d'allergie peuvent survenir à différents moments par rapport à l'induction de l'anesthésie :

— Lors de l'induction ou dans les cinq minutes qui suivent : il peut se produire un érythème du décolleté ou du thorax, bénin et non allergique. Un spasme isolé des bronches est plus rare. Le véritable danger allergique réside dans la survenue d'un choc anaphylactique brutal avec chute de la tension artérielle, accélération du pouls et rougeur diffuse, nécessitant l'injection d'adrénaline en urgence. Les signes cutanés et la chute tensionnelle sont en faveur d'un mécanisme allergique pour ce choc dû le plus souvent, à des myorelaxants.

— L'accident peut plus rarement survenir dix à quinze minutes après l'induction, dû à l'utilisation de grosses molécules destinées au remplissage des vaisseaux ou au latex des gants de chirurgie. Le tableau est progressif avec des signes cutanés et une chute sévère de la tension artérielle, imposant le transfert en réanimation.

Au décours de l'intervention, l'accident est plus rare.

Un diagnostic après l'accident

Le diagnostic repose sur les circonstances de survenue et sur les tests cutanés aux médicaments, pratiqués à distance du choc : myorelaxants et barbituriques sont le plus souvent en cause, les morphiniques rarement.

— Les myorelaxants (curares) sont le plus souvent impliqués. Ils contiennent des ammoniums quaternaires[4] responsables de sensibilisation et d'allergie immédiate. Les curares peuvent de plus provoquer une libération d'histamine non spécifique. Le diagnostic peut être fait par des tests cutanés.

— Certains barbituriques peuvent, plus rarement, induire des réactions d'allergie immédiate.

En pratique, faut-il faire un dépistage systématique des malades allergiques aux myorelaxants ? Dans ce cas, comment choisir les sujets sachant que ni les antécédents d'allergie, ni d'autres prédispositions en dehors du sexe (les femmes sont le plus souvent touchées), ni les antécédents d'anesthésie ne sont des facteurs de

4. De nombreuses substances contiennent des ammoniums quaternaires : médicaments (hypotenseurs), excipients, produits d'hygiène, antiseptiques, produits de piscine (antialgues), produits de désinfection, produits d'usage professionnel...

risque connus. Pour ces raisons, les tests cutanés ne sont pas utilisés pour le dépistage systématique, qui ne peut être fait sur toute la population.

➤ Allergie au latex

Une substance très répandue

L'allergie au latex devient de plus en plus fréquente auprès des patients ainsi que du personnel soignant. Le latex sert à la fabrication du caoutchouc. Il entre, après un traitement comprenant l'ajout d'additifs, dans la composition de gants (pour examens médicaux et chirurgicaux, gants de cuisine), de tétines, de ballons de baudruche, de matériel médical (sondes, tubulures), de préservatifs, de bonnets de bain, de semelles de chaussures, de chambres à air, de pneus, etc. Même si cet allergène touche actuellement moins de 1 % de la population, la fréquence des manifestations qu'il provoque augmente. Cela concerne les enfants souvent opérés (en particulier de *spina bifida*, maladie congénitale nécessitant de multiples opérations), les professions de santé (infirmières et chirurgiens des blocs opératoires), le personnel travaillant sur des objets en latex. Les sujets atopiques ont également un risque accru.

Des manifestations parfois graves

Si les additifs rajoutés au latex pour le traitement du caoutchouc sont responsables d'eczéma de contact par un mécanisme d'hypersensibilité retardée, les allergènes du latex naturel suscitent des mécanismes d'hypersensibilité immédiate, et se comportent comme des allergènes inhalés, atteignant les voies respiratoires et pouvant de plus provoquer des manifestations générales allant jusqu'au choc anaphylactique.

L'allergie au latex peut se manifester par :

— Un choc per-opératoire lors d'interventions médicales ou chirurgicales avec emploi de gants ou de matériel contenant du latex : 19 % des chocs sont dus au latex.

— Une atteinte cutanée : urticaire de contact, œdème de Quincke, eczéma de contact.

— Un asthme, une rhino-conjonctivite, lorsque le latex agit après transport par voie aérienne.

Une prévention essentielle

Si les allergies au latex sont, en général, modérées, elles sont parfois très sévères chez des sujets à risque. Aussi, en cas de suspicion d'allergie au latex, il est important de l'explorer par des tests cutanés et biologiques (recherche d'IgE spécifiques) réalisés chez un allergologue. Les tests cutanés sont utilisables, avec les prick-tests réalisés avec une solution commerciale ou en piquant à travers un gant. Des IgE spécifiques anti-latex peuvent être mis en évidence.

La prévention de cette allergie est essentielle chez les sujets allergiques et comporte :

— L'éviction du caoutchouc et le port de gants de synthèse en néoprène.

— L'éviction des aliments pouvant induire des réactions croisées (banane, kiwi, avocat, châtaigne).

— L'information de cette allergie, par le patient au médecin, au chirurgien et au dentiste pour qu'ils proscrivent, lors d'une intervention, l'utilisation de gants en latex ou de matériel médical comportant du latex.

— Le port d'une carte mentionnant l'allergie au latex pour l'information des secouristes, utile en cas d'accident.

➤ Des fausses allergies médicamenteuses

Intolérance à l'aspirine et aux anti-inflammatoires non stéroïdiens (AINS)

Des réactions des bronches et de la peau

À côté des réactions à l'aspirine prévisibles et liées à son action pharmacologique, existent des réactions non liées à la dose et qui surviennent de façon imprévisible chez des patients devenus intolérants à l'aspirine. Ces réactions sont respiratoires et cutanées et surviennent deux heures après la prise du médicament.

L'atteinte respiratoire se traduit par des crises de rhinite, d'asthme (toux, oppression respiratoire, sifflement) après la prise d'aspirine ou de médicaments apparentés. Dans des cas graves, le patient peut être atteint du syndrome de Fernand Widal qui associe un asthme sévère, une polypose nasale et une intolérance à l'aspirine.

L'atteinte cutanée peut être isolée ou associée aux signes respiratoires : l'aspirine peut ainsi provoquer des urticaires aiguës ou récidivantes et des angio-œdèmes ou aggraver des urticaires chroniques.

Un mécanisme pharmacologique

Ces troubles cliniques ne sont pas la conséquence d'une réaction allergique à l'aspirine, mais d'une intolérance liée au mécanisme d'action biochimique de ce médicament très ancien.

Schématiquement, deux voies de production de médiateurs pro-inflammatoires synthétisés à partir de phospholipides membranaires (acide arachidonique) existent, conduisant à la production des prostaglandines d'une part, des leucotriènes d'autre part. L'aspirine agit en diminuant la synthèse des prostaglandines. L'autre voie métabolique peut se trouver à long terme exagérément activée chez certains patients, ce qui provoque les signes de cette intolérance.

Le diagnostic se fait sur des arguments cliniques. Il n'y a pas de test cutané ou biologique fiable. Les tests de provocation sont dangereux et ne sont faits qu'en milieu hospitalier.

Le patient doit recevoir une liste de médicaments anti-inflammatoires qui ont le même mécanisme d'action que l'aspirine car ils sont susceptibles d'induire les mêmes troubles. Certains anti-inflammatoires restent autorisés tels le paracétamol et naturellement les corticoïdes. Il est possible de provoquer une « accoutumance » à l'aspirine par l'administration orale de faibles doses, méthode réservée aux asthmes très sévères et rarement utilisée.

Les anesthésiques locaux

Des manifestations diverses peuvent survenir après l'injection d'anesthésiques locaux allant du simple malaise à l'accident cardiovasculaire grave. Elles impliquent exceptionnellement des mécanismes allergiques (des allergies de contact survenaient avec la procaïne), mais sont dues selon les cas à des mécanismes toxiques, à des malaises « vagaux » ou aux conservateurs (sulfites).

Une fausse « allergie à l'iode »

Les produits de contraste iodés sont employés dans de nombreux examens radiologiques. Les réactions consécutives à l'injection de ces produits sont le plus souvent bénignes : nausées, vomissements, bouffées de chaleur ; parfois surviennent une urticaire, un asthme ou un choc « anaphylactoïde » dû, comme les manifestations bénignes, à une activation des cellules de l'allergie qui libèrent leur histamine. Ces réactions sont favorisées par des antécédents de réaction aux produits de contraste iodé, la prise de bêtabloquants, un terrain atopique et chez des sujets asthmatiques. Leur survenue peut être prévenue par l'administration d'une prémédication associant antihistaminique et corticoïde. Elle devient moins fréquente avec l'utilisation de produits nouveaux.

Dans tous les cas, cette « allergie » diffère de celle due aux huîtres et aux crustacés, dont vous ne devez pas vous priver si vous avez eu quelques effets désagréables dus aux produits de contraste.

➤ Les vaccins

Un sujet controversé

Les vaccinations et leurs effets indésirables sont un sujet de controverse dans la société française. Le récent dossier sur l'hépatite B a illustré cette situation complexe dont le communiqué du secrétariat d'État à la Santé et à l'Action sociale du 6 mars 2000 rend clairement compte à travers deux des quatre conclusions des experts :

> *Les résultats permettent d'exclure l'existence d'un risque élevé d'atteintes démyélinisantes ou d'affections auto-immunes associées à la vaccination contre l'hépatite B.*
>
> *L'existence d'un risque faible d'atteintes démyélinisantes ou d'affections auto-immunes associées au vaccin contre l'hépatite B ne peut être exclue,*

notamment chez certaines personnes présentant des facteurs de sensibilité particuliers.

En clair, il n'y a pas de risque collectif important et la balance bénéfice-risque est en faveur de la vaccination si l'on considère le risque de cirrhose et de cancer du foie chez les sujets atteints d'hépatite B. Mais il est impossible d'exclure un risque individuel pour des personnes présentant des « facteurs de sensibilité particuliers ». Cette dernière expression concerne les patients atteints d'une sclérose en plaques ou d'une maladie auto-immune connue. Dans les cas cliniques qui ont été à l'origine des controverses sur le vaccin, celui-ci a servi de révélateur (plus que de cause) à ces pathologies. Pour ces personnes, ce qui constitue un drame dans leur vie pèse très lourd en face d'un risque hypothétique et bien lointain de cirrhose et de cancer.

Ce problème résume le débat sur les vaccinations, tel qu'il peut être posé sans excès de passion et sans préjugé : c'est un bénéfice pour la collectivité et ceux qui la composent, c'est-à-dire chacun d'entre nous. Mais une vaccination peut être à l'origine d'événements graves et handicapants pour une personne atteinte d'un accident majeur.

La politique vaccinale en France

La politique de santé vaccinale en France s'appuie sur un calendrier vaccinal élaboré par le comité technique des vaccinations. Ce calendrier tient compte des recommandations générales de l'OMS. Il comporte :

— quatre vaccinations obligatoires : BCG, diphtérie, tétanos, poliomyélite.

— six vaccinations recommandées : coqueluche, rougeole, rubéole, oreillons, infections à hæmophilus B, hépatite B.

Selon un rapport d'expertise collective de l'INSERM en 1999[5], il faut améliorer la couverture vaccinale en France, réhabiliter le geste vaccinal, en informant les médecins, et développer la surveillance, qu'il s'agisse de la surveillance épidémiologique (évolution des maladies qui sont l'objet d'une vaccination) ou de la pharmacovigilance qui doit être spécifiquement adaptée à un vaccin pour la surveillance de ses effets au long cours.

Les réactions vaccinales

Parallèlement au développement de la politique de santé vaccinale en France, la pharmacovigilance vaccinale a permis de mieux connaître les accidents des vaccinations, et de préciser les contre-indications.

Les réactions aux vaccins ont ainsi pu être classées en trois catégories :

5. Rapport dont le dossier de presse est accessible sur le site www.inserm.fr/servcom, et qui a fait l'objet d'un livre, *Vaccinations : actualité et perspectives*, Éditions INSERM, 1999.

— Les réactions locales aux vaccins, souvent bénignes : réaction inflammatoire, éruption cutanée discrète.

— Les réactions post-vaccinales qui reproduisent à minima la maladie.

— Les réactions post-vaccinales plus sévères, dont certaines sont de nature immunologique et allergique, et d'autres non (par exemple crises convulsives après vaccin anticoquelucheux).

Les réactions vaccinales dues à des mécanismes allergiques ont été étudiées avec précision par les allergologues[6].

Les réactions vaccinales locales

Le plus souvent, il s'agit de réactions locales bénignes : douleur, rougeur, gonflement, nodule inflammatoire. Les vaccins associés contre diphtérie, tétanos, coqueluche et les vaccins contre l'hépatite B induisent ces effets.

Les réactions vaccinales générales

Les réactions générales qui surviennent le plus fréquemment sont la fièvre et la fatigue, dues aux vaccins isolés ou associés contre coqueluche, diphtérie, tétanos, et aux vaccins contre la rougeole et la rubéole.

Dans de rares cas surviennent des maladies allergiques IgE dépendantes : urticaire, œdème de Quincke ou anaphylaxie généralisée exceptionnellement. Des éruptions diverses surviennent avec les vaccins contre la varicelle, la rubéole, le tétanos. Les autres réactions d'hypersensibilité sont rares.

Ces réactions de nature allergique vraie peuvent être graves quand il s'agit de réaction anaphylactique généralisée. Il serait cependant trop rapide de les attribuer directement au vaccin lui-même, à savoir la fraction de l'agent infectieux, car les conservateurs, contaminants et excipients peuvent aussi être impliqués.

Quelles sont les réactions allergiques directement imputables aux vaccins ?

Origine des différents vaccins

Les vaccins bactériens sont préparés à partir de :

— Particules de bacilles vivants atténués : BCG.

— Germes tués : coqueluche, typhoïde, choléra.

— Anatoxines : diphtérie, tétanos.

— Fractions membranaires (polysaccharides) : méningoque, pneumocoque, haemophilus de type b.

Pour les vaccins viraux, il s'agit de :

6. Un travail de synthèse très complet a été réalisé en 1996 : C. Ponvert et coll. « Les réactions allergiques aux vaccinations », *Rev. fr. allergol.* 1996 ; 36 (5) : 482-496. Les tableaux que nous présentons sont issus des données présentées dans cet article, données que nous avons simplifiées.

— Virus vivants atténués : fièvre jaune, oreillons, poliomyélite (voie buccale), rougeole, rubéole.

— Virus inactivés complets : grippe, poliomyélite injectable, rage.

— Virus inactivés à fraction antigénique : hépatite B (les vaccins récents sont issus du génie génétique), hépatite A.

Les vaccins bactériens à germe entier tués, les anatoxines et les vaccins viraux provoquent une immunité humorale (fabrication d'anticorps) que l'on peut détecter. Pour être efficace, cette réponse doit avoir été intégrée par le système immunitaire afin que celui-ci réagisse de façon appropriée. Les anticorps produits après une première injection vaccinale sont des IgM, puis des IgG, dont le taux décroît assez rapidement. Après les « rappels » de vaccination, il y a production d'anticorps de type IgG qui se maintiennent à un taux élevé.

Le vaccin contre le BCG est un cas particulier puisqu'il provoque une réaction immunitaire cellulaire que l'on évalue par la réaction d'hypersensibilité « retardée » (quarante-huit-soixante-douze heures) à la tuberculine.

Effets allergiques des vaccins

Vaccins responsables de réactions allergiques	**Réactions allergiques**
Vaccins contenant des anatoxines bactériennes. — Vaccin antitétanique (seul ou associé). — Vaccin antidiphtérique.	Réactions d'allergie immédiate. — Anaphylaxie généralisée exceptionnelle. — Urticaire, œdème de Quincke. Réactions semi-retardées : cutanées, arthralgies, atteinte rénale. Réactions retardées : eczémas, abcès récurrents stériles.
Vaccins cultivés sur œuf embryonné.	Réactions anaphylactiques.
BCG.	Aggravation d'eczéma : contre-indication en cas de dermatose évolutive étendue.

Rôle des autres éléments contenus dans les vaccins

Outre les fractions vaccinantes, les vaccins contiennent d'autres éléments :

— Des conservateurs : formol, thiomersal (sels de mercure).

— Des contaminants, provenant du mode de préparation : protéine d'œuf, antibiotiques (néomycine).

— Des excipients : glutamate, dextran et gélatine et de l'hydroxyde d'aluminium utilisé comme adsorbant.

Une prévention adaptée à chaque cas

Les réactions allergiques vraies aux vaccins sont rares mais non exceptionnelles, et peuvent provenir soit de la fraction vaccinale, soit des conservateurs et additifs. En pratique :

EFFETS SELON LES CONTAMINANTS ET ADDITIFS

Additifs et contaminants	Vaccins	Réactions allergiques observées
Conservateurs		
Formol.	Imovax Polio, DTP, DTCP, Tétracoq, TP, Pentacoq, Pentavac, Vaccins contre hépatite A, Genhevac B. Vaccins antigrippaux (contaminant).	Urticaire. Eczéma de contact.
Thiomersal[7].	Tétanos, Diftavax, Vaxicoq, DTCoq, DT et DTVax. Engerix B, HBVAX DNA. Vaccins (sauf Previgrip).	Eczémas, eczéma atopique aggravé. Sensibilisation occulte de personnes exposées (personnel de santé).
Excipients		
Dextran.	Monovax, BCG.	Réactions anaphylactoïdes.
Gélatine.	Vaccin varicelle, ROR.	Réactions anaphylactiques.
Glutamate.	Vaccin varicelle, ROR.	Exanthème, Réactions anaphylactiques.
Hydroxyde d'aluminium (adsorbant).	Tétanos, diphtérie, coqueluche. Vaccins contre hépatites A et B.	Hypersensibilité cellulaire : eczéma, nodules persistants.
Contaminants		
Protéines d'œuf (vaccins cultivés sur œuf embryonné).	Vaccins contre oreillons, rougeole, fièvre jaune. Vaccins antigrippaux.	Réactions anaphylactiques.
Antibiotiques (néomycine et autres).	Imovax Polio, ROR. Vaccins antigrippaux. Vaccins rabiques (rage).	Réactions anaphylactiques.

— Des réactions allergiques immédiates (IgE dépendantes) peuvent survenir avec les anatoxines contenues dans les vaccins antitétaniques et antidiphtériques, et les vaccins composés, ainsi qu'avec les traces de protéines d'œuf pouvant subsister dans les vaccins cultivés sur œuf embryonné (oreillons, rougeole, fièvre jaune, vaccins antigrippaux) : la prudence s'impose chez les allergiques à l'œuf (voir p. 271).

7. Récemment (*Le Monde* du 7-7-2000), les autorités sanitaires européennes ont recommandé l'arrêt de l'utilisation de vaccins contenant des dérivés du mercure chez les nourrissons et les jeunes enfants, de façon à prévenir d'éventuelles atteintes neurologiques. Des changements de fabrication ont eu lieu récemment (2001) pour certains vaccins.

— Des réactions d'hypersensibilité retardée (eczémas) peuvent être aggravées ou survenir avec le vaccin antitétanique et avec des vaccins contenant des sels de mercure, du formol ou de l'hydroxyde d'aluminium.

En cas de réaction évocatrice d'une réaction allergique à un vaccin, un bilan allergologique doit être fait sur les divers constituants, avec des tests cutanés à lecture immédiate ou retardée et parfois des tests biologiques.

Quelques règles de prévention simples suffisent par ailleurs à prévenir les réactions allergiques aux vaccins :

— Vacciner à distance d'une poussée de maladie allergique, en dehors des périodes à risque.

— En cas de réactions locales marquées, espacer les injections ; le dosage des anticorps protecteurs permet de reporter l'injection s'ils sont suffisamment élevés.

— Dans les allergies respiratoires, utiliser un traitement d'appoint adapté.

— Sélectionner des vaccins ne contenant qu'un seul agent vaccinal lorsque c'est nécessaire.

— En cas d'allergie aux conservateurs, choisir selon les cas des vaccins sans formol ou sans sels de mercure.

— Dans des cas rares, des tests de tolérance seront faits en milieu spécialisé en cas de risque de réaction anaphylactique.

Prévention et thérapeutique

Le traitement de l'allergie médicamenteuse peut nécessiter des mesures d'urgence :

— Administration d'adrénaline en cas d'œdème de Quincke et de choc anaphylactique.

— Mesures d'urgence et hospitalisation en cas de choc anaphylactique, de syndrome cutané.

Même devant des manifestations moins graves, dues clairement à des réactions d'allergie immédiate, la suppression du médicament s'impose. Lorsque ce médicament est indispensable, une « accoutumance » par administration orale de faibles doses peut être réalisée : c'est le cas avec les sulfamides dans le sida par exemple.

Le problème de la prévention reste posé et fait l'objet de discussions.

À titre collectif, des mesures sont prises visant à diminuer :

— Les sensibilisations cachées par voie alimentaire en diminuant l'usage des produits vétérinaires allergisants.

— La prescription des médicaments les plus allergisants, en évitant en particulier les formes locales (pommades aux anti-inflammatoires en particulier).

En pratique, le médecin sera souvent attentif chez des sujets ayant un terrain atopique ou ayant des antécédents d'allergie médicamenteuse.

Les thérapeutiques de terrain ont un double intérêt dans la prévention et le traitement de l'allergie médicamenteuse :

— Réduction de l'apport d'allergènes médicamenteux, tout en restant vigilant à l'égard de certains produits phytothérapiques.

— Possibilité de traiter, en particulier grâce à l'homéopathie, certains des effets secondaires décrits ci-dessus. Mais il faut rappeler ici que l'homéopathie ne vaccine pas, au sens immunologique du terme.

En résumé

L'expression clinique d'une allergie aux médicaments peut être bénigne (urticaire) ou grave (toxidermie, choc anaphylactique). L'allergie aux médicaments est actuellement la principale cause de choc anaphylactique avant l'allergie aux venins d'hyménoptères et l'allergie alimentaire. Les mécanismes précis varient selon les médicaments et l'allergie « vraie » ne correspond qu'à une partie des intolérances médicamenteuses. Les médicaments les plus fréquemment responsables de ces réactions allergiques sont les anti-inflammatoires non stéroïdiens et les antibiotiques. La relation avec le terrain atopique n'est pas établie. La prévention reste importante, l'éviction du médicament étant nécessaire (sauf exception) en cas de réaction allergique démontrée.

L'allergie aux venins d'hyménoptères

Les venins d'hyménoptères : une cause majeure de choc anaphylactique

Connaissez-vous les physalies ? Oui, si vous êtes un adepte de la plongée dans les mers tropicales ou un fin connaisseur des animaux aquatiques. Vous savez alors que ces grandes méduses des mers chaudes, surnommées orties de mer, ont de longs tentacules urticants distillant leur poison. Au Musée océanographique de Monaco, des textes rappellent que ces animaux sont à l'origine de la découverte de l'anaphylaxie par Richet et Portier : à l'occasion d'une expédition maritime sur le bateau *Princesse Alice* dans la région du Cap Vert, ils découvrirent les propriétés neurotoxiques et anesthésiantes de la toxine extraite des tentacules des physalies, dangereuse pour les marins. Poursuivant leurs travaux à Paris sur des anémones de mer, ils virent qu'au lieu de provoquer la protection des animaux, l'administration de faibles quantités de toxine pouvait provoquer la mort d'un animal lors d'une seconde injection. L'anaphylaxie menaçante, opposée à la bienveillante prophylaxie, était née. Richet[1] eut le prix Nobel. Et l'on commença à comprendre comment les venins pouvaient être responsables de mort par des mécanismes différents d'un effet toxique, directement lié à la dose.

En pratique, les physalies sont le plus souvent responsables de réactions urticantes, avec une atteinte neuromusculaire (douleur et contraction des muscles) ; elles peuvent aussi provoquer des décès dans les mers tropicales, soit par choc anaphylactique, soit par action toxique sur les nerfs et les muscles. Mais les principaux venins pourvoyeurs de réactions allergiques, souvent bénignes, mais parfois hélas mortelles, sont les venins d'hyménoptères.

1. Ceux qui apprécient les textes iconoclastes écrits avec humour liront avec plaisir un article du Dr Bergeron sur « Les Histoires de l'allergologie » (*Allergie et Immunologie*, 1994 ; 26, 6 : 222-230). Richet y est décrit comme un humaniste très original, qui parmi de nombreuses initiatives culturelles et artisanales, fut l'éphémère constructeur, « avec Victor Tatin, le grand-père de la Tarte, d'une machine à ailes battantes qui se révéla incapable de quitter le sol » ! Bergeron ajoute que ceci permit de limiter les dégâts... Il souligne la curiosité d'esprit de Richet et Portier lors de la découverte des effets de la toxine des actinies sur les chiens.

Ils constituent, avec les médicaments et les aliments, les trois grandes causes de choc anaphylactique. Il est d'ailleurs habituel de leur attribuer la responsabilité du premier décès par choc anaphylactique connu dans l'histoire : le frelon qui fut à l'origine de ce choc historique aurait porté son choix sur un pharaon nommé Ménès, vivant au quatrième millénaire avant notre siècle et qui fut fondateur de la ville de Memphis et unificateur de l'Égypte. Mais il y a des doutes, d'une part car le dénommé Ménès[2] correspondrait à une personnalité collective réunissant des rois de la Haute-Égypte dont le pharaon Narmer bien identifié, d'autre part parce que les hiéroglyphes qui désignent le frelon sont les mêmes que ceux désignant... l'hippopotame ! Que Ménès ait réellement existé ou non en tant qu'individu, qu'il soit mort d'une piqûre de frelon au cours d'un voyage en Angleterre[3] ou écrasé par un hippopotame au bord du Nil, cela ne change rien à une réalité actuelle : l'allergie aux venins d'hyménoptères peut être cause de mort par choc anaphylactique, la meilleure prévention étant assurée par la désensibilisation.

Quels sont les hyménoptères responsables ?

➤ Des abeilles et des guêpes

Parmi les insectes, seuls les insectes piqueurs de l'ordre des hyménoptères et du sous-ordre des Aculeates (porte-aiguillon) sont responsables de réactions allergiques et anaphylactiques. Cela est dû à des antigènes contenus dans un appareil venimeux, propre aux femelles, et au système inoculateur sophistiqué permettant l'aspiration du venin puis son inoculation par les canaux des dards. Deux super-familles, les Apidés (abeilles, bourdons) et les Vespidés (guêpes, frelons), peuvent provoquer des manifestations anaphylactiques[4].

Hyménoptères responsables de réactions allergiques (Europe)

Vespidae :

— Guêpes communes[5], *Vespula* (V.), et ses groupes divers (V. *vulgaris*, V. *rufa*, V. *germanica*).

— Frelons, *Vespa*, dont la variété en France vespa est *Vespa crabo*.

2. Dr Bergeron, « Les Histoires de l'allergologie », *Allergie et Immunologie*, 1994 ; 26, 6 : 222-230.
3. Dr Molina, « La passionnante histoire des découvertes », *L'Allergie à l'aube du 3e millénaire*, John Libbey Eurotext, 1995, p. 7.
4. Des insectes de la famille des formidicés, « les fourmis de feu », sont responsables aux États-Unis de manifestations anaphylactiques.
5. Un autre groupe, les *Dolichovespula* est d'origine américaine.

— Polistes (ou petites guêpes), présentes dans le Midi, notamment en Camargue et en Corse.
Apidae :
— Abeilles, *Apis mellifera mellifica* (seule variété en France, avec des écotypes adaptés aux climats locaux).
— Bourdons *(Bombus)* : ils n'ont qu'un rôle pathologique rare limité aux centres d'élevage.

La taille, la morphologie, la coloration des stries de l'abdomen devraient en théorie permettre de reconnaître le type d'hyménoptère agresseur, mais leur victime en ignore la nature le plus souvent.

	Abeille	**Guêpe**
Lieu de vie Habitat	Ruches.	Nids sous les poutres, dans le sol.
Morphologie et taille	Corps velu et trapu, long de 1,5 à 2 cm.	Corps fin non velu, long de 2,5 à 3 cm.
Couleur des stries abdominales	Brunes (jaune orangé) et noires.	Jaunes et noires.
Comportement	Non agressif spontanément.	Peuvent être agressives.
Dard	Reste fiché dans la peau, ce qui entraîne la mort de l'animal.	Conservent leur dard, et ne meurent pas après piqûre.
Nombre de piqûres	Une seule : décès après piqûre.	Peuvent être répétées.

➤ Quelle est la composition des venins ?

Les venins d'abeille et de guêpe sont riches en substances toxiques dont certaines peuvent devenir des allergènes. Ces venins sont composés principalement :

— D'enzymes : des phospholipases A2, présentes dans les venins d'abeille et de guêpe provoquent de façon non spécifique la libération d'histamine, et peuvent également agir comme un allergène. C'est le cas également d'une phospholipase B présente uniquement chez la guêpe. La hyaluronidase est commune aux deux types de venin. C'est à la fois une enzyme favorisant la pénétration du venin et un antigène potentiel.

— D'histamine et autres amines vasoactives, responsables des effets inflammatoires et vasculaires des venins.

— De peptides et petites protéines : la mellitine, caractéristique du venin d'abeille, peut induire la libération non spécifique d'histamine par des cellules, mais se comporter aussi comme un allergène puissant. L'antigène 5 est spécifique du venin de guêpe. Le venin d'abeille contient d'autres peptides toxiques (système nerveux, cœur).

Ces produits biologiquement actifs ont un effet toxique qui est le plus souvent très modéré, sauf en cas de piqûres multiples ; des chocs anaphylactoïdes peuvent survenir chez des personnes très sensibles à l'action toxique des amines vasoactives, mais il ne s'agit pas de réaction allergique vraie.

C'est uniquement chez des sujets sensibilisés immunologiquement aux composants du venin, que des réactions allergiques parfois graves peuvent survenir. Les substances immunogènes, enzymes (phospholipase, hyaluronidase) et les peptides (mellitine chez l'abeille) sont proches au sein d'une même famille mais diffèrent entre abeille et guêpe. Aussi l'identification précise de l'insecte piqueur doit être faite, surtout avant une désensibilisation spécifique.

➤ Quelle est la fréquence des accidents dus aux venins d'hyménoptères ?

Les piqûres de guêpe et d'abeille, plus rarement de frelon, sont fréquentes surtout en été. Il existe des professions plus exposées, tels les apiculteurs et dénicheurs d'essaim, forestiers et agriculteurs.

En France, les accidents avec réaction à distance de la piqûre, surtout d'origine allergique, touchent environ 1 % de la population générale. Le risque de survenue d'une réaction anaphylactique chez les sujets piqués serait compris entre 0,8 et 5 %, chez les adultes ; il est beaucoup plus faible chez les enfants.

Les taux de mortalité sont heureusement très faibles : un mort pour environ trois millions d'habitants en France (0,43 par an et par million d'habitants, selon une enquête menée par l'INSERM de 1981 à 1991), ce qui correspond à un taux moyen de vingt à vingt-cinq morts par an. Les chiffres annuels globaux donnés pour les États-Unis sont de quarante à cinquante morts, mais ils seraient sous-évalués.

Reconnaître les réactions générales

Une piqûre d'insecte peut provoquer des signes locaux ou généraux, ces derniers évoquant en règle générale une réaction allergique. Il s'agit presque toujours de réaction allergique immédiate, apparaissant quelques minutes à deux heures après la piqûre et dont la survenue est liée à la présence d'IgE spécifiques induits par la sensibilisation.

➤ Les réactions locales

Habituellement, une piqûre d'insecte se traduit par une réaction locale simple, avec un gonflement douloureux au point de piqûre, de diamètre limité (inférieur à 2 cm) et qui disparaît en quelques heures sans surinfection. Une réaction locale au point de piqûre plus large (diamètre supérieur à 10 cm) et qui dure plus de vingt-quatre heures évoque une réaction allergique ; cette réaction accompagnée de prurit, de douleur et d'œdème, d'intensité variable peut s'étendre et toucher, si elle siège à un membre, les articulations voisines. Elle survient le plus souvent de façon précoce, dans les trente minutes suivant la piqûre d'hyménoptère mais elle peut être retardée quelques heures après la piqûre.

L'évolution de ces réactions locales est généralement bénigne. Seule la piqûre dans la bouche peut être grave, déterminant un œdème de la glotte avec un risque de syndrome asphyxique brutal et grave.

➤ Les réactions à distance du point de piqûre

Une réaction générale, à distance du point de piqûre, signe sauf exception l'allergie. Les réactions générales d'origine toxique ne s'observent qu'après un grand nombre de piqûres.

Les réactions allergiques, ont été classées par les médecins allergologues en quatre niveaux de gravité, ceci afin de faciliter les orientations thérapeutiques. Cette classification se fait selon les symptômes qui concernent la peau (réactions mineures), mais aussi les bronches, le tube digestif, le système cardiovasculaire, mettant en danger, dans les cas graves, la vie du sujet sensibilisé et piqué de nouveau :

— Le plus souvent, ces réactions allergiques étendues sont légères : urticaire généralisée avec œdème, écoulement nasal. La survenue d'une crise d'asthme est aussi possible.

— Plus inquiétantes pour le patient sont des réactions fortes, avec urticaire ou œdème de Quincke, associées à des troubles de la respiration (oppression thoracique), et/ou des manifestations digestives (douleurs abdominales, nausées, diarrhée). La survenue de signes neurologiques mineurs, malaise, fatigue, anxiété est un signe d'alarme.

— Quand les réactions générales sont plus graves, les signes précédents s'accompagnent de troubles respiratoires et laryngés — difficultés à respirer, dysphonie qui signe un œdème du larynx, difficultés à avaler — et de troubles de la conscience (confusion, sensation de mort imminente).

— La réaction la plus grave est le choc anaphylactique, avec survenue de signes cardiovasculaires (cyanose, hypotension, collapsus cardiovasculaire), et neurologiques (perte de connaissance, incontinence), et aggravation des signes respiratoires. Ces deux derniers stades sont graves et menacent la vie à court terme : un traitement précoce par l'adrénaline est indispensable, le risque de décès étant réel.

Dans de rares cas, surviennent des réactions d'intolérance inhabituelle : complications neurologiques, atteintes cutanées d'origine hématologique ou vascularites. Les réactions retardées dues à des manifestations d'hypersensibilité non liées aux IgE peuvent aussi survenir : urticaires retardées, réactions à type de maladie sérique.

En dehors de la gravité des réactions anaphylactiques étendues qui demandent un traitement d'urgence, le risque des réactions allergiques générales aux piqûres de venins d'hyménoptères est celui de leur récidive : environ un patient sur deux ou trois fera une nouvelle réaction après une seconde piqûre. Les adultes sont plus concernés que les enfants et les patients qui ont des troubles respiratoires et cardiovasculaires plus fréquemment menacés que ceux ayant de simples signes cutanés. L'évolution spontanée est variable selon les sujets et leur risque d'exposition. Ceci impose un diagnostic précis afin de préconiser une désensibilisation si le patient est en danger.

Le choc anaphylactique : une urgence

Une réaction allergique généralisée

En 1999, avant les championnats du monde d'athlétisme, un jeune sprinter anglais décède après avoir mangé des cacahuètes. Ce drame illustre la gravité de la réaction anaphylactique généralisée, et l'aspect démesuré de la réaction en regard de la cause déclenchante. S'il s'agit toujours d'une réaction allergique, sa rapidité de survenue et la gravité des signes cardiovasculaires et respiratoires en font une urgence médicale. Ce contexte d'urgence n'est pas immédiatement compréhensible quand on parle d'allergie, ce terme évoquant plutôt des maladies chroniques comme l'asthme ou l'eczéma. Le choc anaphylactique rappelle le caractère organique réel de la maladie allergique et la « violence » biologique potentielle des réactions allergiques.

La réaction anaphylactique touche plusieurs organes (peau, bronches, tube digestif) et se traduit par une libération importante de médiateurs qui agissent sur les vaisseaux et peuvent provoquer un choc. Il faut alors administrer au plus vite une substance qui s'oppose à l'action des médiateurs de l'allergie sur le cœur, les vaisseaux et les autres organes.

Les réactions anaphylactiques sont plus graves chez les patients asthmatiques. Les sujets qui ont le plus de risque de faire des manifestations anaphylactiques graves sont ceux qui sont sous traitement par des bêtabloquants.

Quelles sont les principales causes ?

Les allergènes les plus fréquemment en jeu de façon manifeste sont les médicaments, les insectes (hyménoptères), les aliments, ainsi que le latex. Plus que dans toute autre réaction allergique, l'identification précise de l'allergène est indispensable pour en assurer l'éviction s'il s'agit de médicaments ou d'aliments ou, dans le cas des venins d'hyménoptères, pour faire une désensibilisation.

— Les médicaments : ceux qui sont le plus souvent en cause sont les anti-inflammatoires non stéroïdiens, les antibiotiques (pénicilline), les anesthésiques généraux (curares), les anti-infectieux (sulfamide). La voie d'administration la plus dangereuse est la voie injectable, intraveineuse. En cas d'antécédent de réaction allergique, il faut veiller aux médicaments pris en automédication.
— Les piqûres d'insectes : les piqûres d'hyménoptères, guêpes, abeilles, peuvent être responsables de choc anaphylactique grave. Ceci souligne l'importance de la désensibilisation pour toute personne chez qui elle est indiquée, et l'intérêt des mesures de prévention y compris de la trousse d'urgence chez les autres.
— Les aliments : ceux les plus fréquemment en cause sont le céleri, les fruits de mer, l'arachide, le blanc d'œuf, les aliments industriels contenant des allergènes masqués (arachide).

Quelle est la fréquence des chocs anaphylactiques ?

S'il y a une augmentation des chocs anaphylactiques, la fréquence reste sous-estimée et l'évaluation difficile. Aux États-Unis, il y aurait trente-deux cas par an et par million d'habitants dont 0,5 décès, soit cinq cents décès par an.

Quels sont les mécanismes ?

Dans le choc anaphylactique d'origine purement allergique, il se produit une libération massive de médiateurs à la suite d'une réaction allergique immédiate due à des mécanismes IgE dépendants. Il y a une libération massive et explosive de médiateurs de l'allergie (histamine et autres médiateurs), avec des phénomènes retardés dus à la mobilisation cellulaire, ce qui explique la nécessité d'une surveillance.
Le choc anaphylactoïde — pseudo-allergique — se traduit aussi par la libération des médiateurs et a la même allure clinique. Il est dû à des médicaments (produits de contraste iodés), des aliments et des conservateurs qui produisent une libération d'histamine non spécifique. L'effort physique et le froid sont des éléments favorisants.
La réaction anaphylactique à l'effort peut aller de la simple crise d'urticaire physique au choc ; sa survenue est parfois favorisée ou déclenchée par un véritable allergène, un aliment le plus souvent, plus rarement un médicament.

Comment se manifeste le choc anaphylactique ?

Il se traduit par des symptômes cutanés, cardiovasculaires, pulmonaires et digestifs, survenant dans un délai très bref (moins d'une heure) après l'exposition à un allergène.
Les signes avant-coureurs sont très fréquents. Il s'agit d'un état de « malaise anaphylactique » avec sensation de chaleur, de picotement, d'anxiété, suivi de démangeaisons isolées de la paume, de la plante des pieds ou du cuir

chevelu, d'une oppression thoracique, de sueurs profuses. Une rougeur diffuse, une urticaire localisée ou géante, un gonflement de la gorge peuvent survenir. Ces signes durent de quelques minutes à quelques heures, mais souvent le tableau évolue très vite.
Lorsque l'état anaphylactique s'installe, manifestations cardiaques et vasculaires dominent le tableau :
— Aggravation rapide d'un malaise, avec sensation de mort imminente, sueurs, pâleur, frissons.
— Signes cardiovasculaires : tension artérielle effondrée, pouls très rapide.
— Signes digestifs : démangeaisons du pharynx, vomissements ou nausées, diarrhée, gêne et douleurs abdominales.
— Respiration superficielle et difficile, avec parfois des spasmes bronchiques.
— Parfois œdème laryngé et œdème de Quincke.
La survenue d'un œdème bronchique et laryngé entraîne un risque vital et nécessite un traitement d'urgence.

Quel est le traitement ?

Il a pour but de lutter contre la chute de la tension artérielle et l'obstruction des voies respiratoires. Il comporte :
— Des gestes d'urgence : il faut d'abord placer le patient en position allongée et les jambes surélevées et appeler le Samu, le malade devant être hospitalisé rapidement en raison du risque de réaction tardive et de récidive à court terme de la réaction.
— L'administration d'adrénaline : il faut utiliser au plus vite l'adrénaline auto-injectable si le sujet est allergique et a une trousse d'urgence chez lui. L'adrénaline agit directement sur le système nerveux sympathique : elle corrige la dilatation des vaisseaux et diminue leur perméabilité, augmente la pression sanguine et améliore le débit cardiaque, assure la dilatation des bronches, et s'oppose de plus à la dégranulation des mastocytes. Son délai d'action est rapide, de trois à cinq minutes et sa durée d'action courte, de quelques dizaines de minutes. Elle peut être administrée selon les cas par voie sublinguale, sous-cutanée ou mieux par voie intramusculaire par le médecin.
Il existe des seringues auto-injectables (Anahelp® [6]), prêtes à l'emploi, de 1 mg pour 1 ml (millilitre) avec quatre graduations de 0,25 à 1 ml. La quantité à injecter est adaptée au poids. Elle est en moyenne chez un adulte, de 0,50 ml. Si vous êtes allergique avec des risques de choc anaphylactique, votre médecin vous aura expliqué comment faire l'injection, soit par vous-même, soit par votre entourage, dans la partie antérieure et externe de la cuisse, ceci dès

6. Des stylos auto-injectables (ANAPEN®) sont depuis peu délivrés dans les établissements de santé.

l'apparition des signes avant-coureurs d'une réaction anaphylactique. Chez l'enfant ou pour les adultes chez qui l'injection est difficile à réaliser, il est possible de donner l'adrénaline par voie perlinguale en versant le contenu d'une ampoule sur un sucre placé sous la langue. En cas de spasmes laryngés, l'adrénaline peut être administrée par pulvérisation buccale (Dyspné-Inhal®). En cas de spasmes bronchiques, les ß2-mimétiques sont nécessaires.
Les corticoïdes ont une action moins rapide (trois heures de délai) et sont administrés par le médecin.
Les antihistaminiques, trop peu efficaces ici, sont indiqués en urgence dans l'urticaire aiguë et l'œdème de Quincke.
— Le Samu et l'hôpital utiliseront des méthodes adaptées pour lutter contre le choc cardiovasculaire, améliorer l'oxygénation et la ventilation. Le patient sera surveillé pendant quarante-huit heures.

Recherche la cause

Les circonstances de survenue sont importantes et les détails, même anodins, très utiles. Piqûre d'insecte, prise de médicaments ou acte technique médical, prise alimentaire isolée ou précédant l'effort physique, sont très évocateurs d'une origine anaphylactique. En fonction de ces données, l'enquête allergologique classique sera effectuée. Elle portera aussi sur la recherche de facteurs associés, en particulier l'effort et une allergie alimentaire non révélée. Dans certains cas, des tests cliniques et biologiques réalisés à l'hôpital dans des situations simulant l'association des deux facteurs seront nécessaires pour faire le diagnostic. Parfois, cette enquête n'aboutira pas : le choc anaphylactique sera alors qualifié d'idiopathique, ce qui traduit probablement l'insuffisance des méthodes biologiques de détection, en particulier en cas d'allergie médicamenteuse.

Prévenir un autre accident

L'information est le seul moyen d'assurer une prévention à long terme, avec des mesures associant :
— L'éviction des traitements allergisants ou majorant un choc (bêtabloquant).
— La réalisation d'une carte d'allergique mentionnant l'accident, les produits responsables, les allergies croisées.
— Une trousse d'urgence contenant de l'adrénaline (voir p. 326).

Tableau clinique pouvant entraîner le décès par la gravité des phénomènes cardiovasculaires, le choc anaphylactique nécessite l'appel des services d'urgence et l'administration rapide d'adrénaline. L'hospitalisation et la surveillance en réanimation s'imposent. Traité rapidement, sa guérison se fait sans séquelles.

Que faire après la piqûre ?

Les informations que vous fournirez et les tests pratiqués permettront le diagnostic et décideront du traitement.

➤ Quel est l'insecte piqueur ?

Un interrogatoire précis portant sur la description des symptômes, leur gravité, le nombre de piqûres et les circonstances de survenue de l'accident est indispensable. La difficulté majeure réside dans l'identification de l'insecte piqueur. La présence du dard dans la peau signe l'abeille, mais souvent les tests cutanés seront nécessaires pour l'identification. Les antécédents et l'existence d'un terrain atopique sont recherchés car ils peuvent favoriser des réactions graves. La survenue de piqûres antérieures est un indice de sensibilisation. Ce sont surtout les conditions relatives à la profession ou au cadre de vie qui donnent des informations sur le risque de survenue de nouvelles piqûres. En cas de réaction généralisée, la consultation allergologique est nécessaire ainsi que la prescription d'une trousse d'urgence avec de l'adrénaline injectable.

➤ Des tests complémentaires précis

Les tests cutanés sont pratiqués par l'allergologue à distance de l'accident : deux mois au moins. Les tests utilisés sont les prick-tests, mais surtout dans ce cas des intradermoréactions faites avec des doses plus faibles de venin. Le risque de survenue de réactions générales lors des tests cutanés est faible mais réel, ce qui justifie leur pratique en milieu spécialisé où ces réactions peuvent être traitées rapidement.

Les tests biologiques *in vitro*, en particulier le dosage des IgE spécifiques, sont utiles pour confirmer le diagnostic avant une éventuelle désensibilisation, et pour suivre son efficacité. Le dosage des IgG4 spécifiques est aussi intéressant pour suivre l'évolution : leur taux augmente au cours de la désensibilisation. Les tests d'activation des basophiles et de libération d'histamine peuvent être utilisés en cas de résultats contradictoires.

➤ Quel traitement appliquer ?

Le traitement de l'allergie aux venins d'hyménoptères est bien codifié et comporte trois volets :

- **Traiter les réactions aiguës**, qui peuvent nécessiter un traitement urgent.
- **Mettre en route une désensibilisation** quand elle est indiquée.
- **Prévenir les nouvelles piqûres** par des mesures prophylactiques appropriées.

Le traitement des réactions aiguës

En cas de piqûre d'abeille, il faut d'abord essayer d'enlever le dard éventuellement présent dans la peau, mais sans comprimer le sac à venin qu'il contient.

Dans les réactions locales banales, l'application de glace sur la piqûre suffit. L'eau froide crée une réaction locale bénéfique en favorisant la constriction des vaisseaux. Le venin peut être aspiré par une seringue à venin (Aspivenin) si vous en avez une à disposition.

L'urticaire et les démangeaisons sont traitées de façon symptomatique : antihistaminiques H1 par voie orale ; un traitement homéopathique est également utile.

En cas de réaction générale, il faut alerter les secours et appliquer des gestes d'urgence si l'on a un traitement à sa disposition : pulvérisations d'adrénaline dans la gorge, injection d'adrénaline sous-cutanée, bêta2-stimulants en cas de spasme des bronches. S'il y a des signes cardiovasculaires ou respiratoires évoquant un risque de choc anaphylactique, il faut que l'entourage prévienne les secours d'urgence et laisser le sujet piqué allongé sur le dos, les jambes surélevées. Dans tous ces cas, une hospitalisation et une surveillance médicale s'imposent.

Après l'application de ce traitement d'urgence, le diagnostic relatif à la nature allergique des troubles et à leur intensité sera précisé par le médecin traitant et l'allergologue. Selon les cas, il vous sera prescrit une simple trousse d'urgence, ou un traitement au long cours sera envisagé : il s'agit essentiellement de la désensibilisation qui trouve ici une de ses meilleures indications car elle est efficace et permet de prévenir la survenue de chocs anaphylactiques.

Trousse d'urgence

Elle est nécessaire pour toutes les personnes ayant déjà eu une réaction générale aux piqûres d'hyménoptères (veiller à ce que les produits ne soient pas périmés). Elle comporte :

— De l'adrénaline en injection (Anahelp®, Anakit®), et en inhalation (Dyspné-inhal®).

— Un antihistaminique.

— Un corticoïde à ôter.

— Un broncho-dilatateur.

Les indications de la désensibilisation

Le but de la désensibilisation est de diminuer l'hypersensibilité dépendante des anticorps IgE par l'administration de doses faibles au départ, mais progressivement croissantes d'extraits de venin auquel vous êtes sensible. Il s'agit là d'une des meilleures indications de la désensibilisation car elle est efficace et permet de prévenir la survenue de chocs anaphylactiques. À défaut d'avoir pu sauver l'hypothétique pharaon Ménès, cette technique a, semble-t-il, contribué à sauver un pharaon des temps modernes, à savoir l'ancien président des États-Unis, George Bush : sensibilisé aux piqûres d'abeille qui avaient provoqué une réaction sérieuse, il est piqué de nouveau sur un terrain de golf en 1991. Sa réaction a été alors uniquement locale et modérée, ceci probablement grâce à la désensibilisation qu'il avait suivie[7]. L'histoire ne dit pas si l'abeille était irakienne, car c'était l'époque de la guerre du Golfe.

La désensibilisation aux constituants allergéniques des venins d'hyménoptères a été pratiquée très longtemps avec des extraits de corps entiers d'insectes, ceci à partir de 1930. Au début des années 1960, le venin pur a été obtenu. À partir de 1970, la désensibilisation par les extraits de venin purifié se révéla plus efficace que celle réalisée avec des extraits de corps entiers. Depuis cette date, les extraits de venin purifié sont utilisés en allergologie[8].

La désensibilisation, décidée par l'allergologue, en accord avec le médecin traitant et le patient, est indiquée :

— En cas de réaction généralisée chez l'adulte, car le risque de survenue d'un nouvel accident aussi grave est de 40 % ou plus selon les études. Chez les enfants, le risque est beaucoup plus faible, mais la désensibilisation reste indiquée en cas de réaction importante avec des tests cutanés positifs.

— En cas de réaction locale étendue, le risque de survenue d'un choc anaphylactique est très faible. Si les tests cutanés sont positifs, la désensibilisation est à discuter si le patient est exposé par son métier (apiculteur, jardinier, pompier). Dans les autres cas, la surveillance et une trousse d'urgence suffisent.

Les méthodes de désensibilisation sont bien codifiées et la désensibilisation accélérée est utilisée couramment, soit en progression semi-rapide en cinq jours, soit selon des méthodes rapides ou ultrarapides, réalisées en hôpital de jour pour cette dernière. Le choix entre ces méthodes est fait par le médecin allergologue. Un traitement d'entretien est nécessaire pendant au moins cinq ans quand la dose maximale est atteinte (100 mcg, ce qui correspond à deux à trois fois la quantité de venin injectée lors d'une piqûre). On espace progressivement les injections et une surveillance annuelle est pratiquée. La décision d'arrêt est prise sur la négativation des tests cutanés, et les modifications immunologiques : augmentation des IgG4 protecteurs, diminution des IgE spécifiques. Les résultats sont excellents.

En ce qui concerne l'apport des thérapeutiques non conventionnelles, les patients présentant des réactions qui ne sont pas justiciables de la désensibilisation peuvent bénéficier de la thérapeutique homéopathique, tout en ayant naturellement à leur disposition leur traitement d'urgence. Par contre, dans les cas relevant

7. Cette anecdote est issue du livre de June Engel, *Les Allergies, Guide de survie*, Guy Saint-Jean Éditeur, 1999, p. 207.

8. *Apis mellifica*, préparé à partir de l'abeille entière pour son usage homéopathique est très utilisé, mais pas pour les désensibilisations, auxquelles sa prescription ne se substitue pas. Il est prescrit dans les réactions inflammatoires et allergiques locales, et peut être utilisé dans les réactions mineures au venin d'hyménoptère.

de la désensibilisation classique, la « désensibilisation » (avec toutes les réserves qu'il faut apporter à ce terme) de type homéopathique n'est pas indiquée, à notre avis, en regard de l'excellent effet de la désensibilisation classique.

La prévention

Des mesures simples et de bon sens permettent de diminuer le risque de survenue de piqûres d'hyménoptères :

— Ne pas s'agiter si une abeille ou une guêpe tourne autour de vous. Se déplacer lentement et avoir des gestes calmes suffisent pour ne pas effrayer l'insecte.

— Éviter de les attirer : les hyménoptères aiment les odeurs de cuisson et de pique-niques, les parfums, les couleurs vives : si celles-ci sont très agréables, il semble qu'elles rappellent aux abeilles les couleurs de fleurs ; les couleurs ternes sont donc, hélas, préférables. Il faut également éviter d'utiliser des produits solaires parfumés.

— Faire attention aux nids dissimulés (avant-toits, terrasses en bois, bûches) et aux insectes présents en voiture.

— Couvrir les ordures et s'assurer que leur lieu de stockage est propre. Utiliser si nécessaire des insecticides.

— Éviter de marcher pieds nus dans un jardin. Porter un pantalon long et des gants lors des travaux de jardinage.

— Faire attention à des guêpes ayant pénétré dans des canettes de bière ou des boissons sucrées.

Les autres venins

Le venin de vipère (plus petite taille que la couleuvre et tête triangulaire) crée des accidents toxiques qui peuvent être graves, mais pas d'accidents allergiques. Les morsures de vipère provoquent moins de cas de décès en France que les piqûres de venin d'hyménoptères.

Le venin des méduses, lorsqu'il est injecté après piqûre par la méduse, provoque une réaction plus douloureuse et étendue que l'urticaire. Il faut laver la peau avec de l'eau de mer, mais ne pas utiliser d'eau douce ou frotter, car ces deux méthodes provoquent l'éclatement des cellules urticantes collées à la peau.

En résumé

L'allergie aux venins d'hyménoptères nécessite un diagnostic précis et une consultation spécialisée dès que la réaction est généralisée, car le risque de choc anaphylactique est réel chez l'adulte, en particulier s'il est exposé par sa profession. La mise en œuvre d'une désensibilisation réduit alors considérablement ce risque.

Les « médecines de terrain » dans les maladies allergiques

3

Dans cette troisième partie, nous évoquerons les principales médecines de terrain à savoir l'homéopathie, la phytothérapie et l'oligothérapie. Le terme « médecine de terrain » suggère une prise en charge globale du malade, qui est particulièrement développée en homéopathie. L'acupuncture est aussi une discipline majeure du traitement de terrain. Elle diffère des trois thérapeutiques précédentes car c'est une médecine non médicamenteuse, essentiellement énergétique, incluse, en Orient, dans la médecine traditionnelle chinoise. Les longs développements indispensables à la compréhension de cette médecine ne peuvent trouver place ici et nous les avons résumés en annexe. De même l'ostéopathie, le yoga, l'hypnose, qui font partie des thérapeutiques non conventionnelles utilisées dans l'asthme, ne sont pas développés ici sous leur aspect pratique (voir leur évaluation pages 389 à 393). Ce sont donc l'homéopathie, l'oligothérapie et la phytothérapie, thérapeutiques médicamenteuses dont les bases biologiques et cliniques sont connues, et dont l'utilisation en France et en Occident est très importante, que nous développerons.

La démarche des médecins utilisant ces thérapeutiques de terrain s'applique particulièrement au traitement des maladies allergiques, en raison de l'existence du terrain « atopique », mais aussi parce que ces thérapeutiques sont particulièrement efficaces, en pratique courante, dans les maladies allergiques.

L'approche du terrain en homéopathie

Nous prendrons l'exemple du médecin homéopathe dont la démarche est la conséquence d'un regard particulier sur le terrain de ses patients. Nous détaillerons, à travers sa pratique, son approche du terrain, l'apport des notions cliniques classiques, et la prise en compte de données spécifiquement homéopathiques pour la caractéristique du « terrain ».

Qu'appelle-t-on « le terrain » ?

Lors de la consultation, le médecin homéopathe suit la démarche classique, mais l'enrichit également des spécificités propres à sa vision du malade et de la maladie.

La consultation aboutit habituellement à une orientation diagnostique et à la décision ou non de l'emploi d'une thérapeutique. Lors de l'interrogatoire, le médecin homéopathe recherche plus particulièrement des éléments permettant de confronter la plainte du malade aux terrains définis par l'homéopathie.

C'est l'étude du terrain individuel qui donne un regard différent au médecin homéopathe. Ces terrains, dont l'expression se fait dans les modes réactionnels généraux[1], expriment les dispositions générales latentes, héréditaires ou acquises, qui constituent la base d'un potentiel d'adaptation et/ou de défense de l'individu à son environnement. Ils traduisent un mode de réaction de l'organisme soit « spontané », soit consécutif à des agressions variées. Les terrains ne reflètent pas des « maladies homéopathiques » mais des groupes pathologiques dans lesquels le patient a le plus de « chance » d'évoluer. Ils constituent, en outre, des moyens de classer les médicaments homéopathiques dans de grands cadres afin de faciliter la prescription.

L'analyse du terrain permet d'envisager la singularité des réactions générales de l'individu. Pour cela, le médecin homéopathe s'appuie sur les caractéristiques des sujets prédisposés, les facteurs déclenchants, les signes généraux et une vision

1. Ces notions de modes réactionnels doivent beaucoup aux docteurs Denis Demarque et Michel Conan Mériadec, récemment décédés.

longitudinale des maladies des patients dans le temps. Ce dernier aspect permet de mieux appréhender la succession, l'alternance ou la récidive des maladies au cours de la vie du malade.

La consultation permet de définir le mode réactionnel général[2] de chaque individu en fonction de la nature de son terrain, et donc de son degré de prédisposition aux maladies allergiques. Dans cette optique, l'interrogatoire classique apporte au médecin homéopathe de nombreux indices qui contribuent à mieux cerner le terrain de son patient.

Ce que l'approche classique apporte à la compréhension du terrain

L'approche classique, en dehors de son orientation diagnostique et thérapeutique, fournit déjà de nombreux éléments au médecin homéopathe. Elle lui permet de commencer à identifier le mode réactionnel général le plus proche du malade.

— Les antécédents personnels et familiaux renseignent sur le terrain. Par exemple, la présence d'antécédents familiaux allergiques, chez un petit enfant atteint d'eczéma, renseigne non seulement sur la nature atopique du terrain mais aussi sur la nature psorique de son mode réactionnel.

— Les signes généraux tels que l'atteinte préférentielle de la peau, des poumons ou de l'appareil digestif en particulier sont des signes révélateurs notables, de même que l'attrait particulier, ou l'intolérance, pour certains aliments.

— Les circonstances de déclenchement orientent parfois plus vers un mode réactionnel que vers un autre. Le déclenchement d'un phénomène allergique à la suite de contrariétés importantes est un signe intéressant pour le médecin homéopathe, son horaire de survenue aussi. Au contraire, la survenue d'un eczéma de contact qui ne dépend pas d'un terrain particulier, nécessite une recherche plus approfondie.

— L'évolution de la maladie allergique, notamment les récidives et les alternances portant sur différents organes comme la peau et les poumons, orientent le médecin vers un mode réactionnel particulier ; de même, la violence des manifestations ou la difficulté à les soigner. La nature saisonnière ou perannuelle de l'allergie conduit vers différents terrains, la facilité à s'infecter d'une rhinite ou d'un asthme aussi.

---

2. Voir p. 340.

— Les différents facteurs de l'environnement — pollution, tabagisme, changements de climat, présence d'animaux au domicile ou habitat dans un lieu poussiéreux — ont des conséquences qui varient selon les sensibilités individuelles. Leur nocivité dépend beaucoup de la sensibilité de chacun et de son terrain.

— La présence de signes locaux dirigera vers des médicaments homéopathiques de symptômes. La nature du suintement ou les démangeaisons d'un eczéma, la présence d'une obstruction nasale dans les rhinites allergiques, la sensation de sable ou de corps étranger sur la conjonctive sont des signes d'orientation importants.

— La connaissance des différents traitements entrepris, leur durée, leur intensité guident la conduite thérapeutique du médecin de terrain vers certains médicaments.

Ainsi, au terme de l'interrogatoire classique, le médecin homéopathe dispose déjà de nombreux éléments indispensables à sa connaissance du terrain. Mais, aussi importants soient-ils, ils restent insuffisants. Un interrogatoire plus spécifique est essentiel pour s'assurer du mode réactionnel général du malade et connaître les médicaments de terrain dont le malade a besoin.

Les spécificités de l'approche homéopathique

Cette approche différente et plus précise a pour but la découverte du terrain réactionnel du patient et des médicaments homéopathiques appropriés. C'est pourquoi — en dehors des signes classiques de la maladie — le médecin homéopathe recherche des signes particuliers. Habituellement délaissés, car inutiles pour le médecin classique, ces signes indiquent la particularité d'un terrain et orientent vers un médicament. Ces signes dits « homéopathiques » proviennent parfois de la modification des signes classiques : par exemple lors d'une rhinite allergique, l'écoulement nasal est un signe classique, mais la nature irritante, l'abondance, l'aspect de la rhinite transforment ce signe classique en signes homéopathiques. Ces derniers résultent aussi de demandes spécifiques du médecin homéopathe, telles la sensibilité du sujet au froid et à la chaleur, et ses réactions à la douleur. Lors de sa consultation, le médecin homéopathe recherche donc les médicaments correspondant au terrain de l'individu et ceux se rapportant aux symptômes de la maladie. Il peut prescrire deux types de médicaments :

■ **Certains médicaments homéopathiques, dits « de terrain »**, sont plus souvent rencontrés dans le traitement des allergies. Ils présentent des caractéristiques reconnues grâce à l'approche classique, déjà décrite, et à la démarche homéopathique.

Prenons, à titre d'exemple, la prescription d'un médicament de terrain, *Arsenicum album*, chez un malade asthmatique. Celle-ci repose sur la présence de nombreux antécédents d'allergie qui ont récidivé et alterné, sur la nature frileuse du sujet, sa grande inquiétude pendant les crises et leur horaire nocturne. Les caractéristiques des crises d'asthme ou de l'eczéma sont des renseignements supplémentaires précieux qui confirment la prescription de ce médicament.

■ **Les médicaments dits de « symptômes »** sont ceux qui permettent de soigner les symptômes de la maladie actuelle. Leur identification implique un affinement, de la part des médecins homéopathes, des signes décrits par le malade et donc un interrogatoire différent et plus précis. De celui-ci et des caractéristiques des symptômes relevées dépend cette partie du traitement. La transformation d'un symptôme banal en signe homéopathique se fait grâce à la reconnaissance des réactions de variations individuelles locales, en fonction de conditions diverses et précises.

Sur un terrain différent, *Arsenicum album* peut devenir un médicament de symptôme. Dans l'asthme, les crises nocturnes sont typiques. Elles réveillent le malade entre une heure et trois heures du matin. Elles s'accompagnent d'agitation et d'anxiété telles que parfois le malade se lève, parcourt la chambre dans tous les sens, et ouvre la fenêtre à la recherche d'air frais.

Les terrains en homéopathie, dans les maladies allergiques, et la recherche des médicaments de symptômes seront développés pages 340 et suivantes. Les autres approches du terrain en phytothérapie et en oligothérapie seront détaillées ensuite.

L'utilisation des thérapeutiques de terrain repose principalement sur l'empirisme clinique. En dehors de l'homéopathie et de l'acupuncture, peu d'études scientifiques ont mis en évidence l'activité des traitements de terrain dans les maladies allergiques[3]. L'homéopathie en France est la thérapeutique de terrain la plus utilisée. C'est pourquoi, dans un premier temps nous développerons l'intérêt de l'homéopathie dans les pathologies allergiques. Nous considérerons ensuite l'oligothérapie et la phytothérapie, dans lesquelles les notions de terrain sont beaucoup moins développées, mais auxquelles de nombreux allergiques ont recours.

---

3. Voir chapitre sur l'évaluation, p. 394 et s.

L'homéopathie dans les maladies allergiques

L'homéopathie, une thérapeutique empirique

L'homéopathie, méthode thérapeutique empirique individualisée, élaborée par Hahnemann, s'appuie sur une conception médicale originale[1]. Au XIXe siècle, ce médecin praticien constate l'incohérence des traitements proposés et l'ignorance de leur mode d'action, ainsi que le manque de connaissance des causes des maladies. Travaillant sur les matières médicales de son époque, il met au point une thérapeutique reposant sur le principe de similitude et sur l'emploi de médicaments dilués et dynamisés. Ultérieurement, il développe une conception médicale adaptée aux traitements des maladies chroniques, et qui recouvre l'idée de globalité où maladie et malade sont également considérés. En effet, l'étude de la globalité se fait à partir de l'analyse de la personne en tenant compte de sa maladie, de ses réactions individuelles et de son environnement. Elle est à la base de la notion de terrain.

➤ Une nouvelle méthode d'observation de l'activité des médicaments

Pour pallier les insuffisances de la médecine de son époque, Hahnemann cherche une méthode d'observation de l'activité des médicaments afin d'en déduire leur utilisation dans les maladies. Dans ce but, il entreprend d'étudier les effets des médicaments sur l'homme en bonne santé. Il ambitionne, dans un premier temps, d'observer les signes « purs » du médicament et non ceux interférant avec les symptômes de la maladie.

➤ Une nouvelle méthode thérapeutique : le principe de similitude

Après ses expérimentations, Hahnemann constate que les signes « purs » provoqués par les médicaments sont proches des symptômes des maladies. Il émet

1. Pour de plus amples informations sur l'homéopathie, consulter l'ouvrage du Dr B. Chemouny, *Le Guide de l'homéopathie*, Odile Jacob, Paris, 2000.

l'hypothèse que les signes développés par un médicament chez un sujet sain peuvent être guéris par ce même médicament s'ils sont identiques à ceux rencontrés chez un sujet malade.

Il s'appuie notamment sur la traduction d'un texte qu'il effectuait : la *Materia medica* de Cullen datant de 1790. Dans une note, Hahnemann fait remarquer, que le quinquina guérit chez le malade les fièvres intermittentes car il occasionne — à doses assez fortes — une fièvre semblable chez le sujet sain. Après avoir expérimenté ce médicament et observé ce fait sur lui-même, il remet en valeur une loi thérapeutique connue depuis Hippocrate : le principe de similitude, qui constitue à l'origine la base théorique de l'homéopathie. Ses nombreuses expérimentations ainsi que l'étude de la toxicologie et de la pharmacologie de son époque le confortent dans ces hypothèses.

➤ Hahnemann met au point les doses « infinitésimales »

Lors de ses expérimentations sur l'homme sain et de ses observations sur l'homme malade, il constate que les expérimentateurs ou les malades, avant de réagir favorablement, présentent parfois de fortes réactions[2] aux doses élevées — doses classiques pour l'époque — qu'il utilisait. Dans le but de réduire ces aggravations passagères, il diminue les posologies employées tout en veillant à conserver l'efficacité thérapeutique. Il finit par se servir de très faibles doses qu'il nomme « infinitésimales ».

➤ Hahnemann crée le médicament homéopathique

À partir de la substance d'origine, il obtient, par dilutions successives, le médicament homéopathique. Entre chaque palier de dilutions, la substance est secouée énergiquement cent fois : c'est la « dynamisation » ou la « succussion ». L'idée de cette dynamisation repose sur un fort courant médical de son époque, le vitalisme, développé par Bordeu et Barthez, de l'école de médecine de Montpellier, et soutenu par Bichat. Ce mouvement suggère que l'organisme est animé par une énergie vitale, une conscience de vie. C'est pour agir sur cette énergie vitale par l'intermédiaire du médicament homéopathique qu'Hahnemann a mis au point la dilution avec agitation forte des médicaments homéopathiques, nommée dynamisation.

➤ La notion de globalité émerge

L'hypothèse d'une similitude entre l'apparition de signes médicamenteux et la possibilité d'une guérison de signes identiques retrouvés chez un sujet malade constitue la première approche de la notion de globalité. Celle-ci concerne à

2. Hahnemann appelle ces fortes réactions, effets secondaires des médicaments.

l'origine l'ensemble des symptômes rencontrés chez le malade, et pas seulement ceux de sa maladie. La notion de terrain sera développée beaucoup plus tard.

➤ L'observation des types sensibles

Lors de ses expérimentations, Hahnemann remarque que certains sujets sont plus sensibles que d'autres ; les premiers développant plus de signes que les seconds. Il observe aussi que cette sensibilité varie en fonction des substances étudiées sur les individus, certains réagissant plus à une drogue qu'à une autre.

Pour un même remède, il constate que les individus sensibles présentent des caractéristiques à la fois communes et spécifiques, car celles-ci changent si la drogue est différente. Il en déduit qu'il existe des types sensibles, c'est-à-dire des sujets qui développent, lors de l'expérimentation d'une substance donnée, plus de signes homéopathiques que les autres. Mais l'expérimentation de substances à faibles doses chez les sujets provoque surtout des signes fonctionnels[3].

➤ Hahnemann complète les indications des médicaments homéopathiques

Pour obtenir l'ensemble des possibilités thérapeutiques d'une substance, Hahnemann étudie aussi les signes provoqués par cette substance à des doses non infinitésimales. Dans ce but, il recherche sur le sujet sain l'activité des drogues à doses élevées, médicamenteuses ou subtoxiques, et leurs conséquences chez les sujets malades, c'est-à-dire leurs effets secondaires[4]. Il collige l'ensemble de ces signes et les ajoute aux indications du médicament expérimenté à doses infinitésimales.

➤ Hahnemann cherche une signification aux maladies et à leurs origines

Hahnemann pense que la maladie n'est pas due à des changements mécaniques ou chimiques de la substance matérielle du corps, mais uniquement à des altérations spirituelles ou dynamiques de la vie[5]. La maladie est la conséquence d'une rupture d'équilibre de l'énergie vitale, qui s'exprime par des manifestations anormales appelées symptômes. L'idée hippocratique de la *vis médicatrix naturae* ou l'action médicale de la nature, ne lui paraît pas suffisante pour guérir les malades ; le médicament dynamisé doit l'y aider. La guérison, disparition des symptômes selon les conceptions de son époque, exige le rétablissement de cette force vitale afin que l'organisme retrouve son intégrité. Il

3. Les signes fonctionnels correspondent à des signes de dysfonctionnement d'un organe, sans support organique connu.
4. Effets indésirables, plus ou moins graves, provoqués par le médicament lui-même.
5. Demarque D., *Médecine de l'expérience,* Moulin-lès-Metz, Maisonneuve, 1982, p. 118.

rejette les idées d'une cause initiale matérielle des maladies et réfute les explications physiopathologiques naissantes. Il les considère comme des conséquences d'une rupture de l'équilibre vital. Il repousse la notion d'espèce de maladie, c'est-à-dire l'existence de maladies au sens nosologique du terme[6]. Il s'appuie principalement sur l'observation par les sens pour décrire les manifestations individuelles des maladies.

➤ Hahnemann propose une méthode d'observation des symptômes

Hahnemann recommande de considérer la totalité des symptômes, de bien les observer, de « les peindre de manière naturelle », « d'imposer le silence à l'imagination » et « d'éviter les interprétations ». Il préconise de ne retenir que les symptômes les plus singuliers pour trouver les médicaments homéopathiques indiqués.

Cependant, sa volonté de guérir les malades à partir de la totalité des symptômes présentés occulte en partie la notion de maladie. Pour Hahnemann, l'observation n'a pas pour objectif la connaissance de la maladie, mais le choix du médicament. C'est la similitude des symptômes développés par un médicament chez un sujet sain et ceux rencontrés chez un malade qui permet d'établir une thérapeutique. L'étude de la totalité des symptômes lui permet d'établir, pense-t-il, une corrélation fiable entre lésions internes et manifestations externes.

➤ Les causes des maladies

Hahnemann distingue deux classes de maladies :

▪ **Dans la première**, il range les maladies dont les causes sont évidentes, notamment accidentelles et traumatiques, et laisse aux chirurgiens le choix des traitements.

▪ **Dans la seconde classe**, il sépare les maladies donnant grossièrement toujours les mêmes symptômes et celles à l'origine de différents tableaux cliniques :

— Les maladies aux symptômes identiques seraient d'origine « miasmatique », (terme attribué aux agents infectieux avant les découvertes pastoriennes), telles « la rage, la maladie vénérienne, la peste du Levant, etc. ». Si l'on trouve un remède, elles seront facilement guérissables.

— Les maladies aux tableaux cliniques différents ne peuvent avoir que des causes multiples, disparates telles qu'aucun individu ne peut avoir les mêmes. À l'origine de ces différences de tableaux cliniques, il classe l'hérédité, le sexe, les influences psychologiques, les perturbations climatiques, les troubles de la vie génitale chez la femme, le mode de vie, le régime alimentaire.

6. Ensemble des maladies ou de formes d'une même maladie, provoquées par le même agent pathogène.

➤ Les succès et les échecs d'Hahnemann

Dans les maladies aux symptômes identiques d'origine « miasmatique », il obtient des succès retentissants, qui de nos jours restent à confirmer, car il n'est pas possible de donner aujourd'hui à « la rage, la maladie vénérienne, la peste du Levant, etc. » la même signification médicale qu'à l'époque d'Hahnemann, d'autant que les erreurs diagnostiques étaient fréquentes. En fait, ces maladies correspondent surtout aux maladies aiguës, c'est-à-dire celles survenant de façon ponctuelle, ne récidivant pas, se soignant facilement et affaiblissant temporairement l'organisme.

En revanche, les maladies présentant des tableaux cliniques différents, dites « maladies chroniques », sont sources de nombreux échecs. Il s'aperçoit qu'un traitement homéopathique approprié donne des améliorations passagères et de courte durée. Les rechutes sont fréquentes et les symptômes persistent ou s'aggravent. Ces constatations le poussent à rechercher les causes de ces revers.

➤ Les maladies chroniques

Devant ces insuccès, sa pensée évolue. Notamment, il comprend que les origines multiples, disparates et très diverses des tableaux cliniques différents sont en fait des causes indirectes et/ou déclenchantes des maladies chroniques.

À la suite d'une longue période d'observations et de réflexions, il rattache les maladies chroniques à trois « miasmes » contagieux, c'est-à-dire à trois agents microbiens extérieurs à l'organisme. Il distingue — en relation avec les fléaux de son époque et par analogie avec ces maladies — un miasme psorique, sycotique et syphilitique par analogies respectives avec la gale, la blennorragie et la syphilis. D'une certaine façon, il inaugure l'ère pastorienne dans son souci de relier un tableau à un agent extérieur à l'organisme.

➤ La notion de terrain

Bien sûr, Hahnemann s'est trompé quant à l'origine des tableaux cliniques qu'il a décrits. Ceux-ci ne sont bien évidemment pas d'origine infectieuse, et ne correspondent pas à des maladies chroniques comme on l'entend aujourd'hui. Les termes de psore, sycose, syphilitisme sont aussi désuets et inappropriés. Mais ce qui reste vrai est la description de ces tableaux car ils correspondent réellement à un mode réactionnel de groupe. Affinés au cours du temps, modifiés avec l'évolution des connaissances, ils sont à la base de la thérapeutique homéopathique. Ils caractérisent aujourd'hui ce qui est appelé le terrain. Ils correspondent au mode de réaction de l'individu face à une ou des agressions externes.

Comment la connaissance du terrain peut aider à soigner les allergies ?

Connaître la nature du terrain d'un allergique est précieux à plus d'un titre pour le médecin homéopathe. En effet, selon le terrain concerné, le thérapeute est en mesure de prévoir les évolutions possibles de la maladie et de tenter de les prévenir par des médicaments adaptés. Le terrain atopique peut survenir ou se développer dans trois des quatre modes réactionnels homéopathiques : la psore, le tuberculinisme et la sycose.

➤ Le mode psorique

Le mode psorique est le mode réactionnel le plus souvent adopté par l'organisme dans les maladies allergiques. Son évolution se calque pratiquement sur celle des maladies allergiques chroniques. Comme celles-ci, les manifestations psoriques ont pour propriétés essentielles de récidiver, de se succéder et d'alterner. Elles atteignent toujours en premier lieu la peau, puis l'appareil respiratoire et digestif. Les maladies de peau sont une voie de réaction préférentielle des sujets psoriques.

Comme les sujets allergiques, les malades répondant à ce mode réactionnel ont un long passé allergique. Non seulement, au moins un de leur parent est allergique, mais souvent, depuis l'enfance leur eczéma, par exemple, a récidivé ou alterné avec un asthme ou une rhinite allergique.

Une autre caractéristique, un peu particulière, de ce mode est un manque ou une insuffisance de réactions de l'organisme à des médicaments homéopathiques ayant déjà donné des résultats ou censés convenir.

Les manifestations cutanées

La peau est la principale source de leurs ennuis. Naturellement malsaine, son extrême sécheresse fait le lit de l'eczéma dans les terrains atopiques. Les démangeaisons sont fréquentes, elles surviennent souvent sans raisons évidentes, ou sont parfois déclenchées par le port de vêtements en laine ou en synthétique. En cas de maladies de peau, elles sont toujours présentes. À la sortie du bain, des poussées d'urticaire se produisent parfois.

Les piqûres d'insectes sont mal supportées. Elles procurent fréquemment des réactions allergiques exagérées, et parfois même des œdèmes de Quincke.

La récidive ou l'alternance des manifestations allergiques est quelquefois provoquée par la poursuite prolongée (parfois intempestive) ou la puissance de traitements, notamment cutanés. Ainsi, l'emploi incorrect dans un eczéma d'une pommade à la cortisone — qui le fait disparaître trop rapidement et trop brutalement — peut hâter sa récidive ou provoquer la survenue d'un asthme. C'est pourquoi dans notre expérience, il nous paraît souhaitable de laisser persister une trace d'eczéma, une « sortie de secours ».

Les manifestations respiratoires

Si nous avons insisté sur les phénomènes cutanés, caractéristiques du mode réactionnel psorique, les autres manifestations allergiques, notamment ORL, sont bien présentes. Les rhinites allergiques et les asthmes apparaissent par crises. Les rhinites sont plutôt saisonnières. Les crises d'asthme apparaissent de façon apparemment aléatoire, en relation avec la multiplicité des facteurs en cause. Ces crises respiratoires alternent toujours avec les troubles cutanés.

La pollution et le tabac, auxquels les atopiques sont particulièrement sensibles, sont des facteurs irritatifs et aggravants supplémentaires pour les sujets psoriques, surtout s'ils sont allergiques[7].

Les manifestations digestives

Les troubles digestifs des sujets psoriques peuvent être la conséquence d'une allergie alimentaire ; certaines dermatoses telles que l'eczéma ou l'urticaire aussi. Les manifestations digestives alternent avec les atteintes cutanées.

La diversification alimentaire précoce du nourrisson nous semble être un des facteurs déclenchants du mode psorique ; c'est par ailleurs un facteur favorisant du terrain atopique.

L'évolution des maladies allergiques

La psore suit l'évolution classique des maladies allergiques.

- **La phase de réaction normale** de l'individu se traduit par des crises récidivantes et alternantes portant sur les divers organes : les crises d'asthme alternent avec des poussées d'eczéma ou leur succèdent. Ce mode d'élimination est à respecter et à canaliser car l'entrave de ces fonctions peut aboutir à une phase de décompensation.
- **Ensuite, il se produit une période transitoire** pendant laquelle les troubles se fixent et prennent un caractère rebelle et paroxystique. Les crises d'asthme alternent moins souvent avec l'eczéma. En revanche, elles deviennent plus violentes et difficiles à contrôler.
- **La phase de chronicité** survient en dernier. Elle apparaît soit dans l'évolution normale de la psore non traitée, soit à la suite de traitements inadaptés. L'asthme devient chronique et s'accompagne de signes d'insuffisance respiratoire.

Cet état est le reflet d'un enracinement progressif de la maladie allergique, et d'une transformation du terrain qui devient de plus en plus tuberculinique[8].

---

7. Voir p. 21 à 32.
8. Voir *Le mode tuberculinique*, p. 343.

Un médicament de terrain de la psore : **Arsenicum album**

Arsenicum album est un médicament très utilisé chez les patients psoriques. Il est donc indiqué dans les maladies chroniques évoluant par crises, notamment allergiques qui, pour la plupart, se déroulent de cette façon.

Rythme

Ce médicament contient des indications caractéristiques du mode réactionnel psorique. Les crises surviennent à périodicité régulière et rapprochée : parfois au cours de la même journée ou tous les deux, quatre, sept ou quinze jours. Ces cycles sont souvent modifiés ou méconnus dans les cas chroniques, notamment quand des thérapeutiques ont interféré.

Antécédents

Enfants, ces patients ont développé nombre d'infections à répétition, particulièrement des otites, de la bronchite asthmatiforme ou de l'asthme.

Les malades répondant à ce médicament peuvent présenter, au cours de leur vie, toutes les manifestations allergiques classiques aiguës ou chroniques : asthme, eczéma, rhinite, conjonctivite.

Signes généraux

Ce sont des sujets très frileux, ayant des « coups de pompe » qui alternent avec des moments de bonne forme. Ils préfèrent les temps chauds et supportent bien la chaleur.

Leur peau est sèche, rugueuse et ridée. De plus, elle est souvent pâle et froide, et manque de tonicité. Ils ont des démangeaisons suivies d'une sensation de brûlure qui est améliorée par la chaleur.

Dans les phases aiguës ou chroniques des maladies, une grande inquiétude est présente. Elle se manifeste à l'extrême par une peur de mourir, et se traduit par des phases d'agitation entrecoupées d'une grande faiblesse.

Ces signes généraux, caractéristiques d'*Arsenicum album*, sont présents dans toutes les indications développées ci-dessous.

Indications d'*Arsenicum album*

— Les sujets atopiques qui présentent le rythme, les antécédents et les caractéristiques générales d'*Arsenicum album.*

— Les crises d'asthme des sujets *Arsenicum album* surviennent brutalement entre une heure et trois heures du matin. Les crises s'accompagnent d'une sensation de froid intérieur intense et d'un besoin de respirer de l'air frais. L'asthme suit souvent un eczéma ou alterne avec celui-ci.

— Les poussées aiguës d'eczéma se produisent sur des sujets jeunes en bonne santé. L'eczéma est sec, squameux et pulvérulent. À un stade plus avancé, la peau s'épaissit donnant un aspect de « peau d'éléphant ». *Arsenicum album* est indiqué dans l'eczéma et toutes les maladies de peau individualisées par des démangeaisons, et des sensations de brûlure cutanées améliorées par des applications chaudes. L'urticaire est donc aussi une des indications d'*Arsenicum album*, si elle répond aux modalités ci-dessus.

— Dans les rhinites allergiques, le caractère brûlant et excoriant des sécrétions nasales est à l'origine d'une irritation sous les narines. Le nez est bouché et les yeux sont très enflammés.

➤ Le mode tuberculinique

Les manifestations allergiques du mode tuberculinique sont très proches de celles du mode psorique. Les différences essentielles portent sur le déroulement des crises allergiques. Celles-ci se reproduisent souvent sur le même appareil, notamment respiratoire, et ont tendance à s'y fixer. Elles ont un caractère paroxystique et rebelle, mais en revanche elles alternent moins avec un autre appareil (la peau par exemple).

Les manifestations allergiques respiratoires sont déclenchées par des infections ORL ou pulmonaires. Elles doivent donc être traitées rapidement et efficacement, car ces infections compliquent les maladies allergiques.

Ce mode tuberculinique est mis en jeu également à la suite de maladies dites « anergiques[9] » — rougeole, rubéole, coqueluche, mononucléose infectieuse, hépatite virale ou une primo-infection — ou de certaines vaccinations à virus vivants atténués (Rouvax, ROR) ou de vaccins d'origine bactérienne (BCG).

Il convient particulièrement à l'adolescent longiligne, frileux, nerveux et vite fatigable. Les sujets tuberculiniques ne supportent pas de manquer d'air et utilisent à la moindre difficulté respiratoire leur spray de « Ventoline® » pour se soulager. En fait, ils les prennent plus en cas d'anxiété ou de crainte que lors d'une réelle difficulté respiratoire. Ils ont bon appétit mais ont tendance à maigrir. Leurs allergies sont améliorées à la montagne et aggravées à la mer.

La peau n'est pas sèche comme dans le mode psorique.

Les manifestations respiratoires

Les crises d'asthme ou les rhinites allergiques sont fréquentes dans ce mode réactionnel. Elles surviennent brutalement et sont saisonnières ou perannuelles.

Dans ce mode, l'alternance des crises d'asthme et d'eczéma est rare. Longtemps, l'asthme est la seule maladie du sujet, mais ses crises sont fortes, brutales, difficiles à enrayer et parfois traînantes.

---

9. Disparition de la faculté de réaction ou de défense de l'organisme vis-à-vis d'une substance à laquelle il réagissait (par exemple la tuberculine) ; correspond aussi parfois à une diminution généralisée des capacités à se défendre.

Les manifestations cutanées

Elles sont moins fréquentes. Les démangeaisons sont absentes ou modérées. Les vêtements en laine ou en synthétique ne les déclenchent pas.

Les réactions aux piqûres d'insectes sont banales.

Les urticaires sont plus courantes.

Les manifestations digestives

Les intolérances alimentaires, les migraines, les diarrhées doivent faire rechercher une origine allergique à ces troubles quand elles surviennent sur un terrain tuberculinique.

L'évolution du mode tuberculinique

L'évolution de ce mode a déjà été en partie décrite dans la présentation. Il faut retenir la tendance à la fixité de la maladie allergique sur un même appareil. Elle se traduit de différentes façons. La peau est le siège d'une succession de maladies cutanées : eczéma, acné, urticaire par exemple. Ou encore, une sécheresse du nez suit ou précède un écoulement abondant.

En l'absence de traitement, il se produit une aggravation de la maladie avec des conséquences sur l'état général, notamment une fatigue marquée, un amaigrissement, une frilosité et un manque de résistance de l'organisme aux agressions diverses.

Un médicament du tuberculinisme : Natrum muriaticum

Natrum muriaticum est un des médicaments essentiels du mode tuberculinique. Ce médicament convient particulièrement aux enfants et aux adolescents.

La morphologie longiligne et la maigreur, particulièrement du haut du corps, sont retrouvées. Leurs lèvres sont volumineuses, fendillées, gercées, la lèvre inférieure est fissurée verticalement ; la langue est dépapillée par endroits, « en carte de géographie ». Ils ont des « envies » autour des ongles.

Rythme

Les crises surviennent tous les deux jours, plutôt en milieu de matinée, vers dix heures du matin. Comme pour le mode psorique, cette périodicité peut être modifiée ou méconnue si le malade est déjà traité.

Antécédents

Enfants, ces malades ont de l'eczéma ou de l'asthme, adolescents de la rhinite allergique. Adultes, l'une de ces manifestations allergiques a tendance à prédominer. Ils ont régulièrement des aphtes et des herpès labiaux. Ils s'enrhument très facilement, au moindre froid. Les otites et les infections ORL à répétition sont très présentes chez ces sujets.

Signes généraux

Les patients justiciables de *Natrum muriaticum* ont bon appétit mais ne grossissent pas, et même maigrissent facilement. Ils ont parfois des troubles du comportement alimentaire allant de l'anorexie mentale à la boulimie. Ils grandissent vite, souffrent du dos et se voûtent. Ils se fatiguent vite physiquement et intellectuellement. Ils sont attirés par le sel et boivent beaucoup. La peau de leur visage est grasse et acnéique.

Leurs manifestations allergiques sont aggravées par une forte émotivité. Le diagnostic d'asthme doit être impérativement fait sur ces terrains, car la description des crises par ces patients est imprécise et peut amener à une confusion entre asthme et manifestations psychosomatiques. Notre expérience l'a souvent démontré.

Certaines des manifestations allergiques de ces sujets sont globalement aggravées le matin vers dix heures, ainsi qu'au bord de la mer et au soleil. Elles sont améliorées au grand air.

Ces signes généraux, caractéristiques de *Natrum muriaticum*, en dehors des caractères morphologiques qui ne sont pas indispensables, sont présents dans toutes les indications développées ci-dessous.

Indications de *Natrum muriaticum*

— Les sujets atopiques qui présentent le rythme, les antécédents et les caractéristiques générales de *Natrum muriaticum*.

— L'eczéma prédomine habituellement en lisière du cuir chevelu, sur la marge frontale.

— Les rhinites allergiques sont caractérisées par un écoulement nasal et un larmoiement fluents et clairs. Les crises se déclenchent vers dix heures du matin.

— L'asthme survient entre une et trois heures du matin. On ne retrouve pas l'agitation nocturne typique d'*Arsenicum album*. La présence des signes généraux permet la prescription de *Natrum muriaticum* dans cette indication.

— L'urticaire, notamment déclenchée par le soleil ou l'effort, mais aussi par les situations « stressantes » est une des indications de *Natrum muriaticum*.

➤ Le mode sycotique

Le mode réactionnel sycotique peut être présent à la naissance ou être déclenché par de multiples facteurs, notamment l'humidité et certains médicaments.

La sycose constitue une évolution néfaste du mode psorique ou tuberculinique dans l'allergie, notamment quand celle-ci est aggravée par des traitements médicamenteux inadaptés. Ce mode réactionnel est différent des deux précédents car il se manifeste essentiellement par la pérennisation des maladies allergiques et leur tendance à se surinfecter facilement.

Les signes de la sycose

Elle se traduit dans l'organisme par une tendance marquée à la rétention hydrique. Celle-ci s'objective par une prise de poids en période prémenstruelle, la présence de cellulite, et de tissus infiltrés (jambes) qui reflètent une insuffisance lymphatique très notable.

La sensibilité à l'humidité a pour conséquence de développer la propension naturelle aux infections chroniques ou traînantes et aux rhumatismes des sujets.

Les infections se développent de manière insidieuse, lente et continue. Elles concernent aussi bien les infections ORL que les suppurations cutanées.

Les malades sycotiques sont sujets aux petites tumeurs cutanées bénignes telles les verrues par exemple.

Les facteurs déclenchants de la sycose

Les médicaments

La prise de traitements médicamenteux à titre préventif ou curatif peut être à l'origine de la sycose. L'expérience a montré que la prise itérative d'antibiotiques ou prolongée de corticoïdes ou d'une contraception orale (pilule), ainsi que les vaccinations, peuvent modifier profondément le mode de réaction initial, et le faire évoluer plus rapidement vers la sycose.

Chez l'enfant, la prise fréquente d'antibiotiques dans le cadre de maladies infectieuses à répétition, notamment ORL, en est responsable. Leur prise excessive pérennise ces infections et tend à les rendre chroniques. Le développement important du mode réactionnel sycotique est une autre conséquence de la prescription abusive de ces traitements, notamment chez les malades allergiques.

Les traitements corticoïdes employés parfois de façon excessive dans certaines indications (rhinites, rhino-pharyngites, bronchites aiguës, trachéites, angines, pneumonies), ou trop longtemps dans les maladies allergiques peuvent être à l'origine de la sycose et favoriser son développement. Leurs répercussions sur l'organisme sont connues, notamment la rétention hydrique, qui est la principale complication de la corticothérapie prolongée et l'une des caractéristiques essentielle de la sycose.

Certains de ces médicaments dont l'excès favorise le terrain sycotique, notamment les antibiotiques et les vaccins, peuvent être à l'origine d'allergies médicamenteuses.

L'humidité

Le développement de la sycose est favorisé par l'habitat dans un lieu ou dans un climat humide, ce qui facilite encore la survenue d'infections ORL à répétition. Ce mode de vie est à éviter, dans la mesure du possible, particulièrement pour les sujets prédisposés, car la présence de moisissures est aussi un facteur sensibilisant qui peut entraîner une allergie.

Les indications du mode sycotique

Le mode sycotique intervient donc surtout dans les allergies anciennes déclenchées ou compliquées fréquemment par des infections ORL ou pulmonaires, ou par l'humidité. Les principales indications seront donc :

— Les asthmes compliqués et difficiles à traiter.

— Les rhinites allergiques devenant chroniques ou s'infectant, à l'origine de rhino-pharyngites ou de sinusites.

— Des eczémas suintants ou surinfectés très longs à soigner.

Un médicament de sycose : Thuya

Thuya est un des médicaments essentiels du mode sycotique.

Rythme

La sycose est un mode réactionnel souvent consécutif à celui de la psore ou du tuberculinisme. L'alternance ou la succession des manifestations allergiques dans le mode sycotique dépend donc plus du terrain initial, psore ou tuberculinisme, sur lequel l'allergie s'est développée.

Le rythme des affections allergiques est aussi guidé par la thérapeutique, notamment les corticoïdes oraux au long cours, qui engendre une reprise plus vive et plus difficile à traiter des allergies après leur éviction passagère. De même, les antibiothérapies successives favorisent des infections plus ou moins chroniques très difficiles à enrayer.

Thuya, dans ces circonstances, permet d'équilibrer le terrain du malade dans un premier temps, puis secondairement de diminuer progressivement ces thérapeutiques.

Antécédents et circonstances de déclenchements

On retrouve dans les circonstances étiologiques de ce médicament de nombreux facteurs déclenchants du terrain atopique. Toutes les causes susceptibles de provoquer des perturbations du système immunitaire peuvent être responsables :

— Les vaccinations trop souvent répétées chez les sujets sensibles.

— Les prises prolongées ou répétées d'antibiotiques ou de corticoïdes.

— Les infections itératives et leurs traitements : rhino-pharyngites, otites, bronchites, pneumonies.

Signes généraux

Les signes généraux de *Thuya* sont très proches de ceux de la sycose.

On retrouve notamment la rétention hydrique et la sensibilité des sujets à l'humidité, l'existence d'une infiltration cellulitique au bassin, et d'une peau grasse au visage. La tendance naturelle aux infections chroniques et leur développement lent et insidieux sont présents.

La chaleur sèche améliore ces troubles, l'humidité les aggrave ; il en est de même pour les rhumatismes.

Les verrues, quand elles sont absentes, font partie des antécédents du sujet.

Indications de *Thuya*

Les asthmes ou les eczémas survenant :
— À la suite immédiate de traitements prolongés et/ou excessifs.
— Après certaines réactions vaccinales.
— Chez des enfants faisant également des infections ORL à répétition.

En résumé

L'approche du terrain en homéopathie est intéressante à un double titre :
— Pour le patient allergique, car elle intègre l'ensemble de ses pathologies allergiques, mais aussi infectieuses, digestives, ou autres, dans son histoire pathologique personnelle.
— Pour le choix du traitement, homéopathique naturellement, mais aussi classique, ce dernier pouvant être orienté ou modulé selon le terrain du patient.

La phytothérapie dans les maladies allergiques

La phytothérapie utilise les plantes médicinales pour guérir ou prévenir les maladies. Les hommes ont toujours employé les plantes pour se soigner ou pour soulager leur souffrance. On retrouve dans toutes les civilisations des traces de leur utilisation. Les vestiges les plus anciens remontent à l'homme de Neandertal, il y a quelque soixante mille ans. Des fouilles archéologiques, réalisées en Irak, ont mis en évidence l'usage de plantes médicinales à cette époque.

Le végétal a été à la source des médecines traditionnelles de nombreuses civilisations, et l'est toujours dans de nombreux pays. Il a été relié sans cesse à la maladie, aux malades, aux rites et à la culture de toutes les régions du monde. Le caractère sacré, voire magique ou ensorceleur des plantes a été à la base des soins prodigués. L'origine de la découverte de leurs propriétés reste mystérieuse, même si elle résulte probablement d'une observation fine des guérisseurs. Le pouvoir des hommes possédant les connaissances des simples[1] était grand. C'est pourquoi, ils les conservaient jalousement et les transmettaient surtout par voie orale. Pour ces raisons, de nombreuses équipes scientifiques dont des organismes officiels, tels le Centre national de recherche scientifique (CNRS) et l'Institut français de recherche scientifique pour le développement en coopération, dirigent des missions chargées de mieux comprendre les secrets des guérisseurs.

Les plantes venues d'ailleurs

Dans le même esprit, une nouvelle branche de la thérapeutique s'est constituée : l'ethnopharmacologie. À l'interface des sciences pharmaceutiques et des sciences humaines, cette discipline a pour but d'une part de recenser les plantes médicinales et les produits naturels utilisés dans les pharmacopées traditionnelles, et d'autre part de comprendre les pratiques vernaculaires qui rattachent la santé et la maladie à la culture du pays. La vérification scientifique de l'efficacité thérapeutique des plantes est surtout du domaine de la pharmacognosie[2]. En

1. Plantes médicinales.
2. Discipline fondée sur la connaissance scientifique des matières premières et des substances naturelles (voir p. 351).

retour, les ethnopharmacologues informent les habitants des fruits de leurs recherches pour qu'ils utilisent leurs plantes de manière plus rationnelle : le savoir empirique des médecines traditionnelles est actualisé à la lumière des connaissances scientifiques les plus récentes. À un stade ultime, l'ethnopharmacologie conduit parfois à la découverte de nouveaux médicaments.

Néanmoins, le contraste est énorme entre l'immensité du domaine d'investigation et la dérision des moyens mis à la disposition des chercheurs. Sur les 800 000 espèces végétales connues, seules 250 000 sont répertoriées, et moins de 2 500 ont fait l'objet de recherches scientifiques. La situation est encore aggravée par le déficit accru de spécialistes compétents à un moment où, au contraire, toutes les volontés devraient être réunies pour conserver la diversité des végétaux et développer les connaissances scientifiques.

Cette tâche apparemment accessoire, au vu de la médecine moderne, est en fait essentielle. En effet, elle vise à découvrir, conserver et évaluer un patrimoine thérapeutique mondial qui est en train de sombrer avec les détenteurs d'un savoir populaire. Plusieurs facteurs sont responsables. Tout d'abord, la standardisation des cultures et la transformation de territoires végétaux sauvages en régions rurales accélèrent ce mouvement. Son corollaire, au moins pour partie, la perte d'espèces ou de variétés de plantes, notamment tropicales[3], a pour conséquence, dans certaines régions du monde, la disparition progressive de moyens thérapeutiques traditionnels. La diminution régulière du nombre de guérisseurs, leur remplacement par des médecins classiques, aboutissent *de facto* à l'agonie d'un savoir ancestral. Ainsi, les 60 % d'habitants de la planète qui utilisent les plantes dans leur arsenal thérapeutique, se retrouvent progressivement démunis matériellement et intellectuellement de leurs ressources séculaires : « Chaque fois qu'un vieillard meurt, c'est une bibliothèque qui disparaît[4]. » Les populations se mettent alors « à rêver » des médicaments occidentaux.

Un paradoxe apparaît alors nettement. Alors que dans les pays riches, l'industrie pharmaceutique, sous la pression populaire, cherche à revenir à des traitements naturels, les pays en voie de développement pensent trouver leur salut dans les médicaments occidentaux. Ils relèguent au second plan leurs pratiques ancestrales, alors que valorisées, elles sont la vraie richesse de leur pays. En collaboration avec les autorités compétentes des différents pays, l'OMS, consciente de ce phénomène, informe les populations locales de la qualité de leurs matières premières tropicales et subtropicales. L'objectif est de mettre à la disposition des autochtones des médicaments fiables et peu onéreux, et de les intégrer dans leurs systèmes de santé.

---

3. Plantes souvent les plus actives.
4. Citation souvent utilisée par Amadou Hampaté Bâ, conteur malien et membre de l'UNESCO.

Les plantes au regard de la science

La pharmacognosie est « une discipline fondée sur la connaissance scientifique des matières premières et des substances naturelles de notre environnement qui ont été sélectionnées au cours des siècles pour la thérapeutique ou qui ont fait leurs preuves cliniques dans la médecine actuelle[5] ».

La pharmacognosie, à partir des données scientifiques et de l'observation clinique, a permis la découverte de principes actifs, de molécules naturelles[6], issus du règne végétal. Leur utilisation a largement contribué à améliorer la santé publique.

Les médicaments de la nature

Quotidiennement, nous employons des médicaments telles la digoxine extraite de la digitale pourpre, la morphine, la codéine, la papavérine issues du pavot, la strychnine venant de différentes plantes ; la quinine est extraite de l'écorce de quinquina, la colchicine des graines de colchique. Ces substances, quoique issues des plantes, sont indiquées dans des maladies graves et constituent des médicaments majeurs de l'arsenal thérapeutique habituel du médecin. Deux anticancéreux d'origine naturelle ont été commercialisés : la Navelbine® qui est un dérivé hémisynthétique de la pervenche de Madagascar et le Taxol® initialement isolé des écorces de tronc d'ifs du Pacifique.

La phytothérapie traditionnelle

La phytothérapie utilise les plantes médicinales pour guérir ou prévenir les maladies.

Encore absorbées sous forme de tisanes, d'infusions ou de décoctions, les plantes subissent des traitements modernes ; elles sont maintenant consommées essentiellement sous forme de teintures-mères, de gélules, de suspensions, d'extraits ou d'intraits. Le traitement par les plantes implique l'emploi de doses pondérales (grammes ou centigrammes).

Les propriétés d'une plante résultent de son totum, c'est-à-dire de l'association de l'ensemble de ses constituants, dont chacun a des caractéristiques différentes du mélange global. Du fait de sa diversité et de sa richesse, il est actuellement

5. Witchtl M., Anton R., *Plantes thérapeutiques*, Paris, éditions Tec & Doc, 1999.
6. Ou légèrement modifiées.

impossible de reproduire chimiquement le totum pour mimer l'activité de la plante. Par ailleurs, selon l'environnement, la même plante présente des différenciations biochimiques, parfois à l'origine d'indications thérapeutiques nouvelles. Là se trouve aussi un des intérêts de l'ethnopharmacologie.

Pour ces raisons, la phytothérapie traditionnelle conserve tout son intérêt en comparaison de la pharmacognosie.

➤ Y a-t-il une notion de terrain en phytothérapie ?

La connaissance du terrain en phytothérapie n'apparaît pas clairement au regard des éléments que nous possédons et des différents ouvrages consultés. La phytothérapie ne définit pas de terrains comme ceux décrits en homéopathie, en acupuncture ou à un moindre degré en oligothérapie.

La notion de terrain ne fait pas partie de la tradition de la médecine par les plantes. Aucune des quelques tentatives de description du terrain en phytothérapie n'a reçu l'approbation générale. Celles-ci ont été décrites dans les années 1980 au moment de la vogue des médecines douces. Néanmoins, la phytothérapie demeure une médecine globale et le phytothérapeute a une vision holistique de l'individu. Sa démarche renferme plusieurs orientations. Simple au départ, elle recherche la plante la plus adaptée aux symptômes du malade. Ensuite, au regard des symptômes, des organes impliqués dans la maladie, et de considérations spécifiques aux malades (facteurs de risque, rechute, complications), la prescription comprend les plantes dont l'action est synergique, c'est-à-dire dont l'association potentialise l'effet propre de chacune si elle était employée isolément. C'est à ce niveau que se situe l'action sur les organes de drainage. Enfin une dernière plante est utilisée dans le but d'agir sur la cause même de la maladie.

➤ Le drainage

Le drainage des émonctoires[7], c'est-à-dire l'élimination des métabolites finaux (ou déchets organiques) par certains organes, apparaît en revanche comme une notion ancienne bien ancrée dans l'histoire de la phytothérapie et de la médecine populaire.

Les organes ayant ces fonctions sont les reins, les poumons, le foie et la vésicule biliaire, la peau et le tube digestif. Le drainage[8] consiste, à l'aide de plantes ayant ces propriétés, à stimuler, selon la maladie, les différents émonctoires concernés afin de faciliter l'élimination des déchets organiques. Ce drainage ne doit pas provoquer d'affaiblissement de l'organisme, juste une stimulation modérée de la fonction d'élimination, un rééquilibrage. Les doses employées dans ces circonstances

7. Organes destinés à éliminer les déchets, tels que les reins ou les poumons.
8. Bellaïche P., « Le drainage en phytothérapie », *Phytotherapy*, mars 1985, n° 13, p. 9-24.

sont très faibles, proches du quart ou de la moitié de la dose habituelle pour obtenir une réponse thérapeutique.

Le drainage peut être spécifique ou indifférencié. Il est spécifique quand il ne concerne qu'un seul organe, par exemple la stimulation modérée du fonctionnement rénal chez une personne ayant les jambes lourdes et gonflées. Quand il est indifférencié, le drainage est un traitement symptomatique qui vise à stimuler l'ensemble des émonctoires sans rechercher d'action thérapeutique particulière.

Plusieurs types de drainage existent en fonction du but recherché.

- Le drainage est **pré-thérapeutique** quand l'objectif est de préparer l'organisme à un traitement phytothérapique, au début d'une maladie ou pour éliminer les médicaments absorbés en excès par exemple. La plupart des plantes employées dans ces situations sont dépuratives et accélératrices du transit intestinal. On y ajoute une plante spécifique de la cause de la maladie.
- Le drainage **per-thérapeutique** est complémentaire du traitement principal. Il est souvent indifférencié. C'est une méthode utilisée surtout dans les maladies infectieuses pour éliminer les métabolites.
- Le drainage est **post-thérapeutique** quand son but est de poursuivre l'activité du traitement principal. On utilise des plantes aux propriétés proches de celles du traitement principal.

Pour éviter de surcharger l'organisme et de créer des intoxications médicamenteuses, le drainage est effectué de manière discontinue, vingt jours par mois par exemple.

Les plantes de l'allergie

Les plantes sont actuellement plus réputées pour provoquer des allergies (voir p. 62) que pour les soigner. Cependant, quelques plantes ont une activité intéressante dans ces maladies. La rareté des plantes connues traditionnellement pour traiter les maladies allergiques s'explique par plusieurs raisons.

En premier lieu, les maladies allergiques sont des entités dont les mécanismes ont commencé à être identifiés à la fin du XIXe siècle. De plus, les plantes connues pour être actives dans ce domaine, l'asthme par exemple, étaient toxiques, car trop riches en alcaloïdes (*Belladonna*, *Stramonium*, *Hyosciamus*, *Ephedra*).

Ensuite, parce que la pharmacochimie des plantes est aussi une science récente : la relation entre la présence d'une substance chimique et son activité dépend de multiples facteurs. La présence d'une substance antiallergique dans une plante ne permet pas de conclure à l'activité de ce végétal dans le traitement des allergies. Seule l'expérimentation humaine permet de l'affirmer. Cependant, la meilleure connaissance de la composition des plantes a permis aux médecins phytothérapeutes d'apporter leur contribution aux traitements de ces maladies. Jusqu'à présent, les diverses recherches dans ce domaine ont plutôt confirmé les observations cliniques.

Nous présentons deux plantes dont les travaux ont confirmé leur intérêt dans l'allergie.

➤ Le plantain

En France, l'Agence française de sécurité sanitaire des produits de santé (AFSSAPS) recommande d'utiliser le plantain dans les traitements locaux. Dans les affections dermatologiques, il adoucit la peau et évite les démangeaisons. Il protège la peau des gerçures et des crevasses, il guérit les plaies et les blessures et soulage les piqûres d'insectes. Il calme les irritations ou les gênes oculaires dues à des causes diverses. En Allemagne, le plantain est autorisé dans les inflammations des voies respiratoires et buccopharyngées et par voie cutanée dans les inflammations cutanées.

Depuis que sont connues les propriétés anti-inflammatoires et antihistaminiques du plantain, les phytothérapeutes emploient avec succès cette plante dans les maladies allergiques, par voie interne dans l'asthme, ou à ajouter à l'eau du bain comme adoucissant dans l'eczéma. C'est la *Plantago major* qui a la meilleure activité antihistaminique.

Les principaux constituants intervenant dans l'allergie sont probablement :

- **Les iridoïdes**, substances surtout anti-inflammatoires.
- **Les flavonoïdes** qui constituent les pigments des plantes. Ils sont essentiellement connus pour leur rôle protecteur des veines et des capillaires. Ils ont une activité antiradicalaire : ils piègent les radicaux libres qui se créent lors des processus inflammatoires. Ils inhibent aussi de nombreuses réactions enzymatiques, notamment l'activité de la 5-lipoxygénase, à l'origine des leucotriènes intervenant dans les mécanismes de l'inflammation et de l'allergie.

PLANTAIN

Plantago lanceolata L.* (plantain lancéolé), *Plantago major L.* (grand plantain) *Plantaginaceae	
Synonymes	*Plantago lanceolata* : oreille de lièvre, herbe à cinq coutures, herbe à cinq côtes, psyllium blond d'Allemagne, petit plantain. *Plantago major* : plantain majeur, plantain commun, plantain des oiseaux.
Partie utilisée	Feuilles séchées.
Composition	2 à 6,5 % de mucilages. Jusqu'à 9 % d'iridoïdes (aucuboside, catalpol). La plante doit contenir au minimum de 0,5 à 0,8 % d'aucuboside, selon les législations. Flavonoïdes (apigénine et lutéoline). Tanins. Acides phénoliques.

PLANTAIN

Plantago lanceolata L. **(plantain lancéolé),** ***Plantago major L.*** **(grand plantain)** ***Plantaginaceae***	
Propriétés	Anti-inflammatoire. Antiallergique. Mucilage[9].
Indications officielles	En France, seul son usage local est recommandé : — Traditionnellement utilisé en usage local comme traitement d'appoint adoucissant et pour calmer les démangeaisons des affections de la peau, en cas de crevasses, écorchures, gerçures et contre les piqûres d'insectes. — Traditionnellement utilisé en cas d'irritation ou de gêne oculaire due à des causes diverses (atmosphère enfumée, effort visuel soutenu, bains de mer ou de piscine, etc.). En Allemagne, les voies interne et externe sont autorisées : — Voie interne : inflammations des voies respiratoires et des muqueuses buccopharyngées. — Voie externe : inflammations cutanées.
Usage dans l'allergie	Teinture-mère : 30 gouttes trois fois par jour. Nébulisat : 100 mg trois fois par jour.

➤ La fumeterre

Comme pour le plantain, les indications officielles de la fumeterre sont éloignées de leur usage dans l'allergie. En effet, le plantain est surtout utilisé comme draineur urinaire et digestif dans le but de faciliter la diurèse et la digestion.

L'indication de la fumeterre dans les allergies repose sur des données :

■ **Empiriques** : c'est un remède traditionnel de l'asthme dans certains pays d'Asie centrale (Afghanistan).

■ **Scientifiques** : la protopine a, entre autres, une activité spasmolytique, anticholinergique, antihistaminique et anti-inflammatoire qui contribue à expliquer son efficacité dans l'asthme.

En infusion, la fumeterre est souvent associée à un médicament draineur tel que l'artichaut ou le pissenlit. Après trois à quatre mois d'emploi de la fumeterre, le sureau est ajouté surtout dans les rhinites allergiques.

D'autres plantes sont utilisées dans l'allergie, mais leur emploi est moins fiable que celui des deux plantes présentées et nécessitent des précautions, notamment quand elles sont utilisées sous forme d'huiles essentielles.

9. Les mucilages sont des substances végétales (des polysaccharides) qui au contact de l'eau forment des solutions colloïdales ou des gels. Elles ont un rôle protecteur de la peau. Au niveau intestinal, les mucilages en absorbant l'eau augmentent le volume des selles, facilitent le transit intestinal et l'émission des selles.

FUMETERRE

Fumaria officinalis L., Fumariaceæ	
Synonymes	Fleur de terre, fiel de terre, herbe à la jaunisse, herbe à la veuve, pisse-sang.
Partie utilisée	Parties aériennes fleuries.
Composition	Alcaloïdes (0,3 %) dont principalement la protopine (fumarine), mais aussi la fumaricine, la furariline. Flavonoïdes. Acides organiques dont l'acide fumarique. Mucilages et choline. Acide caféique et acide cinnamique.
Propriétés	Régulateur du flux biliaire. Spasmolytique notamment au niveau du sphincter d'Oddi. Diurétique, dépuratif. Régulateur du rythme cardiaque et hypotenseur. Anti-inflammatoire et antihistaminique.
Indications officielles	En France, la fumeterre est traditionnellement utilisée pour faciliter les fonctions d'élimination urinaire et digestive, faciliter la digestion et l'élimination de la bile. En Allemagne, ses indications sont : — Spasmes de la vésicule biliaire, des voies biliaires et du tractus gastro-intestinal. — Constipation.
Usage dans l'allergie	Infusion : 2 cuillerées à soupe dans 250 ml. Laisser reposer 10 minutes, puis filtrer. À boire en trois fois dans la journée, de préférence avant les repas. Nébulisat : 1 gélule à 300 mg, trois fois par jour, avant les repas. Cures de 10 jours tous les 10 jours.

En résumé

La phytothérapie peut être un traitement d'appoint utile dans les maladies allergiques. Des travaux de recherche sont cependant nécessaires pour mieux préciser les indications des médicaments utilisés traditionnellement dans l'asthme ou l'eczéma.

L'oligothérapie dans les maladies allergiques

Les oligo-éléments sont des éléments chimiques retrouvés en faible quantité ou sous forme de trace dans l'organisme. Cette notion de « faible quantité » évolue avec les progrès de l'analyse chimique et de ses applications aux milieux biologiques. Elle s'applique bien aux oligo-éléments si l'on compare leur importance quantitative à celle des éléments majeurs, qui sont également des éléments constitutifs des organismes vivants[1]. Ces éléments majeurs représentent près de 99,5 % de la masse d'un être humain. Il s'agit :

— D'une part, des éléments constitutifs des molécules organiques (protéines, glucides, lipides) : oxygène (O_2), carbone (C), hydrogène (H), azote (N), ainsi que du phosphore (P) et du soufre (S).

— D'autre part, d'éléments minéraux présents en quantité importante dans les cellules et le sang : calcium (Ca), sodium (Na), potassium (K), chlore (Cl) et magnésium (Mg).

Les oligo-éléments ont, malgré leur faible quantité, une importance qualitative. On distingue en pratique :

— Les oligo-éléments essentiels, indispensables au bon fonctionnement biologique de l'organisme. Leur métabolisme est de mieux en mieux connu, et les troubles fonctionnels qui résultent de leur carence peuvent être corrigés par leur apport à dose physiologique[2]. Il s'agit du chrome, du cobalt, du cuivre, de l'étain, de l'iode, du fluor, du nickel, du manganèse, du mobyldène, du sélénium, du silicium, du vanadium, du zinc.

— Les oligo-éléments rencontrés fréquemment mais dont le rôle biologique n'est pas, dans l'état actuel de nos connaissances, identifié. Ce sont presque tous les éléments chimiques restants.

Cette classification évolue en fonction des connaissances scientifiques et de la meilleure compréhension du métabolisme des oligo-éléments. Ainsi les métabolismes de l'argent, de l'aluminium, de l'arsenic, de l'or, du brome, du cadmium, du plomb sont de mieux en mieux connus. Si certains sont connus pour leurs effets toxiques, d'autres tels l'or et l'argent, sont utilisés en oligothérapie.

Les oligo-éléments ont longtemps été utilisés seulement par les médecins traitant le terrain. Cette oligothérapie, dite « catalytique » a été mise au point par Jacques Ménétrier au milieu du XXe siècle à partir des travaux scientifiques de Gabriel Bertrand. Sa caractéristique principale est l'emploi des oligo-éléments à

1. Chappus P., *Les Oligo-éléments en médecine et biologie*, éditions Lavoisier Tec & Doc, Paris, 1991, 653 p.
2. Il s'agit d'oligothérapie nutritionnelle : voir Brigo B., *La Logique des oligo-éléments*, éditions Boiron, 1993.

petites doses — de l'ordre du millionième de gramme — sous forme biologiquement disponible[3]. Cette thérapeutique a été conçue pour rééquilibrer les fonctions de l'organisme afin de guérir et prévenir les maladies dites « fonctionnelles ». Ces dernières concernent « la majorité des malades qui ne jouissent pas de la santé parfaite qu'il faut protéger, et qui ne subissent pas la maladie évoluée qu'il faut combattre[4] ». C'est un état qui résulte d'anomalies de fonctionnement réversibles s'exprimant cliniquement, le plus souvent, de façon discrète. Elles ne créent pas de lésions organiques, mais peuvent provoquer une perturbation des fonctions biologiques à l'origine de l'installation de pathologies chroniques.

Dans ce cadre, Ménétrier, en s'appuyant sur l'observation clinique, a conçu la médecine « fonctionnelle » afin « d'établir une science des "terrains" et des réceptivités organiques aux maladies[5] ». Il a décrit quatre syndromes réactionnels auxquels il a relié pour chacun un ensemble d'oligo-éléments susceptibles de soigner la totalité des symptômes de chaque syndrome. On distingue le syndrome hyperréactif, le syndrome hyporéactif, le syndrome dystonique et le syndrome anergique auxquels sont respectivement rattachés les groupes manganèse, manganèse-cuivre, manganèse-cobalt et cuivre-or-argent.

■ **Le terrain hyperréactif** touche les sujets répondant de façon intense, brutale, excessive aux agents pathogènes. Les allergiques sont les premiers concernés.

■ **Le terrain hyporéactif** concerne les individus atteints fréquemment d'infections saisonnières ou non, notamment ORL et pulmonaires.

■ **Le terrain dystonique** correspond à une évolution naturelle du terrain hyperréactif. Il est décrit chez les personnes de 40-50 ans ayant des troubles métaboliques pouvant être à l'origine d'atteintes cardiovasculaires ou articulaires s'ils ne sont pas corrigés.

■ **Le terrain anergique** correspond au stade précédant l'atteinte organique. Il est souvent mixte, événementiel et passager. S'il dure, il évolue inévitablement vers la maladie.

L'oligothérapie ne doit pas être confondue avec la métallothérapie qui emploie les oligo-éléments à fortes doses. Ses indications ne recoupent pas nécessairement celles de l'oligothérapie. L'emploi des oligo-éléments en nutrithérapie est aussi différente, elle vise à corriger des carences nutritionnelles.

Actuellement, l'oligothérapie ne se limite pas seulement au traitement des maladies fonctionnelles mais intervient dans des pathologies qui ont aussi un caractère organique, telles les allergies. Les oligo-éléments ne sont pas alors des traitements de crise, il agissent en prévention et en traitement de fond de la maladie allergique.

3. Pour être utilisable par l'organisme, un oligo-élément doit arriver à son site d'action, c'est-à-dire être biodisponible.
4. Ménétrier J., « La médecine fonctionnelle », *Introduction à une psychophysiologie expérimentale*, Le François, Paris, 1967, p. 29.
5. *Ibid.*, p. 51.

Les oligo-éléments de l'allergie en oligothérapie

Les oligo-éléments de base	Les oligo-éléments complémentaires
Manganèse Manganèse-cuivre	Manganèse-cobalt Cuivre-or-argent Soufre Phosphore Lithium

➤ Le manganèse

Le manganèse est l'oligo-élément majeur du sujet allergique. Toutefois son emploi doit être prudent. Le risque de réactivation, c'est-à-dire de l'aggravation passagère des phénomènes allergiques les huit premiers jours du traitement, est possible si les prises de manganèse sont trop fréquentes.

Indications

Enfants et sujets hyperréactifs atteints de phénomènes allergiques atopiques tels que asthme, eczéma, rhinite saisonnière et allergies alimentaires.

Eczéma de contact et rhinites perannuelles.

Posologie [6]

■ Dans l'asthme : une prise hebdomadaire, les deux premiers mois, puis une à trois prises par semaine en fonction de l'état clinique du malade.

Le manganèse peut être utilisé :

— Seul au stade initial de l'asthme.

— En complément d'autres thérapeutiques aux stades plus avancés.

■ Dans les rhinites allergiques : trois ou quatre prises par semaine, d'autant plus que la rhinite est importante.

■ Dans l'eczéma :

— Atopique : une prise tous les quinze jours surtout en cas de poussée intense et brutale.

— De contact : une prise hebdomadaire.

■ Dans l'urticaire : une ou deux prises par semaine, les deux premiers mois, sachant que le risque de réactivation est important.

6. Nous indiquons les posologies car les oligo-éléments employés à doses excessives peuvent être toxiques. Voir Goudot-Perrot A., Picard A., *Les Oligo-éléments en médecine*, PUF, Paris, 1988.

■ Dans les manifestations allergiques de caractère saisonnier, il est conseillé de faire un traitement de deux mois avant le début présumé des troubles et de recommencer le traitement l'année suivante.

En cas de réactivation, la fréquence des prises de manganèse est réduite, une prise tous les quinze jours. La prescription systématique de phosphore en complément prévient généralement ce risque.

➤ Le manganèse-cuivre

Le manganèse-cuivre est utilisé dans un but préventif. Il évite la survenue d'infections à répétition quelle que soit la nature du terrain, mais plus particulièrement chez les sujets hyporéactifs.

Indications

Il est indiqué en prévention et traitement, seul ou en complément :

— Des épisodes infectieux de l'asthme, l'inflammation étant entretenue par l'infection.

— Des surinfections des eczémas atopiques et de contact.

Posologie

■ Dans l'asthme : trois à six prises par semaine, en fonction de l'état du malade.

■ Dans l'eczéma de contact : une prise un jour sur deux, en alternance avec du soufre.

■ Dans l'urticaire chronique : trois prises par semaine, en alternance avec du cuivre-or-argent.

Dans ces indications, le traitement doit commencer deux mois avant le début de la période hivernale et se prolonger assez tardivement dans l'hiver, particulièrement si des infections surviennent durant cette période. Un renouvellement du traitement deux ou trois années de suite évite les risques de surinfections. L'amélioration est plus progressive chez les sujets hyporéactifs.

➤ Le manganèse-cobalt

Le manganèse-cobalt convient aux sujets chez lesquels le syndrome dystonique prédomine.

Cet oligo-élément est indiqué dans l'asthme et les rhinites non allergiques survenant plutôt dans un contexte de stress professionnel ou à la suite d'anxiété.

Une à trois prises par semaine sont nécessaires, la durée du traitement est d'environ trois mois.

➤ Le cuivre-or-argent

Ce complexe à base de cuivre, d'or et d'argent est le médicament de l'anergie. Il convient à des personnes fatiguées, anxieuses, ayant des capacités d'adaptation à la maladie réduites. Celles-ci se traduisent par des infections à répétition traînantes difficilement enrayées par les antibiotiques.

Le cuivre-or-argent est indiqué dans :

— La rhinite allergique en cas de surinfection ou d'anxiété : trois ou quatre prises par semaine.

— L'eczéma atopique quand les crises sont aggravées par l'anxiété (associer avec le lithium) : trois prises par semaine pendant deux à trois mois.

— L'urticaire : trois à sept prises par semaine.

➤ Le soufre

Le soufre a un tropisme préférentiel pour la peau, il intervient notamment dans la synthèse de la kératine. Par son activité mucolytique, il facilite l'expectoration, et par son activité hépatique, il a un rôle détoxifiant.

Il est toujours indiqué en complément du :

— Manganèse, dans les manifestations allergiques respiratoires et cutanées.

— Manganèse-cuivre, dans les infections surajoutées des sujets atopiques.

La posologie varie de une prise par jour à trois prises par semaine :

— Dans l'asthme, l'eczéma atopique et l'urticaire chronique : une prise par jour.

— Dans la rhinite allergique : une prise un jour sur deux, en alternance avec le phosphore.

— Dans l'eczéma de contact : une prise un jour sur deux, en alternance avec du manganèse-cuivre.

➤ Le phosphore

Le phosphore intervient dans la synthèse et l'utilisation de l'énergie cellulaire et régule l'excitabilité neuro-musculaire. À ce titre, il agit dans les phénomènes spastiques physiologiques ou pathologiques de l'organisme. C'est aussi l'un des principaux constituants de l'os avec le calcium auquel il est lié à 80 % sous forme de phosphate de calcium.

Il convient dans les manifestations allergiques :

— De survenue soudaine et brutale.

— Se produisant dans un contexte émotionnel.

Il est utilisé pour prévenir les phénomènes de réactivation, en association avec le manganèse. Il est également souvent associé avec le soufre.

La posologie pour prévenir les risques de réactivation est variable :

— Dans l'asthme et l'eczéma atopique : six prises par semaine.

— Dans la rhinite allergique et l'urticaire : trois ou quatre prises par semaine.

Dans la rhinite surinfectée, six prises par semaine sont nécessaires.

➤ Le lithium

Le lithium est traditionnellement utilisé dans les troubles nerveux à type d'anxiété, d'angoisse, d'irritabilité, et dans les troubles de l'humeur.

La survenue de ces facteurs est souvent à l'origine du déclenchement des manifestations allergiques tels l'asthme, l'eczéma ou l'urticaire. C'est pourquoi le lithium est indiqué dans ces circonstances ou dans un contexte de stress important.

La posologie habituelle est de une prise par jour.

INDICATIONS DES OLIGO-ÉLÉMENTS DANS LES MALADIES ALLERGIQUES

Indications	Oligo-éléments essentiels	Oligo-éléments complémentaires
Asthme et rhinites allergiques saisonnières.	Manganèse Phosphore Soufre	En cas de surinfection : Manganèse-cuivre et Cuivre-or-argent.
Rhinites allergiques perannuelles.	Manganèse Phosphore Soufre Manganèse-cuivre	En cas de surinfection : Cuivre.
Eczémas et urticaires.	Manganèse Phosphore-soufre Cuivre-or-argent dans les formes chroniques : — D'eczémas avec Manganèse-cobalt. — D'urticaires avec Manganèse-cuivre.	En cas de surinfection : Manganèse-cuivre. Contre l'irritabilité : Lithium.

Les autres oligo-éléments utiles dans l'allergie

Nous plaçons dans cette catégorie, les oligo-éléments dont certaines propriétés biologiques, récemment découvertes, ont permis leur utilisation dans les allergies. Ils sont actifs à des doses bien supérieures à celles habituellement employées en oligothérapie.

➤ Le zinc

Le zinc est indiqué en oligothérapie principalement dans certains troubles des règles et dans les troubles du goût.

Les recherches scientifiques ont montré, entre autres, son rôle dans :

— L'immunité, par le biais de son intervention dans le métabolisme des lymphocytes.

— La modération des réactions inflammatoires qu'il contrôle en agissant dans les synthèses des protéines et des enzymes de l'inflammation.

— La protection contre les effets des radicaux libres.

— Les processus de réparation et de cicatrisation car il favorise la multiplication cellulaire.

Par ailleurs, des études ont révélé que les taux sanguins de zinc sont bas :

— Quand les infections des voies aériennes supérieures sont plus fréquentes.

— Chez l'enfant asthmatique ou allergique.

Dans les dermites atopiques, les résultats concernant un éventuel déficit en zinc sont contradictoires.

Les traitements par les corticoïdes diminuent les taux plasmatiques de zinc. Cela a pour conséquence un accroissement du déficit en zinc chez des sujets ayant déjà un taux bas, d'où le risque d'aggravation potentiel des manifestations allergiques.

➤ Le sélénium

Une baisse du sélénium plasmatique a été observée chez les sujets atteints de maladies atopiques. Le sélénium intervient dans la réponse immunitaire humorale et cellulaire, en maintenant l'intégrité des cellules immunocompétentes grâce à son activité antiradicalaire. L'apport de sélénium peut être donc indiqué chez les sujets allergiques ayant des épisodes infectieux à répétition.

> **En résumé**
>
> **Les oligo-éléments sont très utiles dans le traitement complémentaire des maladies allergiques, ainsi que dans la prévention des infections qui aggravent l'asthme et l'eczéma.**

Des applications concrètes des médecines de terrain

■

À notre avis, le traitement des maladies allergiques nécessite une bonne coopération entre les différents acteurs médicaux. Pour un malade allergique, cela conduit à un déroulement en deux étapes :

— Un diagnostic précis (dépistage du généraliste, diagnostic étiologique du spécialiste).

— Une complémentarité entre les traitements classiques, précis et bien codifié, et les thérapeutiques alternatives. Celles-ci plus « globales », bien adaptées aux variations individuelles, sont non iatrogènes, ce qui est essentiel pour des pathologies au long cours.

Des observations concrètes vont illustrer cette démarche[1].

Trois histoires d'asthme

➤ Nathan

L'histoire de sa maladie

Nathan, enfant d'origine mauricienne, est âgé de 12 ans lors de la première consultation en octobre 1994. Intelligent, toujours le premier de sa classe, sportif, longiligne, il est amené par sa mère car il présente de multiples manifestations allergiques : de l'asthme, de l'eczéma et une rhino-conjonctivite depuis la petite enfance.

Les antécédents personnels sont les suivants :

— Un asthme depuis l'âge de 2 ans et demi, et un eczéma ayant commencé à 3 ans.

— Les oreillons à 3 ans, la rougeole à 5 ans.

— Des bronchites asthmatiformes à répétition, consécutives à des rhino-pharyngites très fréquentes.

Sa mère et sa grand-mère maternelle sont asthmatiques, sa tante a une rhinite allergique au pollen. Sa sœur, en réalité sa cousine adoptée et élevée par sa mère, n'est pas allergique.

1. Observations recueillies par le docteur B. Chemouny.

Les circonstances déclenchantes de l'asthme sont les rhino-pharyngites, l'humidité et des accès de colère.

La rhino-conjonctivite allergique est déclenchée par l'exposition aux pollens.

Dans son environnement, il n'y a rien de notable : il vit dans un pavillon ancien peu humide et sans moisissures visibles. Il n'a pas d'animaux, ses parents ne fument pas.

En 1987, un bilan allergologique a montré des tests cutanés positifs à la poussière de maison et aux acariens.

Malgré un traitement de fond classique (voir plus bas), la mère remarque que son enfant est essoufflé dans la journée et est réveillé toutes les nuits par des crises de toux au moins à deux reprises. Il utilise à la demande les β2-mimétiques. Sa respiration est améliorée en position assise, penché en avant. Par ailleurs, il est constamment enrhumé.

Il se gratte sans cesse la peau, souvent jusqu'au sang, même pendant son sommeil. L'eczéma siège sur tout le visage, les plis de flexion des coudes et l'avant-bras droit.

Nathan se mouche souvent. Cependant, il n'est pas gêné la nuit, il ne ronfle pas.

Au printemps, sa rhino-conjonctivite allergique se manifeste par un prurit oculaire et nasal intense, accompagné d'éternuements.

De plus, c'est un enfant frileux, longiligne, grand pour son âge et plutôt maigre. Il est assez nerveux et s'emporte facilement. Il a des cernes noirs très remarquables sous les yeux. En outre, nous notons un signe curieux : ses pieds et ses mains sont froids.

En examinant cet enfant nous constatons :

— Une auscultation des poumons normale.

— Des muqueuses nasales rosées.

— Une sécheresse cutanée qui ressort particulièrement sur la peau noire de cet enfant. Celle-ci est fine, furfuracée, elle desquame facilement. L'eczéma suinte sous les lobules de l'oreille et la peau est épaissie et fissurée aux plis de flexion des coudes. Il a des taches sur le visage et une lésion lichénifiée sur l'avant-bras droit. Les genoux sont peu atteints. La laine lui irrite fortement la peau.

Les examens rapportés par sa maman montrent :

— Une radiographie pulmonaire normale.

— Aux explorations fonctionnelles respiratoires, un syndrome obstructif difficilement réversible sous β2-mimétiques.

— Lors du nouveau bilan allergologique, une allergie nette à la poussière de maison, aux acariens et à certains pollens (bétulacées, fagacées et très probablement graminées), avec des doutes sur une allergie aux cafards. En revanche, les tests cutanés sont restés totalement négatifs pour les plumes, les produits mycosiques, les autres pollens testés (autres arbres, herbacées), les moisissures.

— Il n'y a pas de reflux gastro-œsophagien.

Le traitement actuel comprend de la théophylline (Euphylline 200®), des corticoïdes inhalés (Bécotide 250®), et en cas de crises des β2-mimétiques (Ventoline spray®). Les corticoïdes inhalés sont pris de façon très irrégulière. En cas de crises plus graves, la corticothérapie par voie orale est utilisée ponctuellement.

Une maladie asthmatique sévère

Bien que correctement traité, quand Nathan arrive à notre consultation, sa maladie asthmatique oscille entre le stade 4 persistant sévère — présence de symptômes permanents accompagnés de crises et de symptômes d'asthme nocturne fréquents, activité physique limitée — et le stade 3 persistant modéré, avec des symptômes quotidiens le gênant dans sa vie de tous les jours et par la survenue d'asthme nocturne une fois par semaine, avec un sommeil de mauvaise qualité[2]. Nous conservons son traitement et nous l'encourageons à reprendre les corticoïdes inhalés régulièrement.

Nous ajoutons à ce traitement *Psorinum* 9 CH, *Silicea* 15 CH, *Dulcamara* 15 CH, *Kalium carbonicum* 15 CH. Avant le dîner, il doit prendre des oligo-éléments de phosphore et de soufre en alternance, et une fois par semaine du manganèse.

Quelles sont les raisons du choix de ces médicaments ?

— *Psorinum* agit sur le terrain psorique, et notamment sur l'eczéma. *Silicea* est prescrit sur les notions de déminéralisation, d'infections respiratoires à répétition, la frilosité et les extrémités froides ; *Dulcamara* est indiqué car l'asthme est fréquemment déclenché ou aggravé par l'humidité. *Kalium carbonicum* est un médicament de l'asthme des sujets fatigués, aux yeux cernés dont les crises nocturnes sont améliorées penché en avant.

— L'oligo-élément manganèse est destiné à traiter le terrain allergique, le phosphore sert à éviter les phénomènes de réactivation des manifestations allergiques, et le soufre à améliorer l'eczéma.

— Nous lui conseillons aussi d'hydrater la peau avec du *Cold-cream*.

Évolution de la maladie

Une amélioration lentement perceptible

Au bout d'un mois, les démangeaisons sont moins intenses, mais les lésions persistent aux mêmes endroits. Les crises de toux nocturnes surviennent à une ou deux reprises, et sont absentes certaines nuits.

Nous poursuivons les traitements classiques et de terrain, et ajoutons *Ipeca* 15 CH au coucher pour tenter d'enrayer les crises nocturnes.

L'amélioration de l'asthme, perceptible les mois suivants, ne survient franchement que vers le mois d'avril 1995.

Une réduction prudente des corticoïdes inhalés

À partir de cette période, nous réduisons progressivement à mi-doses les posologies des corticoïdes inhalés. Du fait de l'amélioration de la maladie asthmatique, de l'espacement des crises, la prise des β2-mimétiques diminue. Pendant la période hivernale, Nathan n'a pas d'épisodes infectieux respiratoires.

---

2. Voir aussi p. 167.

Malheureusement, les crises de rhinites allergiques surviennent au mois de mai. Elles sont enrayées par la prescription de *Sabadilla* 7 CH. Une crise d'asthme apparaît lors de fortes chaleurs survenues à cette période. Il ne reste que quelques minimes traces d'eczéma sur la peau.

Un relâchement coupable de Nathan

Nathan fait une cure thermale à La Bourboule au mois d'août 1995. Elle est émaillée de deux petites manifestations de toux traitées par des β2-mimétiques et par une bronchite traitée par antibiotiques et cortisone. Les crises s'aggravent après la cure, mais Nathan prend moins souvent ses traitements.

Réprimandé, Nathan refait alors correctement son traitement et l'amélioration réapparaît. Il persiste néanmoins quelques épisodes de toux nocturnes et une crise d'asthme ayant nécessité la prise de cortisone par voie orale plusieurs jours de suite. Le débit expiratoire de pointe est à 380 pour une normale à 400. Ce nouvel hiver se passe bien. La corticothérapie inhalée est arrêtée. Le traitement comprend la théophylline et des β2-mimétiques, et en homéopathie *Arsenicum album* 15 CH, *Kalium carbonicum* 15 CH et *Ipeca* 15 CH. Le débit expiratoire de pointe est d'environ 400 (normale : 420).

Un nouveau bilan allergologique

En avril 1996, Nathan refait des crises d'asthme nocturnes. Un nouveau bilan allergologique confirme le précédent. Des conseils d'éviction des acariens sont réitérés à cette occasion, avec la mise en place de housses anti-acariens. La désensibilisation est déconseillée par l'allergologue devant la multiplicité des allergènes en cause. Une courte cure de corticothérapie inhalée est prescrite par le médecin allergologue. Le traitement homéopathique de base reste le même, seules des doses hebdomadaires de *Natrum muriaticum* 15 CH et de *Phosphorus* 15 CH sont ajoutées. L'eczéma ne gêne plus Nathan.

En août 1996, l'auscultation des poumons n'est pas normale, la respiration est plus difficile depuis que sont survenus des problèmes d'humidité dans la maison. *Dulcamara* est réintroduit.

Un asthme d'effort

En octobre, Nathan va bien, mais il se plaint d'un asthme survenant à l'effort après environ trois kilomètres de course à pied. Nous lui conseillons de prendre une bouffée de β2-mimétiques environ quinze minutes avant d'entreprendre un effort. Nathan, en dehors de ces moments, n'en utilise que très peu.

Un changement de stade de l'asthme et une évolution favorable

Après plus de deux années de traitement, l'asthme de Nathan est situé entre le stade 3 persistant modéré et le stade 2 léger modéré. Le traitement de terrain a permis l'arrêt des corticoïdes inhalés, et donc la possibilité de les réemployer sans arrière-pensée en cas de nouvelle aggravation de la maladie. Les crises d'eczéma sont devenues exceptionnelles, la peau est moins sèche, les cicatrices au visage ont disparu. Il n'y a pas eu de crises de rhino-conjonctivite cette année.

L'hiver se passe sans soucis majeurs. En février 1997, une poussée d'eczéma se produit. Elle est enrayée par la prescription d'*Apis mellifica* 7 CH. Nathan prend en alternance, tous les quinze jours, des doses de *Natrum muriaticum* 15 CH et de *Phosphorus* 15 CH et une dose hebdomadaire de *Pollen* 15 CH au coucher ; il prend en alternance trois granules d'*Arsenicum album* 15 CH, de *Kalium carbonicum* 15 CH et d'*Ipeca* 15 CH. La théophylline est toujours continuée, les β2-mimétiques inhalés ne sont pris qu'en prévention d'efforts physiques. Le débit expiratoire de pointe est d'environ 390 (normale : 420).

De mai à septembre 1997, les crises se manifestent à nouveau. Elles sont améliorées par la position penchée en avant. *Kalium carbonicum* 15 CH est réintroduit quotidiennement avec *Arsenicum album* 30 CH et une préparation à base d'*Aralia racemosa* et de *Grindelia*.

Au mois de septembre 1998, Nathan fait en moyenne une crise toutes les trois semaines. Le retour de l'humidité début septembre nous fait prescrire à nouveau *Dulcamara* 7 CH. Le traitement est complété par *Arsenicum album* 30 CH, *Kalium carbonicum* 30 CH, *Ipeca* 30 CH et *Antimonium tartaricum* 15 CH. Les doses de *Natrum muriaticum* 15 CH et de *Phosphorus* 15 CH sont poursuivies, de même que la théophylline et les β2-mimétiques (deux bouffées par jour). Il va très bien jusqu'à la fin de décembre 1998, date à laquelle il fait une pneumopathie et une nouvelle poussée d'eczéma au bras.

Une régression marquée de la maladie asthmatique

Malgré ces deux épisodes malheureux, la maladie asthmatique de Nathan a régressé et se maintient entre le stade 2 et le stade 1.

De septembre 1998 à juin 1999, Nathan a repris son rythme d'une crise nocturne toutes les trois semaines. À partir de cette date, l'adolescence aidant, il ne vient pas à ses consultations, néglige son traitement homéopathique et finit par l'arrêter plusieurs mois. Il ne prend que la théophylline. Quand je le revois en novembre 1999, ses yeux sont très cernés, il fait une crise d'asthme nocturne par semaine, mais n'est pas gêné dans la journée. En fait, sa mère furieuse contre lui, nous apprend que pour soulager sa respiration, il use et abuse de β-2-mimétiques. Malgré cela, lors de la consultation, le débit expiratoire de pointe est bon : 460 l/mn pour une valeur normale à 465 l/mn. Il n'y a pas de poussée d'eczéma. Cependant, le compte-rendu de sa cure effectuée en août 1999 nous apprend que pendant l'été, le débit expiratoire de pointe a chuté à 345, la spirométrie a montré un trouble ventilatoire obstructif, localisé aux moyennes et aux petites bronches, peu corrigé par la prise de Ventoline®. Pendant cette période, il a fait une poussée d'eczéma au visage. La réintroduction du traitement homéopathique calme l'essoufflement et réduit la fréquence des crises.

Revu en janvier puis en mars 2000, Nathan conserve son traitement homéopathique et la théophylline. Il n'utilise plus de Ventoline®. La nouvelle spirométrie effectuée ne montre pas d'aggravation des troubles respiratoires. Les tentatives d'arrêt ou de réduction de la théophylline se soldent par des échecs. Il n'a pas eu de nouvelles poussées d'eczéma ni fait de crises de rhino-conjonctivite allergique. Nous prescrivons pendant quelques mois Elteans®, un complément nutritionnel à base d'huile de saumon, de bourrache, de soja et de carotte, très riche en acides gras essentiels ou polyinsaturés type oméga 3 et oméga 6. L'apport de ces acides gras rétablit l'équilibre avec les graisses saturées souvent en excès dans notre alimentation quotidienne. Leur activité antioxydante protège les membranes des cellules de la peau contre les radicaux libres. Ils luttent contre la sécheresse cutanée et préservent la peau des agressions externes.

Que retenir de ce cas ?

Après plusieurs années de traitement, le bilan est globalement positif. Nathan a un asthme léger (stade 1 ou 2), n'est plus gêné à l'effort. Sa rhino-conjonctivite allergique est silencieuse et les poussées d'eczéma sont rares.

L'association des traitements a permis de faire régresser la maladie asthmatique et de calmer les autres manifestations allergiques. Les épisodes infectieux sont devenus très rares. L'utilisation des thérapeutiques non conventionnelles a autorisé une diminution des traitements médicamenteux classiques et/ou a évité la surenchère thérapeutique. Indirectement, la tolérance à l'égard de ces médicaments a été meilleure. Dans ce cas particulièrement difficile, la modification progressive du terrain a permis à Nathan d'avoir une meilleure qualité de vie.

➤ Fabien

État des lieux

Fabien est un garçon, suivi depuis l'âge de 6 ans, à l'origine pour des otites à répétition.

C'est en juillet 1995, alors âgé de 10 ans, qu'au retour d'un séjour dans la maison de campagne de ses grands-parents, sa première crise d'asthme survient. Elle se manifeste par une toux nocturne dans les quinze jours précédents et des difficultés respiratoires avec sifflements depuis huit jours. À la suite de la consultation, le pédiatre pose le diagnostic d'asthme et lui prescrit un traitement symptomatique passager.

Fin septembre 1995, une deuxième crise difficile à soulager se produit. En même temps apparaît un écoulement nasal important accompagné d'éternuements.

Ses antécédents personnels confiés par ses parents sont les suivants :

— À 2 ans, une parasitose intestinale à lamblia.

— À 4 ans, la varicelle.

— À 8 ans, il développe des *mollusca contagiosum* (verrues) traitées par homéopathie.

Dans sa famille, sa mère est allergique aux pollens et aux acariens et son grand-père maternel a une rhinite allergique saisonnière. Son frère Adrien n'est pas allergique. Il a un problème oculaire à la suite d'une toxoplasmose que sa mère a contractée pendant sa grossesse.

Il habite dans un pavillon récent, sain, sans moisissures visibles. Il vit en compagnie de trois chats et deux oiseaux ; des plantes vertes se trouvent dans la chambre de ses parents. Dans son entourage, ni ses parents ni ses amis ne fument.

D'un naturel plutôt réservé, c'est un enfant discret. Il transpire facilement, surtout de la tête, se plaint d'avoir toujours trop chaud, dort les pieds hors du lit et a tendance à la diarrhée.

Son traitement homéopathique repose, avant l'apparition des crises, essentiellement sur *Sulfur* et accessoirement sur des médicaments tels que *Natrum muriaticum, Tuberculinum* ou *Phosphorus.*

Après sa deuxième crise d'asthme, sa mère nous l'amène en consultation pour ce motif. L'examen clinique est normal, notamment l'auscultation pulmonaire. Les muqueuses nasales sont rosées, la peau est sèche mais ne présente pas de manifestations allergiques. Le visage est parsemé de comédons.

Les examens complémentaires que nous demandons montrent :

— Une radio pulmonaire et des explorations fonctionnelles respiratoires normales.

— Des tests cutanés et des dosages de confirmation des IgE spécifiques qui mettent en évidence une allergie nette aux acariens, ainsi qu'un début d'allergie aux poils de chat.

Un traitement homéopathique suffit

Le nouveau traitement homéopathique pour l'asthme comprend *Sulfur* 9 CH et *Allium cepa* 9 CH. *Sulfur* est prescrit en tant que médicament habituel de terrain sur les signes décrits précédemment. *Allium cepa* est prescrit sur les caractéristiques de la rhinite allergique, à savoir l'irritation nasale, le prurit, l'intensité et la fréquence des éternuements matinaux. Des mesures de prévention anti-acariens sont ordonnées. On conseille aux parents d'éviter de laisser les chats entrer dans la chambre de Fabien.

Une évolution très favorable

L'amélioration est nette, puisque jusqu'au mois de juillet 1997, Fabien ne fait plus de crises d'asthme malgré un été passé dans une maison de vacances poussiéreuse au bord de la mer. Le traitement repose sur une dose de *Sulfur* 30 CH hebdomadaire, associé à *Phosphorus* 15 CH et *Poumon histamine* 15 CH quotidiennement.

D'août 1997 à septembre 2000, il fait deux crises d'asthme, à chaque fois dans des maisons de campagne habitées seulement pendant les vacances, et ce malgré de nombreux séjours dans ces conditions. Son traitement homéopathique repose sur des doses tous les dix jours de *Sulfur* 15 CH, *Ipeca* 15 CH et *Poumon histamine* 15 CH. C'est pour soulager sa mère que nous prescrivons ce traitement sous forme de doses, car celle-ci est encore « obligée de lui mettre les globules dans la bouche ». L'observance du traitement est à ce prix. Ses débits expiratoires de pointe sont grossièrement en 1999 de 440 l/mn, puis de 550 l/mn pour des normales respectivement de 400 et 420 l/mn. En 2000, ils oscillent en moyenne autour de 510 l/mn pour une normale à 440 l/mn. La spirométrie réalisée en octobre 2000 est normale.

Pour conclure

Fabien a présenté un asthme léger traité d'emblée par homéopathie. Très rapidement équilibré, il n'a jamais nécessité le recours à une médication classique. Surveillé régulièrement, les risques d'aggravation de sa maladie asthmatique sont minimes.

➤ Michel

Un parcours difficile

Michel, âgé de 54 ans, chauffeur de taxi, vient nous consulter, pour un asthme apparu trois ans plus tôt. Il est suivi depuis cette époque à l'hôpital par un médecin pneumologue qu'il consulte environ trois ou quatre fois par an. Michel n'a pas souhaité avertir celui-ci de notre concours car ses précédentes tentatives d'évocation de la prise en charge parallèle de sa maladie asthmatique par des médecines non conventionnelles ont été très mal perçues. Il m'a donc présenté au pneumologue comme son médecin généraliste afin qu'il m'adresse régulièrement les comptes rendus des consultations.

Michel était un gros fumeur, ayant arrêté depuis 1985, ne consommant pas d'alcool. En 1986, il subit une intervention sur la colonne vertébrale ; en février 1993, il reste cinq jours en service de réanimation à la suite d'une sinusite ayant provoqué une crise d'asthme sévère (débit expiratoire de pointe à 100). Il n'a pas d'allergie connue.

Aucun membre de sa famille n'est allergique.

Le traitement comprend alors en traitement de fond deux bronchodilatateurs à libération prolongée — Bricanyl® (deux comprimés par jour) et Sérévent® (quatre bouffées par jour) — associés à des corticoïdes inhalés, le Bronilide® (six bouffées par jour). Pour les crises, il prend des β2-mimétiques (Ventoline®) en inhalation.

En outre, depuis le début de sa maladie asthmatique, les épisodes infectieux ORL et pulmonaires bronchiques sont fréquents, les traitements antibiotiques répétés et les corticoïdes oraux, par cure de quinze jours sont régulièrement employés pour soulager les difficultés respiratoires qui en résultent.

Michel est un homme bien portant (1,73 m pour 80 kg), légèrement frileux, d'un naturel plutôt calme, mais quelque peu anxieux. Il ne supporte pas les oppressions respiratoires et a tendance à se précipiter sur les sprays de Ventoline® à la moindre gêne respiratoire. Il se plaint de brûlures d'estomac liées à la corticothérapie orale répétée. Depuis qu'il est asthmatique, il transpire la nuit. Ses crises sont améliorées quand il est assis, penché en avant.

Quand nous l'examinons, l'auscultation pulmonaire est normale et des écoulements muco-purulents tapissent l'arrière-gorge. Il n'y a pas d'autres signes cliniques.

Les explorations fonctionnelles respiratoires d'octobre 1993 montrent une CV (capacité vitale) à 3,75 l/mn (83 % de la théorie), une VEMS à 2,35 l/mn (64 % de la théorie), un DEM 25-75 (qui explore les moyennes et petites bronches) à 1,49 l/mn soit 37 % de la théorie. Ceci montre qu'il a un asthme sérieux caractérisé par une obstruction importante touchant aussi les petites bronches.

Une évolution chaotique mais régulièrement favorable

Le traitement homéopathique est le suivant : *Kalium carbonicum* 15 CH, *Antimonium tartaricum* 15 CH, *Nux vomica* 15 CH, associé à des oligo-éléments de *manganèse-cuivre*, de *phosphore* et de *soufre*.

Durant les six premiers mois, le malade réagit peu au traitement. En novembre 1993, il est opéré d'une sinusite ethmoïdo-maxillaire avec polypes nasaux, ce qui lui procure une nette amélioration de son état respiratoire. À cette occasion, le diagnostic de maladie de Widal qui associe asthme, polypes du nez et des sinus, et allergie à l'aspirine est posé.

1994, une année mi-figue, mi-raisin

En janvier 1994, de nouvelles crises surviennent, difficilement enrayées par la prise de corticoïdes oraux. Au cours des mois de février et mars, il fait une bronchite associée à une atteinte pulmonaire gauche (alvéolite). Le pneumologue lui prescrit un antibiotique et la poursuite de la corticothérapie orale. Il continue le Bronilide® par voie inhalée et le Sérévent® est remplacé par de la théophylline (Euphylline®).

En avril 1994, il continue de faire des crises d'asthme nocturnes quotidiennement mais son état respiratoire est correct (débit expiratoire de pointe à 480 l/mn pour une valeur normale de 600). Les corticoïdes sont encore augmentés puis progressivement diminués (durée totale un mois).

À cette période, le traitement homéopathique est modifié, le malade prend *Kalium carbonicum* XM K et *Arsenicum album* XM K, les oligo-éléments sont poursuivis et un complexe nutritionnel (Bioptimum ARL®) est donné en supplément.

Jusqu'à la fin de l'année, il se porte bien, il refait une crise d'asthme en juillet 1994, une bronchite en septembre qui nécessite la prise d'antibiotiques. Il est encore gêné la nuit, mais n'emploie le spray de Ventoline® que tous les deux ou trois jours en cas de crise. Le débit expiratoire de pointe est à 430 l/mn. Le traitement homéopathique est le même, le pneumologue préconise l'arrêt de la théophylline et poursuit les corticoïdes inhalés.

1995, Michel va mieux sauf au mois d'août

Jusqu'au mois d'août 1995, l'état de santé de Michel est stable ; celui-ci ne fait aucune crise, le débit expiratoire de pointe se maintient entre 450 et 560 l/mn le matin et entre 420 et 570 l/mn le soir, il est optimal en juillet atteignant 700 l/mn.

Au mois d'août 1995, la forte chaleur et la pollution entraînent la reprise des crises, le malade s'aperçoit qu'il ne peut dormir allongé sur le côté gauche. Les derniers mois de l'année sont difficiles. La fréquence des crises augmente, les traitements homéopathique et allopathique sont peu efficaces et modifiés à plusieurs reprises. Seuls les corticoïdes oraux soulagent le patient. Le débit expiratoire de pointe est à 350 l/mn au mois de novembre.

Un bilan pratiqué pendant cette période confirme l'absence d'allergie (IgE normales, pas d'augmentation des éosinophiles, ni de syndrome inflammatoire).

1996, après un début difficile, une amélioration très sensible

En janvier 1996, le débit expiratoire de pointe est de 480 l/mn.

À la fin de cette période, le traitement allopathique comprend : le Bronilide® inhalée (six bouffées par jour), l'Euphylline 200® (deux gélules par jour), le Sérévent® inhalé (six bouffées par jour).

Le traitement homéopathique comprend : *Ipeca* 15 CH, *Dulcamara* 15 CH, *Kalium carbonicum* XM K et *Arsenicum album* XM K[3], et deux fois par jour *Silicea* 7 CH, *Senega* et *Antimonium tartaricum* 3DH en gouttes.

Malgré ces traitements, il rechute encore une fois après un séjour à la montagne en février 1996. Pendant ces périodes d'instabilité, Michel observe que les crises surviennent sous la forme de quinte de toux vers vingt et une heures ou vingt-deux heures, sont améliorées penché en avant ou debout et s'accompagnent d'une agitation et d'une anxiété (*Kalium carbonicum*).

En période d'encombrement bronchique, les crises surviennent après les repas, s'accompagnent de nausées et sont soulagées par les vomissements. Dans ces cas, elles sont aggravées le soir comme précédemment mais aussi vers deux ou trois heures du matin (*Antimonium tartaricum*).

Il présente en mars 1996 une sinusite maxillaire bilatérale. Le pneumologue arrête la théophylline à la demande du patient qui a fait seul des tentatives sans constater de différences lors de son arrêt. L'été se passe mal, il fait une bronchite infectieuse traitée par des antibiotiques et des corticoïdes par voie orale. Il va bien ensuite jusqu'au mois de décembre, date à laquelle il refait des crises nécessitant une cure de corticoïdes. Durant cette année, le malade prend 3 050 mg de

3. Les dilutions korsakoviennes sont préparées à partir d'un flacon unique contrairement aux Centésimales hahnemanniennes (CH).

corticoïdes. Ses explorations fonctionnelles respiratoires sont nettement améliorées : le VEMS est à 2,83 l soit 80 % de la normale, le Tiffeneau est à 60 % et la capacité pulmonaire totale est normale. Les gaz du sang sont normaux. Le débit expiratoire de pointe est à 510 l/mn.

1997-1998, une diminution régulière des corticoïdes oraux

L'année 1997 est nettement meilleure. Le traitement allopathique reste le même, le traitement homéopathique comprend : *Ipeca* XM K, *Dulcamara* 15 CH, *Kalium carbonicum* XM K, *Arsenicum album* XM K, et *Silicea* 15 CH. Pendant cette période, le malade prend 650 mg de cortisone orale, et fait deux épisodes infectieux, dont la grippe, qui nécessiteront à deux reprises la prise d'antibiotiques. Le débit expiratoire de pointe reste stable à 500 l/mn.

L'année suivante, la prise de corticoïdes oraux diminue régulièrement (650 mg en 1997, 520 mg en 1998). De façon très épisodique, des phénomènes infectieux accompagnés de gêne respiratoire surviennent. Globalement, l'état général du patient s'améliore, les vraies crises deviennent rares. Le traitement allopathique repose sur le Bronilide® et le Bricanyl® par voie orale. Le traitement homéopathique comprend *Ipeca* XM K, *Silicea* 15 CH, *Dulcamara* 15 CH. Le débit expiratoire de pointe est de l'ordre de 400-500 l/mn.

L'année 1999 marque un léger recul

Michel se réveille à nouveau deux ou trois nuits par semaine à cause de crises d'asthme. Le pneumologue prescrit du Flixotide® (1 500 µg), corticoïde inhalé ayant un effet anti-inflammatoire puissant, et réintroduit le Sérévent®. Le traitement homéopathique comprend : *Ipeca* XM K, *Dulcamara* 15 CH, *Kalium carbonicum* XM K, *Arsenicum album* XM K, *Silicea* 15 CH et *Antimonium tartaricum* 9 CH. À l'occasion de ce mauvais passage, les explorations fonctionnelles respiratoires réalisées à trois reprises confirment une chute du VEMS à 2,17 l soit 60 % de la normale avec un rapport de Tiffeneau de 52 %.

Après cette période difficile, devant la nette amélioration clinique, le pneumologue arrête le Bricanyl® et diminue progressivement le Sérévent® (de six à deux bouffées par jour), et le Flixotide® à 500 µg par jour. Le traitement homéopathique est dans le même temps légèrement diminué, il comprend *Ipeca* XM K, *Dulcamara* 15 CH, *Kalium carbonicum* XM K, *Arsenicum album* XM K, *Silicea* 15 CH et *Antimonium tartaricum* 9 CH. En revanche, les explorations fonctionnelles respiratoires ne s'améliorent que légèrement.

Octobre 2000, le pneumologue conclut

« Michel va tout à fait bien avec le traitement de fond de l'asthme. [...] Il n'a aucun symptôme anormal, pas de crise a fortiori. L'auscultation pulmonaire est normale. [...] Il persiste un trouble ventilatoire obstructif avec un VEMS à 2,5 l soit 73 % de la normale et un rapport de Tiffeneau à 61 %. Le trouble ventilatoire obstructif reste réversible après β2–mimétiques. »

En résumé, le patient est maintenant stabilisé sous corticoïdes inhalés et traitement de fond homéopathique. La prise de corticoïdes oraux a été réduite progressivement, elle est nulle depuis deux ans. Ce syndrome de Widal est une maladie difficile à traiter et nous sommes heureux de la stabilisation du malade grâce à ces traitements combinés. Le pneumologue ne sait toujours pas que le patient est aussi traité par homéopathie, il appartient à celui-ci de l'en avertir.

Deux histoires de rhino-conjonctivite

➤ Roselyne

Une allergie aux pollens rebelle et invalidante

Roselyne est une femme de 31 ans, secrétaire spécialisée dans les brevets. Elle consulte en juin 1996 pour une rhino-conjonctivite allergique saisonnière qui, selon elle, l'empoisonne depuis l'âge de 12 ans. Quelques années auparavant, l'allergologue a détecté une allergie isolée aux pollens et a entrepris une désensibilisation qui a échoué.

Outre cela, ses antécédents personnels, en dehors de cystalgies à répétition, sont très banals : l'appendice, les amygdales et les végétations ont été enlevés. Elle n'a jamais fait d'asthme ni d'eczéma, en revanche elle se plaint d'allergies solaires et de vives réactions aux piqûres d'insectes. Elle fume en moyenne quinze cigarettes par jour depuis l'âge de 18 ans.

Dans sa famille, il n'y a aucun antécédent particulier.

Elle n'a pas d'enfants, mais en désire depuis le début de l'année 1996.

À l'interrogatoire, Roselyne décrit une rhinite caractérisée par un écoulement nasal très abondant et très fréquent, irritant pour le pourtour des narines et la lèvre supérieure. Il est déclenché par des picotements dans le nez à l'origine aussi d'éternuements incoercibles. Pendant les crises de conjonctivite associées à la rhinite, les yeux, rouges et larmoyants, ne supportent pas la lumière ; l'absence de démangeaisons oculaires atténue la gêne visuelle. Cependant, elle se trouve très gênée, fatigable et irritable dans ces périodes de crises, d'autant que les médicaments antihistaminiques ne la soulagent que partiellement.

En dehors de ces manifestations allergiques, elle se plaint :

— De règles espacées, longues et douloureuses accompagnées d'un syndrome prémenstruel prédominant à la poitrine.

— De ballonnements et de somnolence après les repas.

— De jambes lourdes et gonflées, et de pieds froids la nuit.

Sympathique, agréable et équilibrée, elle est aussi très sensible et émotive, et pleure facilement.

Quand on l'examine, on est frappé par l'aspect rouge vif des muqueuses nasales.

Le traitement homéopathique est rapidement efficace

Le traitement homéopathique comprend *Pulsatilla* 15 CH, *Allium cepa* 9 CH et *Conium maculatum* 7 CH quotidiennement, associés à des doses hebdomadaires de *Poumon histamine* 9 CH et *Pollen* 9 CH.

Quelles sont les raisons de ce choix ?

Pulsatilla est le médicament de terrain de cette patiente, il est prescrit en raison de ses troubles circulatoires, des caractéristiques des règles et de son naturel émotif. *Allium cepa* est indiqué dans les rhino-conjonctivites s'accompagnant de symptômes nasaux intenses — démangeaisons et irritations nasales vives, éternuements violents — et de manifestations allergiques modérées à l'œil. *Poumon histamine* est un médicament indiqué dans les réactions allergiques immédiates, et *Pollen* un isothérapique (dilution d'allergène) préparé à partir de pollens polyvalents. *Conium maculatum* convient dans cette sorte de syndrome prémenstruel.

Pour prévenir la lucite estivale bénigne[4], que nous avons diagnostiquée, et les réactions aux piqûres d'insectes, nous lui conseillons de prendre en sus, quelques jours avant son départ en vacances et pendant celles-ci, *Apis mellifica, Muriaticum acidum* et *Ledum palustre*.

Nous revoyons Roselyne un an plus tard. Elle nous apprend que la rhino-conjonctivite a progressivement diminué, que la lucite ne s'est pas produite et que les réactions aux piqûres d'insectes ont été modérées.

Nous lui redonnons le même traitement.

Après avoir fait patienter le couple, nous faisons un bilan de la stérilité qui révèle l'infertilité de son compagnon. Nous l'adressons à un centre spécialisé qui prévoit de pratiquer des fécondations *in vitro*.

L'évolution reste favorable

Depuis, elle revient chaque année, fin mai-début avril, pour reprendre son traitement. Chaque fois celui-ci est un succès, la rhino-conjonctivite se manifeste tous les ans avec moins d'intensité et de durée. Elle ne prend plus de médicaments antihistaminiques. Le nouveau bilan allergologique pratiqué confirme l'allergie isolée aux pollens et montre l'absence d'allergie alimentaire.

Au fil des années, nous remplaçons *Pulsatilla* par *Natrum muriaticum* qui nous semble plus proche du terrain de la patiente en considérant notamment l'association des manifestations allergiques — rhino-conjonctivite et allergie solaire —, les migraines ophtalmiques, les manifestations nerveuses — hyperémotivité et

4. Voir p. 221.

dépression liée à l'absence de grossesse — et les « envies » (peaux détachées autour des ongles).

En septembre 2000, la fécondation *in vitro* réussit et l'accouchement est prévu pour avril 2001, mais là l'homéopathie n'y est pour rien...

Pour conclure

En règle générale, les nombreux patients atteints de rhino-conjonctivite allergique sont améliorés par un traitement homéopathique de terrain (ici *Pulsatilla, Natrum muriaticum*) joint à un traitement symptomatique (ici *Allium cepa*). Ce dernier prescrit isolément n'est pas suffisant. L'efficacité du traitement homéopathique est aussi repérable par la diminution voire l'arrêt complet de la prise d'antihistaminiques.

➤ Lucien

L'histoire d'une rhino-conjonctivite allergique perannuelle

Lucien, âgé de 29 ans, vendeur dans un grand magasin, nous consulte en avril 1998. Il vit chez ses parents et souffre d'une rhino-conjonctivite allergique perannuelle depuis l'âge de 15 ans. Il se dit allergique :

— Aux poils longs du « chat sacré de Birmanie » car chaque visite chez son ami se termine par une crise de rhinite. En revanche, il soutient que son chat, un « Persan » à poils longs, ne lui donne pas d'allergie.

— À la poussière de maison et aux acariens, car une crise se déclenche systématiquement quand il nettoie sa chambre.

— Aux parfums et aux déodorants qui lui provoquent des crises.

Il n'a ni asthme ni eczéma. Il n'a pas d'antécédents personnels ou familiaux particuliers. Il habite dans un pavillon ancien dont l'humidité est révélée par la présence çà et là de moisissures. Il n'a pas de plantes vertes.

Les accès d'éternuements, de survenue brutale, précédés de violents picotements dans le nez, et accompagnés de sensations de brûlures l'empoisonnent énormément, de même que les rougeurs intenses des yeux. Il n'a pas d'autre problème de santé, notamment respiratoire ou cutané.

Lucien est un homme mince, longiligne, plutôt frileux. Peu soucieux, assez rêveur, il est de nature optimiste et aime s'amuser. Très sociable et avenant, il refuse cependant de trop réfléchir ou de se poser trop de questions. Pour lui la vie est simple, il en profite.

Nous demandons un bilan allergologique, et en attendant, nous commençons un traitement de terrain.

Le traitement homéopathique comprend *Allium cepa* 7 CH pour calmer les symptômes de la rhino-conjonctivite, *Poumon histamine* 9 CH, et *Phosphorus* 9 CH en traitement de terrain selon les caractéristiques décrites dans le paragraphe précédent.

L'amélioration est rapide mais incomplète.

À la seconde consultation, le patient fait remarquer que l'absorption de bière lui provoque des rhino-pharyngites et que l'air conditionné de son lieu de travail le gêne énormément lors des crises. Celles-ci se transformant souvent en sinusite maxillaire accompagnée de douleurs des os de la face. À la suite de ces informations, nous ajoutons *Kalium bichromicum* 7 CH quotidiennement et de façon hebdomadaire une dose de *Hepar sulfur* 9 CH.

Kalium bichromicum est indiqué sur la notion de rhino-pharyngite infectieuse et sur l'aggravation par la bière. *Hepar sulfur* 9 CH aggrave la sensation de nez bouché ; le remplacement par *Hepar sulfur* en 15 CH améliore nettement les résultats. Le malade poursuit ensuite ce traitement mais en espaçant les prises : les médicaments sont donnés en alternance au réveil et au coucher ; les doses sont prises en alternance tous les quinze jours.

Une allergie aux chats et aux acariens

À la fin de ce traitement, Lucien signale que la prise des doses d'*Hepar sulfur* 15 CH provoque systématiquement la journée suivante une rhinite intense. Nous prescrivons donc une dose d'*Hepar sulfur* 30 CH tous les quinze jours en alternance avec une dose de *Phosphorus* 9 CH. L'amélioration générale se poursuit mais reste encore insuffisante, puisque Lucien s'est enrhumé encore une fois.

Des tests allergologiques sont pratiqués seulement en novembre 1998. Les tests cutanés montrent des résultats positifs pour les acariens (*Dermatophagoïdes pteronyssinus* et *Dermatophagoïdes farinae*), douteux pour les poils de chats et négatifs pour les moisissures. Les immunoglobulines E spécifiques du chat sont fortement positives (classe 3 sur 4), les autres immunoglobulines E spécifiques sont négatives. L'allergologue décide, sans nous prévenir, de pratiquer une désensibilisation aux poils de chat.

L'année suivante se passe bien, sauf au mois d'avril où une crise de rhinite allergique exige la prise de Zyrtec® (antihistaminique H1) pendant une journée. Le traitement homéopathique durant cette année comprend en alternance un jour sur deux *Allium cepa* 15 CH et *Poumon histamine* 15 CH, ainsi que des doses tous les quinze jours de *Hepar sulfur* 30 CH et de *Phosphorus* 15 CH.

Au début de l'année 2000, la rhinite revient, elle est aggravée par la chaleur et s'accompagne de sensation de brûlures et de gonflement des paupières, de picotements dans les yeux et le nez. *Apis mellifica* 15 CH est interposé entre *Allium cepa* et *Poumon histamine*.

L'allergologue entreprend, en février 2000, une nouvelle désensibilisation aux acariens, sans nous en informer.

Globalement Lucien va mieux, il fait très peu de rhino-pharyngites. Il se plaint encore de difficultés à parler lors de l'exercice de son métier, et de l'aggravation de ses symptômes si la climatisation est mal réglée.

Pour conclure

Nous voyons l'intérêt d'un traitement homéopathique associé à une désensibilisation, sans savoir en réalité quelle est la part de l'efficacité des deux traitements. Seules des études cliniques, de réalisation difficile en médecine de ville, permettraient de distinguer la part respective des deux thérapeutiques.

Nous savons que ce cas n'est pas démonstratif de l'efficacité des thérapeutiques de terrain, mais nous avons choisi de le relater car il est le reflet de notre pratique. Il illustre les difficultés que nous rencontrons parfois à collaborer avec certains médecins classiques qui ignorent ou méprisent les traitements de terrain. Cela ne va pas sans poser quelques difficultés à vous, qui en tant que patient, devez subir parfois les critiques de certains confrères, notamment, quand en toute franchise et dans un but louable de prise en charge globale de votre santé, vous souhaitez informer les différents thérapeutes de l'ensemble de votre démarche. Mais l'important reste l'amélioration de votre santé, et dans ce but, la majorité des médecins sont prêts à coopérer.

Deux histoires d'eczéma

➤ Claire

Un eczéma rebelle

Claire, âgée de 12 ans, vient en consultation en avril 1996 pour un eczéma ayant commencé il y a deux ans. Sa mère nous l'amène, car elle ne supporte plus, dit-elle, « de l'enduire », de façon répétée, d'une pommade corticoïde d'activité forte (classe II) le Locoïd®. Malgré un emploi correct et un arrêt progressif de cette pommade, elle a constaté qu'après chaque traitement, l'eczéma de sa fille revenait de façon plus vive et était à chaque fois plus long et difficile à enrayer. Elle a arrêté spontanément et a décidé de nous consulter.

Dans les antécédents personnels, nous notons l'ablation des végétations à l'âge de 2 ans. Claire n'a jamais eu d'autres manifestations allergiques (asthme, rhinite, conjonctivite, etc.). Dans sa famille, seule sa mère a une rhinite allergique.

À l'examen clinique nous observons :

— Un eczéma sec qui domine au pouce et au pied droit, au ventre et sur la poitrine. À ces endroits, la peau est très épaisse, fissurée et parcourue de crevasses qui saignent au moindre grattage. Les démangeaisons intenses qu'elle endure changent régulièrement de place et sont aggravées le soir et la nuit.

— Sur le reste du corps, la peau est sèche et rugueuse.

Mince, elle est plutôt frileuse mais a tendance à se découvrir facilement. Elle ne supporte pas le contact direct de la laine sur la peau qui lui provoque des démangeaisons. Elle dort bien, et se plaint de « coup de pompe » après les repas. Elle est attirée par les sucreries.

C'est une enfant anxieuse et émotive, mais impatiente, elle s'emporte facilement. Elle est agitée, tient peu en place et a des difficultés de concentration qui occasionnent quelques problèmes scolaires. Volubile, de caractère rebelle, d'humeur changeante, elle reste somme toute très agréable, le temps d'une consultation...

Le traitement homéopathique comprend au réveil en alternance *Psorinum* 1000 K et *Nux vomica* 9 CH, et deux fois par jour une préparation de *Pix liquida* 7 CH et *Staphysagria* 7 CH, et une dose de *Tuberculinum* 15 CH par semaine.

Une évolution lente chez une adolescente rebelle

L'état de la peau s'améliore très progressivement malgré quelques rechutes qui rendent nécessaires des modifications partielles du traitement. En fin de compte, l'amélioration devient très sensible à partir de février 1997. Il ne persiste plus au pied qu'une petite plaque d'eczéma.

Les caractéristiques de l'eczéma ont changé, ce qui nous conduit à corriger le traitement homéopathique. Les poussées et les démangeaisons sont aggravées par la chaleur et améliorées par les applications froides. *Apis mellifica* est indiqué, et *Pix liquida* est remplacé par *Petroleum*, très actif, surtout associé à *Psorinum*.

L'adolescence, l'adolescence...

À cette époque Claire, qui se sent beaucoup moins gênée, commence à négliger son traitement et souhaite même l'arrêter. À la suite de difficiles négociations, elle devient plus raisonnable et accepte de prendre une dose par semaine des médicaments suivants : *Petroleum* 15 CH, *Psorinum* 15 CH, *Tuberculinum* 15 CH, *Apis mellifica* 15 CH ; et tous les jours une gélule d'Elteans® (voir p. 369).

En août 1997, le traitement de Claire se résume à une dose de *Psorinum* 15 CH et d'*Apis mellifica* 15 CH par semaine.

L'état nerveux de Claire demeure fragile. Elle reste très agitée, pleure facilement, passe du rire aux larmes. Elle se confie souvent à sa maman.

En septembre et octobre 1997, nous faisons trois séances d'acupuncture : nous calmons le Foie, et tonifions le Poumon. Nous y ajoutons le traitement suivant : *Psorinum* 15 CH, *Tuberculinum* 15 CH, *Apis mellifica* 15 CH, une dose de chaque médicament par semaine. Nous associons passagèrement pour calmer l'état nerveux *Pulsatilla* 9 CH et *Ignatia amara* 9 CH, à raison de trois granules par jour chacun. Claire devient plus sereine, nous arrêtons alors *Pulsatilla* 9 CH et *Ignatia amara* 9 CH. L'amélioration de l'eczéma continue.

Une nouvelle poussée d'eczéma justifiée

Néanmoins, au décès de son grand-père en décembre 1997, une nouvelle poussée d'eczéma survient, heureusement vite jugulée par un traitement homéopathique symptomatique (*Apis mellifica* 7 CH, *Staphysagria* 7 CH) associé à *Staphysagria* 15 CH, une dose trois jours de suite au réveil. L'absence de pleurs et de réactions de la part de Claire lors de l'enterrement de son grand-père, qu'elle aimait beaucoup, justifie la prescription de *Staphysagria*. Elle n'a pas extériorisé sa peine, elle s'est renfermée, a tout gardé, tout « rentré » et en réaction a fait une forte poussée d'eczéma.

À partir de cette date, elle redevient agressive, dissipée en classe, très autoritaire, « explosive » dit sa maman. Nous lui prescrivons des oligo-éléments de lithium et nous ajoutons au traitement précédent *Nux vomica* 9 CH, quotidiennement.

Durant l'année 1998, le traitement se résume les six premiers mois à la prise d'une dose par semaine d'*Apis mellifica* 15 CH, de *Tuberculinum* 15 CH et de *Psorinum* 15 CH ; puis à partir de juin 1998 à la prise hebdomadaire d'une dose d'*Apis mellifica* 30 CH et de *Psorinum* 30 CH et des oligo-éléments de lithium.

En octobre 1998, l'Agence française de sécurité sanitaire (anciennement Agence du médicament) interdit, pour un an, de prescrire et de délivrer *Psorinum*. C'est en même temps l'époque de la puberté de Claire et de ses caprices. Elle ne prend pas son traitement pendant trois mois, et refait une nouvelle poussée d'eczéma aux bras et aux pieds en décembre.

Elle supporte mal la chaleur et a parfois trop chaud. C'est pourquoi, nous essayons de remplacer *Psorinum* par *Sulfur*[5]. Après une nette amélioration consécutive à l'emploi de ce médicament, les résultats durant l'année 1999 sont en dents de scie. Même si l'amélioration globale persiste, la peau est moins nette. L'eczéma, absent du tronc et légèrement présent à la main et au pied début 1999, récidive régulièrement pendant cette année. Divers traitements sont essayés sans succès.

Après la réintroduction de *Psorinum*, en octobre 1999, l'amélioration revient mais plus lentement et plus difficilement.

En janvier 2000, nous reprenons le traitement suivant : *Petroleum* 15 CH, *Psorinum* 15 CH, *Tuberculinum* 15 CH, *Apis mellifica* 15 CH ; et tous les jours une gélule du complément nutritionnel déjà utilisé. Heureusement l'amélioration se poursuit, il persiste un petit médaillon d'eczéma au pied. Au cours des neuf premiers mois de l'année 2000, il n'y a pratiquement pas eu de poussées.

Pour conclure

Tout en améliorant l'état de santé de cette jeune fille, nous avons répondu à l'attente de sa maman qui désirait ne plus poursuivre l'application de corticoïdes au long cours. Sans céder à la corticophobie, il est préférable de les arrêter dans les cas où cela est possible : c'est ce que le traitement de terrain a permis de réaliser. Nous sommes ainsi plus sereins pour les utiliser ponctuellement et sans

5. Ce choix peut surprendre les médecins homéopathes, mais pour l'un des deux auteurs, ces deux médicaments sont très proches.

arrière-pensée si cela s'avérait nécessaire. C'est l'état du malade, simple à constater dans l'eczéma, qui emporte la décision.

➤ Jacqueline

Un eczéma des mains de génération en génération

Jacqueline, 56 ans, consulte en mai 1998 pour une dermite prurigineuse de la paume de la main droite évoluant depuis deux ans, associée à une atteinte du visage (ailes du nez et paupière droite). Elle pense que cette dermite est consécutive au décès de sa mère survenu à cette période.

Les antécédents personnels sont les suivants :

— Diphtérie dans sa jeunesse.

— Présence d'eczéma sur les deux mains entre 17 et 27 ans ; celui-ci a cessé spontanément à l'accouchement de sa première fille.

— Absence d'autres manifestations allergiques.

— Deux cancers du sein traités par radiothérapie en 1985 et 1992.

— Ménopause à 52 ans traitée par phytothérapie (Biopause).

— Tendance à l'hypertension artérielle.

Dans la famille, la présence de cet eczéma des mains est remarquable, puisqu'il est retrouvé chez la mère, la grand-mère maternelle, la fille et la petite-fille de 18 mois, que nous suivons également.

Depuis sa réapparition, son eczéma est traité par des applications de pommade à la cortisone d'activité moyenne (Tridésonit®) ou forte (Nérisone®).

L'eczéma prédomine à la paume des mains, surtout la droite, généralement sec, il a tout de même tendance à suinter régulièrement. Les poussées d'eczéma des mains se manifestent par des vésicules remplies d'un liquide clair. En période de poussées, la paume des mains est dure et sèche, des crevasses sont présentes. L'eczéma est aggravé par le chaud et amélioré par le froid.

La peau du corps est parsemée de nombreuses excroissances cutanées et quelques verrues.

Par ailleurs, elle se plaint surtout de bouffées de chaleur (plus de dix par jour) accompagnées d'angoisses et de céphalées. Elle souffre régulièrement de migraines ophtalmiques, surtout droites, précédées de troubles visuels. Elle nous fait remarquer que tous ses troubles surviennent du côté droit.

C'est une patiente discrète, peu loquace, ayant un surpoids d'une dizaine de kilos. Elle est assez frileuse, ses pieds sont souvent froids. Elle ne travaille pas, n'a pas de loisirs particuliers pouvant expliquer l'origine de cette allergie. Elle a deux chiens qu'elle lave deux fois par an avec des produits vétérinaires. Le bilan allergologique demandé très rapidement ne sera réalisé qu'au mois d'octobre 1998.

Le traitement homéopathique comprend *Thuya* 9 CH et *Nux vomica* 9 CH, *Anagallis* 7 CH, et *Sanguinaria* 7 CH.

Quelles sont les raisons de ces choix ?

Thuya[6] est un remède de sycose indiqué devant les antécédents de tumeurs malignes (cancers) et bénignes (excroissances et verrues) de Jacqueline, son surpoids, la présence d'eczéma aux ailes du nez et l'ancienneté des traitements à la cortisone. Il agit en traitement de terrain et aussi dans les bouffées de chaleur. *Nux vomica* est utilisé, nous l'avons vu, pour enrayer les effets toxiques induits par l'abus de médicaments. *Anagallis* est le remède de l'eczéma vésiculaire prédominant à la paume des mains. *Sanguinaria* est prescrit pour les bouffées de chaleur et les migraines ophtalmiques.

Une évolution globalement positive

Au bout d'un mois de traitement, les bouffées de chaleur et les migraines sont nettement diminuées, mais l'eczéma persiste. Nous associons *Graphites* 9 CH et *Nitricum acidum* 7 CH. L'amélioration au niveau de la main devient particulièrement nette en août 1998, mais les plaques sur les ailes du nez et les paupières sont encore présentes et une petite plaque d'eczéma sur la jambe droite apparaît.

Graphites convient dans les eczémas secs ou suintants survenant sur une peau épaissie et fissurée, notamment aux paumes des mains. *Nitricum acidum* est indiqué d'une part dans les eczémas fissuraires, douloureux, s'infectant et saignant facilement chez des sujets ayant la paume des mains jaunes et d'autre part sur la présence d'excroissances pédiculées sur le corps.

Lors de la consultation suivante, elle nous signale que ces plaques s'étaient nettement aggravées lors des grossesses. Nous lui prescrivons en plus *Folliculinum* 7 CH, une dose par semaine. *Folliculinum* est une hormone féminine, l'œstrone, déficiente en période ménopausique. Cette hormone, donnée à très faible dose, provoque une stimulation ovarienne qui corrige le déficit œstrogènique existant à la ménopause. Sa responsabilité doit être évoquée dans la poursuite de l'eczéma.

Fin août, la patiente prend donc une fois par jour *Thuya* 9 CH, *Nux vomica* 9 CH, *Graphites* 9 CH, *Sanguinaria* 9 CH, et *Anagallis* 7 CH et en plus une dose par semaine de *Folliculinum* 7 CH. *Nitricum acidum* a été arrêté car l'aspect fissuraire a disparu.

Une allergie classique au formol

En octobre 1998, le bilan allergologique demandé montre des tests cutanés positifs au formol. La liste fournie par l'allergologue à la patiente ne lui permet pas de retrouver l'agent responsable de la dermite, mais en réalité le formol est omniprésent. À cette date, la plaque de la jambe a disparu, l'eczéma du visage est insignifiant ; en revanche, il est légèrement revenu sur la main. Nous notons par ailleurs, une petite reprise des bouffées de chaleur.

6. Voir p. 347.

Nous proposons alors en alternance au réveil *Thuya* 9 CH et *Graphites* 9 CH, au coucher *Sanguinaria* 9 CH et *Anagallis* 7 CH, une fois par semaine une dose de *Folliculinum* 15 CH, et une dose de *Formaldehydum solutum* 4 CH.

Jacqueline n'a plus de bouffées de chaleur ni de migraine allergique. Elle porte des gants lors de ses activités ménagères. Le traitement reste le même jusqu'au mois de mai 1999. Seul *Formaldehydum solutum* est donné chaque mois à des dilutions progressivement croissantes. Les mains sont plus douces et moins calleuses. La peau reste cependant sèche. À la demande de la patiente, nous prescrivons une crème à base de Castor Equi et du Dexeryl®. Ces deux produits luttent contre la sécheresse cutanée, majeure chez cette patiente.

En juillet 1999, le traitement est le suivant : en alternance au réveil *Thuya* 9 CH et *Sanguinaria* 9 CH, au coucher *Anagallis* 7 CH, une dose par semaine de *Formaldehydum solutum* 30 CH.

Jacqueline enlève ses gants

À la consultation suivante, Jacqueline nous annonce que tout va très bien et qu'elle ne porte plus de gants pour faire le ménage.

Nous diminuons encore le traitement : Jacqueline prend au réveil en alternance *Thuya* 9 CH (lundi et jeudi), *Sanguinaria* 9 CH (mardi et vendredi) et *Anagallis* 7 CH (mercredi et samedi), et tous les quinze jours, une dose de *Formaldehydum solutum* 30 CH.

À la suite de l'emploi, sans gants, de produits toxiques (Canard WC), elle refait une poussée d'eczéma aux mains qui régresse spontanément. Nous l'enjoignons de remettre ses gants lors de l'utilisation de produits, ce qu'elle consent à faire sauf pour les produits d'entretien de cuisine. Elle ne refait pas de poussée d'eczéma aux mains. Le terrain a été modifié en profondeur.

Durant les derniers mois de l'année 1999 et le premier mois de l'année 2000, Jacqueline prend du poids à la suite de nombreux excès alimentaires. Ceux-ci occasionnent une légère poussée d'eczéma au visage et aux mains. Nous arrêtons le *Formaldehydum solutum* et nous ajoutons deux médicaments phytothérapiques : *Arctium lappa*, la bardane, qui a une activité de « drainage » cutané, et *Romarinex*® (romarin et kinkéliba) qui stimule la sécrétion de la vésicule biliaire.

Au cours de l'année 2000, le traitement est : au réveil en alternance *Thuya* 9 CH, *Sanguinaria* 9 CH et *Anagallis* 9 CH les trois premiers mois associés à la bardane. *Romarinex*® est prescrit seulement un mois. L'apparition d'une couperose est traitée avec succès par *Carbo animalis* 7 CH.

D'avril à juillet 2000, les mêmes remèdes homéopathiques sont prescrits en 15 CH, la bardane est aussi poursuivie. À partir de juillet, à la suite d'une légère reprise de l'eczéma, nous ajoutons des oligo-éléments de zinc et de sélénium qui ont un tropisme cutané important.

Pour conclure

Cette observation montre que si un traitement homéopathique peut améliorer un eczéma sans en connaître la cause allergique précise, le diagnostic a néanmoins été capital :

— D'une part, pour l'éviction des produits contenant du formol, même si ceux-ci sont très nombreux.

— D'autre part, pour introduire dans le traitement homéopathique une dilution de l'allergène *(Formaldehydum solutum)*.

Cette attitude a permis d'arrêter la corticothérapie locale. L'état de la patiente reste très satisfaisant avec ce traitement léger associant homéopathie et phytothérapie. Le confort de vie s'est amélioré puisqu'elle peut maintenant vaquer à ses occupations, sans avoir en permanence sa paire de gants dans sa poche. Il ne faut pas cependant qu'elle relâche sa vigilance.

En résumé

Ces observations sont le reflet de la réalité de la pratique d'un médecin homéopathe en allergologie. Elles montrent comment il est nécessaire d'utiliser toutes les ressources du diagnostic et de la thérapeutique, conventionnelle ou non, pour améliorer les patients. Naturellement, ce travail est facilité quand la coopération avec l'allergologue et les médecins spécialistes est bonne, ceci dans l'intérêt des patients. Ces observations n'ont pas valeur de preuve scientifique, des travaux de recherche étant nécessaires pour préciser l'intérêt des différents moyens thérapeutiques mis en jeu.

Et les études que montrent-elles ?

Un réel besoin d'information

Qu'il s'agisse des OGM, de la pollution atmosphérique ou de téléphones portables, l'effet de ces différents facteurs de notre environnement sur la santé est parfois difficile à comprendre pour le non-spécialiste, en raison des données très contradictoires qui vous sont et nous sont proposées. Et cependant, le système fonctionne de mieux en mieux grâce à une amélioration très rapide de la vulgarisation médicale et scientifique dans les médias écrits, radiophoniques ou télévisuels. Ainsi durant l'année 2000, plusieurs débats ou émissions d'information de qualité ont eu lieu sur les thèmes cités ainsi que sur l'allergie ou sur les médecines de terrain pour rejoindre le sujet qui nous intéresse. L'image est parfois irremplaçable. Elle permet ainsi au téléspectateur curieux de découvrir les structures médicales qui en Allemagne utilisent l'ensemble des thérapeutiques pour résoudre un problème de santé jugé insoluble par les seuls moyens classiques (Arte, 11 mai 2000). Quant aux acariens, s'ils peuvent vous paraître légitimement monstrueux lorsqu'ils sont filmés en gros plans, ils sont aussi l'objet d'un étonnement presque admiratif de la part de ces sympathiques fromagers d'Auvergne qui ne s'imaginaient pas avoir autant d'ouvriers pour les aider à la fabrication de ces fromages réputés et appréciés des amateurs (*Les acariens cannibales*, Arte 15 mars 2000). Cela ne les empêche pas d'être authentiquement dangereux pour les allergiques.

Mais ces débats sont brefs, et si vous êtes très curieux et que pour des raisons personnelles et professionnelles, vous recherchez l'information exacte, ce sont des textes écrits, sur papier ou sur Internet, que vous consulterez. Ce travail est celui des experts sur un sujet. Leur avis est fondé, non pas sur leur seule opinion issue de leur expérience personnelle, mais aussi et avant tout sur la connaissance des faits telle qu'elle est établie dans la littérature médicale et scientifique. La médecine a beaucoup progressé dans ce domaine et elle se veut de plus en plus être une médecine fondée sur les faits, c'est-à-dire sur les résultats d'expérimentations et d'observations contrôlées. Dans ce domaine comme dans d'autres, la certitude absolue n'existe pas toujours et l'on est amené à situer le niveau des preuves selon la source des informations et leur qualité.

L'allergologie fait partie des domaines de la médecine qui ont beaucoup bénéficié de cette approche, qu'il s'agisse de la meilleure connaissance des allergènes, de l'établissement des différents consensus thérapeutiques ou de la remise en question des idées reçues sur les relations pollution-allergie. Mais des inconnues subsistent encore, en particulier sur des points qui nécessitent de longues périodes d'observation comme les effets généraux de la corticothérapie inhalée au long cours sur les enfants ou adultes qui seraient sensibles aux effets secondaires de ce traitement.

Les médecines de terrain ont moins bénéficié de cette mise à l'épreuve des faits pour des raisons à la fois structurelles et psychologiques :

— Raisons structurelles dues à l'isolement relatif de médecins ne travaillant pas dans des structures hospitalo-universitaires.

— Raisons psychologiques liées à la grande confiance de nombreux thérapeutes en leur expérience, confiance souvent renforcée par les patients.

Cependant, des travaux ont été faits et publiés dans des revues de référence, par des médecins ou scientifiques souvent passionnés et persévérants. Nous avons eu la chance de connaître beaucoup d'entre eux et de coopérer avec certains. Les deux auteurs de cet ouvrage ont travaillé dans le domaine de la recherche clinique et/ou fondamentale en homéopathie et plus accessoirement sur d'autres thérapeutiques alternatives, ceci après avoir acquis la formation nécessaire en recherche clinique et en biologie. Ils ont coopéré avec des médecins et des chercheurs d'organismes officiels, avec des laboratoires homéopathiques, avec leurs confrères homéopathes français et d'autres pays, et ce depuis vingt ans environ. Cela donne une petite expérience de ce qu'il est possible de faire, et aussi des obstacles rencontrés. Aussi, après vous avoir présenté un aperçu de l'état des connaissances scientifiques sur les médecines de terrain, nous choisirons comme exemple l'homéopathie qui a été beaucoup étudiée en allergologie.

Les publications médicales et scientifiques de référence : les règles du jeu

La règle du jeu de la communication scientifique est claire : il faut d'abord publier les travaux dans les revues spécialisées afin qu'ils puissent être lus par la communauté médicale et scientifique, et ensuite seulement la communication au grand public peut se faire. Deux remarques viennent en pratique moduler cette règle.

En premier lieu, il arrive que la communication dans les médias suive de très près, voire accompagne, la communication professionnelle. Cela est souvent le cas lorsque des journalistes spécialisés des grands quotidiens et hebdomadaires suivent de très près les travaux d'une équipe. Ce fut le cas dans l'histoire de la fusion froide en physique ou dans l'affaire de la

mémoire de l'eau. Cela devient fréquent et ne pose pas de problème éthique dans la mesure où la référence aux travaux scientifiques écrits sert de « garde-fou » à toute dérive médiatique excessive. Dans d'autres cas, la communication médiatique précède la communication scientifique ou parfois tend à s'y substituer. On voit ainsi des travaux sur les effets des téléphones portables être présentés de façon inédite à la télévision, avec un effet d'annonce inquiétant pour les utilisateurs. Or, ces études mettent en jeu des aspects physiques très techniques, et pour cette raison, une publication scientifique est nécessaire avant toute communication médiatique. Dans le domaine des thérapeutiques de terrain, cette règle s'applique aussi naturellement.

Mais, et ceci est le second obstacle, il n'est pas facile de publier dans les revues scientifiques classiques des travaux sur les médecines non conventionnelles. Il faut souvent travailler dans une structure reconnue si l'on veut avoir une chance. S'il est possible pour les médecins et scientifiques qui travaillent sur les « médecines de terrain » de publier dans des revues spécialisées, les obstacles peuvent être importants quand les résultats perturbent l'état des connaissances scientifiques. Souvent il faut user de patience et d'astuce. Il est aussi possible de publier dans des revues spécialisées dans ces thérapeutiques, lorsqu'elles font appel à des experts analysant les articles. En homéopathie, une revue anglaise, le *British Homeopathic Journal*, publie ainsi des articles médicaux et scientifiques. En France, la revue *L'Homéopathie européenne*, indépendante, ne publie que des articles médicaux, car le comité de rédaction pense qu'il est préférable que les articles scientifiques soient publiés dans des revues scientifiques classiques. Seuls des traductions et des résumés d'articles scientifiques sont publiés sur ce sujet.

Dans tous les cas, il est nécessaire, sur des thèmes aussi controversés que la recherche en homéopathie ou en acupuncture, d'éviter le discours partisan. Ce n'est pas toujours simple car l'excès d'enthousiasme qui accompagne la publication de plusieurs années de travail en équipe conduit facilement à crier victoire. En pratique, il est préférable d'écouter les critiques, d'améliorer les méthodes utilisées, et de rester humble dans l'interprétation des résultats. Les chercheurs qui travaillent dans ce domaine ne découvrent à vrai dire rien : ils tentent seulement de comprendre les bases scientifiques de thérapeutiques dont l'usage traditionnel remonte à plusieurs siècles. Alors la sobriété s'impose naturellement.

Évaluer l'efficacité des médecines de terrain

Il y a une utilisation croissante des médecines non conventionnelles par le grand public dans différents pays du monde, sans qu'elles soient réellement reconnues par les médecins comme des thérapeutiques efficaces dans les maladies allergiques. Elles sont le plus souvent « tolérées » en complément de la médecine classique, en raison d'une insuffisance relative des travaux scientifiques sur ces thérapeutiques. Cela est dû à la rareté de structures de recherche travaillant sur ces thèmes, et à des raisons techniques liées aux caractéristiques des médecines de terrain :

— Approche globale de la maladie et du patient, ce qui fait intervenir de nombreux paramètres.

— Difficulté pour établir les contrôles, que ce soit en acupuncture (piqûre dans des points dénués d'action), en sophrologie, en ostéopathie.

— Utilisation fréquente dans la pratique de ces médecines traditionnelles non pas d'un seul médicament ou d'une technique thérapeutique isolée, mais d'une somme de moyens différents. Ainsi en médecine traditionnelle chinoise, telle qu'elle est utilisée en Chine, c'est la somme des effets de l'acupuncture, des plantes médicinales, de l'hygiène alimentaire et des thérapeutiques manuelles qui améliore l'état du malade. En homéopathie, c'est un traitement global associant des médicaments de terrain, des médicaments plus symptomatiques et souvent des médicaments adaptés à la cause (l'allergène par exemple) dont il faut évaluer l'efficacité, et ceci au long cours.

La position de l'OMS

La position des autorités médicales internationales concernant la place des « méthodes empiriques de guérison » dans le traitement de l'asthme est clairement exprimée dans un document publié par les Instituts nationaux de santé et l'OMS en 1993 : « Dans certains pays, les méthodes traditionnelles de traitement sont appliquées en premier ; dans beaucoup de pays, il y a eu un mouvement vers l'usage de ces méthodes traditionnelles de traitement. Les bases scientifiques de ces abords thérapeutiques méritent d'être étudiées en détail, surtout dans les pays où ces formes de traitement sont fréquemment pratiquées. Ces thérapeutiques traditionnelles ne sont pas validées selon les standards conventionnels et il est difficile d'évaluer les méthodes traditionnelles de soins par des essais randomisés contrôlés[1]. La difficulté

1. Dans ces essais, les patients sont répartis en deux groupes, par tirage au sort, un groupe recevant le traitement testé, l'autre groupe recevant le placebo ou le traitement de référence. Le patient et le médecin ignorent dans quel groupe se situe le malade. Cette technique du double aveugle évite des biais dans l'étude , mais elle a des inconvénients dans certains essais.

tient à ce que ces méthodes traditionnelles de soins sont à apprécier de façon globale, et non en fonction de la seule médication, d'où la difficulté de l'attribution des effets observés. Par exemple, l'approche de l'asthme par la médecine traditionnelle chinoise comprend l'acupuncture, la phytothérapie et des consignes strictes sur le régime et le mode de vie. En outre, l'effet psychothérapique d'une approche holistique ne peut être exclu. Quoique les méthodes traditionnelles de soins ne puissent être conseillées dans le traitement de l'asthme tant qu'elles n'auront pas été plus rigoureusement étudiées, on trouvera ici décrites les plus largement connues de ces méthodes, notamment l'acupuncture, l'homéopathie, la phytothérapie et la médecine ayurvédique. »

Dans un texte ultérieur (1998), les mêmes institutions font des recommandations identiques.

Cependant des études ont pu être réalisées que nous ne pourrons toutes mentionner ici. Nous donnerons un aperçu général des travaux sur les différentes médecines de terrain. Les études sur l'homéopathie seront illustrées brièvement par deux séries d'expérience qui permettront à ceux d'entre vous qui sont intéressés par ces travaux — et vous êtes nombreux si on en juge par l'intérêt que portent à ce sujet les médias (journaux, radio, télévision) — de mieux entrevoir les perspectives médicales et aussi scientifiques ouvertes dans le traitement des maladies allergiques par cette thérapeutique qui est la première médecine de « terrain » en France.

➤ L'acupuncture

S'il y a eu beaucoup d'études concernant les effets de l'acupuncture dans la douleur, les études relatives aux maladies allergiques ont surtout concerné les problèmes pulmonaires, avec peu de travaux faits en dermatologie et en ORL. Dans l'asthme, les travaux se sont heurtés à des difficultés méthodologiques. En Occident, c'est surtout une acupuncture symptomatique qui a été testée avec des résultats intéressants sur les crises et sur une courte durée, mais avec peu d'effets concluants sur le long terme. Une étude réalisée en Chine sur près de deux cents patients a montré des effets plus positifs. Si l'acupuncture semble avoir des effets intéressants dans l'asthme, son action à long terme reste à évaluer, en accordant la priorité à une approche plus traditionnelle qui prend mieux en considération le terrain des patients et qui tient compte des autres apports thérapeutiques utilisés en médecine traditionnelle chinoise (plantes, régime, médecine manuelle).

Soulignons par ailleurs l'intérêt d'études fondamentales portant sur des différences de potentiel existant sur les points d'acupuncture. Ces travaux de Monsieur Pontigny, ingénieur, sont poursuivis actuellement par le docteur Piquemal[2].

Le point de vue américain

Dans une conférence de consensus tenue aux États-Unis en 1997 par les Instituts nationaux de santé (NIH), l'ensemble des travaux scientifiques est analysé. Il ressort clairement que c'est surtout l'efficacité de l'acupuncture symptomatique, par piqûre manuelle ou en électroacupuncture, qui est testée et que l'acupuncture traditionnelle n'est que peu évaluée. De plus, les études sont surtout à court terme, et les contrôles (points neutres piqués dans le groupe placebo) sont discutés.

Il ressort cependant des effets positifs dans les nausées et vomissements consécutifs à la chimiothérapie, dans les douleurs dentaires après intervention. Les auteurs notent aussi que dans de nombreuses situations, notamment dans les douleurs, en particulier articulaires, l'acupuncture peut être utile en tant que traitement complémentaire. Pour les spécialistes américains, l'asthme en particulier est une maladie qui peut bénéficier de l'acupuncture : celle-ci peut être utilement insérée dans un programme de traitement aménagé pour le patient.

➤ La phytothérapie

La pharmacologie végétale a souvent été à l'origine de médicaments classiques. Si le cas le plus connu est celui de l'aspirine issue de *Salix Alba*, un autre exemple existe aussi en allergologie : les cromones utilisées dans l'asthme, dont la mise au point a été faite à partir d'une plante d'Asie occidentale : *Amni visnaga.*

D'autres travaux de pharmacologie classique ont démontré l'intérêt de produits issus des plantes. Quelques études concernent les maladies cutanées : ainsi, une série de travaux a démontré l'effet de plantes de médecine traditionnelle chinoise dans l'eczéma atopique. Mais c'est dans l'asthme que de nombreuses études ont eu lieu, essentiellement sur des plantes issues des médecines traditionnelles chinoises, indiennes ou sud-américaines. Citons par exemple l'expérimentation :

— De plantes utilisées en médecine ayurvédique : *Coleus forskholii*, et *Tylophora asthmatica.*

2. Piquemal M., « Aspect biophysique du point d'acupuncture : À la recherche des origines des bio-potentiels cutanés. À propos de 20 patients », *Publications du 3e symposium international d'auriculothérapie et auriculo-médecine*, 27-29 mai 2000, Lyon, p. 84-90.

— De *Ginkgo biloba*, le magnifique arbre aux quarante écus qui est utilisé en médecine traditionnelle chinoise comme antiasthmatique. Son analyse montre qu'il contient des substances antagonistes du paf-acether, ce qui permet d'expliquer au moins partiellement cet usage traditionnel.

— D'une plante de médecine traditionnelle chinoise, *Saiboku-to.*

— De plantes issues de différentes médecines traditionnelles d'Amérique latine (*Galphimia Glauca*) d'Inde (*Adhatoda vasico*), et d'une plante des régions himalayennes (*Picorhyza kurroa).*

Des plantes utilisées traditionnellement en Occident et possédant *in vitro* des effets sur les mastocytes (chardon marie) ou ayant un effet inhibiteur de l'histamine (fumeterre, plantain) nécessiteraient des études cliniques, même si l'on sait que de nombreux principes actifs sont détruits soit dans le foie, soit par la flore intestinale.

➤ Les autres thérapeutiques de terrain

Parmi celles-ci, une place particulière revient à l'hypnose. Si ce n'est pas une médecine de « terrain » au sens propre du terme, elle s'adresse à l'ensemble de la personne et à son histoire personnelle, au-delà du seul organe souffrant. Elle a de plus l'intérêt de prendre en compte les effets du psychisme dont le rôle est important dans l'évolution de pathologies comme l'urticaire chronique ou l'asthme. L'hypnose agit en induisant lors de la « transe hypnotique » un effet de relaxation particulier correspondant à une activité cérébrale identique à celle que vous avez la nuit pendant vos rêves. Durant cette veille paradoxale, le patient est conscient, tout en étant dans un état de rêve éveillé.

Des effets sur les mécanismes de l'allergie ont été observés avec une diminution de la libération d'histamine. Ceci peut être dû soit à une action sur les vaisseaux, soit à une action sur les phénomènes neurologiques qui contrôlent les mécanismes d'hypersensibilité immunologique. Chez les asthmatiques, des études récentes semblent confirmer les effets observés dans les années 1970 sur la constriction bronchique et sur l'asthme induit par l'exercice. Naturellement, des problèmes de méthode subsistent dans ces travaux, mais l'hypnose semble très utile chez des patients sensibles à la suggestion induite par cette thérapeutique, et ceci semble particulièrement vrai chez les enfants.

Le yoga est aussi très utilisé. Les techniques employées pour maîtriser le souffle (pranayama) exercent, dans une étude rigoureusement contrôlée, des effets sur des paramètres objectifs, qu'il s'agisse des mesures des débits respiratoires ou de la réduction de la consommation médicamenteuse. Le mécanisme de ces effets est inconnu : il peut s'agir d'une modification de la production endogène de corticoïdes ou d'une action sur le système nerveux autonome.

Dans tous les cas, le bénéfice induit par l'hypnose, le yoga ou de simples techniques de relaxation confère à ces méthodes un réel intérêt en complément des autres thérapeutiques des maladies allergiques.

En ce qui concerne les vitamines et les produits utilisés en nutrithérapie, il y aurait, dans les maladies allergiques, un effet bénéfique des acides gras insaturés issus des huiles de poisson, du magnésium, de la vitamine C ainsi que de la diminution de l'apport en sodium. Par ailleurs, l'effet de « probiotiques », micro-organismes vivants bénéfiques à l'équilibre de la flore intestinale, est étudié avec intérêt dans l'eczéma atopique dû à l'allergie alimentaire.

La chiropractie est très utilisée dans de nombreux pays dans le traitement de l'asthme (États-Unis). En France, c'est l'ostéopathie qui est beaucoup plus utilisée par des médecins ou des kinésithérapeutes, cela en complément des traitements médicamenteux. Les patients semblent voir leur fonction respiratoire améliorée, ce qui justifie des travaux d'évaluation.

En résumé

Qu'il s'agisse d'un simple effet sur l'anxiété du patient ou d'une action sur des mécanismes immunologiques, vasculaires ou neurologiques, les thérapeutiques de terrain, utilisées en complément de la thérapeutique classique, favorisent la prise en charge de la maladie par le patient.

L'homéopathie peut-elle faire ses preuves dans l'allergie ?

Parmi les médecines de terrain, c'est sur les médicaments homéopathiques qu'a été réalisé le plus grand nombre de travaux scientifiques en allergologie. Des débats ont d'ailleurs régulièrement eu lieu dans les journaux et à la télévision lors de la publication d'un article scientifique nouveau sur l'action de l'homéopathie dans le rhume des foins ou l'asthme. Des travaux fondamentaux, tels ceux rattachés à la « mémoire de l'eau » étaient même devenus un thème récurrent d'un grand quotidien du soir, ce qui a suscité et de l'intérêt et des réserves.

Ayant travaillé sur ces sujets, nous connaissons la complexité de ce dossier et le caractère contradictoire des résultats obtenus. Cela est normal car la confrontation d'une thérapeutique empirique à la méthode scientifique est à l'origine de remises en question nécessaires pour cette thérapeutique, mais elle requiert aussi une adaptation de la méthode scientifique à ce médicament singulier qu'est le médicament homéopathique. La difficulté du propos exclut donc tout discours partisan. Plutôt que de dresser un panorama des travaux effectués, ce qui a été fait dans des textes plus « spécialisés » (revues scientifiques et médicales de référence[1]), nous préférons vous donner quelques exemples de travaux de recherche qui vous feront mieux comprendre comment la démarche scientifique peut dans ce domaine, favoriser l'utilisation des médicaments homéopathiques dans le traitement des maladies dont vous ou votre entourage êtes atteints. Dans ce but, nous avons choisi de vous raconter deux « histoires » de recherche, un peu comme nous vous avons présenté des observations concrètes. La première concerne la recherche clinique, effectuée directement sur des sujets malades, afin de savoir si les médicaments ont un intérêt clinique réel pour votre santé. La seconde concerne la recherche plus fondamentale, destinée à montrer scientifiquement l'action de ces médicaments et à explorer aussi les principes de base de cette thérapeutique qui a maintenant deux siècles. Et le dernier mot reviendra aux physiciens qui détiennent peut-être les clés du paradoxe de l'action des hautes dilutions, véritable « absurdité moléculaire » pour des scientifiques dont nous comprenons la perplexité.

1. Les principaux travaux sont analysés dans Watkins AD., « The role of alternative therapies in the treatment of allergic disease », *Clin and Exp Allergy*, 1994, 24 : 813-825 ; Lewith GT., Watkins AD., « Unconventionnal therapies in asthma : an overview », *Allergy*, 1996, 51 : 761-769 ; Poitevin B., « Étude expérimentale de l'allergologie I Études cliniques, II Études biologiques », *L'Homéopathie européenne* 1997, 5 : 9-17, et 1997 : 6 :13-21.

Les allergènes dilués sont-ils efficaces chez les allergiques ?

➤ Les allergènes dilués : des placebos ou des médicaments actifs ?

Dans le but de rendre un patient allergique moins « sensible » immunologiquement à l'allergène qui provoque ses symptômes allergiques (la maladie allergique ayant des causes plus complexes), les allergologues classiques utilisent la désensibilisation avec des doses croissantes d'allergène. Cette désensibilisation a fait ses preuves, nous l'avons vu, dans l'allergie aux venins d'hyménoptères, ainsi que dans certains asthmes et rhinites dus aux pollens et aux acariens. Elle se fait classiquement par des injections sous-cutanées, de nouvelles voies d'administration étant également utilisées. Les médecins homéopathes utilisent aussi des dilutions d'allergènes, mais avec des doses beaucoup plus faibles, et avec une technique moins rigoureuse, car non soumise à l'approche expérimentale.

Des efforts ont été faits par des confrères français, et surtout écossais, pour mieux connaître les possibilités d'action de ces allergènes dilués.

L'homéopathie diffère du placebo

Il est fréquent d'entendre dire soit que l'on a la preuve de l'efficacité clinique de l'homéopathie (« Ça marche, c'est sûr, d'ailleurs nos champions du monde de football prennent *Arnica* quand ils reçoivent des coups »), soit que les granules ne sont qu'un simple placebo (« De l'eau, du sucre, et aucune molécule, quelle supercherie ! ») dont les effets sont dus à l'attention que le médecin homéopathe porte à son malade (ils ne sont pas les seuls, de nombreux médecins sont attentifs à leurs patients). La connaissance du dossier fournit des informations plus exactes.

Des essais contrôlés rigoureux (environ deux cents à ce jour) — avec tirage au sort des patients répartis au hasard dans des groupes recevant soit le vrai traitement, soit le placebo, et cela sans que le malade ni le médecin ne connaissent la répartition (principe du double aveugle) — ont été réalisés en homéopathie. Ils ont été publiés dans des revues de référence et soumis à une expertise globale sous forme de méta-analyse, technique d'étude qui permet un traitement statistique global des données. Parmi celles-ci, figurent deux études synthétiques récentes. La première, issue du travail de deux équipes, l'une allemande, l'autre américaine, conclut que l'effet de l'homéopathie ne peut être réduit au seul effet du placebo. Le caractère significatif de la différence entre groupe homéopathie et placebo persiste

même lorsque l'on ne garde que les « meilleures études », celles qui ont été le plus rigoureusement conduites, et qui étaient en 1998 au nombre de vingt-six. La deuxième étude, faite dans un cadre européen aboutit à une conclusion similaire, avec des réserves pour les « meilleures études ». Si nous sommes précis, c'est parce qu'il y a souvent beaucoup d'approximations sur le sujet. Ainsi, un responsable de la CNAM affirmait en octobre 2000, lors d'une émission de télévision qu'environ trente bonnes études contrôlées en homéopathie avaient été faites et qu'elles concluaient toutes à une absence d'effet. Le début du propos de cet expert est vrai, mais la fin est contredite par la littérature scientifique : la majorité de ces essais bien conduits est en faveur de l'homéopathie. Par contre, il est trop tôt pour dire que l'efficacité clinique de l'homéopathie est démontrée. D'une part, parce qu'aucun de ces essais, analysé isolément, n'est parfait (ce qui est le cas aussi de nombreux travaux classiques), et aussi parce que ces essais n'ont pas été reproduits par différentes équipes travaillant indépendamment. C'est sur ce point que les efforts doivent tendre dans l'avenir.

➤ Des études conduites avec persévérance

Des essais français

Les allergènes dilués sont utilisés par de nombreux médecins en France. Ainsi, un pneumologue qui est également homéopathe a, dans sa clientèle, laissé libre choix à ses patients entre la désensibilisation classique par voie injectable ou orale (préférée selon l'auteur par les enfants), et la prise d'allergènes préparés en haute dilution selon les règles de préparation des médicaments homéopathiques. Les médicaments ainsi obtenus à partir de dilutions d'allergènes sont des isothérapiques (utilisés dans plusieurs observations dont celles de Jacqueline page 382) et la technique de prescription est l'isothérapie. Son étude, non contrôlée, a porté sur 66 patients, 21 atteints de pollinose, et 45 atteints d'asthme allergique aux acariens, poussières de maison ou moisissures. Les pourcentages d'amélioration nette ont été proches avec les deux techniques, qu'il s'agisse de l'asthme (58 % avec allergènes dilués et 61 % avec la désensibilisation classique) ou de la pollinose (63 % contre 61 %). Les échecs ont été dans les deux groupes autour de 15 % pour l'asthme et 20 % dans la pollinose. Selon les observations de ce médecin, les deux méthodes donnent les mêmes résultats avec une meilleure tolérance pour l'isothérapie. Cette étude n'a pas de valeur scientifique, mais elle suggère que la prescription d'allergènes dilués peut être intéressante en clinique. Elle nécessite des études contrôlées rigoureuses.

Des transformations anglaises

C'est à nos confrères anglais, en particulier à un médecin écossais de Glasgow, Reilly, et à ses collaborateurs, que nous devons d'avoir réalisé des études rigoureuses sur ce thème avec des dilutions de pollens, d'acariens et d'autres pneumallergènes. Naturellement, ces essais portant sur les dilutions d'allergènes n'évaluent pas la thérapeutique homéopathique qui comporte aussi et surtout un traitement de terrain adapté au malade. Ils constituent cependant un modèle simple pour comparer l'action d'une haute dilution à celle d'un placebo.

Pollens et rhume des foins : un résultat positif

Dans deux études publiées en 1983 et 1986, Reilly a utilisé les indications d'un des fondateurs de l'allergie puisqu'il s'agit de Blackley, allergologue anglais qui identifia en 1870 le pollen comme cause du rhume des foins. Ce même Blackley était également homéopathe et utilisait des dilutions de Pollen 30 CH pour traiter les patients atteints du rhume des foins. Reilly a astucieusement utilisé ce modèle pour répondre à une question : est-ce que des hautes dilutions de Pollen 30 CH, qui ne contiennent théoriquement plus de molécules de pollen, ont un effet différent de celui du placebo ?

C'est ainsi que procède la recherche clinique : elle utilise un modèle expérimental, donc en partie artificiel, de façon à isoler un facteur et à étudier son effet sur des groupes qui sont censés être identiques par ailleurs. Le facteur étudié, celui qui varie, est ici le médicament prescrit : Pollen 30 CH dans le groupe traité, le Placebo dans l'autre groupe. Naturellement les patients ne sont pas identiques au départ : c'est dans ce but qu'une répartition au hasard est effectuée afin que la répartition concernant le sexe, l'âge, ainsi que différents facteurs relatifs à la maladie, soit globalement identique dans les deux groupes. L'étude étant réalisée pendant la saison des pollens, un comptage des pollens est aussi effectué afin de vérifier que les patients sont bien exposés aux mêmes quantités de pollens.

Réalisée dans ces conditions, une première étude dite « pilote » avait été faite en 1983, avec des résultats « positifs », c'est-à-dire montrant une différence statistiquement significative entre les dilutions de Pollen 30 CH et le placebo, composé de comprimés de lactose non imprégnés de la dilution de Pollen 30 CH. Ni le patient ni le médecin ne peuvent ainsi savoir quel traitement est prescrit. Astucieusement, Reilly et ses collègues ont adressé ce travail à une grande revue scientifique, le *Lancet*, souvent citée dans les médias, car les articles publiés sont soumis à une expertise rigoureuse, ce qui est un gage au moins partiel d'objectivité scientifique. Cette revue a demandé aux auteurs de faire des modifications qu'ils ont apportées dans un second essai, publié dans le *Lancet* en 1986. Cette étude, réalisée en double aveugle contre placebo, a porté sur 158 patients atteints de rhume des foins depuis au moins deux ans, le diagnostic étant confirmé par les tests cutanés et/ou biologiques. Il s'agissait le plus souvent d'une allergie isolée au pollen. Les patients pouvaient prendre en plus des antihistaminiques, en notant précisément leur consommation afin de rechercher un écart éventuel entre les deux groupes : si le traitement par les pollens dilués améliorait les patients, ceux-ci devaient consommer moins d'antihistaminiques que ceux du groupe recevant le placebo. Sans rentrer dans les détails techniques, le résultat de cet essai confirma le précédent : après quatre semaines de traitement et d'observation, le groupe recevant Pollen 30 CH a présenté une réduction des symptômes (mesurée sur l'échelle visuelle graduée sur laquelle les patients notaient régulièrement leurs symptômes) plus forte que les patients du groupe placebo. La différence était statistiquement significative comme elle l'était pour la consommation d'antihistaminiques, presque deux fois moins importante dans le groupe Pollen. Curieusement, le nombre d'aggravations durant la première semaine de traitement a été significativement plus grand dans le groupe Pollen (21 cas) que dans le groupe placebo (11 cas). Cette aggravation, provisoire, a été suivie d'une amélioration globale.

Ce dernier point vous intéresse si vous êtes utilisateur d'homéopathie : est-ce que ça peut m'aggraver ? *La réponse est oui, si vous êtes très sensible au traitement.* Ainsi, la phase d'aggravation qui a suivi l'administration du traitement correspond à ce que les praticiens observent, rarement cependant, chez des sujets très réceptifs à l'action d'un médicament. Mais ceci peut être évité, par exemple, grâce à un traitement pré-saisonnier par le pollen. Le même phénomène d'aggravation sous homéopathie a été noté au début de l'étude suivante.

Les rhinites perannuelles : une semi-confirmation

Récemment, un nouveau travail a été publié (*British Medical Journal*, août 2000), sur l'effet des allergènes très dilués (30 CH) dans les rhinites allergiques perannuelles. Une différence statistiquement significative par rapport au placebo est observée sur un phénomène objectif : le débit maximal d'inspiration nasale, nettement amélioré pour les patients sous allergènes 30 CH. Mais curieusement, il n'y a pas de différence significative sur les symptômes subjectifs. Cela est probablement dû à un trop faible recrutement de malades, ce qui donne à l'essai une faible « puissance » statistique, à savoir en pratique un risque élevé de passer à côté de la démonstration de l'effet du médicament testé. Ce point technique est donc essentiel car une étude qui ne porte que sur un échantillon réduit de malades risque de conclure à l'inefficacité d'un traitement. C'est d'ailleurs pour des raisons liées à des difficultés de recrutement (impossibilité d'obtenir un nombre de malades suffisant dans un seul centre hospitalier), que nous n'avons pu faire ce type d'étude en France.

Allergènes dilués et asthme allergique : une confirmation contestée

Dans cette étude, toujours randomisée en double aveugle contre placebo, les auteurs ont posé en 1996 la même question que dans l'essai sur la pollinose avec Pollen 30 CH (l'homéopathie diffère-t-elle du placebo ?), ceci dans l'asthme allergique. Les patients recrutés (60 étaient prévus mais seuls 28 ont été inclus) en Écosse étaient vus par un pneumologue et un homéopathe. Ils recevaient le traitement constitué soit par une dilution 30 CH de l'allergène auquel ils étaient sensibles (les acariens le plus souvent), soit par le placebo. Ils recevaient trois doses prises en vingt-quatre heures, directement par le pharmacologue de l'hôpital. Pendant quatre semaines, l'évolution des patients était suivie par l'intermédiaire d'une échelle visuelle analogique, ainsi que par un bilan clinique et respiratoire.

Les résultats de 24 patients ont été analysés : dès la première semaine, il y a une différence en faveur du groupe « allergènes 30 CH », différence qui s'est amplifiée ensuite. À la fin de la quatrième semaine, les patients recevant le placebo étaient plutôt aggravés (5 sur 13 améliorés) et les patients recevant les dilutions 30 CH de l'allergène plutôt améliorés (9 patients sur 11 améliorés). Sur l'échelle visuelle appréciant l'état du malade, la différence entre les deux groupes était significative (plus de 33 %), et jugée cliniquement pertinente. Les critères objectifs étaient favorables au groupe allergènes 30 CH, mais l'amélioration n'était statistiquement significative qu'avec un seul test.

Cette étude a été très controversée et a fait l'objet de débats passionnés dans la presse et sur le petit écran. Les auteurs de l'article ont même été accusés de malhonnêteté, alors que six auteurs sur huit étaient des universitaires de Glasgow, neutres par rapport à l'homéopathie. Au-delà de ces critiques excessives, des réserves réelles subsistent sur le faible nombre de patients et sur l'analyse des traitements « classiques » suivis par les patients, qui aurait dû être faite comme lors de l'étude sur les pollens. Un nouvel essai sur l'asthme est actuellement en cours en Angleterre.

En résumé, ces essais cliniques sur les hautes dilutions d'allergènes dans le rhume des foins et l'asthme, même s'ils ne sont pas parfaits, confirment la tendance issue de l'ensemble des études cliniques en homéopathie : celle-ci diffère du placebo. Il reste nécessaire qu'ils soient reproduits par d'autres équipes, en les améliorant.

➤ Comment améliorer ces études ?

Ces travaux intéressants peuvent être complétés de deux façons :

— D'une part, dans une perspective plus scientifique, en effectuant des études biologiques complémentaires.

— D'autre part, dans une direction plus pragmatique, donc plus proche des intérêts des patients, en intégrant dans l'étude clinique l'administration de médicaments de terrain, sujet qui nous intéresse ici.

Il existe plusieurs techniques de prescription homéopathique. La technique dite « uniciste » correspond à la prescription d'un seul médicament susceptible de couvrir l'ensemble du tableau clinique. Cette technique ne s'applique pas dans tous les cas, et les praticiens français utilisent en majorité une technique dite pluraliste, plus proche de la réalité clinique, qui intègre dans sa démarche le diagnostic de la maladie, et la recherche des causes. Ainsi, une enquête faite auprès des médecins homéopathes a montré qu'ils utilisent dans le rhume des foins :

— Des médicaments adaptés aux symptômes, par exemple *Apis mellifica, Allium cepa, Sabadilla.*

— Des médicaments destinés à traiter le terrain, tels *Sulfur, Natrum muriaticum, Arsenicum album.*

— Des dilutions de médiateurs biologiques de l'allergie, en particulier *Poumon histamine.*

— Des dilutions d'allergènes, qualifiés d'isothérapiques.

Dans l'asthme, pathologie plus complexe, où le facteur allergique est rarement isolé, le médecin homéopathe doit naturellement traiter l'inflammation et la constriction des bronches, mais aussi traiter le « terrain » allergique, en appréciant le rôle des facteurs de l'environnement, du tabac aux différents polluants industriels, ainsi que le rôle des facteurs climatiques, infectieux et psychosomatiques. L'utilisation de l'homéopathie seule est souvent insuffisante surtout au début du traitement, et doit tenir compte des différents consensus établis. C'est donc en fonction d'une bonne connaissance de la sémiologie, de la thérapeutique homéopathique, mais aussi de la pharmacologie classique que le médecin homéopathe intervient. La même démarche s'applique à l'eczéma atopique.

Dans ces maladies, l'évaluation « scientifique » de cette homéopathie individualisée, qui correspond à l'essentiel de la pratique, peut faire l'objet d'essais contrôlés à condition d'être effectuée par des médecins homéopathes. Ces essais posent des difficultés pratiques qui n'existent pas pour les études portant seulement sur les dilutions d'allergènes. Mais ce traitement, plus adapté à la cause de l'allergie qu'au terrain du malade, ne rend compte qu'imparfaitement de la réalité de l'homéopathie. Pour pouvoir réellement apprécier l'apport de cette thérapeutique aux patients allergiques, la coopération entre médecins homéopathes et spécialistes de l'allergie est nécessaire.

Des études scientifiquement rigoureuses doivent aussi respecter la pratique homéopathique

Conduire des essais cliniques sur des patients avec des médicaments homéopathiques, c'est trouver un équilibre entre des exigences de deux types : scientifiques, pour la rigueur de l'étude, réalistes, pour l'adaptation à l'homéopathie.

Les exigences scientifiques

Lorsque vous consultez un médecin, qu'il soit généraliste ou spécialiste, homéopathe ou acupuncteur, vous pouvez avoir une modification de votre état et le voir s'améliorer sous l'effet d'un traitement adapté. Cependant,

ces observations cliniques, si elles sont très démonstratives pour vous, ne constituent pas aujourd'hui une démonstration de l'efficacité du traitement donné :
— D'une part, il y a l'évolution spontanée de la maladie, ainsi que les variations de l'environnement. Si vous êtes atteint d'un rhume des foins et que vos symptômes diminuent beaucoup lors d'un printemps très pluvieux, ceci ne signifie que peu de choses sur l'efficacité des médicaments que vous aurez pris, qu'il s'agisse d'antihistaminiques ou de médicaments homéopathiques.
— D'autre part, il y a un effet placebo commun à toutes les thérapeutiques. *Placebo*, mot issu du latin, signifie *je plairai.* L'effet placebo n'a rien de péjoratif : s'il dépend du médicament en tant qu'objet de consommation (sa couleur, sa forme, son goût, son prix interviennent), il est aussi l'expression de la qualité de la relation médecin-malade. Un bon effet placebo du médecin est très positif, tant pour le malade que pour la Sécurité sociale si celle-ci veut bien considérer que le temps de la compréhension est préférable à la prescription de tranquillisants. Mais c'est encore mieux si la prescription jointe, lorsqu'elle est nécessaire, a un effet pharmacologique spécifique supérieur à celui du placebo.
Pour ces raisons, la démonstration de l'efficacité de l'homéopathie doit s'appuyer sur des essais contrôlés en double aveugle (ni le patient ni le médecin ne peuvent identifier le produit) contre placebo ou produit de référence, avec répartition des patients au hasard (randomisation). Mais ces essais doivent aussi intégrer les caractéristiques de la méthode homéopathique.

La pratique homéopathique

Ce sont essentiellement l'individualisation et la notion de terrain qui conditionnent la stratégie thérapeutique en homéopathie et donc les études de recherche clinique. Par rapport à un traitement classique, le traitement homéopathique d'un asthme allergique ou d'un rhume des foins se caractérise par une prescription doublement individualisée, adaptée d'une part à la nature des symptômes de la maladie que vous présentez, d'autre part à votre terrain, tel qu'il a été défini, avec vos caractéristiques générales, vos antécédents personnels et familiaux, vos réactions à l'environnement. C'est l'ensemble de ce traitement qu'il faut étudier.

Les controverses de la recherche sur les hautes dilutions

La recherche dite « fondamentale » a pour but principal de montrer scientifiquement l'action des hautes dilutions. À partir des années 1970, les effets de nombreux médicaments à usage homéopathique ont été étudiés sur des modèles immunologiques et allergologiques, principalement sur des cellules isolées. Citons par exemple :

— Le raisin d'Amérique, *Phytolacca,* utilisé dans les infections ORL de nature virale, dont l'action a été étudiée sur les lymphocytes et les monocytes.

— *Silicea*, dilutions de silice utilisées dans les infections à répétition ou chroniques du petit enfant mais aussi de l'adulte, et dont l'action a été montrée sur les macrophages.

— *Belladonna* et *Ferrum phosphoricum*, médicaments connus des mamans qui les utilisent au début des poussées de fièvre de leurs enfants : ils se sont avérés actifs sur les polynucléaires neutrophiles de sujets « sensibles ».

Mais les cellules les plus étudiées ont été les basophiles humains, ceci selon deux axes différents :

■ Dès le début des années 1980, l'action de médicaments homéopathiques utilisés dans l'allergie (*Apis mellifica*, *Poumon histamine, Histaminum)* a été étudiée sur **l'inhibition de l'activité des basophiles humains**.

■ À partir de 1987, l'action de hautes dilutions d'anticorps anti-IgE sur **l'activation directe de basophiles humains**, a été observée par des biologistes d'une unité de l'INSERM (U 200) dirigée par le docteur Jacques Benveniste.

Ces derniers travaux ont été à l'origine de l'affaire de « la mémoire de l'eau », métaphore séduisante et scientifiquement provocante suggérant que l'eau serait le support de l'activité des hautes dilutions en homéopathie. Les controverses sont encore vives sur ce sujet qui évoque pour de nombreux scientifiques et médecins une ténébreuse affaire, alors que pour des partisans de l'homéopathie, il continue à illustrer l'application de la censure scientifique à l'égard d'une découverte géniale qui « prouvait » la réalité de cette thérapeutique. Pour nous qui avons participé à ces travaux, il ne s'agit ni d'une escroquerie, ni d'une découverte « géniale », mais simplement d'un travail médical et scientifique « normal » qui avait pris racine bien avant 1988 (année de la publication très controversée dans *Nature*), et qui s'est trouvé pris dans le double piège d'une médiatisation excessive et d'une polémique souvent éloignée des faits. Pour rester au plus près de la réalité, nous ne parlerons très brièvement que des travaux auxquels nous avons participé, avec des informations vérifiables.

Comment mesurer l'activation des basophiles ?

Une des étapes clés de l'hypersensibilité immédiate est l'activation des polynucléaires basophiles et des mastocytes. Provoquée par les allergènes spécifiques ou par un sérum contenant des anticorps dirigés contre l'IgE (anti-IgE), elle se traduit successivement par un pontage entre des molécules d'IgE situées à la surface de la cellule (voir p. 73), ce qui déclenche des modifications de transfert de calcium dans la cellule. Ceci provoque ensuite, dans certains cas mais pas toujours, la libération des médiateurs cellulaires. Pour cette raison, deux méthodes étaient utilisées dans les années 1980 pour l'étude de la réactivité des basophiles humains :

— *Le test d'histaminolibération spécifique* qui consiste à mesurer l'histamine libérée par les basophiles activés.

— *Le test de dégranulation des basophiles humains*, fondé sur la reconnaissance des basophiles.

Ce dernier test, improprement nommé, explore l'activation de ces cellules, ceci grâce à un phénomène de métachromasie : les cellules changent de couleur lorsqu'elles sont mises en présence d'un colorant approprié. Il est ainsi possible de distinguer une cellule activée d'une cellule non activée, par une simple mesure en microscopie optique. Un des inconvénients de ce test reste que sa lecture est liée à la subjectivité d'un expérimentateur. Pour contrôler ce problème, les tests évaluant les effets des médicaments doivent être faits en aveugle, ce qui signifie que la personne observant les cellules au microscope ne sait pas si elle lit des échantillons traités ou les contrôles.

Depuis quelques années, une lecture objective de l'activation des basophiles peut être faite par une méthode de comptage cellulaire (cytométrie de flux). C'est cette méthode qui doit maintenant être utilisée.

➤ *Apis mellifica* agit-il sur les cellules de l'allergie ?

Des médicaments homéopathiques face aux mécanismes de l'allergie ?

Jusqu'à la fin des années 1970, les travaux scientifiques en homéopathie, rarement publiés dans des revues scientifiques classiques, étaient connus de la seule communauté homéopathique. À partir des années 1980, des médecins intéressés par la recherche en homéopathie, essayèrent d'obtenir des publications dans des revues scientifiques reconnues. C'est dans cette orientation que se situèrent les travaux initiés à l'INSERM U 200, travaux portant sur l'action de médicaments homéopathiques dans l'allergie et l'inflammation.

Étudiant dans le laboratoire du docteur Jacques Benveniste[2], c'est en 1981 que l'un d'entre nous lui parla des projets de recherche en homéopathie, dont un projet sur l'effet d'*Apis mellifica* sur les basophiles. Il accueillit ceci avec curiosité et scepticisme. Après une réunion en 1982 avec le docteur Michel Aubin, secrétaire général de l'Association française pour la recherche en homéopathie, et directeur médical du laboratoire LHF, les travaux purent commencer officiellement en 1983[3].

Pourquoi avoir choisi de travailler sur *Apis mellifica*, médicament dont le mode de préparation (abeille entière broyée et écrasée) prêtait à sourire dans une communauté scientifique plus habituée aux anticorps monoclonaux ? Les raisons de ce choix tenaient à l'origine de ce médicament, à son activité clinique, très intéressante pour des praticiens chevronnés, et à la richesse du contenu des glandes à venin. Notre idée était non seulement de tester l'activité de différentes dilutions d'*Apis mellifica*, mais aussi de travailler sur le principe de similitude en utilisant le sang de sujets allergiques non pas au venin d'abeille, mais à d'autres allergènes tels le pollen ou les acariens[4]. En pratique, les basophiles, avant d'être activés par l'allergène, étaient mis en présence de hautes dilutions d'*Apis mellifica*, ou de solvant afin de rechercher une éventuelle inhibition de leur activité, point de départ de la réaction allergique immédiate.

Apis mellifica, un médicament d'origine traditionnelle

L'abeille et ses produits sont surtout connus dans le domaine de la santé pour leur utilisation dans l'apithérapie, grâce aux vertus de la « gelée royale ». En homéopathie, les sources de l'utilisation du médicament *Apis mellifica* sont anciennes puisqu'elles découlent de la tradition médicale des Indiens d'Amérique. C'est en 1847 qu'un médecin homéopathe américain

2. Bernard Poitevin, tout en suivant à l'époque une formation d'homéopathie à Paris, était en même temps étudiant à l'Institut Pasteur de Paris. Cherchant à travailler sur la recherche en homéopathie, il put en 1980 rentrer comme étudiant dans l'unité de l'INSERM dirigée par le docteur Jacques Benveniste, afin de faire une thèse de sciences sur un thème lié à l'inflammation. Grâce au soutien du docteur Aubin et à l'ouverture d'esprit de Jacques Benveniste, des travaux sur les médicaments homéopathiques purent commencer en 1981. Il reste qu'il n'est pas très facile, aujourd'hui encore, de travailler scientifiquement sur ce sujet.

3. Le laboratoire Boiron a, de son côté, demandé à l'INSERM U 200 de réaliser en 1983 des travaux sur des dilutions de médiateurs de l'allergie, histamine et paf-acether. Nous leur avons remis un rapport en 1984. Ces travaux initiés dans le laboratoire du docteur Jean Sainte-Laudy ont régulièrement été reproduits ensuite par cette même équipe. Ils ont été l'objet d'une étude menée par cinq laboratoires, étude dont les résultats partiellement positifs ont été publiés en 1999 dans une revue spécialisée.

4. L'hypothèse testée était la suivante : *Apis mellifica*, qui contient des substances capables de provoquer la dégranulation des basophiles, pouvait-il, en haute dilution, inhiber le même phénomène provoqué par une autre substance, tels les pollens ou les acariens ? Cette question correspond au principe de base de l'homéopathie, la similitude, utilisé en biologie à titre d'hypothèse : une substance qui provoque des symptômes (ici une activité cellulaire) peut-elle inhiber les mêmes symptômes provoqués par une autre substance ?

put observer les effets d'une préparation faite à partir d'abeilles sur un enfant atteint d'œdèmes généralisés provoqués par une maladie rénale. La préparation avait été faite selon les conseils d'une Indienne âgée, l'une des dernières survivantes de la tribu des Narragansett. Le médecin américain qui observa cet effet commença ensuite une série d'expérimentations sur l'homme sain, avec des extraits d'abeille entière, extraits qui contiennent aussi les glandes à venin. C'est là que se trouvent les molécules actives, des protéines responsables des effets toxiques et allergiques du venin d'abeille. En homéopathie, l'utilisation d'*Apis mellifica* est préférée à celle du venin d'abeille, prescrit sous le nom d'*Apium virus*, plus rarement utilisé en pratique.

En clinique, les indications les plus courantes d'*Apis mellifica*, prescrit en hautes dilutions, sont :

— Les syndromes inflammatoires avec œdème (gonflement) important : ainsi *Apis mellifica* est utile dans certains « coups de soleil », où la peau est gonflée et a une couleur rosée.

— Les réactions allergiques cutanées et muqueuses, dues parfois au venin d'abeille, mais le plus souvent à d'autres allergènes. *Apis* est prescrit sur l'œdème d'apparition brutale, et sur les démangeaisons vives améliorées par le froid, avec une sensation de piqûre et de brûlure. Dans l'état actuel de nos connaissances, *Apis mellifica* ne peut se substituer aux indications classiques de la désensibilisation aux venins d'hyménoptères, dans les cas graves qui imposent l'utilisation d'extraits de venin purifiés, injectés à des concentrations pondérales.

Les travaux de recherche expérimentale ont porté sur des modèles d'inflammation cutanée, et aussi à partir des années 1980, sur les basophiles humains dans des systèmes expérimentaux d'allergologie.

Des résultats surprenants

Après des résultats préliminaires publiés en 1983 dans une revue homéopathique, c'est en 1984, à un forum des jeunes chercheurs à Lille, que nous avons présenté les effets d'*Apis mellifica* 9 CH et 15 CH sur l'inhibition de la dégranulation des basophiles. À notre surprise, ce thème fut alors retenu pour publication dans une revue scientifique[5]. Pendant ce temps, en mars 1985, ces premiers résultats furent annoncés dans *Le Monde* (6 mars 1985), après une présentation de Jacques Benveniste à un forum médical. L'Académie de médecine demanda alors à deux équipes d'allergologie de reproduire le travail. L'équipe de Paris fit une étude dans des conditions très différentes de la nôtre et infirma

5. Poitevin B., Aubin M., Benveniste J., *Innovation et technologie en biologie et médecine*, 1986, 7 : 64-68.

les résultats[6]. Une équipe de Marseille constata en 1987 un effet inhibiteur avec *Apis mellifica*, et s'interrogea sur l'action équivalente des dilutions 9 CH et 15 CH, non interprétable pour un allergologue. La polémique de 1988 sur l'activité des dilutions d'anticorps dirigés contre les IgE (voir ci-dessous) conduisit l'équipe qui effectuait ce travail à émettre des réserves[7], et les résultats sur *Apis* ne furent jamais publiés.

De 1986 à 1988, nous avons continué les travaux en cours à l'INSERM U 200, lors d'études faites en aveugle, afin que l'expérimentateur ne sache pas s'il travaillait sur les médicaments testés ou sur des substances neutres utilisées comme contrôle. Ces travaux portant sur l'action d'*Apis mellifica* et d'un autre médicament, *Poumon histamine* furent publiés de nouveau[8] : *Apis mellifica* exerçait, pour des dilutions comprises entre 9 CH et 15 CH, un effet inhibiteur net et statistiquement significatif sur les basophiles, comme *Poumon histamine*, actif de 12 CH à 18 CH. En 1991, nous avons proposé lors de l'expertise statistique effectuée sur la « mémoire de l'eau » que soit de nouveau contrôlé l'effet de hautes dilutions d'*Apis mellifica*. Sur six dilutions testées de 15 CH à 20 CH, quatre donnaient une inhibition significative, différente du contrôle, ceci avec deux expérimentateurs différents. Les résultats antérieurs ont donc été confirmés : *Apis mellifica* peut inhiber, de façon reproductible, dans des tests contrôlés, l'activation des basophiles.

Des effets qui restent silencieux

Qu'il s'agisse des effets d'*Apis mellifica* ou de ceux de hautes dilutions d'histamine, ces résultats sont peu reconnus, non seulement parce qu'il s'agit de médicaments homéopathiques, mais aussi parce que le test utilisé à l'époque n'est plus utilisé depuis quelques années, et qu'il n'est plus convaincant aux yeux des allergologues et des chercheurs.

Seuls des tests nouveaux, avec une lecture automatisée, peuvent apporter maintenant des réponses fiables. Un test qui permet un comptage automatique des basophiles (technique de cytométrie de flux), a été mis au point et est en cours de validation. Il a apporté des résultats préliminaires positifs avec des dilutions d'histamine. Nous avons proposé en 1996 de tester à nouveau les dilutions d'*Apis mellifica* avec ce comptage automatique. Un départ forcé de notre ancien travail ne nous a pas permis de continuer cette étude, qui seule pourrait éclairer scientifiques, praticiens et patients sur les effets réels de ce médicament, *Apis mellifica*. Travailler sur des médicaments traditionnels est un sujet en développement,

6. Murietta M., Leynadier F., Dry J., *Bull. Acad. nat méd.* 1985, 5 : 619-622.

7. Après des échanges de courrier très constructifs de 1985 à 1987 entre L'INSERM U 200 et l'équipe de Marseille, le professeur Charpin qui dirigeait cette équipe, émit des réserves sur l'action des hautes dilutions lors de la polémique de la « mémoire de l'eau » (*L'Express*, 5 août 1988).

8. Poitevin B., Davenas E., Benveniste J., *British Journal of Clinical Pharmacology*, 1988, 25 : 439-444.

comme nous l'avons vu à propos de l'ethnopharmacologie. Pourquoi ne pas travailler aussi sur un médicament « traditionnel » de notre pharmacopée, couramment utilisé par des patients, prescrit par des médecins et conseillé par des pharmaciens d'officine ? Cela permettrait, si son activité se trouvait confirmée, de l'améliorer afin de le rendre plus efficace dans le traitement des maladies allergiques.

➤ La mémoire de l'eau : un rendez-vous manqué

Une publication très controversée

À partir de 1986, Jacques Benveniste qui avait perçu l'aspect scientifiquement « révolutionnaire » de la recherche biologique sur les hautes dilutions voulut obtenir une publication dans *Nature,* prestigieuse revue dans laquelle il avait déjà publié. Le but était d'introduire ce thème scientifique dans la recherche internationale. Mais l'homéopathie constituait un obstacle, l'opinion scientifique n'étant pas prête à accepter la reconnaissance de cette thérapeutique scientifiquement si décriée pour l'usage de dilutions « infinitésimales » ne contenant pas de trace moléculaire. Benveniste contourna cet obstacle en travaillant avec un modèle éloigné de l'homéopathie : l'activation des basophiles par de hautes dilutions d'un anticorps spécifique, l'anti-IgE, capable de reconnaître les IgE fixées sur les basophiles. Cette activation directe est provoquée normalement avec de fortes concentrations. Elle avait été observée, un peu par hasard, avec des hautes dilutions d'anti-IgE par un biologiste de l'INSERM U 200. Les résultats étaient au début très variables, dépendant probablement de l'état de « sensibilisation » des basophiles. Après des mises au point techniques, des résultats positifs furent obtenus, non seulement en France, mais aussi au Canada, en Israël, et en Italie. À la suite de longs échanges avec le directeur de la revue *Nature*, John Maddox[9], Jacques Benveniste obtient un accord pour la publication d'un article, en juin 1988. Cet accord était « sous conditions » : l'article était accompagné d'une réserve éditoriale, « *Comment croire à l'incroyable* » et d'une note annonçant la venue d'une commission indépendante. Très technique, l'article décrivait l'activité biologique de hautes dilutions d'anti-IgE sur des basophiles humains, ceci bien au-delà du seuil théorique de présence moléculaire, situé autour de 10^{-23} M selon le nombre d'Avogadro. Sur les mécanismes d'action possible, auxquels se réfère l'expression la « mémoire de l'eau », rien ou presque n'était écrit[10].

---

9. Jusqu'au début de l'année 1988, Maddox a refusé l'article, malgré les appels téléphoniques et les courriers répétés de Jacques Benveniste. Les raisons de son acceptation et de ses étranges décisions (commission d'enquête après publication) ne seront données qu'en 1997 dans *La Recherche* (1997, 300 : 120) lorsque Maddox déclare : « ses prétentions extravagantes m'ont fait perdre mon sang-froid ». Mais sa décision, la visite de laboratoire après la publication, ne trouve pas d'explication. Ceci transformera ce qui avait été jusqu'en 1988 un épisode scientifique un peu turbulent, en une affaire dont les effets persistent.
10. Davenas E. et coll., *Nature*, 1988, 333 : 816-818.

Le même jour, Jacques Benveniste, accompagné de quelques scientifiques de son équipe, présentait à la presse cet article, ainsi que les publications déjà issues de ce laboratoire sur l'action de trois médicaments homéopathiques (*Apis mellifica, Poumon histamine, Silicea)*. Les médias s'emparèrent alors du sujet.

Pendant la même période, la commission d'enquête mandatée par la revue *Nature*, vérifiait les travaux à l'INSERM U 200. Sa composition était un peu curieuse, puisqu'elle comportait, outre Maddox, le directeur de la revue, un scientifique « chasseur de fraudes », Steward, et un magicien Randi. Elle publiait en juillet son rapport dans *Nature* sous le titre : « *Expérimentations sur les hautes dilutions : une illusion* ». La critique majeure était que les expériences avaient été insuffisamment contrôlées et que les résultats n'étaient pas reproductibles. Pendant les mois qui suivirent, ce ne fut pas l'eau, mais l'encre qui coula à flots sur ce sujet. Cependant, la seule vraie question restait de nature scientifique : ces résultats étaient-ils ou non reproductibles ?

Des problèmes techniques réels

L'étude publiée dans *Nature* et réalisée par plusieurs équipes faisait remarquer que l'effet des anticorps anti-IgE sur l'activation directe des basophiles humains s'exerçait non seulement à des concentrations usuelles, mais aussi à de très hautes dilutions, des pics étant provoqués par des dilutions proches de 10^{-120}. Ces expériences avaient été faites en ouvert pour certains tests, en aveugle pour d'autres. Des problèmes techniques non identifiés sont apparus dès le mois de juillet 1988, après la commission d'enquête : lors de l'analyse des travaux faite par trois personnes qui travaillaient sur ce sujet (Élisabeth Davenas qui réalisait le test, Jacques Benveniste, Bernard Poitevin), il fut très difficile de reproduire les résultats. En dehors de toutes les polémiques résultant de l'attitude de la revue *Nature*, il était clair qu'il y avait une grande variabilité des résultats. Il fallait reprendre ce travail en recherchant ces causes de variabilité, avec un contrôle statistique strict et plusieurs expérimentateurs.

Dans un premier travail, effectué à la demande du directeur de l'INSERM, Philippe Lazar, et organisé avec une équipe de statisticiens, une activation des basophiles par de hautes dilutions d'anti-IgE fut retrouvée sur une partie (39 %) des sangs testés, mais avec une seule expérimentatrice obtenant des résultats positifs. Dans une seconde étude publiée en 1992 par une équipe hollandaise qui utilisait la méthode de l'INSERM U 200, l'effet de hautes dilutions d'anti-IgE ne fut pas retrouvé par deux expérimentateurs travaillant indépendamment. Ceux-ci ont d'ailleurs émis des doutes sur la reproductibilité du test utilisé. Dans une troisième étude effectuée en Angleterre et publiée en 1993, aucune modification nette de la dégranulation des basophiles ne fut observée avec des dilutions d'anti-IgE[11].

11. Les trois publications successives sont de Benveniste J. et coll., *CR Acad. sciences*, 1991, 312 : 461-466 ; Ovelgonne J.H. et coll., *Experientia*, 1992 : 48 : 504-508 ; Hirst S.J. et coll., *Nature*, 1993, 366 : 525-527.

Au-delà de toutes les discussions techniques sur les résultats, force est de noter qu'il y a eu une réelle difficulté à reproduire les premiers résultats obtenus et publiés en juin 1988 dans *Nature.* La controverse, sur ce point, subsiste.

Les sources de la « mémoire de l'eau » : une hypothèse déjà ancienne

Sur la « mémoire de l'eau », de Pracontal en 1990[12] rappelait ceci : « L'innovation principale du biologiste (Note : J. Benveniste) n'a pas été de proposer l'hypothèse de la mémoire de l'eau. Celle-ci n'est qu'une reformulation plus élaborée et plus spectaculaire d'idées agitées depuis longtemps par les homéopathes. »

Il est vrai que l'idée n'était pas nouvelle. En 1932, un médecin français Jarricot, propose des théories sur le rôle du solvant dans les dilutions utilisées en homéopathie. En 1941, un biologiste anglais, Boyd, travaillant sur les hautes dilutions, émet l'hypothèse du transfert d'un facteur « d'une dilution à l'autre jusqu'aux hautes dilutions, la nature de ce facteur étant inconnue ». D'autres spécialistes de la recherche en homéopathie auront ensuite des idées proches. Il est clair qu'à partir d'un certain niveau de dilutions, allant de 9 CH à 12 CH (de 10^{-18} à 10^{-24}) selon la concentration initiale du produit, il n'y a théoriquement plus de molécules présentes. L'hypothèse selon laquelle le solvant peut transmettre une information issue des interactions avec le produit est émise presque spontanément. Il reste à en démontrer les fondements physiques, ce qui est le plus difficile, et n'est pas actuellement fait.

En résumé, l'hypothèse de « la mémoire de l'eau » est née de la réflexion et du travail scientifique sur l'homéopathie autour des années 1950. L'idée n'était pas neuve en 1988 et elle était à peine esquissée dans la publication de *Nature*. Le débat scientifique et la médiatisation ont donné l'impression d'une idée nouvelle. La question qui se posait en réalité n'est pas celle de la validité de cette hypothèse mais celle de la qualité des expérimentations biologiques démontrant l'action des hautes dilutions utilisées en homéopathie.

Les conséquences pour la recherche en homéopathie

Des avis différents ont été émis par les auteurs de l'article : selon Jacques Benveniste, les attaques contre la publication étaient non fondées ; selon Philippe

12. Le livre de Michel de Pracontal, *Les Mystères de la mémoire de l'eau* (La Découverte, 1990) a été réalisé directement à partir des interviews des acteurs du travail, et des trois enquêteurs de *Nature*. Il retrace fidèlement les problèmes posés à l'époque comme celui d'Alfonsi (*Au nom de la science*, Barraut-Taxi, 1989). Les publications et les hypothèses relatives à l'homéopathie ont été résumées *dans :* Bernard Poitevin, *Ombre et Lumière sur l'homéopathie*, Maisonneuve, 1994.

Belon, directeur de recherche de Boiron, qui avait signé l'article, ces travaux ne pouvaient être reproduits ; pour notre part, s'il y avait de réels problèmes techniques, des résultats positifs avaient aussi vraiment été observés [13].

Il reste cependant que ce modèle d'activation directe des basophiles par de hautes dilutions d'anticorps n'est pas un modèle adapté à l'étude biologique des médicaments homéopathiques. En 1990, le journaliste Michel de Pracontal [14] avait bien résumé les données du problème : « La première version soumise à Maddox diffère sensiblement de celle qui sera finalement publiée. Dans les expériences de Poitevin sur *Apis mellifica*, comme dans celles de Belon et Sainte-Laudy sur l'histamine, le rôle des hautes dilutions n'est pas de provoquer une dégranulation, mais au contraire de la freiner. On expose les basophiles à deux substances : d'une part, l'anti-IgE à dose ordinaire, qui provoque une réaction des cellules ; d'autre part, l'histamine ou le broyat d'abeilles à dose infinitésimale, qui inhibe cette réaction. L'effet mis en évidence est donc indirect...

Par la suite, les chercheurs de l'unité 200 se sont rendu compte qu'ils pouvaient directement activer les basophiles avec de l'anti-IgE dilué. Mais la première version de l'article de *Nature* met l'accent sur le modèle "en inhibition", et ne fait que mentionner la possibilité d'une activation directe. Ces détails techniques ont plus d'importance qu'il n'y paraît. Le modèle en inhibition correspond, du point de vue des homéopathes, à une logique thérapeutique. S'il fonctionne, cela veut dire qu'il n'est pas absurde *a priori* de prescrire un médicament comme *Apis mellifica* pour atténuer une réaction inflammatoire ou allergique. Dans leur première version, les chercheurs posent d'ailleurs la question de savoir si l'effet qu'ils décrivent peut justifier la pratique homéopathique. Au contraire, stimuler les basophiles, donc provoquer l'équivalent d'un début de réaction allergique, n'a en principe aucun intérêt thérapeutique. Dans la version finale, le mot "homéopathie" a complètement disparu du texte. Il n'est plus question d'inhibition, mais seulement d'activation. »

Cette affaire aura des conséquences difficiles : pour les principaux acteurs de ce travail qui auront quelques difficultés [15], mais surtout pour la recherche en homéopathie. L'élan né dans les années 1980 sera en partie brisé. Depuis les

---

13. « Nous avons rencontré des problèmes techniques : la nature du sang étudié, les contaminations provenant de l'environnement (et non du stress) le rôle de l'expérimentateur... Je crois que des erreurs techniques pouvaient augmenter les chances d'obtenir des données positives. Mais les courbes d'activité n'étaient pas imaginaires. » (*Le Monde*, 21 janvier 1997.)

14. *Le Mystère de la mémoire de l'eau*, La Découverte, 1990.

15. Jacques Benveniste verra en 1994, l'unité 200 de l'INSERM qu'il dirigeait, dissoute selon une procédure normale. À partir de 1996, le travail de son équipe s'orientera vers le transfert électronique de l'information biologique. Sur ce thème, connu dans les thérapeutiques alternatives depuis longtemps, des recherches ont été initiées avant Benveniste en Italie, en Allemagne et en France. Les bases techniques de ce transfert électronique restent insuffisamment validées comme le montrent les difficultés de reproductibilité des résultats par l'équipe de Charpak, sujet à l'origine d'un nouveau conflit médiatique (*Le Monde*, 21-22-23 janvier 1997). Par ailleurs, d'autres acteurs de ce travail auront des difficultés sérieuses avec leurs structures.

années 1990, la recherche en homéopathie est marquée par une tendance à la réduction de l'engagement des laboratoires dans la recherche fondamentale et une absence d'orientation de la recherche publique sur ce thème. Des travaux se poursuivent en France et dans différents pays, mais ils sont en nombre insuffisant en regard des problèmes posés par le « déficit d'image » scientifique acquis par les médicaments homéopathiques lors de cette polémique. Le temps, et les progrès techniques, apporteront à ce travail scientifique la sérénité nécessaire.

En résumé

Selon notre expérience, les tests d'inhibition effectués sur des basophiles de sujets allergiques avec des médicaments homéopathiques tel *Apis mellifica* ont donné des résultats utiles pour mieux comprendre les possibilités thérapeutiques de ces médicaments. Leur action, qui s'est avérée reproductible, nécessite, pour être confirmée, l'utilisation de nouveaux tests.

L'activation directe des basophiles par des hautes dilutions d'anticorps anti-IgE s'est avérée plus difficilement reproductible. Si le phénomène a été réellement observé, certains paramètres tels que l'origine des différents échantillons de sang, et les variations selon les expérimentateurs, n'ont pas été suffisamment contrôlés.

Sur tous ces travaux, si l'information était utile et a intéressé beaucoup de patients, son amplification médiatique a été excessive pour des faits biologiques simples dont le but était d'initier des travaux plus approfondis sur les hautes dilutions. Les mécanismes physiques avancés n'étaient que des hypothèses. La recherche fondamentale en homéopathie est à son début. Il faut lui laisser le temps de l'apprentissage et de la croissance.

Les hautes dilutions ont-elles un support scientifique ?

Même si les essais cliniques et biologiques doivent être améliorés, de nombreux arguments[16] suggèrent que les hautes dilutions utilisées n'agissent pas que par un seul effet placebo. Quel peut être le support scientifique de l'action des hautes dilutions ? Nous ne le savons pas actuellement, même si nous pouvons avoir, à

16. De nombreux essais cliniques et biologiques en homéopathie ont eu lieu dans d'autres domaines que dans l'allergologie.

titre personnel des idées en faveur d'un modèle précis. Les hypothèses qui touchent à l'allergologie sont relatives au rôle du système immunitaire et nerveux. Les travaux les plus solides et les plus récents sont de nature biophysique.

➤ Un mécanisme immunologique peu probable

Il est souvent dit que l'homéopathie stimule les réactions de défense de l'organisme, ce qui la rapprocherait de l'immunologie. Mais cette assimilation est très approximative car les défenses immunitaires, aussi essentielles qu'elles soient, ne recouvrent pas l'ensemble des « défenses » de l'organisme, et de plus, l'action de l'homéopathie ne concerne pas le seul système immunitaire. Les études en allergologie n'apportent pas d'arguments directs sur le mécanisme d'action des hautes dilutions, au moins pour celles qui se situent au-delà du seuil de présence moléculaire théorique. Si elles posent la question de l'action des hautes dilutions, elles livrent peu d'informations sur leurs mécanismes d'action, qui nécessitent des explorations physiques pour être mieux comprises.

➤ Le cerveau s'en mêle aussi

Cette approche est importante en allergologie, que ce soit sous l'angle psychosomatique ou sous l'angle des régulations neurologiques et hormonales du système immunitaire. Le système nerveux (rôle de l'acétylcholine, de la noradrénaline, de l'adrénaline et des neuropeptides) intervient dans l'expression des manifestations allergiques cutanées et pulmonaires (voir p. 89). De plus, les corticoïdes, endorphines et enképhalines libérés au cours du stress ont des activités immunosuppressives, et peuvent modifier les symptômes de l'allergie. Une action sur les régulations neuro-immunitaires est souvent avancée pour expliquer la réponse de certains patients aux thérapeutiques de terrain. En pratique, la démarche thérapeutique des médecins homéopathes implique de prendre en compte l'ensemble des symptômes présentés par le malade, qu'ils soient ou non liés au tableau clinique. Si les médecins homéopathes ne sont pas seuls à avoir une écoute attentive, leur approche personnalisée et la recherche du sens de la maladie aident le patient à modifier la perception de sa maladie. Cela peut agir sur les régulations neuro-immunitaires. Cette hypothèse, outre le fait qu'elle est commune à toutes les thérapeutiques alternatives, n'exclut pas des actions d'ordre pharmacologique, dues pour l'homéopathie à des mécanismes biophysiques non encore identifiés.

➤ La parole aux physiciens

Les mécanismes d'action physico-chimiques des hautes dilutions restent actuellement inconnus, même si des éléments du puzzle se mettent progressivement en place. Beaucoup d'arguments sont en faveur de *mécanismes biophysiques complexes*, mettant en jeu non seulement le solvant, mais aussi d'autres facteurs impliqués dans la préparation du médicament à usage homéopathique : rôle de l'oxygène, de la silice, des radicaux libres, du phénomène de cavitation provoqué lors de l'étape de dilution et de dynamisation. Dans ce domaine, il est essentiel que les études de qualité soient publiées dans des revues scientifiques spécialisées, ce qui demande du temps. Parmi les équipes travaillant sur ce sujet, signalons les travaux de résonance magnétique nucléaire, menés depuis 1986 par l'équipe de Demangeat avec qui nous coopérons depuis cette date. Ces travaux portent sur l'étude des temps de relaxation de l'hydrogène de l'eau, ce qui permet d'étudier indirectement l'état des liaisons hydrogènes qui structurent l'eau, dont l'organisation peut être modifiée lors de la préparation des médicaments homéopathiques par dilutions successives et agitation vigoureuse. Des différences significatives ont été observées entre les hautes dilutions de silice et du solvant et confirmées sur des dilutions de manganèse et d'histamine. Ces études se prolongent actuellement, et leurs résultats sont soumis pour publication. Elles nécessitent des précautions techniques et des contrôles très rigoureux car de nombreux contaminants peuvent être source d'erreurs, de l'oxygène atmosphérique dissous lors de la préparation des produits, à la silice arrachée de la paroi du verre. Une autre orientation récente est celle du professeur Rey qui travaille sur une technique de thermoluminescence et observe des spectres différents avec des hautes dilutions. Ces travaux de grande qualité technique sont à suivre.

Les études relatives à la transmission électromagnétique de l'information biologique, sont souvent mentionnées dans les médias : leur relation directe avec l'action des hautes dilutions fait l'objet d'études en cours. Pour le moment, la recherche en homéopathie ne doit pas être confondue avec la seule « fascination des ondes[17] ».

Pour conclure sur ce sujet, nous citerons le Dr Wayne Jonas, qui a dirigé le bureau des médecines alternatives aux États-Unis de 1995 à 1999 et qui écrivait récemment dans le *British Homeopathic Journal* (juillet 2000) : « Nos méthodes de recherche doivent être méticuleuses, et nos interprétations humbles. »

17. Kourilsky P., *La Science en partage*, p. 93-111, Odile Jacob, 1998.

Conclusion

La place des médecines de terrain dans le système de santé

Vous l'avez compris : les deux auteurs de ce livre sont très favorables à la meilleure insertion des thérapeutiques de terrain, complémentaires, ou non conventionnelles, dans le système de santé[1]. Ce thème fait naturellement l'objet de réflexions des autorités de santé des différents pays. Pour mieux situer leur position, prenons l'exemple de l'asthme, maladie dans laquelle les thérapeutiques non conventionnelles sont très utilisées par les patients. L'opinion individuelle des médecins étant très variable, il est utile de se référer à des textes officiels.

➤ Quelle est la situation aujourd'hui dans le monde ?

Dans un guide pratique fait par un groupe de travail des Instituts nationaux de santé aux États-Unis (NIH) et de l'OMS, document publié en 1995[2], un point est fait sur la place des thérapeutiques non conventionnelles : « Ces méthodes empiriques de guérison... n'ont pas encore été l'objet de recherches suffisantes et leur efficacité est loin d'être confirmée. Cependant, on ne peut catégoriquement les rejeter. » Ce rapport prend en compte d'une part l'importante consommation de thérapeutiques non conventionnelles aux États-Unis, d'autre part le fait que dans certains pays, les méthodes traditionnelles de traitement sont appliquées en premier et que dans beaucoup de pays, il y a eu un mouvement vers l'usage de ces méthodes traditionnelles de traitement. Selon ce rapport « les bases scientifiques de ces abords thérapeutiques méritent d'être étudiées en détail, surtout dans les pays où ces formes de traitement sont fréquemment pratiquées ».

La difficulté d'évaluer les méthodes traditionnelles de soins par des essais randomisés contrôlés est réelle, car elles doivent être appréciées de façon globale,

1. Poitevin B., « Integration of homeopathy in health systems », *Bulletin of the World Health Organization*, 1999, 77 : 160-166.
2. « Vaincre l'asthme », rapport du groupe de travail NHLBI/OMS, 1995, *Revue française d'allergologie et d'immunologie clinique*, 1996, 6 : 650-652.

et non en fonction d'une seule médication. Cette règle s'applique bien à trois des quatre méthodes traditionnelles de soin commentées brièvement dans ce rapport :

- **La médecine traditionnelle chinoise**, qui ne comprend pas que l'acupuncture, mais aussi et parfois surtout un régime approprié, une hygiène de vie, une phytothérapie traditionnelle et des techniques de massage.
- **L'homéopathie** qui ne se résume pas à un traitement symptomatique ou à des dilutions d'allergène, mais comporte une véritable stratégie thérapeutique, centrée sur le « terrain », essentiel dans les maladies atopiques.
- **La médecine ayurvédique**, système complexe de soins utilisés en Inde et comprenant outre des préparations végétales, des techniques respiratoires du yoga.

La phytothérapie a été à l'origine de médicaments classiques de l'asthme, telles les cromones issues d'*Amni visgana.* Des produits d'origine phytothérapique sont actuellement étudiés avec des méthodes proches des produits classiques.

Dans tous les cas, les effets secondaires de ces traitements doivent être identifiés, et leur prescription ne doit pas se faire en opposition avec les médicaments classiques, mais en complémentarité, comme le souligne le dernier rapport du groupe NIH-OMS en 1998[3].

Ayant travaillé sur ce sujet, et participé à une réunion sur les médecines traditionnelles dans le cadre de l'OMS (Washington, août 1997), nous partageons (modestement) cet avis du groupe de travail. Il est clair que seule la phytothérapie se prête aux mêmes méthodes de recherche que la pharmacologie classique et que les autres méthodes de soin traditionnelles sont en règle générale « globales » (donc non centrées sur une seule maladie) et « individualisées » (donc adaptées aux différents patients), ce qui nécessite une évaluation appropriée.

Les États-Unis ont commencé cette démarche et l'Europe est en route. La France, après un élan dans les années 1980, n'a pas actuellement d'initiative institutionnelle. **Et cependant, l'intérêt porté à ces thérapeutiques traditionnelles reste essentiel pour des raisons de santé publique (choix des populations) et individuelle (choix des individus), ainsi que pour des raisons économiques**. Pour ne pas risquer un excès de partialité sur ce sujet, donnons la parole au Dr Jean Bousquet, spécialiste international de l'asthme, qui en 1995[4], notait, parmi les limites du consensus NIH-OMS, les points suivants : « Pour l'OMS, le consensus était essentiellement destiné aux pays riches alors que la prévalence de la maladie est en nette augmentation dans les contrées telles l'Inde ou la Chine... Ce consensus ne prend pas en compte des médecines traditionnelles qui sont à la base du traitement de près de 20 % des asthmes (Corée, Chine, Japon) ! » Et nous rajoutons que nous pouvons peut-être (et même sûrement) apprendre beaucoup de ces pays, sans oublier l'Amérique latine ou l'Afrique !

---

3. « Traitement de l'asthme et sa prévention », groupe de travail National Institute of Health/OMS, *Revue française d'allergologie et d'immunologie clinique*, 1998, 5 : 453.
4. Jean Bousquet in *Nouvelles avancées dans l'asthme*, 3M Pharma, 1995 : 30-31.

➤ La parole à la pratique et à l'évaluation

Pour approfondir ce sujet, nous avons abordé ici deux thèmes successifs :

— L'utilisation pratique de différents traitements de terrain (homéopathie, oligo-éléments, phytothérapie) dans les maladies allergiques.

— Les questions relatives à leur évaluation en fonction de données scientifiques.

Ces thérapeutiques traditionnelles, si elles sont efficaces, le sont parce qu'il s'agit de méthodes adaptées au patient, à son « terrain », à sa culture. Elles ne se résument pas à des recettes, même si elles peuvent bénéficier des approches scientifiques modernes, qu'il s'agisse d'analyse des médicaments ou d'évaluation clinique. Mais leur singularité doit être prise en compte, avec les détails qui conditionnent leur efficacité. Trop souvent, on nous oppose qu'il n'est pas scientifique de considérer des signes trop précis, pour la prescription en homéopathie, ou la dépendance à l'égard de rythmes de la nature pour le choix de points d'acupuncture. Ces données sont le fruit de l'observation, et ont souvent des sources « traditionnelles » : elles ne peuvent être rejetées sans examen approfondi. Il n'est pas scientifique de refuser *a priori* la complexité de l'humain, qui s'exprime aussi dans des orientations thérapeutiques.

Ces thérapeutiques non conventionnelles sont utilisées par les patients et sont prises en charge par le système de santé ; aussi, elles peuvent s'intégrer à part entière dans la stratégie thérapeutique et le plan d'action qu'instaure le médecin, en relation avec le patient. Les évaluer telles qu'elles sont pratiquées, c'est suivre les recommandations des experts internationaux dont on peut saluer l'ouverture d'esprit sur ce sujet.

Aux États-Unis, le bureau des médecines alternatives, qui fait partie des Instituts nationaux de Santé (NIH), accorde une grande importance à l'information des médecins sur les thérapeutiques non conventionnelles, afin qu'ils puissent donner des informations précises à leurs patients. Une telle attitude avait aussi été recommandée en 1997 par l'ordre des médecins en France à propos de l'homéopathie. Une information éclairée est le meilleur allié des patients.

➤ Notre choix : l'intégration des thérapeutiques pour le bénéfice des patients

Le suivi des patients par les praticiens homéopathes ou acupuncteurs nous conduit à penser que ces traitements permettent de diminuer la sévérité de la maladie et ainsi de réduire les médicaments classiques, particulièrement ceux qui peuvent avoir des effets secondaires. Naturellement, ce point de vue ne peut reposer sur une seule amélioration des symptômes : le *Je vais mieux, Docteur* est une condition nécessaire mais son caractère sympathique ne la rend pas suffisante. Pour l'asthme, l'amélioration de la fonction respiratoire appréciée par vous (débitmètre de pointe) et par le médecin (explorations fonctionnelles respiratoires) est essentielle. Et les études scientifiques, même si elles sont imparfaites ou controversées, apportent des faits et des arguments intéressants.

Ce point de vue est loin d'être universellement partagé. Lors d'une récente discussion avec des confrères universitaires étrangers spécialistes de médecine interne, ceux-ci ont émis l'idée que le traitement non conventionnel de l'asthme pouvait être évalué sur la qualité de vie et le traitement conventionnel sur les paramètres objectifs. Cet avis était partagé par nos confrères homéopathes, et nous savons que c'est le cas en général. Nous avons exprimé un point de vue différent, l'homéopathie pouvant par exemple parfaitement améliorer des critères objectifs de l'asthme (inflammation, ventilation), à condition de s'adapter aux réactions spécifiques et au « terrain » du patient. Notre avis repose sur l'idée suivante : *les traitements non conventionnels doivent s'intégrer dans la stratégie thérapeutique générale de l'asthme, dont les buts sont certes d'améliorer votre qualité de vie quotidienne (respirer mieux et plus librement), mais aussi vous épargner de tout handicap à long terme dû à l'inflammation, et éviter les risques de gravité, ceci tout en ayant le moins d'effets secondaires possibles.* C'est ce point de vue, celui de l'intégration de l'ensemble des thérapeutiques, classiques et complémentaires, ou conventionnelles et non conventionnelles, que les deux auteurs de ce livre ont exposé ici, en insistant sur la nécessité d'un diagnostic précis de la maladie et un suivi des paramètres objectifs. Et ce qui est vrai pour l'asthme l'est aussi pour les autres pathologies allergiques.

Pour favoriser cette insertion et ces échanges, il faut des travaux et des structures pour les réaliser. Ces structures de recherche existent aux États-Unis, avec un « bureau » consacré à l'étude des médecines non conventionnelles, et des hôpitaux où se développent des programmes de recherche. Une démarche similaire a lieu en Angleterre. En Allemagne où les autorités pharmaceutiques et médicales sont réservées sur l'homéopathie, des travaux d'évaluation ont lieu sur l'initiative des assurances privées. En France, les structures de consultation hospitalière sont rares, en dehors de quelques exceptions (par exemple, l'hôpital de Bordeaux en ce qui concerne les maladies allergiques de la peau). Un projet global intéressant avait pu être discuté en 1995 et 1996 entre le directeur de l'Agence nationale d'évaluation médicale, favorable à ce projet, et les médecins homéopathes et acupuncteurs qui en étaient à l'initiative. À l'époque, la Caisse nationale d'assurance maladie était intéressée par ce projet qui n'a pu aboutir. Actuellement, la recherche est essentiellement financée par les laboratoires privés, ce qui est bien mais ne peut être suffisant. La formation à l'évaluation de médecins pratiquant ces thérapeutiques, et leur insertion dans des structures adaptées, au sein du système de santé publique favoriseraient le développement de la recherche, comme cela se fait actuellement aux États-Unis, et comme l'ordre des médecins l'a recommandé en 1997 pour l'homéopathie[5].

En ce qui concerne les thèmes d'étude, l'allergologie est un champ naturellement privilégié, par la reconnaissance du terrain et des réactions individuelles, par l'approche globale et par l'importance accordée à l'environnement. Développer des études cliniques dans ce domaine, poursuivre les travaux fondamentaux afin de mieux comprendre les bases scientifiques de ces thérapeutiques — tout en respectant leurs sources et leurs racines parfois très anciennes —, tout ceci est un travail au long cours qui doit progresser, pour être au service de votre santé.

5. Rapport sur la Commission d'étude sur l'homéopathie (sous la présidence du Dr Lebatard-Sartre), *L'Homéopathie européenne*, 1998 : 7-22. À propos des travaux de cette commission qui recommandait un enseignement universitaire et des travaux d'évaluation indépendants, le secrétaire d' État à la Santé de l'époque, le Dr Bernard Kouchner (et actuel ministre délégué à la santé, février 2001), s'était exprimé : « Tout est affaire d'évaluation accomplie sans hâte ni hostilité. » (*Le Monde*, 13 février 1998.)

Annexe I

La médecine traditionnelle chinoise

La médecine traditionnelle chinoise, médecine de deux milliards d'hommes, comprend plusieurs branches, dont la plus connue en Occident est l'acupuncture — Zhenjiu, en chinois.

La médecine chinoise est un système médical à part entière qui comporte — en dehors de l'acupuncture et de la moxibustion — la phytothérapie [1], des exercices gymniques et/ou respiratoires, et des règles diététiques et sexuelles. Ces différentes pratiques — toutes complémentaires — ont pour but d'harmoniser, de nourrir le Souffle Vital, le Qi.

L'acupuncture est une médecine préventive, essentiellement énergétique. Elle repose, comme toute la médecine traditionnelle chinoise, sur une vision particulière du corps qui conditionne un abord spécifique du malade à l'origine d'un diagnostic et d'une thérapeutique complètement étrangers à la culture occidentale.

En effet, la médecine chinoise, basée sur la cosmologie chinoise, a sa source dans le *Livre des Mutations*, le *Yijing* (Yi King). Elle est fondée sur la vision taoïste du monde [2] qui considère l'homme *dans* l'univers et non pas *face à* l'univers : l'homme imaginé comme un microcosme dans le macrocosme, participe aux mêmes lois.

La vision traditionnelle chinoise du corps repose sur la notion de Souffle ; celui-ci est indissociable de la vision de l'univers et de l'homme. Ses différentes manifestations permettent de déterminer l'état d'équilibre et d'harmonie de l'individu par rapport à lui-même et à l'univers. L'absence d'harmonie ou le déséquilibre détermine la maladie qu'il faut traiter, en renforçant le Souffle pour qu'il chasse l'agresseur.

Le Souffle, différencié originellement en Yin et Yang, a sa représentation céleste dans les Six Énergies (Vent, Froid, Feu, Humidité, Sécheresse, Chaleur) et sa correspondance humaine terrestre dans les lois des Cinq Mouvements (la Terre, le Métal, l'Eau, le Bois, le Feu).

Le médecin acupuncteur établit le diagnostic de maladie allergique en utilisant à la fois les moyens modernes mis à sa disposition par la médecine actuelle et les

1. Traitement par les plantes provenant, en l'occurrence, de régions chinoises.
2. Baryosher-Chemouny M., *La Quête de l'immortalité en Chine*, éd. Dervy, Paris, 1996.

règles propres de la séméiologie médicale chinoise. Quelle que soit l'allergie, la globalité des structures énergétiques de l'individu va être impliquée et ceci à des degrés variables.

En médecine traditionnelle chinoise, chaque organe est rattaché à un ensemble de fonctions énergétiques superposables à la physiologie moderne. D'ailleurs, les auteurs modernes ont établi de nombreux liens entre ces deux systèmes de pensée. Souvent, seule une terminologie différente sépare la physiologie traditionnelle chinoise de la physiologie moderne. Il faut disposer des clés pour savoir traduire.

Le Poumon, organe de la respiration, débute au nez. Il correspond à une des formes d'énergie nécessaire à la vie. Il est en relation étroite avec la peau, comme le confirment leurs origines embryologiques proches.

Cette correspondance entre la peau et les poumons permet de comprendre d'emblée le rôle du Poumon dans les phénomènes allergiques respiratoires tels que l'asthme ou les bronchites asthmatiformes, et d'autre part son rôle dans les maladies de peau tel l'eczéma.

Au niveau de l'élément Métal, le Poumon est également « couplé » au Gros Intestin. L'activité de ces deux viscères explique aussi l'implication du mouvement Métal dans les allergies alimentaires et les rhinites allergiques.

En médecine traditionnelle chinoise, les maladies allergiques résultent soit d'une faiblesse constitutionnelle chronique de l'élément Métal, soit d'un excès de l'élément Bois.

Dans le premier cas, un vide du Poumon, souvent associé à une faiblesse du Rein provoque des signes de toux, d'asthme et d'essoufflement. Pour prévenir les risques ou guérir les allergies, il faut tonifier le Poumon et calmer le Foie. Le médecin traditionnel remplit ces deux fonctions, naturellement en piquant certains points d'acupuncture, mais aussi en prodiguant des conseils alimentaires visant à renforcer le Poumon, la Rate, sa mère, et le Rein, son fils, qui bénéficiera également d'exercices respiratoires dans le même but.

L'excès de l'élément Bois se manifeste par une « stagnation du Qi (l'énergie) du Foie » ou un « Feu du Foie ». Le Foie outrage ou méprise le Poumon qui normalement le contrôle. Le Qi du Foie stagne dans la partie supérieure du corps, particulièrement dans le tronc. Il provoque difficultés respiratoires, toux et asthme. De plus, il ne transmet pas l'énergie au Rein — ce qui accentue le Vide du Rein — ni à son élément couplé le Gros Intestin. Les conditions de la maladie allergique sont ainsi créées. Il faut donc tonifier la Rate et le Rein. En dehors des points d'acupuncture, le médecin traditionnel donne des conseils alimentaires visant à tonifier ponctuellement la Rate, pour ne pas étouffer le Rein, et à renforcer le Poumon, mère de la Rate.

Annexe II

Bibliographie et sites Internet

➤ Bibliographie sur l'allergie

Allergologie générale : allergènes, mécanismes, diagnostic

Allergies, *La Revue du praticien*, 1996, 8 : 933-994.

Bousquet J., Godard Ph., Michel F-B., *Allergologie*, Ellipses, Paris, 1993.

Charpin J., Vervloet D., *Allergologie*, Paris, Flammarion Médecine-Sciences, 1992.

Dutau G., *Le Dictionnaire des allergènes*, Phase 5, 1998.

Holgate T., Church MK., *Allergologie*, De Boeck Université, 1995.

Molina C., *L'Allergie à l'aube du 3e millénaire*, Flammarion Médecine-Sciences, Paris, 1995.

Moneret-Vautrin D.-A. et coll., *L'allergol. Guide du praticien en allergologie*, Masson, Paris, 1994.

Mygind N., Dahl R., Pedersen S., Thestrup-Pedersen K., *Essential Allergy*, Blackwell Science, 1995.

Paupe J., Scheinmann P., De Blic J., *Allergologie pédiatrique*, Paris, Flammarion Médecine-Sciences, 1994.

Sabbah A. et coll., *Allergologie et immunologie clinique*, Éditions Tec & Doc, 1994

The UCB Institute of Allergy, *European Allergy White Paper*, 1998.

Maladies allergiques : asthme, dermatologie, ORL, ophtalmologie

Bloch-Michel E. et coll., *L'Allergie oculaire*, Institut UCB de l'allergie, 1999.

Bousquet J., Dutau G., Grimfield A., de Prost Y., « De la dermatite atopique à l'asthme », *Exp. sc. française*, 2000.

Didier A. et coll., « La rhinite allergique : le point de vue du patient », *Rev. fr. allergol*, 1999, 39, 171-185.

Godard P. et coll., *Asthmologie*, Masson, 2000.

Allergie alimentaire et médicamenteuse

L'Allergie alimentaire. Allergie et Immunologie, volume XXIX, hors série, juillet 1997.

Molkou P., *Allergies alimentaires. Problèmes actuels et futurs*, Institut UCB de l'allergie, 1995.

Nathan N., *La Vaccination,* Institut Mérieux, 1990.

Revues : deux revues de langue française, consacrées à l'allergologie générale sont très utiles aux spécialistes : *La Revue française d'allergologie et d'immunologie clinique* (rédacteurs en chef : J. Paupe, J. Sclafer), revue de la Société francaise d'allergologie, et *Allergologie et Immunologie*, (rédacteur en chef : A. Sabbah).

L'allergie sur Internet

Parmi les nombreux sites consacrés à l'allergologie, nous vous signalons l'intérêt des suivants :

— ABC Allergie : http://www.abcallergie.com/. Ce site destiné au grand public est très complet avec de nombreux conseils pratiques sur les allergies alimentaires et les différents allergènes de l'environnement.

— Allergienet : http://www.allergienet.com/. Ce site consacré à l'allergie et à l'asthme a de nombreux liens.

— Allergonet : http://www.allergonet.com/. Il contient de nombreuses informations pratiques.

— Site de la Société française d'allergologie et d'immunologie clinique : http://www.sfaic.com/. Vous pouvez vous adresser à cette société pour avoir des adresses d'allergologues qualifiés.

— Site du Cercle d'investigations cliniques et biologiques en allergie alimentaire (CICBAA) : http://www.cicbaa.com/. Les patients peuvent demander des informations aux spécialistes.

— Site du Réseau national de surveillance aérobiologique : http://www.rnsa.asso.fr/. Ce site donne des informations sur la distribution des pollens analysés par les capteurs présents sur le territoire français.

— Site de la Fondation pour la prévention des allergies : http://chez.com.fppda/. Les patients à l'origine de ce site ont créé en France l'Association pour la prévention des allergies. Le but de cette association est d'améliorer l'information et la prévention des allergies et d'apporter un soutien aux personnes allergiques.

➤ Bibliographie sur les médecines complémentaires

Homéopathie générale

Chemouny B., *Le Guide de l'homéopathie*, Odile Jacob, Paris, 2000.

Conan Mériadec M., *L'Homéopathie, conception médicale à la dimension de l'homme*, Boiron, Sainte-Foy-lès Lyon, 1990.

Cornillot P. et coll., *Homéopathie, le traité*, Encyclopédie des médecines naturelles, Frison-Roche, Paris, 1995.

Demarque D., Jouanny J., Poitevin B., Saint-Jean Y., *Pharmacologie et matière médicale homéopathique*, Boiron-CEDH, Sainte-Foy-lès-Lyon, 1995.

Demarque D., *L'Homéopathie, médecine de l'expérience*, Maisonneuve, Moulins-lès-Metz, 1981.

Guermonprez M., Pinkas M., Torck M., *Matière médicale homéopathique*, Boiron, Sainte-Foy-lès-Lyon, 1997.

Poitevin B., *Le Devenir de l'homéopathie*, Doin-Boiron, Paris, 1987.

Poitevin B., *Ombre et lumière sur l'homéopathie. Un défi pour demain*, Maisonneuve, Sainte-Ruffine, 1993.

Sarembaud A., *L'Homéopathie*, « Que sais-je ? », PUF, Paris, 1999.

Sarembaud A., Poitevin B., *Médicaments à usage homéopathique. Dictionnaire pratique*, Masson, Paris, 1996.

Homéopathie et allergie

Cennelier M., *L'Allergique et l'homéopathie*, Maloine, Paris, 1995.

Chefdeville F., Poncet J.-E., *Pratique homéopathique en allergologie*, Boiron-CEDH, Sainte-Foy-lès-Lyon, 1995.

Poitevin B., De Feytaud M., *Homéopathie et allergie*, Boiron, 1994.

Oligo-éléments

Brigo B., *La Logique des oligo-éléments*, Boiron, 1993.

Chappus P., *Les Oligo-éléments en médecine et biologie*, Éditions Tec & Doc, Paris, 1991.

Ménétrier J., *La médecine fonctionnelle. Introduction à une psychophysiologie expérimentale*, Le François, Paris, 1967.

Phytothérapie

Cornillot P. et coll., *Phytothérapie, aromathérapie*, Encyclopédie des médecines naturelles, Frison-Roche, Paris, 1991.

Bruneton J., *Pharmacognosie, phytochimie, plantes médicinales* (3e éd.), Éditions Tec & Doc & EMI, Paris, 1999.

Wichtl M., Anton R., *Plantes thérapeutiques*, Éditions Tec & Doc & EMI, Paris, 1999.

Revues : La revue *L'Homéopathie européenne* (directeur : J.-P. Dupré ; rédacteur en chef : B. Poitevin) et le *British Homeopathic Journal* (Rédacteur en chef : P. Fisher) consacrent de nombreux articles aux possibilités de l'homéopathie dans l'allergie.

Les médecines complémentaires sur Internet

— Site de l'université Paris-13 (Bobigny) sur les médecines complémentaires : http://dumenat.smbh.univ-paris13.fr. Très complet, il a de nombreux liens avec des sites nationaux et internationaux.

— Site de la Fédération nationale des sociétés homéopathiques de France : http://members.aol.com/Fnsmhomeo. Ce site a de nombreux liens et donne des informations sur les congrès et les activités de l'homéopathie.

— Site du Syndicat national des médecins homéopathes français : http://www.upml.fr/snmhf/. Ce syndicat peut vous donner des adresses d'allergologues, dermatologues, pneumologues et spécialistes ORL utilisant l'homéopathie.

Index

Abeilles 317
Acariens 50
- Acarex-test 53
- et poussières de maison 50
- prévention 52
Acétylcholine 90
Acupuncture 390
Additifs alimentaires 280
Adrénaline 90, 323, 324
Aliments industriels 322
Aliments transgéniques 285
Allergènes 38
- alimentaires 269
- d'origine animale 50
- d'origine végétale 42
- de contact 208
- et réactions croisées 39
- ingérés 56
- inhalés 42, 50
- injectés 65
- médicaments 57
- professionnels 64
Allergie 15, 37
- échappement allergique 111
- et médecin allergologue 122
- et médecin généraliste 114
- facteurs psychosomatiques 106
- hérédité 100
- terrain 95
Allergies alimentaires 258
- fausses 260
Allergies médicamenteuses 298
Alvéolites allergiques 165
Anaphylaxie 316
- liée à l'exercice 152
Anesthésie 306
Anesthésiques
- généraux 306, 322
- locaux 309
Animaux de laboratoire 55
Animaux domestiques et d'élevage 54
Anticorps de l'allergie 73
Antihistaminiques H1 198, 206, 240, 251, 326
Anti-IgE
- hautes dilutions 407
Anti-inflammatoire 166
Anti-inflammatoires non stéroïdiens 230, 308, 322
Anti-leucotriènes 176
Apis mellifica 400, 406
Arachide 269, 274, 322
Arsenicum album 342, 400
Aspirine 163, 239, 308
Association française pour la recherche en homéopathie 404
Asthme 137
- adaptation à l'environnement 142
- aigu grave 155
- allergique 398
- cardiaque 149
- contraction des bronches 141
- crise d'asthme 145
- d'effort 150
- difficile 155
- du nourrisson et de l'enfant 146
- et pollution 162
- femme enceinte 148
- hyperréactivité bronchique 141
- inflammation des bronches 140
- Plan d'action dans l'asthme 179
- professionnel 153
- syndrome obstructif 140
- tabagisme 163
Atopie 17, 22, 97, 142
- définition 98
- et infections 34
- prévention 109
Aubin Michel 404

ß2-mimétiques 168
Balance Th1-Th2 88
Basophiles
- activation 403
- inhibition 403
Benveniste Jacques 404
Bêtabloquant 300, 324
Blackley 16
Blatte 53
Blépharites allergiques 256
Bronchodilatateurs 166

Caoutchouc 59, 211, 307
Cellules de Langerhans 72, 185, 186
Cellules inflammatoires
- basophiles 77
- éosinophiles 79, 160
- mastocytes 77
- neutrophiles 79
Céphalosporines 305
Céréales 272
Charge allergénique 26
Chat 54
Choc anaphylactique 258, 279, 298, 317, 321
Choc anaphylactoïde 309, 322
Colorants 281
Communication scientifique 387
Complexes immuns 266
Conjonctivites 247
- à papilles géantes 253
- allergiques 250
Conservateurs 62, 281, 301
Corticoïdes inhalés 174
Corticoïdes oraux 175
Cosmétiques 61, 213
Courbes débit-volume 160
Cromoglycate 251
Cromones 172, 391
Crustacés 272
Cuivre-or-argent 360
Cures thermales 178

Dausset Jean 102
Débitmètre de poche 159
Dérivés mercuriels 254, 301
Dermatoses bulleuses 227
Dermites irritatives 209
Dermo-corticoïdes 206
Désensibilisation 177, 240, 326
Dosage des IgE
- spécifiques 325
Drainage 352

Eczémas 198, 226, 314
- atopique 199
- de contact 207, 302
- des paupières 245, 254
Épitope 39
Érythème pigmenté fixe 226, 302
Essais contrôlés 401
Ethnopharmacologie 349

Flore intestinale 265
Formaldéhyde 34, 301
Fumeterre 355, 392

Guêpes 317

Histamine 80, 187, 192, 261

Homéopathie 183, 198, 207, 241, 335, 395
- biophysique 412
- essais biologiques en allergologie 402
- essais cliniques en allergologie 395
- méthode 401
Hyperréactivité 20
Hypersensibilité cellulaire 301
Hypersensibilité immédiate 68, 232, 245, 260, 301, 313
Hypersensibilité retardée 73, 86, 208, 292, 314
Hypnose 391

IgA 266
IgE 73
IgE spécifiques 237
IgE totales 237
IgG4 325
Imputabilité 302
Irritants 20
Ishizaka 17
Isothérapique 397, 400

Johansson 17

Kératoconjonctivite printanière 252
Kinésithérapie 178

Lait de vache 270, 291
Latex 59, 270, 307, 321
Lentilles de contact 253, 254
Lithium 362
Lucite estivale bénigne 221
Lucite polymorphe 221
Lymphocytes
- auxiliaires 35, 72
- Th1 35, 73
- Th2 36, 73

Macrophages 72
Maladie sérique 302
Maladies allergiques
- environnement 26
- fréquence 22
Manganèse 359
Manganèse-cobalt 360
Manganèse-cuivre 360
Mastocytes 232, 245
Mécanismes de l'allergie 68
Médecine ayurvédique 391
Médecines de «terrain» 183, 329
Médias 387
Médiateurs 79
- cytokines 81
- molécules d'adhésion 81
- oxyde nitrique 91
- paf-acether 81
- prostaglandines 80
- protéines cytotoxiques 81
- radicaux oxygénés libres 81
Mellitine 318
Méta analyse 395
Métaux 58
Moississures 46, 237
- prévention 49
Myorelaxant 306

Natrum muriaticum 344, 400
Nature (revue scientifique) 407
Neuropeptides 91, 188

Œdème de Quincke 192
Œil rouge 247
Œil sec 251
Œuf de poule 271
Oligo-éléments 357
Oligothérapie 357
OMS 389
Ophtalmologiste 256
Ostéopathie 393
Otite séro-muqueuse 238

Pénicilline 305, 322
Pharmacognosie 351
Phospholipases 318
Phosphore 361
Photodermatoses 217
Photosensibilisation 218
Phytothérapie 349
Placebo 395, 401
Plantain 354, 392
Plante médicinale 349
Plantes 42, 301
Pollens 42
- calendrier pollinique 45
- conseils à suivre 45
- d'arbres 43
- d'herbacées 44
- de graminées 44
Pollinoses 43
Pollution
- automobile 31
- atmosphérique 28
- intérieure 33
- particules diesels 30
Polypose nasale 239
Poumon histamine 400
Prévention
- allergies alimentaires 293
- piqûres d'hyménoptères 328
Prick-tests 303
Produits de contraste iodés 309
Projets d'accueil individualisés 147, 295
Psore 340
Psychothérapie 179

Réactions croisées 276
Réactions pseudo-allergiques 299
Régime hypoallergénique 289
Rhinite allergique 232, 238, 398
Rhinite vasomotrice 238
Rhinomanométrie 236
Rhume des foins 232, 399
Richet 16

Sélénium 363
Sensibilisation 18
Soufre 361
Sulfamide 305, 322
Sulfites 163, 301
Sycose 345
Syndrome oral 287
Système HLA 72, 102
Système nerveux végétatif 90

Tabagisme passif 34
Terrain 331
- en homéopathie 339
- en oligothérapie 358
- en phytothérapie 352
Terrain atopique 341
Tests biologiques 128
- IgE spécifiques 129
- IgE totales 128
- IgG4 129
Tests cellulaires 303
Tests cutanés 125, 290
- épidermotests 127
- intradermoréaction 127
- prick-tests 126
Tests de provocation 130
- bronchique 131
- nasale 131
- orale 131, 290
Tests multi-allergéniques 129, 249
Th2 73
Théophylline 170
Thuya 347
Toxidermies 223
Triade de Widal 239
Tuberculinisme 343

Urticaires 191, 302, 320
- alimentaires 195
- idiopathiques 197
- physiques 194
- solaires 222

Vaccins 309
- allergies à l'œuf 313
- calendrier vaccinal 310
- conservateurs 312
- contaminants 312
- excipients 312
- origine 311
- réactions vaccinales 310
Vascularites 227
Venins d'hyménoptères 316
Von Pirquet 15

Yoga 392

Zinc 362

Ouvrage proposé par Jean-Luc Fidel et publié sous la responsabilité éditoriale de Catherine Meyer
Maquette - Mise en pages - Photogravure : NORD COMPO (Villeneuve-d'Ascq)
Reliure : Diguet-Deny (Breteuil-sur-Iton)
Achevé d'imprimer sur les presses de la Société Nouvelle Firmin-Didot en février 2001
N° d'éditeur : 7381-0956-X – N° d'imprimeur : 54684